Keynes and the
Cambridge Keynesians

ケインズとケンブリッジの
ケインジアン

未完の「経済学革命」

L.L. パシネッティ【著】
Luigi L. Pasinetti

渡会勝義【監訳】

内藤敦之・黒木龍三・笠松学【訳】

日本経済評論社

KEYNES AND THE CAMBRIDGE KEYNESIANS
by Luigi L. Pasinetti
Copyright © 2007 by Luigi L. Pasinetti

Japanese translation published by
arrangement with Cambridge University Press
through The English Agency (Japan) Ltd.

日本語版への著者序文[1]

ケインズとケンブリッジ・ケインジアン：経済学における未完の革命

　日本の読者は，本書——ここにいまや日本語で提供される——の最初の原稿が，2006 年 5 月に出版のためにケンブリッジ大学出版局に送付されたということを，知りたいかもしれない．このことが意味するのは，本書が今もなお全世界の諸経済をとらえて離さない深刻な経済危機が起こる**以前**に書かれた，ということである．このことは，もちろん，本書の中身が，現在の恐ろしい危機に対して関係がない，あるいは何も言うことができないということを意味しない．まったく正反対である．というのは，本書の本来の目的そのものが，経済学の専門家たちに対して，警告を与える，あるいは経済学者たちの目を覚まさせるということであったからである．経済学者たちは，いまや経済学の理論がある種の完成を達成し，最近の世代の経済学者たちの分析的努力を讃えるに至ったという，自己満足したまどろみのような確信に陥ってしまっているからである——すなわち，わたしが言っているのは主に，20 世紀後半の，アメリカで訓練を受けた経済学者たちのことである．かれらは**既存の資源の最適配分**という，美しい科学的モデルを達成したとする確信に頼っている．既存資源の最適配分は，制約のない**自由放任**の競争体制の，利己心の単純な刺激のもとに行動する，競争する合理的個人の神話的で，個人主義的な無制約の自由によって得られる．この確信は，あたかもアダム・スミス，すなわちよく知られた古典派経済学の「父」の，独創的な着想によって鼓吹されたかのように拡大された．しかし，そのような結びつけは，正しくないし，誤解を生む．理想的で，全く自由で，競争的・無制約な自由市場システムは，ミルトン・フリードマンやロバート・ルーカス（両者ともノーベル経済学賞の受賞者である！）のような，

---

1)　わたしは，本書の翻訳と全体の調整・統一を行ってくれた渡会勝義（早稲田大学），翻訳を担当された黒木龍三（立教大学），笠松学（早稲田大学），内藤敦之（大月短期大学）の各氏に，心より感謝する．

指導的なシカゴ派経済学者たちによって強力に提案されたし，現在も提案され続けているが，それは有害で限定的な考えである．かれらは，よいビジネスマンは純粋に利己的な行動に専念していても，そうすることで，社会全体にとって最善の資源配分という社会的機能を現実に果たしているという，幻想的な信念を広めるうえで非常に有能であった．

　本書は，このような（主流派の）見方を強く批判し，それに対抗するという狙いをもって書かれた．本書の著者は，上記のような考えは社会的に有害であり，分析的には正当化されないとみなしてきたし，現在はいっそうその確信を強めている．

　現在の危機の中にあって今までと同様に不賢明に振る舞い，次のように述べることは，きわめて容易であろう．「君に言ったでしょう．しかし君は聞かなかった」．本書の目的は論争的なものではない．しかし，それが合理性と説明の基礎を提供するならば，それは単純に，そしておおいに正当化されるであろう．

　原書は3部に分けられていたが，本書もそうなっている．

　第1部は，ケンブリッジの経済学者，ジョン・メイナード・ケインズがかれの有名な傑作，『雇用・利子・および貨幣の一般理論』（1936年）によって始めた「経済学における革命」にあてられている．この日本語への翻訳の第1の目標は，単純に以下のように読者に思い起こさせることである．すなわち，過去の歴史とケインズの著作を基礎にして，われわれの経済に起こっていて，われわれが今日観察することは，けっして未知のことあるいは予測不可能なこと，あるいは想像上の事柄などではない．思うに，それは大部分，最近の過去の歴史からわれわれがすでに学んでいるべきであったものを，真に学ぶことを拒否した結果なのである．

　ごく簡単に述べると，次のようなことである．すなわち，本書の第1部は，わずか80年前，1929年に起こったことへの，全経済学者の世界および世論に対する警告であり，招待である．1929年には，ガルブレイスがのちにそれを定義したように，**大崩壊**が起こり，産業世界全体を巻き込んだのである．よく知られているようにそれは，巨大な遊休生産能力と大量失業が合衆国と産業世

界全体に広がっていた，そしてのちに正しく**大恐慌**と名付けられるようになった出来事を特徴づけていた．われわれはそれから学んだのであり，あるいは少なくとものちに，われわれは学んだといわれた．

経済学者の世界は，忘れるべきではない．

とくに，われわれはあの悲劇がどのように克服されたかを，すなわち経済システムの中で生み出されるあまりにも不足している「有効需要」を刺激することを狙った巨額の**赤字支出**と，財政上の公債の定着を通して克服されたことを想起しなければならない．実際，発展した産業世界が徐々に正常な状態に戻り，拡大を開始したのは，このようにして，つまり J.M. ケインズによってかれの1936 年の『一般理論』のなかで主張された考え方にしたがって，はじめて克服されたのである．

ふたたび，われわれは次のことも想起すべきである．のちに，第 2 次世界大戦後になって，それまでに広く知られるようになっていた「ケインズ的」経済政策のおかげで，世界大戦の恐ろしい破壊からの再建，そして経済発展の再開へと産業世界が導かれることができたのである．

日本の経済学者たちは確かに，第 2 次世界大戦後の黄金期を記憶しているであろう．この時期には，戦争でひどい破壊を受けた後，再建され，その経済の歴史の中で永遠に記憶される，もっとも輝かしい時期の 1 つを達成したのである．われわれ皆が知っているように，わずか数十年の間に，日本は世界で最も活動的で，全体として最も革新的で強力な，近代世界の主要な経済の 1 つへと変身したのである．

個人的な次元でいえば，世界の主要な部分でケインズ理論がまだ受容されていた 1980 年代はじめに，わたしは京都大学経済学部長であった菱山泉教授の招きによって，はじめて日本を訪問した．わたしは教授の考えにしたがって日本中をまわり，他の諸大学で講義を行った．

当時わたしは，経済学における「革命」が必要であると確信していた点で，ケインズは正しかったと論じた．しかしわたしは，多くの研究がなされるべく依然として残っているとも論じた．

しかしながら，ケインズ政策が正しいことを示すのはそれほど困難ではないとわかったが，わたしが主張したように，ケインズ政策の理論的枠組み全体は

さらに発展させ，完成させなければならないということを示すのは，それほど容易ではないともわかった．

わたしにとって挑戦的な課題は，ケンブリッジにおいてケインズの直接の弟子たちと支持者たちによってなされ，またなされつつあった研究を深く検討することであると，確信するに至った．もちろん，ケインズ自身はもういなかった．しかし，かれの直接の弟子たちは，まだそこで研究を続けていた．これが，わたしがケンブリッジに行った理由である．ケンブリッジでは，ケインズの弟子たちがわたしの年長の同僚となった．かれらとともに，わたしはそこで生活し，「ケインズの」アイディアについて長々と議論した．そのほとんどは心地よい会話であった．

その時期以来のわたしの研究結果は，本書の第2部を構成する諸論考において提示されている．これらの論考は，ケインズ「革命」とは本当は何であったのかを深く理解するという課題にとって重要なもので，わたしが収めることができたものを含んでいる．わたしはこのことを，わたしが**経済学のケンブリッジ学派**とあえて呼ぶことにしたものを構成する主導的なひとびとと，わたしのアイディアを話し，絶えず論じるという生涯の経験として行った．本書の第2部は，もっぱらかれらに捧げられている．

この第2部は，本書の中でもっとも長いものとなった．すべては，あの輝かしい経済学者たちのグループの変遷についての物語にあてられている．かれらは，J.M.ケインズの弟子として成長した．かれらの物語は，そのグループの最も有力なメンバーたちの著作との関連付けのもとに，語られている．それらの歴史的な変遷について，すなわち，最終的にケインジアンのドラマとなったものの中で人生を送ったひとびとの，ケンブリッジにおける注目すべき人生の展開，かれらが経験した諸困難，対照的な立場，そして人間的な失敗について語っている．

もちろん，わたしはわたしの思考を，それらがケインズの直接の弟子たちとの思想上の交流の中から生まれてくるにしたがって，表現した．しかしわたしは，直ちに次のように付け加えなければならない．すなわち，そこで生み出されたのは依然として不完全な事業であるということを，わたしは確信するにいたったということである．第2部の終わりに，わたしはきわめて明確な特徴の

リストを作成するのを余儀なくされた（わたしはそれらのうち 9 個をあげた．同時にそれらが網羅的なものでないことを断っている）．それらは，「ケインズ革命」の試みの特徴であると，わたしが考えたものである．わたしはそれらを，第 2 部の終わりの**後奏**の中にまとめておいた．それはわたしが思うに，依然として抵抗し，頑迷な伝統的（主流派の）経済理論に対する，勇敢な「独立のための闘い」と考えることができる．この意味で，それは研究の結論ではなかった．実際に行われた経済政策の観点から，達成されたことに関して，すべての謝辞をもってしても，「革命」が依然として未完であり，事実のうえでの達成では，非常に数は多いけれども，真に**新しい**経済的思考の点でことに，不完全なのである．

　いまの時点では，第 2 部を**事後的**にみるならば，わたし自身驚くことなのであるが，次のことを認めざるをえない．おそらく，わたしの若い弟子たちの一部は，ケインジアンの物語のさまざまな詳細を語るうえでわたしが成功しすぎたということを示唆した点で，正しかった．わたしが会話や，議論，手紙で交流した読者から得た反応から，かれらの大部分は本書の第 2 部から推測されること，とくに**後奏**においてまとめてあることに，注意を集中した．かれらの著作と人生についての，「独立のための闘い」を目指すものとして取り出しておいたわたしの記述のおわりには，多くの読者はその物語と説明に衝撃を受け，それ以上進んで，ますます複雑で注意の集中を要する議論に進む気にならないかもしれない．

　わたしが望むのは，このような反応が一般的でないことである．しかし，もしそうであるとしたならば，わたしにとってはそれは非常に残念である．というのは，第 1 部と第 2 部は，最も重要な本書の部分，すなわち第 3 部のための準備として意図されているからである．

　ケインズがかれの本を出版したとき，かれは「経済学における革命」を提案したのであるということを確信していた．このことはもう一度想起する価値がある．しかし，わたしが本書の最終稿を出版者に渡したとき，副題を考えるにあたって，わたしが「ケインズ革命」に貢献すること，そしてそれはいまだ「未完」であることを強調したし，それをはっきりと述べたのである．

わたしはこのことを強く確信していたので，ここに再現されている元の英語版（2006年）の**序文**のはじめに，直ちにこのことを述べた．わたしの考えでは，真の「革命」は，概念とアイディアの点で，いまだ完成されていない．「ケインズ革命」は未完成であったし，今日でもなお達成されるべく残っている課題なのである．

そしてここで，この日本語版への**序文**の中でわたしが強調したい中心的な，そして主要な論点に到達する．

わたしがここで述べることは，逆説的に見えるかもしれない．わたしの意図では，**新しい**独創的な貢献として最終的にここに現れ，そして今後も現れるべき本書の部分は，第3部にこそ含まれている．逆説的なのは，本書の第3部はもっとも注目を受けなかった部分であるということである．少数の例外を除いて，経済学の文献は第3部を事実上無視したのである．

『ジャーナル・オブ・エコノミック・リテラチャー』誌自体は，おそらくは意図的にではないであろうが，本書の書評をまったく出さないという決定をすることで，この逆説を生み出すうえで一役買った．同誌は，本書の内容の目次のリストだけを掲載するという，軽い扱いをしただけである[2]．

こうした注目の欠如には，説明が必要であろう．

わたし自身で若干の重要な事実を想起することによって試論的な回答をまとめてみるが，20世紀の最後の部分と21世紀のはじめの真に重要な出来事として，本書の読者はそれらをはっきりと認識することができるであろう．

まず，わたしの第1の深い確信は，科学研究の通常の進化の外で，そしてそれを超えて，**劇的に**重要な何かが，その数十年の間に起こったにちがいない，ということである．そしてわたしの推測では，「ケインズ」の経済理論に注意を集中することは，そうしたドラマが何かを認識するうえで，大いに助けになるはずである．

わたしの省察は，起こったことはたんにそれまで成功してきた経済理論の進化の突然の中断ではない，という理解から始まる．それは，突然の態度の逆転，パラダイムの転換，あるいはヴィジョンの変化でもある．1つの理論の持続と

---

2) *Journal of Economic Literature*, 2004, p. 1170 をみよ．

完成の突然のおわりがあっただけではない．なにかもっと重要で，根本的な変化があったのである．理論の継続的な発展から，鋭い，本当に鋭い中断と方向の逆転があったのである．以前の理論が受け入れられ，論じられていたときの賞賛の奔流から，突然の拒絶，そして時には敵対視にさえ変わったのである．そして現代の研究者にとって，もっとも印象的なのは，これがすべて，最新の科学的目的をもって組織された，実証的に管理された高度のテストの結果ではなかったことである．それはむしろ，突然外からやってきたひらめきが理論的な思考全体を逆転させてしまったかのようである．

わたしの見解では，それは，思想と事実について，確立され，実際的で有用なケインジアンの路線の上で前進することの，拒否であった．ケインズ・パラダイム全体の，あからさまで根本的な拒絶であった．

何が起こっていたのか．

これほど鋭い現象の確かな説明を発見しようとする場合，われわれは，より広い視点の中で紡がれる見方に対し，自分の心を開かなければならない．もしこのことが，先入観のない空間とある程度の想像力をもって，深い注意と拘束的な諸原則からの自由をもってなされるならば，われわれの経済学が過去数十年間変化してきた経路あるいは道を特徴づける，いくつかの，真の特徴を，われわれは指摘することができるであろう．

そうした特徴の 4 つを指摘させていただこう．

第 1——まず，すでに 1970 年代には，世界的に意味のある重要な政治的出来事，とくに技術的に進んだ西欧と混乱の中にある中東地域との関係にかかわる出来事のために，全般的な石油危機（それは明らかに主要なエネルギー源にかかわる）が勃発した．それは世界全体に影響した．経済的な点では，それは地球全体に突然の，そして不釣り合いな石油の価格の上昇をもたらした．すべての国々，とくに石油を輸入する国々における直接的な結果は，一般的な物価水準のかなりの上昇，すなわち，価格インフレーションの始まりであった．事情に通じた読者ならば，ケインズが戦前に直面した状況とは正反対の状況が生み出されていたことを意味していると理解するであろう．当時，ケインズは，そしてケインジアンたちは，かれらの注意を，大量失業を回避することにかか

わる諸問題に集中していたのであって，インフレーションの抑制にかかわる問題に対してではなかった．物価の全般的水準の異常な上昇という状況の中で，諸国の政府と専門的経済学者たちは注意を貨幣的現象に向けざるをえなかった．貨幣的現象は，直接的なかかわりがあり，また差し迫ったものであった．これは，ケインズとケインジアンたちが関心をもっていた，もっと実体的な問題から注意をそらした．マネタリストの専門家たちの助言に，地平が開かれた．労働と失業問題の専門家たちは，その問題に対応する用意すらなかった（これは明らかに，ケインズ自身は，戦争が終わればインフレーションの問題が再浮上する可能性が高いことを賢明にも予測していたけれども，ケインジアンの経済理論の不完全な点の1つであった）．

第2——続く十年，1980年代は，予期しない状況（それまでは西欧では知られていなかった）が出現した．すなわち，資本主義諸国ではなく，ほとんどすべての社会主義国において，物的生産と雇用に関して深刻な問題が生じたのである．すべての東欧諸国，そして最終的にはソヴィエト連邦自体が，維持不可能な経済的困難に直面したのである．やがて，1980年代の末に，いわゆる「鉄のカーテン」の内側にあった東欧諸国全体，そして「真の社会主義」制度を実施したと考えられる諸国が，予期しない，主として政治的な理由によって，全般的な経済崩壊に陥った．1989年には，「ベルリンの壁」の劇的な崩壊が東欧共産主義ブロック全体の終焉を，象徴的に強調してみせることになった．この出来事の衝撃は，恐ろしいものであった．それは世界の世論に対して，第1次世界大戦以来70年間政治の最前線にあった資本主義と社会主義の現実の対立が，資本主義の明らかな勝利をもって，ついに終わったという印象を与えた．いずれにせよ，これらの出来事以来，政治的諸制度の強制的で劇的な変化が東欧諸国のブロック全体に生じ，それには共産主義諸制度のひどく混乱した終焉が，そしてさらに混乱した，原始的で，規制のない自由放任の資本主義制度のいっそうの拡大がともなった．

いずれにせよ，経済科学の主導権に関するかぎり，これらの出来事以来，スウェーデンの科学アカデミーがケインジアンの傾向をもったいかなる有能な経済学者も，ノーベル経済学賞の候補として考慮することすら拒否するという点

で，きわめて明確な態度をとったことは事実である．ケインジアンの経済学者たちは，正しくかあるいは間違って（よりしばしば間違って）か「社会主義的」傾向をもち，社会主義体制に同情的か，あるいは少なくとも容易にそうした方向に傾いてしまうと考えられ始めた，あるいはそうみなされ始めたのである．全世界の大学における経済学教育のプログラムに対する影響は，本当に破壊的であった．伝統的な主流派の経済学は，その人気の頂点に達した．その経済学は，理論モデルにもとづいて，ほとんど全面的に自由放任政策を優先し推奨する方向に転換した．全世界のいかなる大学においても，経済学の教育と研究において，いかなる種類の非正統的な経済学の余地は残されなかった．

　第3——1980年代の第3の興味深い出来事に若干の注意を払うことは，示唆的であろう．それは確かに，一方では，既存の金融機関に対する人々の態度に影響したし，そして他方では，経済学者たちの思考傾向と物事に関する優先順位，そして確信に影響を与えた．1987年の10月に，恐ろしい**ブラック・マンデー**が，ニューヨークのウォール街を襲ったのである．ダウ・ジョーンズ工業平均株価指数は，たった1日で20％以上下落した．それは，ウォール街で1日のうちに起こった最大の下落であり，1929年のいかなる日に起こったよりも大きな損失であった．それは今日に至るも，例外的な落ち込みである．一部の経済学者たちは，正当にも新たな**大恐慌**が迫っていると予測した．

　1つの例を示そう．著名なイタリアの経済学者であるシーロ・ロンバルディーニは，一連のラジオ放送，テレビ・インタヴュー，さらにその後出版された本——『大恐慌——1987年は1929年と同じか』の中で，世界的な不況の予測を詳細に述べた．しかし，少なくとも外面的には，事態はそのようにならなかった．IMFとの協力および主要中央銀行の助力の下での**合衆国連邦準備理事会**の素早い介入が，厳密に**金融的な制約内**に事態を収めることに成功した．この出来事は，連邦準備理事会総裁アラン・グリーンスパンの名前にちなんで，**グリーンスパン・プット**として知られている．それは，西欧の資本主義諸国においては，支配的な国際金融機関による偉大な成功という印象を与えた．これに対し，同時に社会主義諸国に生じていたことは対照的であり，これら諸国はすべて深刻な困難に直面していた．それはまた，世論に大きな影響を与えたの

であり，西欧で実施されたこれらの金融的な措置に力強さをもたらした．そして同時に，国際金融機関（IMF，合衆国連邦準備理事会，そして他の諸国の中央銀行）の，いわゆる「連帯」に支持を与えた．

　いずれにせよ注目しなければならないのは，われわれが現在この出来事を，その出来事以来起こったことを知っているという有利な条件の下で**事後的**に見るとき，1990 年代初期の**グリーンスパン・プット**は合衆国においては成功を収めたかもしれないが，資本主義世界の他の諸国においては同じようにうまく機能したわけではない，ということである．もっと具体的に言うと，日本においても，またさらに付け加えてもよければイタリアにおいても，それほどうまく機能しなかった．

　日本においては，1990 年代後半は，日本経済のみじめで貧弱な成果のおかげで，「失われた 10 年」として知られることになった．イタリアでは，その時期について，報告するように任されたイタリア銀行の前総裁の言葉を借りれば，「1992 年以降，新しい千年紀のはじめに，イタリアはカヴールの時代以来，平和時において最悪の業績に苦しむようになった」[3]．そしてこれは——これは強調しなければならないことなのであるが——イタリアがその当時の支配的な主流派の経済学が主張する，マネタリストの自由市場自由主義に従わなかったというわけではなく，それと正反対の理由によるのである．イタリア政府は，その 10 年間にその歴史上かつてなかったほどの民営化事業を広範に行った[4]．その成果は，主要な経済指標で見て，ひとを失望させるものであった．すなわち，GNP（停滞），生産性（停滞），失業（10% 近い）であった．

　第 4——われわれは第 4 の出来事を追加することができる．それは，純粋に学問的であるという理由によって，大衆には知られていない．それは現実の事

---

3)　Ciocca P. L., 2014, *Storia dell'IRI (6) nella economia italiana*, Roma: Editori Laterza, p. 297.

4)　その 10 年間に，巨大な国有の製造業とサービスの複合企業——IRI と呼ばれ，40 万人を超える人々に雇用を与えていた——が，文字通り全体的な民営化の中で解体された．それは，当時広がっていた確信によるもので，国内的には政治的圧力，対外的にはヨーロッパの制度によるものであった（同書 p. 292）．

実とは関係がない．しかしそれは，主導的な経済学者たちの見解が形成され，したがってかれらの学生の間で支配し，そしてもっとも効果的で重要なことであるが，主要な金融機関（中央銀行，商業銀行，主要な事業会社の経営者など）のマネジャーたちの間の見解に対して，巨大な影響を与えた．

　われわれが高度理論の領域から出発するならば，ケインジアンと主流派の経済学者たちとの間の論争はけっして決着していなかったということを，想起しなければならない．19 世紀の後半以来，ジェヴォンズ＝メンガー＝パレートのいわゆる「限界革命」が公式の見解を支配してきた．それは，ケインズ理論と並んで，（1930 年以降）規制された自由放任を主張してきた．しかし，とくにこの傾向は 20 世紀に**一般経済均衡**として知られる魅力的な分析モデルの完成とともに強力な支持を与えられた．その最新の完成モデルの 1 つは，ケネス・アローとジェラール・ドゥブリューに帰せられる（両者ともノーベル経済学賞の受賞者である）．もちろん，ケインジアンと限界主義者たちの間の議論は，科学的な議論の通常の特徴とみなされなければならない．これは認められなければならない．しかし顕著なそして突然の，真に**新しい**もう 1 つの出来事が，20 世紀の最後の時期に突然起こった．1980 年代は，**一般経済均衡**のモデルの分析的枠組み全体が以前の限界をはるかに超えて**拡張され**，貨幣と金融手段を含む関係を対象とするようになった．このことは，個人の合理的期待に関する，信じがたいほど非現実的な諸仮定を置くことによってなされたのである（モディッリアーニ＝ミラーの名前のもとに通用している定理であり，両者ともノーベル経済学賞受賞者であって，ほとんどすべてのビジネス・スクールにとって文献の中で他を押しのけて適用される価値のある，もっとも基本的なものとして強調されている）．この拡張を経て，その結果，シカゴ大学の経済学者たちの貨幣理論と金融機関の最適な経営に関する見解が，全体としてほとんど完全な成功をおさめた．世界経済がどのように振る舞うかについてのシカゴの金融理論は，本当に他の見解を押しのけ圧殺した．金融経済学のシカゴ学派は，教えられる経済理論の中で支配的地位を獲得した．そして残念ながら，全世界の大学の大多数において現在もなお，広く教えられている．これは，合衆国と，矛盾しているがヨーロッパ諸国においてよりいっそう広く教えられている，ということを意味する[5]．

以上4つの特徴，そしてとくに最後のものは，現在の危機の直前の時期にお
いて，経済理論に生じたことの理解に手掛かりを与えてくれる．主要な権威あ
る経済学会においては，2008年に世界経済の経済的諸困難が始まった時に，
危機の深い原因を急いで研究することはなかったし，ましてやその意思はさら
に弱かった．生じていた諸困難は，単に合衆国の不動産市場にかかわる「サ
ブ・プライム」過剰信用投機の結果とみなされたのである．発生してくるすべ
ての困難は，経済の金融部門に属するものであるということが，当然視された
のである．主流派の主導的な経済学者たちのうちで，少なくとももっと根深い
問題が，経済の金融部門とは別の，「実物的」すなわち物的な部門に根ざす問
題が存在するかもしれないと，あえて疑問をもつ者はほとんどいなかった．そ
して，このことは，景気変動の研究の過去のよく知られたほとんど全ての貢献
（ケインズの後継者によるものだけでなく，また，ヒックス，サミュエルソン，
グッドウィンなどによるものも）が経済の**物的**部門への参照とともに作り上げ
られてきたという事実の代わりである（多くのノーベル経済学賞受賞者と世界
の金融機関経営者たちの支持によって）その間に西欧資本主義経済に広くイン
フレーションをもたらしたけれども，危機は，銀行業と金融，あるいはせいぜ
い関連する保険会社，格付け機関に，そしてその間に発明され合衆国の経済の
大部分を覆うに至った多くの金融機関に，西欧資本主義諸国に広まったそれを
模倣した機関に，限定された．

　この恐ろしい危機の始まりから7年後になった今，貨幣と金融に主導された
経済に帰される決定的な役割についての確信が，いかに深く根を張ったものか，
あるいはいかに頑固なものであるかを理解するというのは，本当に異常なこと

---

5)　一例をあげよう．かれはわたしの友人で，経済学者である．かれはケンブリッジで
　学んだイタリアの経済学者たちの間でよく知られていた．かれはスラッファの線に沿
　った重要な論文を書いた．予想できなかったことであるが——少なくとも私にとって
　は——1982年に，1つの論文を書き，その中で1980年代の経済理論はケンブリッジ
　を含めてそれまで経済学が従っていた見方から，それから間もなく支配的になるフリ
　ードマン＝ルーカスの，経済学だけでなく世界全体の全体的な行動ヴィジョンを見る
　見方にUターンする必要があると考えていることを説明したのである．L. Spaventa,
　1982, 'Una svolta ad U Della Teoria Economica', *Scritti in onore di Innocenzo Gasparini*,
　vol. II, Milano, Giuffre ed., pp. 1037-1058 をみよ．

のように響く．諸政府と金融機関の決定は，一連の公的な決定を経たものであり，大きな矛盾を含んでいた（象徴的な例では，よく知られ，広く論じられた合衆国政府の 2008 年の，一方ではベア・スターンズを救済する，すなわち実質的には国有化する決定，他方ではリーマン・ブラザーズの同様なケースでは市場での銀行破産を許した)[6]．この本当に恐ろしい大不況の始まり以来，いまや経過した 7 年間は，議論，繰り返し，確信の宣言，そしてシカゴ学派の貨幣金融経済学の示唆するところにしたがって，もっぱら貨幣的な政策の有効性に対する信頼を示す見解で埋まっている．主流派の線に沿った決定は，完全競争，完全知識，完全で合理的な期待に基づいていて，信じられないことであるが，先進工業諸国全体において採用され続けている．とくにヨーロッパでは，「緊縮」政策が個人の苦しみ，とくに人口のうちでより貧しい人々に対する考慮をほとんどすることなく，強制されている．その信念は，追求されている目的は銀行と金融部門において信任と確信を回復することであると，公然と述べられる．そしてそれらは，自己調整が可能であると想定されている．それから誰もが後ろに退き，（想定される）確信と信任が回復し，経済成長が再開されるのを待つのである．しかし，どれだけ待っても，何も起こらない．

　残念ながら，これがこの**序文**を書いているときの状況なのである．

　しかし，幸運なことに，例外があった——それは，わたしにとっては，驚きであり，予期しないものであった——．それを想起し強調することは，わたしにとってうれしいことである．なぜならそれは，最終的に希望を与える，常識が存在する余地がまだあることを示す，わたしがあげることができる，唯一のはっきりとしたケースであるからである．

　トリビューン・メディア・サービス（Tribune Media Service）が 2008 年 10 月 15 日（すなわち，ほぼ**この**大不況の始まりの時点）に公開した，非常に明晰な記事の中で，ポール・サミュエルソンは真実の光を垣間見たように見える．そのメッセージの要点は，かれの記事のタイトルによって表現されている．そ

---

6)　この矛盾の簡潔であるが興味深い検討が，P.L. Ciocca, 2014, *La Banca che ci manca*, Rome: Donazelli Editori, の第 9 章で与えられている．この本の英訳が，パルグレイブ・マクミラン社から *Stabilizing Capitalism. A Great Role for Central Banks*, というタイトルのもとに間もなく出版される予定である（訳注：2015 年に出版された）．

xvi

の記事は，勇気があり，正確で，決定的であるが，劇的でないわけではない．
「フリードマン＝ハイエクのリバタリアン資本主義に決別を」[7]．

　サミュエルソンは直ちに，そして簡単に，1929年の大不況の経験を生かして，**なされるべきであった**ことすべてに言及する．とられるべき経済的手段は，明確に表現されている．以下がかれの言葉である．「ほとんどの損失は——1929-32年の場合と同様に——永続的であろう．しかしながら，連邦準備理事会と合衆国財務省による新しい貨幣の十分な創出によって，回復と安定は可能であろう」．かれは次のように締めくくる．「ルーズヴェルト＝トルーマン＝ケネディー＝クリントンの経済政策の中間の道は，今日の混乱と破産を**救うことができたであろう**」．

　そしてかれは，ほとんど予言的な言葉で続ける．「それでは，2007年以来ウォール・ストリート資本主義の自殺の原因は何であったのか．この1世紀のうちで最悪の金融混乱の底には，これがある．すなわち，ミルトン・フリードマン＝フリードリッヒ・ハイエクのリバタリアン自由放任資本主義が，何らの規制もなく荒れ狂うに任されたのである．これが今日の困難の起源である．これら2人の人物は，共に亡くなっている．かれらが残した毒は，生き続けている」．

　かれは，突然，鋭いそして恐ろしい判決をもって（かれ自身も巻き込んで）終える．「わたしとM.I.T.，シカゴ，ワートン，ペンその他の同僚たちは，天国の入り口で聖ペテロに会うとき，乱暴な扱いを受けるかもしれない」．

　賞賛すべきポール・サミュエルソンは，（かれを含めた）経済学者たちに，起こったことに責任の一部をともにもつように呼び掛ける．これらの言葉がかれの人生の最後の年となるほんの少し前に書かれたということは，なんとも残念である．

　しかし，何よりも残念なのは，おそらく，現在われわれが次のように問わなければならないことである．誰がかれの言葉に耳を貸したのか．ポール・サミ

---

7)　ポール・サミュエルソンの 'Farewell to Friedman-Hayek libertarian capitalism'. この記事はまた，2008年10月20日の *Corrier della Sera* 紙（イタリアの日刊紙）に，'Le sette errori dei liberisti senza regole'（規制なき自由主義者の7つの誤り）というタイトルで掲載された．

ュエルソンは，特別な忘却の谷に埋められるべきなのか．抑圧と忘却は，過去の経済学文献において，よく試された技術であることを，われわれはあまりにもよく知っている．しかしそれは通常，非正統派の経済学者についてのみいわれることである．

ポール・サミュエルソンは非正統派の経済学者ではない．かれは今までに書かれた中で，最もよく売れた経済学の教科書の著者である．それは，世界中で歴史上もっとも多く売れた，経済学の教科書なのである．

それではわれわれは，ポール・サミュエルソンを非正統派経済学者として扱うべきなのか．

ここで矛盾は完成する．

しかし，論理的な結論は，それでも劇的であるが，はるかに単純である．

ほぼ1980年代から恥ずることなく主流派の経済学者たちによって教えられ推奨されてきたことを放棄し，葬り去る時が来たことをわれわれは認めるべきである．そしてその代わりに，われわれが基礎的なケインズ経済学（とくに失業の問題との関連で）の本から学んだ，よくテストされた理論と政策を，ごく単純に定着させることである．

もしこのことが受け入れられたとすれば，それは議論の終わりなのであろうか．

まだそうではない．

ポール・サミュエルソンによって見事に表現された見解と勧告，そして現在の危機についてのかれの鋭い評価――それは意外なことに，第1世代のよく知られたケインジアンの線に沿ったものである――を受け入れることによって，第2部の後奏の中身に関してわれわれが上で到達したところに，再び戻ってきた．このことは，第3部のはじめ以前に戻ることを意味する――第3部は本書の中で重要な部分としてわたしは考えており，そこでわたしは2つの基本的な主張を示している．すなわち，1つはケインズ自身に関することであり，もう1つは全経済理論にかかわる．全経済理論にかかわることは――最も重要で――単純であるが，根本的である．交易から発想された世界のヴィジョンを基礎に構築された主流派の経済学のパラダイム全体が，放棄されなければならない，ということである．それは中世以降の，そしてルネッサンス期の歴史的出

来事を研究するには有用であったかもしれない．しかし産業革命の出現によっ
てわれわれは新しい，異なった歴史の局面に入ったのであり，ここでは資本主
義の文脈の中での生産が支配的となった．ところでこのことはまた，なぜ実証
的に証明されたテストへの主張が，一般均衡のモデルと支配的な金融制度の結
びつきを肯定する経済学者たちによってなされないかを説明する．**一般経済均
衡**の見方，論理の力によって支配され，さらには美への愛着によっても影響さ
れているが，事実と実証による支持によっては影響されていない．そしてさら
にもう1つの主張がある．上で何度も述べたように，第1世代のケインジアン
の理論的枠組みは，十分ではなかった．それ自体，ケインズ以前の見方に戻る
ことは，このことのもう1つの証明である．いまやなされなければならないこ
とは，ケインズがわれわれをすでに連れて行ったところに戻るだけではなく，
さらに前方に，ケインズ自身を超えて進むことである．これが本書の第3部で
わたしが論ずることである．

　その目的は，「経済学における革命」のケインズ自身のそれを**超えて**飛躍を
図り，以下の方向を強力に推し進めることである．すなわち，

　　——交易から着想を得た新古典派経済学の伝統的な枠組み全体を放棄するこ
　　　と（第8章）
　　——「純粋生産の経済理論の段階」を構成すること（第9章）
　　——それを適切な「制度的研究の段階」によって完成すること（第10章）
　　——そして最後に「**ケインズ革命の将来に再び戻る**」こと（第11章）

　以上のことは，あまりにも困難な研究の枠組みであろうか．そうかもしれな
い．しかしそれは挑戦的な課題である．すなわち，わたしが日本の読者の参加
を歓迎したい課題なのである．

　ミラーノ，20015年9月　　　　　　　　　　　　　　　　　　　　L.L.P.

序　文

　科学的研究において勝利するアイディアは，速やかに成功を収めるものでは必ずしもなく，持続性をもったものなのである．この点では，ケインズのアイディアの評価は難しい．経済政策の面では，かれのアイディアの成功に時間を要しなかった．経済理論に関しては，ケインズの独創的なアイディアは，広く受け入れられることはなかった．経済科学は，本質的には，「従来通りの仕事」をし続けた，つまり，ワルラスのエンジンを核において仕事を続けた．こうして，「ケインズ革命」の成功は道半ばで終わったのである——経済政策の面では成功を収めたが，理論の次元ではそうではなかった．本書は主として，ケインズの経済学の成功しなかった——少なくとも今までは——半分を扱う．

　「ケインズとケンブリッジ・ケインジアン」に関するこの著作は，過去を振り返るものであるが，未来を志向している．本書でわたしが考察するのは，ケインズの理論的革命の原点，それを失敗させた（あるいはそれを未完に終わらせた）出来事，それが不完全に終った理由であり，そしてケインズの理論における革命が陥ったと思われる暗闇から，それを引き出すことを目指して行われる，あらゆる努力を正当化する根拠である．

　ケインズが意図したように，支配的な経済理論を形成することに成功しなかったというと，多くの専門的経済学者には異常にひびくかもしれない．というのは，いわゆる「ケインズ」理論は，主流の新古典派経済学が強固に根をはったところを含めて，あらゆるところに広がっていると思われるからである．1970 年代におけるマネタリストの「反革命」にもかかわらず，わたしが思うには，経済学がケインズの概念とアイディアから直接間接に影響を受けていることを，本気で否定しようなどと考えるマクロ経済学者は，現在ではごく少数であろう．サミュエルソンが第 2 次世界大戦直後に語ったといわれる言葉，「われわれは今や全員ケインジアンである」（1970 年）は，今ではほとんどの経済学者たちの伝統的な知識の一部になっている[1]．

xx

　以下のページにおいてわたしは，ひろく抱かれているこの感覚を反駁しようと思う．われわれが今日「ケインジアン」と呼ぶ理論の大部分は，産業世界をおそったもっとも深刻な不況のただなかで，『一般理論』を書いた1930年代にケインズが頭に描いていた理論の「革命」とはほとんど無関係である．何らかの市場の不完全性，労働と資源のある程度の未利用を示すか，あるいは投資の決定における不確実性の役割，貨幣の非中立性，あるいは金融市場の本質的な不安定性を指摘する経済モデルが，ケインズの思想のうちの一部の糸を含むことは，確かである．しかし，ケインズの『雇用，利子および貨幣の一般理論』は，そのタイトルが暗示するように，欠陥のある既存の理論を繕うことを目指したものではなく，まったく異なった基礎の上に経済理論を改めて基礎づけることを目指したものであった．

　その基礎とはどのようなものか．本書は，ケインズの「経済学における革命」に刺激を与えた，もともとの理論的枠組みを再構成するためには，かれが「革命的な」アイディアを着想し，はぐくんだ場所と環境に立ち戻ってみる必要があるという確信から出発した．その場所とは，イギリスのケンブリッジである．そこでかれは，自分が以前の著作で展開したものを含めて，支配的な経済理論を，さまざまな背景から集められてきた非常に優秀なかれの弟子たちのグループの議論と批判のテストにかけることを選択したのである．この優れた才能をもった若い学者のグループにかれがおいた信頼は，並のものではなかった．かれら全員がケインズの個性に魅惑され，同時にケインズの直観を理解し展開する知的な過程において，かれの称賛を受けたのである．わたしが本書でケインズ経済学のケンブリッジ学派と呼ぶものを構成するのは，この学者グループなのである．

　優れた歴史家は，特定の状況の中で起こったこと——われわれの場合，問題の出来事は，「ケインズ革命」である——について健全な知識を獲得するには，そのような出来事が生起した文脈を何よりもまず把握しなければならないということを，十分に意識している．これこそが，ケインズ経済学のケンブリッジ学派のメンバーたち，かれらが活動した文脈，かれらが出発した理論，そして

---

　1)　Samuelson, 1948, 8th edition, 1970, p. 193, 訳327頁.

かれら全員がそこから着想を得た理論が，注意深い検討に付されなければならない理由なのである．

　そのような文脈の中におけるこの学派の本質的な特徴は，初期のイギリス古典派のアイディアとともにケインズのアイディアを取り上げ，いかなる妥協もすることなく，つまり当時支配的であった理論に対していかなる譲歩もすることなく，展開したことであった．このように，そのメンバーたちは，正統派から決然として離反した．すなわち，この学派は主流派の経済学の理論のコアに対して補完的ではなく，それにとって代わる路線に沿った基礎理論の展開に従事したのである．主流派の理論に対するこの反対は，よく知られている，いや，むしろあまりにもよく知られている．それは，有効な代替的な理論を建設するというよりも，主流派をさらに批判し破壊的**傾向**がある**告発**の基礎としてしばしば用いられる特徴なのである．

　本書においては，この破壊的な態度に言及することは避けられないけれども，かれらの努力の反対の側面——つまり，建設的な側面——を浮び上がらせることに，わたしは主要な努力を傾注するつもりである．それゆえわたしは，次のように論ずるであろう．すなわち，ケインズ経済学のケンブリッジ学派の諸著作から引き出されるべき重要なメッセージは，実際，建設的な——否定的ではなく——ものである．要するに，わたしが確信するのは，ケインズが提起した「経済学における革命」は，本質的に経済理論のなかに必ず未来をもつことになるはずである，というものである．それは単に，かれが研究の課題として強調した「貨幣的生産経済」，すなわち産業革命以来その姿をますますはっきりと現してきたような種類の経済である，という理由によるのである．言い換えれば，未来の歴史はケインズの理論の側にあるのであって，その反対ではないということである．そして，もしこれが正しいとすれば，その帰結は遠くにまで及ぶ．

　通常科学の過程は——この点では経済学も例外ではない——多くの知的な挑戦に抵抗することができるかもしれない．しかしそれは，現実の不可逆の変化に対しては，長期にわたって抵抗することはできないであろう．この観点からみると，ケインズとケンブリッジ・ケインジアンたちは，ワルラスと新古典派，つまりワルラスの追随者たちよりは，われわれを取り巻く世界の経済発展につ

いて発言する資格をはるかに多くもったものとして現れる.

　もちろん，いかなる科学的パラダイムも，単一の静態的な人間の知識の塊ではない．それは通常，必要に直面した場合には，自己調整の可能性を備えている．この点からみれば，主流派経済学は今日では明らかに，もともとのワルラス理論の単なるコピーではない．しかしながら，同じ理論を定式化する過程は，ほとんど無限に異なった分析用具によってであるとしても，創造的な研究をするのにもっとも有効な方法であるとは思えないということもまた，認められなければならないであろう．ときには，既存の論文を完全に反故にして，新しい着想のもとに完全に新しい研究方法で新たに始めるほうがはるかに容易で，またはるかに多くの成果をもたらすかもしれないのである．

　それがケインズの理論の「革命」の意図するところであった．それはなぜ成功しなかったのであろうか．わたしの議論は２つの側面で行われるであろう．第１は，ケインズの理論的提案に対して経済学者の集団がとった反応がどのようなものであったかについてである．通常考えられていることに反して，かれの敵対者たちはかれのアイディアをつねに完全に拒否したのではない．よりしばしば起こったのは，かれらは（意識的にあるいは無意識的に）ケインズの理論の一部をあちこちで取り上げ，正統派に適合するように適宜調整するがケインズの理論的枠組みを全体としては受け入れない，微妙でずるい態度をとる，ということであった．

　第２の理由——本書の最後の部で特に強調することになるが——は，次のように，要約することができるであろう．ケインズが提示した理論は，一般的ではあったが，不完全であったし，いくつかの方向ではかなりの程度不完全であった．すべての偉大な構築物が最初は欠いている洗練と完成を備えることができなかった（これは，そのような独創的な著作については驚くべきことではないし，また大きな問題とはならないのであるが）．またそれは，いくつかの不可欠の（建築）ブロックを欠いていた．おそらく緊急に出版する必要に迫られてケインズは，非常に基本的なところでいくつかの重要な柱を無視したのであろう．

　これは十分に理解できることであるが，それに代わる新しい理論がすぐ近くに，それも同じ程度の堅固さを備えていると思われるものが目に見えるのでな

ければ，だれも支配的な理論を——それがいかに不完全であっても——進んで放棄することはないであろう．この「危険回避的な」態度に関して，経済学者が例外であると考える理由はない．もしそうであるとすれば，ケインズ革命の背景にある経済学のパラダイムを強化するために何がなされる必要があるのかを検討することが，至上命題となる．このパラダイムには実りの時期を迎える準備があるのか否か．

　繰り返そう．ケインズ経済学のケンブリッジ学派の特徴に，そしてその（個々の）メンバーの人生に立ち戻ってみることが，非常に重要であると思われる．明らかになるのは，ケインズの弟子たちは，おそらくは緊急事態のもとで，ケインズの考えの背景にある異なったパラダイムの基礎を強化するということよりもむしろ，ただちにケインズのアイディアをさらに展開するということに迫られていたのである．この点ではスラッファは顕著な例外であった．かれは，かれらの代替的な思考様式である古典派の基礎の長所について，首尾一貫性を追求し矛盾を避けて強化するための研究に専念した．しかし逆にかれは，ケインズの構築物の分析にふさわしい努力を払うことができなかった．このためかれは，ケインズのアイディアの豊穣性の多くを見逃してしまったのである．その結果，ケインズの弟子たちは，全体として，理論の建設者のグループとしてよりも，批判的な思考をするグループとしての結合性が強いように見えることになったのである．そして，かれらをその学術的な人生を通じてまとめていたと思われる対外的な教祖が，建設というよりも批判の香りを強くもっていたというのも，おそらく事実であろう．

　この著作の最後の部でわたしは，このような態度を逆転させることを試みる．わたしは，1つの（科学的な）傘のもとにケインズとケンブリッジ・ケインジアンたちの理論を統合する首尾一貫した枠組みを提示することを試みるつもりである．わたしはこれを，（構造）動学理論の用具によって補完した上でスラッファの経済学への研究方法を，理論的構成物全体の中心におくことによって行うであろう．そしてわたしは事実の複雑さに対して基礎を明確にし，堅牢にするために，経済分析への2段階接近法という，新しい方法論的な研究方法を提案している．スラッファがかれの傑作の中でやったように，わたしは**純粋理論**が本質的であることに，注意を集中するように勧告するであろう．そこでは，

基本的で自然的な（つまり長期的な），経済システムの部門的およびマクロ経済的な特徴が明確に取り出される．それから（時間的順序にしたがってではなく，論理的な順序にしたがって）わたしが研究の**制度的段階**と呼ぶ研究の第2の段階に進む．そこでは，個人および社会の行動の諸タイプが，その多様性と相互作用について追究され，またそこでは経済分析は他の社会諸科学からの提案，仮説，そして行動モデルにドアを開いている．ケインズ経済学のケンブリッジ学派の理論的枠組み全体を統合しようとするこの試みは，もちろん自己完結的であることを意図するものではない．本書のような本では，とられるべきすべてのステップを正確に示そうとするほど，わたしは過剰な野心を抱いてはいない．しかしわたしは，この統合の過程が向かうべき方向については，はっきりと示すことを試みようと思う．わたしが望むのは，これが実りあるもので，ケインズの理論的アイディアが耐久性をもつこと——これはそれらを**究極的に**成功に導くのに必要な条件である——を可能にすることである．

＊　＊　＊

　この著作の全体の構成は，以上に示された議論の順序を反映している．それは第1，2，3部と呼ぶ，別々の部に分かれている．第1部は，正統派から決別するという，ケインズの大きな決断についての説明である．それは，『一般理論』の出版後の，「革命」の達成を妨げた諸障害の説明である．説明の大枠は，わたしが「カッフェ講義」で使ったものである．その説明の構成は，1994年10月にローマ大学，サピエンツァ校で行ったものとほとんど同じである．

　第2部は，ケインズのもっとも近くにいた弟子たちについての一連の伝記的エッセイと，かれらが形成したケインズ経済学のケンブリッジ学派についてのエッセイを含む．わたしは，たまたまある時点においては，この学派の一部であり，かつ目撃者となった．参加者としての感情移入は避けられないものであり，それがよくも悪くもわたしの判断に影響していることは，十分に考えられる．しかしわたしが望むのは，内部者のみが感知することができる洞察によって，それが相殺されることである．その詳細が経済学をする代替的なやり方のたいまつを高く掲げる助けになることを望んでいる．すべての（カーン，ジョーン・ロビンソン，カルドア，スラッファ，そしてグッドウィンについての）伝記的エッセイは，すべて以前に公表したものである．しかしわたしは，それ

序　文

が適切であるかあるいは有益であると感じたときには，小さな修正を自由に挿入することにした．さらにわたしは，科学的研究について報告する以外に，それらに3つの短文（前奏，中間奏，後奏）で，それらをつないだ．それらは，さもなければ謎めいていてほとんど理解されず，そしてある程度は不賢明な行動に統一性を与えるために，わたしが使った解釈のための鍵を明瞭にすることを目的としたものである．

　最後に第3部は，経済学をする新古典派のやり方に対して，ケインズ的なやり方が不整合であることをはっきりと論じている．そこでは，ケインズのオリジナルなアイディアを生かし，そして長期的に成果を生み出し続けるようにするための経済学の分析枠組みを――建設的に――展開することを試みる．この建設的な部分のほとんどは，わたし自身の他の諸著作を利用している．目的は明らかに，それを提示すること自体にあるのではなく，ケインズ経済学のケンブリッジ学派を，全体として1つの首尾一貫した方法論的な枠組みの中に位置づけることにある．そうすることではじめて，一連の概念と論理的（相互）関係が，完全に装備されたケインジアンの「経済学における革命」のメッセージと実質を復活するのを助けるであろう．

　2006年5月，ミラーノ　　　　　　　　　　　　　　　　　　　　　　　L.L.P.

謝　辞

　過去 15 年間進行中で，中断，再開，書きなおしを伴ったけれども，基本的な原理を明るみに出し強調するという，はっきりとした目的をもって本を書くに当たっては，自分の教師の方々に謝意を表することで始めようとする誘惑は強い．わたしは本書において，とくに経済学のケンブリッジ学派を形成した人々に言及する．わたしはイングランドのケンブリッジ大学経済学・政治学部で過ごした 16 年間，それらの人々の影響のもとにあった．そして，もちろん，イングランドのオックスフォード，マサチューセッツのケンブリッジ，そしてイタリアにおいて数限りない議論を交わした人々にも感謝している．しかし，この際は，情緒的な感覚には抵抗するようにつとめるつもりである．

　わたしの表だっての謝意の表明は，何らかの時点で，この本に実際に収められた抜き刷りを読み，論評，批判あるいは示唆を与えてくれた人々に限られるであろう．唯一の例外は，シロ・ロンバルディーニに対してであり，かれにはいくら感謝しても，感謝しきれない．かれの確固とした配慮と励ましがなかったならば，わたしの経済学者としての経歴は始まっていなかったであろう．

　わたしのカッフェ講義の初期の草稿に論評（ないしは批判）を与えてくれた人々のなかで，わたしがとくに感謝したいのは，ニコラ・アコチェッラ，マリオ・ティベーリ，アンドレア・ボイターニ，テレンツィオ・コッツィ，シロ・ロンバルディーニ，フェッルッチョ・マルツァーノ，アルベルト・クワドリオ・クルツィオ，ルイジ・スパヴェンタ，そしてパオロ・シーロス・ラビーニの方々である．第 2 部に集められた伝記的エッセイについては，注意深く読み有益なコメントをいただいた，マルコ・ダルディ，クリスティーナ・マルクッツォ，ネリオ・ナルディ，フェルディナンド・タルジェッティ，トニー・サールウォール，そして（リチャード・グッドウィンについて）ポール・サミュエルソンとロバート・ソローに感謝する．

　この本の最後の部の草稿は，もっとも集中的で詳細な論評と批判を引き起こ

した．その理由は単に，わたしが第3部の一部の草稿を，ミラーノ（カトリック大学）とポルト（2006年のヨーロッパ経済思想史学会）で特別に組織された集会で配布したという理由による．わたしはそれらのコメントや批判に対して，エンリコ・ベッリーノ，アントニオ・ダガータ，ドメニコ・デッリ・ガッティ，ダヴィデ・グアレルツィ，ジョルジョ・ルンギーニ，ジャンデメトリオ・マランゴーニ，クリスティーナ・マルクッツォ，フェルディナンド・メアッチ，ピエルカルロ・ニコラ，ダニエラ・パリージ，ピエール・ルイジ・ポルタ，ピッポ・ランチ，アンジェロ・レアーティ，アレッサンドロ・ロンカッリア，モッシュ・シルクウィン，パオロ・ヴァッリ，そしてステーファノ・ザマッニィに感謝する．

　ジェフリー・ハーコート，マウロ・バランジーニ，ハインリッヒ・ボルティス，そしてロベルト・スカッツィエリには，例外的で非常に特別な感謝が捧げられなければならない．かれらは，この本を完成することに努めている間わたしの近くにいた．わたしの考えの展開へのかれらの鋭い関心は，この著作の懐妊期間を通じて，はじめから終わりまで，わたしとともにあった．

　原稿の準備の最終段階において，ウィル・ボーモルの惜しみない注意から恩恵を受けた．かれは——かれの近著において明らかにされるであろう代替的な見方との比較についての意見交換に加えて——予期できなかったことであるが，かれはわたしの見解のいくつかを取り上げたと述べた．そしてかれは，われわれが住む産業社会の進化の最近の段階である——ケインズがそのように呼んだ——「貨幣的生産経済」の基本的な特徴について合意できる点と合意できない点について，議論を始めたいと述べた．われわれの観点が異なっている，あるいは補完的である，あるいは両方である程度について，わたしはぜひ知りたいと思っている．

　わたしはこれらの個人的な謝辞を，ジャン・パオロ・マリウッティに対してわたしが抱いている深い感謝の念を述べないで終わることはできない．かれはこの著作の最終段階において，わたしの貴重な，そしてけっして受け身ではない研究助手であった．かれの助けなしには，かれの文献研究に関する鋭い電子的な感覚，かれの（実際批判的な）論評，かれの代替的な示唆なしには，この本の出版にはもっと時間が必要であったであろうし，そして場合によっては，

謝　辞　　　xxix

おそらく，実現しなかったかもしれない．わたしはまた，ミラーノのカトリック大学に感謝を表明しなければならない．カトリック大学は，わたしに必要な研究施設を提供してくれたのである（プロジェクト D. 3. 2）．

　終わりに，以下のエッセイが最初に出た場所について述べておかなければならない．それらのエッセイは，修正と追加がなされたけれども，本書（の第2部）に採録されている．すなわち，

- ・「リチャード・フェルディナンド・カーン：1905-1989」．もとは，*Proceedings of the British Academy, Lectures and Memoirs*, vol. 76, London, 1991 (pp. 423-443).
- ・「ロビンソン，ジョーン・ヴァイオレット」．『新ポールグレイヴ経済学辞典』中の1項目．ジョン・イートウェル，マーレイ・ミルゲイト，ピーター・ニューマン編，Macmillan Press Ltd, London, vol. IV, 1987 (pp. 212-217).
- ・「ニコラス・カルドア」．伝記的付録の1項目，*The International Encyclopdeia of the Social Sciences*, vol. 16, New York: Free Press, London: Collier Macmillan Publishers, 1979 (pp. 366-369)．およびニコラス・カルドア「均衡なしの経済学」への「序文」（カルドアのイエール講義のイタリア語版，Il Mulino, 1985 (pp. 9-21)).
- ・「ピエロ・スラッファ」，伝記的付録の1項目，*The International Encyclopdeia of the Social Sciences*, vol. 18. Mew York: The Free Press, Macmillan Publ. Co., 1979 (pp. 736-739).
- ・「スラッファの思想における連続性と変化」 Cozzi, T. and Macchionati, R., eds, *Piero Sraffa: Centenary Estimate*, London: Routledge, 2000 (pp. 139-156).
- ・「リチャード・マーフィー・グッドウィン (1913-1996)」，*The Cambridge Journal of Economics*, vol. 20, 1996 (pp. 645-949).

　わたしは改めて，ピエランジェロ・ガレッニャーニ（スラッファの遺稿管理者）に対して，スラッファについての第3のエッセイにおいて，トリニティ

xxx

ー・カレッジのレン図書館に保管されているスラッファ文書の未公刊の資料を出版することを許可してくれたことに感謝を表明する．わたしの感謝の意は，ジョン・イートウェルとアレッサドロ・ロンカッリアにも，かれらのピエロ・スラッファとの間で交換された手紙の出版を許可してくれたことにも対しても表される．最後に，わたしが，それぞれトリニティー・カレッジとキングズ・カレッジの図書館長であるジョナサン・スミスとピーター・ジョーンズにいかに感謝しているか，述べさせてほしい．かれらは，多くの機会に，本書の主題であるすべての著者に関する未公刊資料に接するのを助けてくれた．

　最後に，しかし最少にではなく，愛を込めた感謝をわたしの家族，とくにわたしの妻カルメーラに，もっとも基本的な家族の義務からわたしが盗んだ時間に耐えてくれた彼女の忍耐と優しさに対して，表明しなければならない．本当に，感謝と愛を．

　ミラーノ，2000 年 5 月　　　　　　　　　　　　　　　　　　　　　L.L.P.

xxxi

目 次

日本語版への著者序文 iii

序文 xix

謝辞 xxvii

第1部 ケインズの未完の革命
—フェデリーコ・カッフェ講義, 1995年—

フェデリーコ・カッフェについての覚書 2

第1章 正統派との決別の決意 ⋯⋯⋯⋯⋯⋯⋯⋯⋯⋯⋯⋯⋯⋯⋯⋯⋯⋯⋯⋯3

1. 序論 3
2. 異なった解釈 4
3. 「世界が経済問題を考える思考方法を革命する」 6
4. 出来事の確立された時間経過についての展望 8
5. 有効需要の原理 13
6. 科学革命と異なったパラダイム 16
7. 正統派からのケインズの決別 21

第2章 ケインズ後の「革命」 ⋯⋯⋯⋯⋯⋯⋯⋯⋯⋯⋯⋯⋯⋯⋯⋯⋯⋯25

1. 前言 25
2. 1936年 26
3. 「非嫡出子」ケインズ主義(あるいは新古典派総合か) 29
4. ケインズ経済学のケンブリッジ学派 33
5. 正統派経済学の「通常科学」の過程に異常な事実(とくに失業)を
   吸収することの困難 41
6. ポスト・ケインジアン,ネオ・リカーディアン,進化主義者,制度

主義者，その他　44

7. 結論　48

第2部　ケインズ経済学のケンブリッジ学派

前奏：初期の弟子たち　52

第3章　リチャード・フェルディナンド・カーン（1905-1989）
──『一般理論』の共著者か──……………………………………………59

1. 主要な伝記　59
2. ケンブリッジ・ケインジアンの環境におけるカーン　59
3. 生涯と科学的貢献　61
4. カーンとケインズの『一般理論』　70
5. カーンとケインズ革命　75
6. R. F. カーンの科学的著作　78

第4章　ジョーン・ヴァイオレット・ロビンソン（1903-1983）
──ノーベル経済学賞をのがした女性──……………………………85

1. 前言　85
2. 基本的な伝記　86
3. 彼女の知的性格の特徴　89
4. 彼女の科学的達成　92
5. ジョーン・ロビンソンの主要著作（抜粋）　103

第5章　ニコラス・カルドア（1908-1986）
──成長，所得分配，技術進歩──…………………………………105

1. 人物　105
2. 基本的な伝記　107
3. カルドアの経済学への主要な貢献　109
4. 政治的活動　115

目　次　　　　　xxxiii

 5.　カルドアとケインズ　116

 6.　ニコラス・カルドアの主要著作（抜粋）　117

第6章　ピエロ・スラッファ（1898-1983）
——批判的精神—— ……………………………………………121

第6章の1　簡単な伝記的・書誌的スケッチ……………………123

 1.　伝記　123

 2.　規模に対する収穫，費用，そして価値　126

 3.　リカードウの『著作集』の編集　127

 4.　『商品による商品の生産』　128

 5.　ピエロ・スラッファの主要著作　131

第6章の2　ケンブリッジのイタリア経済学者……………………133

 1.　前言　133

 2.　1926年：新たに現れた星　134

 3.　ピエロ・スラッファの経済学者としての教育　137

 4.　ケインズとの最初の接触　139

 5.　大学での経歴の始まり　141

 6.　スラッファの個人的関係　142

 7.　交友関係：マッティオーリ，グラムシ，ヴィトゲンシュタイン　143

 8.　スラッファとケインズ　146

 9.　素晴らしい批判者　151

 10.　スラッファとケインズの弟子たち　153

 11.　ケンブリッジ・ケインジアン・グループ　155

第6章の3　ピエロ・スラッファの思想における連続性と変化……159

 1.　前提　159

 2.　ピエロ・スラッファの思想の進化　160

 3.　スラッファ文書への個人的な埋没　161

xxxiv

　　4. スラッファ文書の分類についての若干のヒント　163

　　5. 3つの思考の流れ　165

　　6. 不可能なほど壮大な研究計画　168

　　7. もともとの計画のどの部分か　171

　　8. 最後の論評（あるいはスラッファ対ケインズ）　177

　　付録――スラッファの未刊の文書から抜粋した記録　180

中間奏：不賢明な行動　185

第7章　リチャード・マーフィー・グッドウィン（1913-1996）
　　　　――失われたケインズとシュンペーター・コネクション――…………191

　　1. 前言　191

　　2. 基本的な経歴　193

　　3. 画期的な知的業績　193

　　4. ケンブリッジの謎　195

　　5. イタリアにおけるルネッサンス　196

　　6. グッドウィンの経済学における創造力の謎の中断：ケンブリッジに問題か　197

　　7. リチャード・グッドウィンの主要著作（抜粋）　200

後奏：独立のための闘争　201

第3部　発展する経済のための生産パラダイムに向かって

第8章　新古典派経済学を超えて………………………………………223

　　1. 2つの関連した「革命」　223

　　2. 経済分析の歴史的背景　224

3.　重商主義から新古典派へ　228

　　4.　新古典派経済学の還元主義的方法　236

　　5.　ケインズの経済学の理念的な課題　242

第9章　純粋理論の段階 ……………………………………………247

　　1.　分離定理　247

　　2.　「自然」経済システムの最も単純な形　251

　　3.　モデルの簡潔な提示　254

　　4.　規範的な性質　266

　　5.　「自然」経済システムの完結に向けて　271

第10章　制度的な研究の段階 ………………………………………275

　　1.　制度の役割　275

　　2.　歴史の挑戦に直面する制度上の問題　278

　　3.　極端な解決策への幻滅と「第3の道」の発見の困難　283

　　4.　分離定理の再検討　291

第11章　ケインズ革命の将来再考 ………………………………297

　　1.　回想　297

　　2.　生産（そして学習）パラダイムの一般化への推進力　299

　　3.　貨幣理論と貨幣政策　302

　　4.　未解決の制度的問題の主な起源　305

　　5.　異なったパラダイムの制度的な含意の衝突　314

　　6.　対立する制度的な方向の背景にある論理　318

　　7.　革新の特徴：人権としての学習，そして社会的な義務としての既存
　　　　の知識の自由な伝播　322

　　8.　経済学におけるケインズの革命を再開する国際的な要求　323

参考文献　327

訳者あとがき　341

索引　343

第 1 部　ケインズの未完の革命

―フェデリーコ・カッフェ講義，1995 年―

フェデリーコ・カッフェについての覚書：

　フェデリーコ・カッフェ（Federico Caffe, 1914 年生まれ）は，ローマ大学の経済政策論の教授であり，リンチェイ・ナショナル・アカデミーの会員であった．

　かれは，経済学の基礎を，戦間期の代表的なイタリアの経済学者から学んだ．その中には，自由主義者と自由放任主義者（例えば，ルイジ・エイナウディ）とより介入主義的な考えの持ち主（例えば，エンリコ・バローネ）の両方がいた．カッフェは，イタリアにおいてジョン・メイナード・ケインズの経済理論と経済政策論を吸収し，講義した初期の経済学者の 1 人であった．

　かれの主な関心は，厚生経済学，経済思想史，そして広い意味での経済政策の分野にあった．経済政策への深い関心からかれは，戦後の政治家の（小さいが）有力なグループ（行動党）から助言を求められたりした．かれはまた，数年間ではあったが，イタリア中央銀行の経済調査の責任者であった．

　独身であったかれは，生涯のほとんどを，かれの大学の学生の教育，講義，そして研究指導に捧げた．そうしてかれは，学生たちのあいだに，献身と賞賛の深い感覚を浸透させたのである．

　1984 年 5 月に引退した後，かれは劇的な個人的な出来事を経験した．かれは，非常に短い間に次々と，愛する家族のメンバーを失った．またかれは，ほとんど同時期に，かれのもっとも優秀な学生の 1 人と愛すべき同僚たち（そのうち，もっとも著名なのは，エツィオ・タランテッリとファウスト・ヴィカレッリである）を失ったのである．

　この時期はまた，かれが一貫して教えてきた経済理論と経済政策の概念の全体，特にケインズ的な発想に基づく厚生経済学への，もっとも強力な攻撃に直面しなければならない年月でもあった．その正しさと現実妥当性についてかれは，深く確信していた．かれは自分の見解を，講義においても著作においても，一貫して守り通し，「思想の自立性」とかれが呼んだものを，隠すことなく，そしてときには「現実に抗して」強調したし，後者，つまり現実はつねに合理的で受け入れることができるとはかぎらないと主張したのである（『福祉国家の擁護』は，かれの最後の著作である）．

　かれと最後に接触したのは，かれと一緒に暮らしていたかれの兄弟であった．かれらは，1987 年 4 月 14 日の夕刻，お互いにお休みを言った．これはわたしの想像であるが，翌朝早く，かれは静かに，誰にも気づかれることなく，時計と，パスポート，そして財布を，ベッドサイド・テーブルに残して逝ったのである．それ以来，だれもかれを見ていないし，だれもかれの声を聞いていない．

第1章 正統派との決別の決意

> ケインズ思想の貢献は,「ここでは」未完の知的革命として特別な救済を受ける……[1].
>
> (フェデリーコ・カッフェ (『福祉国家の擁護』への緒言から)

1. 序論

これから行うフェデリーコ・カッフェの名誉に捧げられた講義のために,わたしが選んだテーマは,ケインズ経済学のケンブリッジ学派の形成と発展に導いた一連の出来事に関するものである.わたしが望むのは,われわれがいまその名誉にこの講義を捧げている人物の最後の年月を特徴づけた関心事に,それらを結びつけることが,強引なやり方と受け取られないことである.それらは,われわれの心を暗くするかれの消失とは,関係がないのかもしれない.

イングランドのケンブリッジにおいて簡単に「ケインズ革命」と呼ばれたものは,少なくとも戦後の時期までは,容易にイタリアにやってきたのではない.しかし先駆者たちはいたのであり,フェデリーコ・カッフェはそのうちの1人であった.かれはまた,ケインズの科学革命に最後まで忠実であった人々の1人であり,1980年代にケインズ理論と政策が多くの方面から激しい攻撃にさらされたときにも,それらを擁護し続けたのである.また同時にそれは,ケインズの時代とその後の時期のケンブリッジの文化的環境を特徴づけた,あの知的なドラマの主要な登場人物たちが,次々と消えつつあった時期でもあった.わたしがこれから述べるのは,カッフェが追悼論文で明らかに定義した「破壊

---

1) 原文はイタリア語.

不可能な」ジョーン・ロビンソン（Caffe, 1990），ニコラス・カルドア，リチャード・カーン，そしてピエロ・スラッファについてである．かれらはすべて，1980年代にこの世を去った．このように見てくると，フェデリーコ・カッフェ自身が1987年に去ることを選んだのも，驚くべきことではない．

わたしがこれから研究しようとするのは，経済学者のこのグループがわれわれに残した知的遺産なのであり，その起源からかれらが行った努力の跡をたどることである．これはまた新たな方向を指し示すことに役立つかもしれない．ひとは必ずこの世界を去る．しかしアイディアは残る．そして長い時間を経て，それらのアイディアの著者たちがもともとは考えてもいなかった方向において，果実をもたらすかもしれないのである．

2. 異なった解釈

ケインズがその主要な科学的著作『貨幣論』(*A Treatise on Money*, 1930) において述べた立場を捨て，新しい「革命的な」著作である『雇用，利子および貨幣の一般理論』(*The General Theory of Employment, Interest and Money*, 1936) を書くように導いた，1930年代の初期のケンブリッジに生じた知的な危機の本質的な特徴を想起することから，わたしは話を始めようと思う．この危機と結びついたドラマは，今でも依然として人々の注意を引き続けている．それは経済思想の歴史におけるもっとも魅力的な出来事の1つとして現れ，さらにその正確な解釈が，今日において経済学自体が意図され追究される方向に対して，深い示唆をあたえる出来事の1つとなっている．解釈は多様となったのである[2]．

もしわれわれが20世紀の終わりの時点から振り返ってみるならば，次のことが理解されるであろう．20世紀に提案された真に新しい理論は，——19世紀に形成された，根本的に異なった経済学の理論の諸潮流の多様性（とくに，古典派経済学，マルクス経済学，限界主義経済学）と比較して——，きわめて少なかったのである．モデル，用具，そして統計的・数学的用具の応用は間違

---

2) この問題については，Patinkin, 1990 をみよ．

いなく増えたのであるが，独創的で根本的に新しい理論が少なかったのは否定
できない．その中でケインズの理論は，20世紀を特徴づける，真に新しいほ
とんど唯一の経済理論の流れとして現れることに賭けられる．

　しかし，このこと自体に論争の余地がないわけではない．それらは本当に新
しいものであったのであろうか．答えは，第2次世界大戦直後には明白であっ
たように見えたが，今日ではそれほど明らかではない．その後現れた膨大な資
料，すなわち30巻におよぶ『ジョン・メイナード・ケインズ著作集』，最近現
れた分厚い新たなケインズの伝記（Moggridge, 1992, Skidelsky, 1983, 1992,
2000），そしてすべてのケインズ文書が利用可能になった．しかしそのことが
奇妙にも曖昧な結果をもたらしたのである[3]．一方では，非常に短い期間にケ
インズがかれの考えを，伝統的な経済学から経済学の「革命」へと変えた過程
を一歩一歩示す資料が山のようにある．他方では，『一般理論』以前の著作
（実際それらがほとんど）と，かれがどのように（伝統的な）経済学者として
教育されたかを記録する，多くの資料が利用可能になった．この結果，避けら
れないことではあるが，かれの『一般理論』への転換に先立つ多くの著作，そ
してかれがどのように経済学の思考方法を学んだかに，人々の注意を向けさせ
たのである．人間は，非常に柔軟な考え方をする人でさえも，多くの問題にお
いて考えを変えるものである．しかし，人（彼あるいは彼女）が自分の思考方
法を変えるのは，非常にまれなことなのである．新しい理論では避けられない
不完全な理論的枠組みの中では，ケインズが何年も以前に形成した思考方法，
かれの以前の（伝統的な）諸著作においてさまざまな問題に適用していた思考
方法を，多くの新しい問題に適用することにより解決に達した，と主張するこ
とは，考えられないことではない．このようなことは，ときにはかれの説明に
反して，そしてときにはかれの明白な意志に反してさえ，行われることがある．

　非常に奇妙なことなのであるが，『一般理論』の「革命的な」性格を示す説
明，議論，そして証拠を集めると同時に，『一般理論』にみいだされる欠落を

　3）　ケインズ文書は，キングズ・カレッジ（ケンブリッジ）の図書館において，研究者
　　に利用可能となっている．もちろん，それらのすべてが著作集の30巻に含まれてい
　　るわけではない．ケインズ文書は，Chadwycck-Healy Ltd. によってマイクロフィル
　　ムの形で出版された．

埋めるのに使うことが可能な『**一般理論**』**以前**の考え方を示す証拠を集めるという演習をすることさえ，容易にできるのである．ケインズが以前に用いた（完全に正統派的な）証拠を集めることは，可能である．このようにして，その反対の主張にもかかわらず，本質的には新しいことはなにもなかったと主張することは，十分に可能である．要するに，「すべてはマーシャルにある」が，その正統派の理論は，多くの点において曖昧なのである．

　本書においてわたしは，外部からの解釈の糸口を通して，伝統から決別しようとする真の努力がなされたと述べるつもりである．その努力は本物であり，根本的なものであった．「科学革命」が強く志向されたのである．それは成功しなかったかもしれない．しかしそれは，非常に多くの他の問題の始まりなのである．

3.「世界が経済問題を考える思考方法を革命する」

　かれの考えの変化について，ある時点で「革命」として最初に語り始めたのは，ケインズ自身であった．よく引用されるバーナード・ショウ宛の，『一般理論』が実際に出版されるほんの少し前の 1935 年 1 月 1 日付けの手紙の 1 節において，ケインズは次のように書いていた[4]．

> しかしながら，わたしの思考の状態を理解するには，大きな革命を引き起こす経済理論についての本を書いていると自分が信じているということを，あなたは知らなければなりません──それはただちにではないかもしれませんが，次の 10 年の間には，世界が経済問題を考える思考方法を革命的に大きく変えるでしょう（Keynes, 1973a, p. 492）．

　このような思考の状態を引き起こした転換は，実に劇的であった．ケインズは，ケンブリッジ大学の教師としての全経歴を通して，今日われわれが「貨

　4）モグリッジは，とくに 1934 年にケインズは自分の著作について「経済学を革命する」としばしば語っていたと，報告している（Moggridge, 1992, p. 362）．

幣」経済学者とよぶ存在であった．かれは貨幣の純粋理論について講義した．
かれは，明晰で成功を収めた『貨幣改革論』をすでに書いていた．かれは『貨
幣論』を完成していた．それには8年間にわたり努力を惜しみなく傾注したの
である．同僚たちはこの本を待っていた．それはかれの経歴の頂点になるであ
ろうと期待されていた．その著作は，2巻の本として，1930年の10月につい
に現れた．まったく驚くべきことに，かれがまだすべての書評をみていない，
その出版後わずか数ヶ月の間に，かれは強い疑念を抱き始めたのである．かれ
がケンブリッジに集めることのできた非常に才能豊かな若い経済学者たちで，
1つの検討グループを形成するように促した――これがよく知られたケンブリ
ッジ・サーカスである．このグループは，ジョーン・ロビンソン，オースティ
ン・ロビンソン，ピエロ・スラッファ，そして――一時的な訪問学者であっ
た――ジェームズ・ミードからなり，リチャード・カーンにより率いられてい
た[5]．

　これらの何か月かの推移は，ケインズにとって非常に苦痛に満ちたものであ
ったにちがいない．かれは，かれが学び，かれの大学教師としての経歴のはじ
めから何年にもわたって実際に教えてきた正統派の理論が，欠陥のあるもので
あるということを確信することになったからである．それは実際，補修不可能
なものであり，そしてかれの『貨幣論』も修正不可能であった．このようなこ
とは，50歳の年齢であったケインズのような立場の人間にとって，けっして
快適な経験ではなかったということを，理解するのは重要である．とくに，こ
のことはかれに多くの同僚との個人的な交友関係の断絶をもたらした．新しい
発見の重要性の大きさを深く確信していてはじめて，ひとは自分の行動様式を
正当化することができるのである．

　かれの周りにいた若い人たちにとっては，事情はまったく違っていた．かれ
らにとって，興奮が突然高みに達した．われわれが現在もっている情報のすべ
て，サーカスのメンバーたちとケインズの間で交わされた書簡が伝える印象の
すべて，そしてケインズの『著作集』の中で出版されたその時期の記録のすべ

---

　5)　オースティン・ロビンソンは，C.H.P.ギフォード，A.F.W.プランター，そしてL.
　　ターシスをも，「サーカス」への他の参加者として挙げている（Robinson, A., 1947）．

てが，異常な興奮と偉大な発見に到達したという深い確信を示している．ケインズとかれの弟子たちは，経済学の将来にとって非常に重要な，例外的でユニークな経験の中を生きていると確信しているという，明らかな印象を与える．かれらは，重要ではあっても単一の科学的貢献の実現というよりも，新しいヴィジョンの達成を含意するような言葉を使っている．かれらは，ついに「光をみている」ことを語っている．1つだけ例を挙げよう．リチャード・カーンが40年後に語っているロンドン・スクール・オブ・エコノミクスの大学院生たちとの討論のために用意された，1933年夏のある週末についての説明である．かれは，アバ・ラーナーがいかに考えを変え，ついに［ケインズの新しい理論を］理解するように導かれたかを語っている（Kahn, 1984, pp. 182-3, 訳 281, 282 頁）．なにが理解されるべきであったかを示すため，カーンは，より適切な言葉がないため，最近の回想においても，「一般理論」という言葉を使っている．

　あの当時は，サーカスのメンバー自身も，「新しいもの」が最終的に何を意味しているか，完全に確信しているわけではなかった．かれらはそれに明晰な表現を与えることができなかった．それは，それほどに根本的であり，それほどに既成の思考方法との断絶が大きかったので，短い言葉で表現することができなかったのである．

　しかし，それは本当に何であったのであろうか．そしてそれは正確にいつ起こったのであろうか．これらの質問に対する答えは，今日においても，論争の余地がある．非常に奇妙なことであるが，その出来事が起こったのは正確にいつであるかということよりも，その偉大な出来事が起こった時期を数ヶ月の短い期間に特定することは，さほど論争の余地は大きくない．

　それゆえ，まず何よりも，問題の論争の余地がより少ない部分から取りかかることにしよう．

4. 出来事の確立された時間経過についての展望

　ケンブリッジの1930年代初期の年月を特徴づける主要な出来事の時間経過を特定することに，多くの努力が注がれた（顕著な例としては，Moggridge,

第 1 章　正統派との決別の決意　　　　　　　9

1973, Patinkin, 1993 をみよ）．わたしは，それらを総合するという形で，それ
を想起することにしよう．

　ケインズの『貨幣論』は，1930 年の 10 月に出版された（序文の日付は 9 月
14 日となっている）．そのときまでに 1 年以上にわたって，公共事業の効果に
ついての議論が続いていたことをわれわれは知っている．これらの議論は，ケ
インズ（そしてヒュバート・ヘンダーソン）が『ロイド・ジョージはそれをな
しうるか』（1929 年）と題するパンフレットで行った（不成功に終わった）提
案に続くものであった．1930 年 7 月に，ケインズはリチャード・カーンを
（コーリン・クラークとともに）（経済諮問委員会付属の）経済学者委員会の副
秘書官にしていた．そしてカーンはこれらの問題について仕事を始めていた．
翌月（1930 年 8 月，Kahn, 1984, p. 91, 訳 140 頁），カーンはアルプスでの休暇
中に**乗数**を発見した．戻ってくるとすぐにカーンは，ケインズにかれのノート
を手渡した．乗数に関する論文の初期の原稿が，1930 年 10 月に経済学者委員
会に提出された．このことは，1930 年 8 月に，ケインズの『貨幣論』の出版
とほとんど同時に，カーンの乗数に関する初期の議論が流布し始めていたとい
うことを意味する．（カーンの乗数に関する論文は，『エコノミック・ジャーナ
ル』誌の 1931 年 7 月号で公刊された）[6]．

　ケンブリッジ・サーカスは，その年（1930 年）の終わりに，これらの議論
の結果として形成されたのである．その目的は，ケインズの出版されたばかり
の本の検討と，その改善方法をはっきりと示すことであった．しかし事態は，
すぐにそれを遙かに越えたものとなった．サーカスが効率的に研究会を重ねた
これらの数か月（1930 年終りから 1931 年 6 月）の間の出来事を再現すること
は，容易ではない．ドナルド・モグリッジは，『ケインズ著作集』を編集する
過程で，グループの生存するメンバーの回想をまとめるのにすばらしい努力を
した（Keynes, 1973a, pp. 37 以降をみよ）．この説明は非常に価値のあるもの
であるが，注意をもって読まれなければならない．人間の記憶というものは完

─────────────

　6)　乗数についてのもう 1 つのノートが，数か月後にケンブリッジ・サーカスの議論に
　　おいて，J. ミードによって書かれた．カーンは，それらのノートについて，「ミード
　　氏の関係」として言及している（Meade, 1943）．

全ではないし，ときにはひとを欺くことがある．さらに，そこで使われた方法には，問題がないわけではない——その方法は，より多くを語る人たちに，より大きな重要性を与えてしまう可能性がある．しかし，注意と留保をもって読むならば，そこからは大変意味深いことが浮かんでくる．

同時に，それと結びつきがあるドラマが並行して展開されていた．ケインズは，ケンブリッジの学部学生たちに対して「貨幣の純粋理論」について一連の正規の講義を行っていたのである．これは長年にわたって，いつもミカエルマス学期（すなわち秋学期）に行われていた．1930年には，その講義は中止された．これは，かれのロンドンでのいつもの重い仕事の中で，『貨幣論』を出版にまでもって行くために（それは実際9月には，つまりその学期が始まる**前までに**執筆は終わっていたのである），かれが背負わなければならなかった余計な仕事のためであったと思われる．予定では，翌年にその講義は再開されることになっていた．しかしその年は，サーカスの議論の年であった．1931年の秋がやってきたとき，講義は行われ**なかった**．講義は，1932年のイースター学期（すなわち春学期）に延期されたのである．

1932年の春がやってきて，ついにケインズはいつものタイトル「貨幣の純粋理論」で，その講義を再開したのである．しかし，ケンブリッジ・サーカスを構成する若い経済学者たちは，受け身ではいなかった——かれらはその講義に出席したのである．ケインズは明らかに，それには驚いた．モグリッジが言及するあるノートの中で，ケインズはリディアにこう報告している（Keynes, 1979, p. 35）．すなわち，カーン，スラッファ，そしてジョーンとオースティン・ロビンソンが，「かれをスパイ」するためにやってきた，そしてこの聴講者たちは，積極的に反応した，と報告したのである．かれらは議論をしただけではなかった（Keynes, 1979, p. 35 をみよ）．かれらは少々異常なことを行ったのである．カーン，ジョーンとオースティン・ロビンソンは，ケインズに宛てたマニフェストを書くことに決めた（1932年春の日付）．かれらは，一連の反対論を作成した．それらはあきらかに，かれらがケインズにすでに提出し，それらの1部だけが承認された論点に関連していた．反対論は，価格ではなく数量での調整メカニズムに関係していた．しかしそれらは，かれらの間に広まっていた，ある不安を表していた．マニフェストを書くこと自体が，基本的な事

第 1 章　正統派との決別の決意　　11

柄に関し，意見の相違があったことを示している．それは，あたかもケインズ
が足を引きずっていて，なにか基本的な段階を踏むのをためらっているかのよ
うに，それに対してある集団的な態度をとる決意のすべての特徴をもっていた．
宣言書は，一種の勝利宣言をもたらした．

　ケインズは揺さぶられたにちがいない．明らかにかれは，知的な行き詰ま
りにあったのである[7]．

　『貨幣論』の日本語版への序文（1930 年春の日付）の中でケインズは，かれ
がその本に不満であることをすでに認めていた．かれは，すでにそれを修正す
るというアイディアを捨てたと述べていたのである．『貨幣論』の翻訳を許可
するに当たって，別の「短い本」を書く意図を通知しなければならないという
のは，かなり驚くべきことであると言わなければならない（Keynes, 1971,
p. xxvii, 訳 xxxviii 頁）．1932 年 6 月に，ケンブリッジ・サーカスの「マニフェ
スト」が討論に付された後かれは，ラルフ・ホートリー卿に，「それをやり直
している」と書いている（Keynes, 1973a, p. 172）．

　その夏，多くの苦しい思考と疑念が，ケインズの脳裏を通過したにちがいな
い．1932 年のミカエルマス学期に，ケインズの講義は再開された．それは規
則的ではあったが，タイトルはまったく違っていた．長年にわたってケインズ
の講義を特徴づけていたタイトル──貨幣の純粋理論──は，放棄された．そ
れは新しいタイトル「生産の貨幣理論」に置き換えられた（Keynes, 1979,
p. 49）．この変更は明らかに強いメッセージを伝えようとするものであった．
われわれは，報告をすることができたすべての証言者から，ケインズが最初の
講義でタイトルの変更が「意味深い変化」，「態度の変化」を表すと宣言したこ
との，確証を得ている（Rymes, 1989, p. 47, 訳 53 頁）．

　少し考えてみれば，何か特別なことが背後で起きていたにちがいないことは，

───────────

　7)　取られるべき途を考えることに関して，誰が先を行き誰が遅れていたかについては，
　　無限の推測が可能である．ジョーン・ロビンソンは，40 年後にこれらの出来事につ
　　いて語って，刺激的に書くことができた．「われわれはメイナードに，革命の真の論
　　点は何かを理解させるのに苦労した時があった（Robinson, J. 1979, p. 170）．しかしケ
　　インズとかれの弟子たちの立場は，根本的に非対称であった．若者たちは否定する過
　　去をもっていなかった．ケインズは背景に全経歴をもっていた．

すぐに理解できる.

　ケインズは，かれの経済学者として成熟した活動の最善の年月——ほとんど10年間——を，誰もがかれの主著として期待したものを書くことに捧げた.それは貨幣理論の分野であり，ケインズは世界的に著名であった．その出版後1年半もたたないうちに，かれはその本——多年にわたる努力の成果——を放棄しようとすでに決心していた．明らかに，偉大な発見だけが，世界的な名声を得ている50歳の人物が，そのような突然の決定をすることを正当化しうるであろう．尋常でない出来事が起こったと想像する以外に，そのような決意は理解することができない．かれの弟子たちが述べたように，光が見えたのである.

　そしてかれは，異常な集中をもって新しい本を書き始めた．現存する最初の内容目次は，1932年に書かれたもので，**生産の貨幣理論**というタイトルが付いている．これが，ケインズの新しい本の最初に想定されたタイトルであった（Keynes, 1979, p. 49）．それ以降すべての努力が，新しい理論を展開することに捧げられた．その作業は，ケンブリッジ内外でケインズが有益な議論をもちうるかぎりの多くの経済学者たちとの，前例のないほどに豊富な討論，意見交換，そして書簡の交換をともなって，進行した.

　これはまた，非常に意義深いことである．それは，ケインズ自身のやり方においても，前例のないものであった．かれは，まだ経験のない若い経済学者ではなかった．かれが議論をできるだけ広く公開しようと決意したという事実は明らかに，かれがつねに正しい道を歩んでいると，完全には確信していなかったことを示している．「新しいもの」は明らかに重大であって，継続的な吟味と批判が必要であるとかれに感じさせたのである．かれが集めることができたすべての優秀頭脳に頼ることが必要であると，かれは感じたのである[8].

　避けられないことであるが，終わりの見えない，非常につらい議論と覚え書き，そして書簡の交換に続いて，多くの変更と修正がなされた．しかしながら，

　8）『一般理論』への序文の中でかれは，「ひとがあまりにも長く一人で考えていると，一時的にいかに愚かなことを信じるかは驚くほどである」と告白している（Keynes, 1936a, p. vii, 訳 xvii 頁）.

その段階までに，ルビコン川はすでに渡られていたのであり，変更は徐々に行われていった．本のタイトル自体は，次第に変化していった．モグリッジが発見し，『ケインズ著作集』に収録し出版することのできた，一連の内容目次の草稿がそれを示している．1933 年の秋の初め頃，タイトルは『雇用の貨幣理論』となった（Keynes, 1979, p. 62）．1933 年 12 月には，それは『雇用の一般理論』となった（Keynes, 1973a, p. 421）．1934 年秋に，『雇用，利子および貨幣の一般理論』に落ち着いた（Keynes, 1973a, p. 423）．それは最終的なタイトルであり，そのタイトルの下，偉大な著作は 1936 年 2 月に出版されたのである．

5. 有効需要の原理

ケインズをその主要な著作（『貨幣論』）の放棄に導いたものが何であれ，ケインズの思考における回帰不可能な点が 1932 年のどこかの時点であったにちがいないということは，きわめて明らかであると思われる．伝記作者や経済思想史家たちは，『一般理論』が誕生した正確な時点を特定することに，多大な注意を払ってきた．かれらの見解の相違は，驚くほどに小さい（Skidelsky, 1992, p. 443, Moggridge, 1992, p. 62 をみよ）．

しかしその時点とは，どこであったのか．

ドン・パティンキンは，ケインズの分析における有効需要の重要性に，伝記作者たちの注意を向けさせる上で，主要な役割を果たした[9]．わたしが思うに，これは不正確ではないが，同時に余りにも論点を限定しすぎている．

ケインズ解釈者たちの間のあまりにも多くの議論において，有効需要の「原理」が単に数量調整の市場メカニズムに還元されてしまっている．なるほど，

---

9) とくに Patinkin, 1990 をみよ．そこでの議論は，どのように思考過程が進行したかについての，ケインズ自身の事後的な説明に基づいている．この説明は 1936 年 8 月 30 日のハロッド宛の手紙から取られている．その手紙の中でケインズは明示的に，有効需要を「最も重要な転換の 1 つ」として示している．そのことを突然理解したことでかれは，『貨幣論』の放棄に導かれた（Keynes, 1973b, p. 85, 訳 110 頁をみよ）．この重要な手紙の要点は，以下でも再び取り上げられる（原書 p. 224, 本書 207, 208 頁）．

貨幣的生産経済にとって，需要と利用可能な生産能力の間に不釣り合いがある場合，ある調整メカニズムが作用するが，それは（伝統的に考えられてきたように）価格の調整を通してではなく，数量の調整を通して作用するというのがケインズの主張であったことは，確かに正しい．しかし，ケインズの『一般理論』を単にこの市場調整メカニズムに還元することができないのも，また確かである．しかし仮にそうであったとしたら，そのような数量調整メカニズムは適当に調整されたワルラス的なマクロ経済モデルの需要供給関数の枠組みにきわめて容易に挿入することができたであろう．事実，ヒックスが暗黙のうちに，そしてパティンキンが非常にはっきりと主張してきたことの核心は，それであった（Hicks, 1937, Patinkin, 1987, 1990）．

しかしこれは，きわめて不合理であるように，わたしには思われる．1930年代はじめのケンブリッジにおけるドラマ全体，ケインズにトラウマを残すような同僚との断絶，かれの経済学者としての全経歴の否定，あの新しい世代の輝かしい才能に満ちた経済学者たちの興奮のすべてが，まったく単純で理論的に無害な，価格ではなく数量を通した市場調整メカニズムの発見によっておこった，などということを，われわれは本当に信じることができるのであろうか．

実際，このようなことは信じることができるとは思われない．

確かに，調整メカニズムは，熱く闘わされた議論の中心にあった．「カーン＝ミードの関係」は，そのころには乗数となっていたが，もともとは雇用に関するものであった．それから産出に，それから産出と雇用の両方に関するものとなり，「革命」の主要な用具となった．しかし確かに，それ自体は，単なる市場調整メカニズム以上のものであった．たとえ，われわれが乗数にのみ注意を集中したとしても，市場が均衡でない場合にどのように市場が反応するかについての用具にそれを還元してしまうのは，適切ではない．それは極端に単純化していると，わたしには思われる．

わたしは，いかに有効需要の原理が基本的で意味深い原理であるかに関して，若干の研究を行った．有効需要の原理は，産業型の経済システムの特徴のはるかに基本的で深い原理なのである．すなわちそれは，特定の制度的枠組みの表面的な次元を越えて，はるかに深いところにある（つまり，市場の作用から現れるよりも，はるかに深いところにある）原理なのである．

第 1 章　正統派との決別の決意　　　　15

　わたしの研究において，以下を示すことにつとめた（Pasinetti, 1981, 1993,
1997）．ケインズが明示的に「総需要関数が総供給関数と交わる点」（Keynes,
1936a, p. 25, 訳 26 頁）と定義した有効需要と，決定的に重要な第 3 章のタイト
ルとしたけれども明示的には述べなかった有効需要の「原理」とを，区別しな
ければならないということである．その「原理」は，ある特定の制度的枠組み
と結びついたどのような行動関数よりも，はるかに深いところにある．言い換
えれば，有効需要の原理は，「生産」経済システムを表す意味深い特徴に属す
るのである．さらに，ワルラス・モデルの背後にある理論的枠組みでは，それ
はとらえることさえできないのである．逆に，生産システムにおいては，そう
した特徴は考察される制度的枠組みに先立って存在する意味深いものなのであ
る．もしそうであるとすれば，伝統的な理論の枠組みは救いがたい欠陥をもっ
ている．ケインズが試みることを決意したはるかに基本的な研究に対して，表
面にとどまっているのは，今まで使われてきた伝統的な理論の枠組みそのもの
なのである．

　ケインズの分析をワルラスの一般均衡モデルの 1 変種に還元しようとする努
力——ヒックスとモディッリアーニによって始められ，パティンキンによって
決意をもって進められた——は，ケインズが行ったことを解釈する，そのよう
な還元的方法の不適切さの程度を示す尺度を，実際与えるといえよう．パティ
ンキンは数量調整市場メカニズムを，かれによれば以前の「パラダイム」を代
表していた価格調整市場システムに替わって，ワルラスの一般均衡モデルに導
入されるべき「新しい」ケインズ・パラダイムであるとしている．

　パラダイムの概念は，実際，「科学革命」を特徴づける非常に適切な方法で
ある．しかし，ドン・パティンキンのその使い方は，救いがたいほどに的外れ
なものであり，結局は誤りなのである．この用語は，最近は適切に使用されて
いないと，わたしには思われる．とくに経済学者たちによって，それは乱用さ
れてきたとさえいえる[10]．

----

10)　この用語の最近の不適切な使用（ないしは乱用）の 1 例が，一般均衡モデルの 1 例
　　以上の何ものでもないものに関して，ネッド・フェルプスによってなされた（Ned
　　Phelps, 1994）．かれはそれを，「構造主義的パラダイム」と呼んでいるが，不適切で
　　ある．

16　　　　　　　　　　第1部　ケインズの未完の革命

　この概念とその背後にあるアイディアに注意を払うことは，有益であるかも
しれない．パラダイムという概念は，以下本書において，最初に述べた外に見
える糸口，つまりケインズ革命がなにを目指したのかを，よりよく理解する上
で助けになる糸口を表すであろう．

6. 科学革命と異なったパラダイム

　トーマス・クーンが，よく知られた，その後の議論に大きな影響を与えた著
書（Kuhn, 1970a）の中で，「科学革命」と名付けられるものの本質的な特徴を，
明確かつ説得的な仕方で設定することができたのは，比較的最近のことであ
る[11]．

　クーンが指摘したのは，（自然）科学の歴史において確立された思想に大き
な変化をもたらすような偉大な発見は，既存の思考様式の連続的な進展の結果
としてはけっして現れない，ということであった．それは一般に，過去との悲
劇的な断絶として起こる．かれが表現したように，それは「科学革命」として
生ずる．通常起こるのは，ある一貫した思考の枠組みが，――かれの用語では
「パラダイム」――ある時点で不満足とみられるようになり放棄され，新しいパ
ラダイムがそれにとって替わる．

　クーンによれば，パラダイムというものは基礎的で包括的な思考の枠組みで
あって，本質的に科学者が問題解決の全過程を遂行することができるようにす
るものである．「通常科学」として進行しているものの大部分は，広く知られ
受容され，与えられたものとされる基礎的な参照枠（「パラダイム」）の中での
問題解決過程そのものである．

　新しい証拠，つまり新しい実証的な観察結果，推論，あるいは分析上の発見
が現れたとき，それらは既存のパラダイムと両立可能である場合とそうでない

---

11)　クーンの著作には，数多くの議論が続いた（とくに，Lakatos, 1970, Kuhn, 1970b
　をみよ）．方法論者の多くはラカトシュの研究計画というより完全な概念を，科学革
　命をその中に位置づけるより満足な枠組みと考えている．われわれの目的にとっては，
　ラカトシュの研究計画に言及してもよいが，クーンのもとの概念に固執する方が簡単
　である．

場合がある．それらが両立可能でない場合，その理由だけで，既存のパラダイムの放棄をもたらすことは**ない**．むしろそれらは，新しい証拠をなんとか包摂できるように既存のパラダイムを**調整する**ための一連の試みを生じさせる．極端な場合には，もし既存のパラダイムの調整が不可能であることが明らかになり，新しい証拠がうまく取り込まれない場合，その証拠そのものが「不規則」あるいは「例外」として脇に置かれるか，あるいは（少なくとも当分は）単に無視される．

　もちろん，このような種類の調整（あるいはつぎはぎ）の過程は，既存のパラダイムをますます不満足なものとせざるをえない．これは新しい思考様式を刺激するかもしれない．しかし，新しい証拠を説明するのにますます不満足であるという理由だけで，パラダイムそのものが放棄されることはないであろう．不規則を説明する，新しい，より満足な，そしてより包括的な参照枠が利用可能になったときにはじめて，古いパラダイムは放棄され，新しいパラダイムが受容されるのである．科学革命はこのようにして起こる．

　このような論理的枠組みが，社会科学の場合にも適用されることを期待すべきでない，という理由はない．もしそうであるとすれば，パラダイムという枠組みの継起という見方が，自然科学よりも社会科学における思想の展開を解釈する上でよりいっそう適切な方法であると思われる．しかし，思想の展開の過程はより複雑で迂回的なものであるかもしれないということは，考えられないことではない．その理由は単に，さまざまな理由（そのなかには適切な分析用具の開発の失敗がある）によって，あるパラダイムがある時点でそれが生み出しうるすべての貢献を与え終える**以前に**脇に置かれ，あとで再び取り上げられ，成功を収める可能性があるということである．さらにいえば，社会科学においては，代替的な複数のパラダイムが同時に，それぞれが別個に，かなりの期間にわたって，異なったグループの社会科学者たちによって実行されるということが可能である．それぞれのグループは，1つの参照枠を発展させ，それはグループ内で受け入れられるが，他のグループのメンバーには異質なものに見えるか，あるいはそのように考えられる．

　わたしの見方では，アダム・スミス以来の経済学のアイディアの歴史的進化の過程において，すべての経済理論は，2つの大きな代替的なパラダイムに帰

着する——すなわち，1つは交換（そしてより根本的には効用と主観的価値）に焦点を置き，もう1つは生産（そしてより根本的には労働と客観的価値）に焦点をおく[12]．

　交換のパラダイムには，ワルラス経済学として知られるものが属しており，基礎的な役割を果たすのは純粋交換（あるいは純粋個人効用）モデルである．そこにおいては，所与の一連の原初的資源があり，それらは諸個人のある社会にたまたま与えられていて，諸個人にそれぞれ付与された資源を，かれらが市場に見い出す1組の価格を基礎にして交換することにより，自分の効用を最大化すると想定される．そのことによって，——もしかれらが何らの妨害もなく自由にかれらの資源を交換できるとすれば——，市場価格自体が（もともとは偶然的に配分された）資源のよりよい（実際に最適な）配分に経済システムを導くという，意図されなかった結果をもたらすものとなるであろう．その市場価格の組（均衡価格）は，すべての個人の相互作用によって生み出され，モデル全体において絶対的に中心的な役割をもつ．価格は相対的な希少性の指標であり，最適な状態をもたらすのに必要なすべての情報を含んでいる．すべての定理，すべての精緻化は，通常は最初は最小のモデルについて行われる．（生産を含んだ）他の諸特徴は，諸定理が最小の純粋交換モデルについて証明された**後で**，導入される．純粋交換モデルは，それによって，これらの分析的諸特徴を，そして理論が欠くことのできない諸特徴**のみ**を含んでいるという意味で，絶対的に本質的なのである．

　われわれは，もう1つの代替的なパラダイム——18世紀の末と19世紀のはじめの古典派経済学者たち以来の全経済研究を生み出した——を取り出すことができる．「純粋生産モデル」が基礎にあるこのパラダイムは，「純粋交換モデル」によって行われたほどの多くの研究の主題とはなってこなかった．最近になって，わたしはそれに1つの定式化を与える試みを行った（Pasinetti, 1986, 1993 をみよ）．

　純粋生産モデルの基礎そのものにある経済現象は，分業と労働の専門化をと

---

12)　わたしはこの点を強調する機会を，さまざまなところでもった．明示的には，Pasinetti 1981, 1986, 1993a を参照．

もなう生産の技術的な過程なのである。価格と費用は，次の事実から現れる。すなわち，各個人はただ1つの（あるいは1つの生産物の一部分の場合もある）生産物あるいはサービスの生産に特化する。しかし同時に各個人は，経済システム全体の生産物やサービスを必要とする。それゆえそれらは交換を通して獲得される必要がある，ということである。生産と交換は労働の特化によって，本質的に結合されている。この文脈において，費用と価格は，スミスのいう生産の「苦労と面倒」を表している。しかしそれらは，経済システムの均衡を達成するのに必要な，すべての情報を含んでいるわけではない。このモデルは，この基礎的な諸関係の次元では，価格体系と物的数量の方程式体系の分離によって特徴づけられる。そしてそれは，2つの（価格と物的数量の）方程式体系の間の内的関係から生ずる諸問題に答えを与えるためには，明示的で具体的な制度的諸関係を追加的に必要とする。これが意味するのは，利用可能な諸資源，とくに労働の完全利用を保障するような——とくに体系の技術が変化する場合には——自動的なメカニズムは存在しない，ということである。

　ここで再び，これらの諸特徴が純粋生産モデルに本来的なものとしてその出発点から存在することに注目するのは，興味深いであろう。それらはすべて，最初の段階にすでに存在する。その際，他のことはなにも考える必要がないし，あるいは他のいかなる現象も導入する必要がない。それらはすべてそこに，すなわち最小の，そして基礎的なモデルの中にある。そしてそれは「生産」パラダイムの非常に本質的な特徴を含んでおり，それには古典派経済学が属している。純粋生産モデルは，このように，それらなしには古典派経済学が成り立たない分析的諸特徴を，そしてそれらのみを含んでいるのである。

　2つのパラダイムの基礎的な諸特徴は，きわめて異なっている。例えば時間に関して，純粋交換モデルは本来的に無時間的である。設定される問題は，1回かぎりの（所与の資源を最適に配分するという）問題である。そして得られる解答は，1回かぎりの解答である（所与の資源の最適配分であり，それは時間を通してときに再解釈される）。いったん解答が得られると，それを意味あるものにする（存在，一意性，安定性といった）数学的条件を研究すること，あるいは解が（パレート最適のような）エレガントな性質をもつことを明らかにすること以外には，それ以上にすべきことはなにもない。

純粋生産モデルによって設定される問題は，本来的に時間の中で継起する．生産と労働サービスはフローである，つまり，それらは時間の次元をもっているのである．そのモデルは，当然のことながら，時間を通しての動きの研究（すなわち**動学**分析）へと導く．

また次のように言えるかもしれない．すなわち，純粋交換モデルの定式化に含意される理論的選択は，かなり特殊な，社会のある見方から生ずる．それはいわば，ある特定の，合理的行動の基礎としての各個人の利己心に依存する「社会哲学」から生ずるのである．経済全体における消費者主権の考え，すべての資源の利用をもたらし，それらを不使用状態におかない制度的なメカニズムとしての市場への絶大な信頼，そして理論の基礎的な前提として受け入れられなければばならない，主要な制度としてのすべての財が私有財産であるという考えの上に立つ「社会哲学」から出てくるのである．

対照的に，純粋生産モデルは，もう１つの特別な社会の見方から発生する．すなわち，もう１つの（代替的な）社会哲学から，いわば発生するのである．それは，組織化された社会で必然的な**協業の側面**を強調する．それは，社会的に望ましいと考えられる状況をもたらすために，社会全体としての責任を求める．この点において，全体的な有効需要に関わるマクロ経済学的な条件を満たすことが必要となる．有効需要は，完全雇用を保障するのに十分でなければならない．そしてこの条件は最初の本質的な段階にすでに存在することを，理解することが重要である．私的所有権に関わる諸条件，あるいは，なかでも公共的な所有権はまだつくられていない．そしてある所与の時点および時間の経過を通じて純生産物がいかに分配されるかの問題は，研究対象として大きく開かれている．

以上が，２つのパラダイム（純粋交換モデルと純粋生産モデルのそれぞれ）にとっての基礎的な特徴であって，われわれの経済理論を性格づけてきたものである．

このことは，1930 年代の初頭におこった尋常ならざる——すなわち，『一般理論』を誕生させた——出来事をその中で考察しようと，わたしが考えてみたいと思う参照枠を完成させる．そのような参照枠の中で，望まれることは，「ケインズ革命」がその登場人物たちにとって意味したものは何であったか，

第1章　正統派との決別の決意　　21

また，続いておこった出来事を理解するのを，より容易にすることである.

7.　正当派からのケインズの決別

　前節の参照枠が受け入れられるとすれば，1930年代初頭にケインズのまわりでおこった異常でユニークな出来事は，驚くほど明確になる. われわれはそれを，次のような直接的な形で表現してよいであろう.

　『貨幣論』の出版後間もなく，それだけではないが主に，実際の出来事（例えば，すべての産業経済における大量失業）と，一連の新しい分析用具（例えば，乗数と有効需要の原理）の出現のような理論上の革新が結びついた結果として，政府諸部門および大学全体との両方において，サーカスの若い経済学者たち，そして同僚たちとかれが行ってきた議論はすべて誤った基礎の上に立っているという欠陥をもっていることを，ケインズは突然理解した. かれらの展開はすべて，純粋交換パラダイムのマーシャル版に基づいてなされていたのである. この基礎は不適切であった. このような状況の理解はたぶん，新古典派経済学のマーシャル版はそれ自体かなり曖昧であって，ある程度折衷的であるという事実によって促進された. マーシャルの理論は，ワルラス・モデルのような純粋さを欠いていた. マーシャルは，限界主義経済学（かれがもっていたのはこれである）とイギリス古典派経済学者たちの経済学とを「調和」させようと努力していた. かれはつねに諸矛盾を目立たないようにする，あるいは見えないようにする努力をしていた（これはまた，「革命」が肥沃な土壌を，他ではなくケンブリッジに見いだしたのは何故であるかを理解する助けになる）[13]. マーシャルの議論は批判にさらされていた. かれの矛盾や首尾一貫性

---

13)　ミハエル・カレツキーのケースはまったく異なっていた. だいたいケインズと同じ時期にかれ自身は，景気循環のマクロ経済学を研究していた. そしてまったく独立に有効需要の原理を発見した（カレツキー自身3つの論文を挙げている——それらは1933, 1934, 1935年にポーランド語で書かれている——. それらは，Kalecki, 1971に，ケインズのアイディアに近いものとして含まれている）. しかしかれは，基本的にマルクスの研究方法から出発し，その線を進んでいた. かれの場合，知的な「革命」について語ることはできない.

の欠如は，白日の下にさらされていた．それは，間接的にはケインズの弟子た
ちの著作によるものであり，直接的にはピエロ・スラッファによるものであっ
た．ピエロ・スラッファは，ケインズがケンブリッジに移住するように導いた
人物である．突然，ある程度無意識のうちに，そしてケインズの場合には明ら
かに深い直観の結果であったが，当時の経済学の展開はすべて不適切な基礎に
依存していたのであり，その基礎は変更される必要があった．

　正統派から決別するという困難な決意——実に困難な決意——が，なされた．
その変更は，悲劇的にならざるをえなかった．それは，経済研究全体を，「生
産パラダイム」の基礎に対し代替的なものとしてあった，伝統的な「交換パラ
ダイム」の基礎から引き離すということであった．

　生産パラダイムは，スミス，マルサス，リカードウ，そして19世紀初頭の
古典派経済学者たち，あるいはそれより以前の初期の経済学者たちによって展
開された．しかしながらそれは，それほどはっきりとしたパラダイムではなか
った．ケインズは，とくにマルサスとのあいだに類似性を見いだした．スミス
とリカードウとの間に見いだした類似性は，それよりは弱かった．スミスとリ
カードウに対してはかれは批判を惜しまなかった．かれはまた，さらにさかの
ぼって過少消費論者や重商主義者たちにまでさかのぼって，［かれの理論の］
起源や断片を明らかにすることに最善を尽くした．スミスとリカードウは市場
の諸制度に過度に依存し，純粋生産モデルの中でセー法則は自動的には**満たさ
れない**ことを理解できなかった点で，問題があった．

　いずれにせよ，ケインズはかれのとくに強い直観力のおかげで，かれの周り
の若い経済学者たち——かれらは熱狂的で浮かれていた——よりもはっきりと，
正統派との断絶がどれほど深くなりつつあるかを理解した，と考えるのが合理
的であろう．これが，ケンブリッジ・サーカスのメンバーたちにとって，なぜ
かれが，かれらの議論の意味するところを受け入れるのを躊躇している，ない
しはためらっているのか，不可解に思われたことを説明する，もう1つの理由
である[14]．ケインズはおそらく，かれの周りの若い弟子たちよりも直観的によ

---

14)　ケインズの並外れた直観力は，かれの伝記作家たち全員が強調している．とくに
　　Moggridge, 1992, pp. 551 以降をみよ．

り深く，産出の調整メカニズムに関するかれらの議論の主題は氷山の一角にすぎないということを理解していた．有効需要の原理そのものは，市場のいかなる調整メカニズムに関する具体的な詳細よりも，実際にはるかに深いところまで遡るものなのである．それを革命的にしたのは，それが「生産の枠組み」の基礎の上におかれていたからである．

もしこれが事実であるとすれば，ケインズが1932年の10月に通知した変更[15]，すなわちかれが一連の講義のために新たに考えたタイトル，「貨幣的生産理論」に変更したことが，どれほど根本的な意味をもっていたかがきわめて明らかとなる[16]．詳細はまだ詰められていなかった．しかし，正統派と決別する決意は，すでに確固としてなされていた．不連続性が生じていた．大きな裂け目がすでに開いていた．これは実に「意味深い」変化であった．

トーマス・クーンの言葉を使えば，われわれは次のように言ってもよいであろう．すなわち，パラダイムの交替がすでに起こっていた．正確にはかれが「科学革命」と名付けたもの，それが起こっていたのである．ケインズの周りに起こっていたことは，この深い確信，すなわち科学革命が進行させつつあるという確信を，明らかに示している．そしてその緊張は，ケインズの偉大な本が出るまで，非常に高い調子で続いたのである．

---

15) ケインズの考えに起こったにちがいない深い断絶に対しては，（パティンキンの表現を使えば）「ケインズ学者たち」が——ケインズが本来的な産出調整過程を，乗数の形に明確に表現することに成功した正確な時点を特定するために——追究していた詳細は，まったく二次的に思われる．かれの研究全体が貨幣的生産理論の上に置かれなければならないことを理解したとき，ケインズの考えの中では，変化ははるかに深い水準で起こっていたに違いない．

16) このタイトルは，ケインズ自身がそこに向かうことを決意したパラダイムを，かれが最終的にかれの本に付ける決意をしたタイトルよりも，はるかに良く，はるかに生き生きと表している．かれの本は，不可避的により具体的で，より制約的な制度的枠組みの中での，貨幣的生産経済の機能へのかれの集中の結果として，現れたのである．

第2章 ケインズ後の「革命」

1. 前言

　最初の講義においてわたしは，経済思想史にとって重大な意味をもつ，1つの出来事の本質的な段階を想起するようにつとめた．その独特で尋常でない出来事は，1930 年代初頭にケンブリッジで起こった．その出来事の登場人物たち（ジョン・メイナード・ケインズ，かれの若い弟子たちのグループ，そして協力者たち）の行動を通して，かれらが根本的に新しいなにか，かれらが経済理論における科学革命を生む過程の中にあることをかれらに確信させるなにかを発見したという深い確信によって，いわば，いかに衝撃を受けたかを示すようにつとめた．かれら自身が，そのような言葉で語り始めた．ただしかれらは，かれらの発見の詳細な特徴を明確にとらえることはできなかった．最近になって，とくに『ジョン・メイナード・ケインズ著作集』の公刊を通してわれわれの注意を引くようになった，かれらの複雑な，不完全な，そしてときに曖昧な議論を追うよりも，わたしの考えでは，よりよい理解のためには，あの魅力的な歴史的出来事を，科学革命の特徴と性質そのものに関する，より一般的な理論的・方法論的な枠組みの中においてみる方がよい．その場合，われわれは，よく知られたトーマス・クーンの科学哲学の最近の著作（Kuhn, 1970a）を利用することができる．

　この著作によれば，科学における最も重要な前進は，連続的でなめらかな過程を通してではなく，以前の考え方との**断絶**を通じて起こるのである．知識の改善は，もちろん，確立された概念的枠組みの中で生ずるであろう．しかし，

真に偉大な前進は，過去との根本的な断絶——すなわち，科学革命——を通して起こるのである．首尾一貫した1組の諸理論の全体——クーンの用語で言えば，1つの科学的パラダイム——が，ある時点で放棄され，新しく，そしてそれと異なる「パラダイム」に取って代わられる．

わたしは次のように論じようと思う．すなわち，**社会科学**はこのような枠組みに特殊な条件を持ち込む．それは，たとえあるパラダイムが他より優勢であるということがあったとしても，かなりの期間にわたって異なった複数のパラダイムの併存がありうる，ということである．したがってわたしが主張してきたのは，過去2世紀間の経済理論は2つの異なったパラダイムに属してきたものとしてみてもよいであろう，ということである．1つは，純粋交換モデルに基づいたもので，他の1つは純粋生産モデルに基づいたものである．このような議論の枠組みの中では，1930年代にケインズの周りで起こった出来事，そしてそれに続いて起こった出来事に，適切な解釈を見いだすことができる．それらは，ケインズおよびかれの弟子たちによる，経済学研究の強調点を純粋交換モデルに基づいた支配的なパラダイムから，純粋生産モデルに基づいたパラダイムに転換する必要性の突然の理解にあった，とみることができる．

ケインズの『一般理論』の基本的な考え方は，したがって，19世紀後半から20世紀のはじめにかけてマーシャルを通して受け継がれてきた伝統的な経済理論との**決別**として，そして純粋生産モデルのパラダイムに基づいた異なった経済理論に実質を与える試みとして現れる．事実，非常に適切なことであったが，ケインズはかれの直観にしたがって書こうとしていた著作を，もともとは，「生産の貨幣理論」と定義していたのである．

2. 1936年

ケインズの著作は，1936年2月4日に，『雇用，利子および貨幣の一般理論』（*The General Theory of Employment, Interest and Money*）として出版された．

クーンの科学革命の参照枠は，この「革命的な」著作の出版に対して，経済学者の社会がどのように反応したかを，かなりよく説明する．ケインズの世代の経済学者たちはケインズの過激な主張を文字通りに受け取り，そしてきわめ

て当然のことながら，それを拒否した．セシル・ピグー，デニス・ロバートソン，ラルフ・ホートリー，ライオネル・ロビンズ，フリードリッヒ・ハイエク，かれらはすべて，イギリスにおいてこのような反応を示した．合衆国においては，フランク・ナイト，ヨーゼフ・シュンペーター，そしてジェイコブ・ヴァイナーといったケインズに対する主要な書評者たちは，すべて一様に批判的であり，また否定的であった．シュンペーターの書評（1930）は意味深い——それは，異常に辛辣で，皮肉に満ちたものであった[1]．

　既成社会の反応は，他でも基本的には異ならなかった．例えばイタリアでは，その受け入れ方は一般に否定的で敵対的であった．ケインズが著名な経済学者であったということは，強調されなければならない．『貨幣論』の出版以前からその出版まで，かれの本は出版されるとほとんどすぐにイタリア語に翻訳されていた．『一般理論』の場合，誰も翻訳を急ぐ様子を見せなかった．主導的なイタリアの経済学者たち——例えば，ルイジ・エイナウディ，コスタンティーノ・ブレッシャーニ・テゥッローニ，ジュゼッペ・ウーゴ・パーピ，ジョヴァンニ・デマリーアなど——，かれらからは，ケインズの「革命的な」本は，落胆と批判的なコメントをうけた．戦後になって，そして著者の死後になって，『一般理論』はやっと（まずい訳であったが）翻訳されたのである（1947年）．

　しかしながら，ケインズの同時代人たちによる拒絶は，かれらにいかに権威があったとはいえ，うまく機能しなかった．本当に魅力的な現象が，ほとんど瞬間的に起こった．ケインズの同僚たちと同時代人たちによる批判と懐疑とは

---

1)　ケインズの有効需要の原理をからかってシュンペーターは，次のようなことまで述べている．

　　　そこに展開されている諸章句を受け容れる人に，次のような言葉でフランスのアンシャン・レジュームの歴史を書き換えさせてみよう．ルイ15世はもっとも開明的な君主であった．支出を刺激する必要を感じたかれは，ポンパドゥール婦人やバリー婦人のような支出のベテランのサーヴィスを確保した．彼女たちは，誰も及ばないほどの効率で，仕事をした．完全雇用，その結果としての最大限の産出，そして一般的な生活の良さはその帰結であったはずである．事実はそうではなく，われわれはそこに悲惨，恥辱，そしてすべての終わりには，流血を見いだす．しかしそれは，偶然的に同時に起こったことであった（Schumpeter, 1936, p. 795）．

非常に対照的に，若い世代による反応は熱狂的であった．若い経済学者たちによるイギリスに現れたほとんど全ての書評を見てみればよい．かれらはすべて，例外的で尋常ではない本を目の前にしているという確信——若い人たちの間で抱かれた確信で，イギリスと合衆国の両方で広がっていった——によって浸されていた[2]．

　持続的で深いスランプから抜け出すことができない世界において，若い世代は劇的に新しい何かを求めていた．そしてかれらは，ケインズの著作の中に，待ち望んだ答えを見いだしたのである．ジェームズ・ミードがよく言っていたように，かれの世代は「魔力にとりつかれた」のであった．サミュエルソンの言葉を借りれば，「『一般理論』は 35 歳以下のほとんどの経済学者たちを病の発作で捉えた」（1964, p. 316, 訳 370 頁）

　並行的に，そして同時に存在する好都合な状況も，いくらかあった．しばらくの間，実際的な人々は直観的に不況時における公共支出を，ある程度好意的に見ていた．ケインズの処方箋はかれらの本能的な感覚に対して親和的であり，事実，厳密な意味での経済政策の問題に対しては合理的であった．ジョン・ケネス・ガルブレイス（Galbraith, 1956）は，ケインズの政策のこの側面を非常にうまく表現している．理論においていかなる革命があっても，実際においては不況時における公共支出に関するケインズの処方箋は，なんらひとを驚かすものではなかった．ケインズは——マルクスと違って——アメリカの実業家たちにとって，対立を引き起こすような人物には見えなかった．「ジェネラル・モーターズが依然として，どんな車を生産するか，どんな価格をつけるか，どのような宣伝をして販売するか，いつ新しい組立工場を建設するか，何人の労働者を雇用するかを，決定した」（p. 79, 訳 96 頁）．したがってケインズは，

---

　2)　イタリアのケースにも，10 年の遅れをもってではあるが，同じ型の特徴が見られた．その遅れは，他の出来事が重なったためである．それと同時に起こったのは，多年にわたる閉鎖の後に，イタリアの経済学者たちの戦後の世代が，外部世界に向かって，他で起こった文化的な展開に対して開かれたことである．すでに述べたように，カッフェは先駆者の 1 人であった．初期のケインジアンは，フェルディナンド・ディ・フェニツィオ，そしてヴィットリオ・マッラーマであった（Bini, 1984 と 1983 年のコンファレンス「イタリアにおけるケインズ」の関連の記録をみよ）．

「利害の対立を調和させることによって進歩を求める，妥協という英米の伝統の中でうまく機能したのである」（p. 83, 訳 102 頁）.

　以上のように，若い経済学者の世代にとって，そして広く実業界にとって，ケインズの理論と政策はちょうどよいときに現れたのであり，求められたものそのものとして現れたのである.

3. 「非嫡出子」ケインズ主義（あるいは新古典派総合か）

　クーンの科学革命の参照枠はまた，それ以後に起こったことを理解する助けとなる. ケインズはかれの直接的努力を，同時代の人々の反対論に対抗することに集中させた. しかしこの領域ではすでに戦いに勝利していた. かれは理論の展開を怠っていたのであって，ここではいまだ闘いが行われる準備状態にあった.

　単なる拒否がいったん効を奏しないとなると，ケインズの展開のもっとも魅力的な革新を伝統的な思考方法の中にうまく取り込むことを目指すというのが本能的な態度であると考えるのは，きわめて自然なことであった. 支配的なパラダイムにおける矛盾や異常の出現に対する通常の反応は──クーンが指摘しているように──，それらを無視することである. これが不可能になると，次の動きは異常をうまく処理するために，既存の理論的枠組みを何とか組み直すことである.

　ケインズの議論を簡単な，そしてできれば，教育的な目的に合った代数と図解で説明しようと理論家たちが熱心になるのは，きわめて自然なことであった. ケインズとかれの弟子たちは，このようなことには，あまり努力を払わなかった. かれらはおそらく，他の，はるかに緊急で，そしてとにかくもっと基本的な，注意を払うべき問題があると考えたのであろう. かれらは，[『一般理論』の] 出版後も，多くのことをしなかった. このような状況は，驚くべきことではないが，伝統的な分析用具の使用と，主流派のパラダイムにケインズの革新を取り込もうとする試みを刺激した.

　この方向でのすべての工夫のうちでもっとも成功したのは，J.R. ヒックスによる IS-LM モデルであった（『エコノメトリカ』誌, 1937）. これには，ケイ

ンズ・グループのうちで，より保守的な考え方の若い経済学者たちの何人かも
また，とくにハロッドとミードが貢献した[3]．ヒックスは，もっと最近（1980-
81）になって非常にはっきりと，自分をケインズの側に転向させようとする試
みではなく，その正反対であったと述べている[4]．かれが書いているように，
「IS-LM は，事実，ケインズの非伸縮価格モデルのわたしの言葉への翻訳であ
った……IS-LM 図のアイディアは，わたしがそれまで行っていた，ワルラス
的に考えた 3 方向交換の研究の結果として頭に浮かんだものであった」
（Hicks, 1980-81, pp. 141-142）．何年か後，フランコ・モディッリアーニ
（Modigliani, 1944）が，ヒックスのモデルから出発して，よく知られたケイン
ズ理論の定式化に進んだ．それは，――かれ自身が述べているように――ケイ
ンズの扱いにくい分析用具，あるいは「難しい」概念を「消化して伝統的な分
析に取り込む」ことを，はっきりと目的としていた．

　このような過程全体が，「本物の」ケインジアンからのたいした抵抗もなく，
進行した．それは，サミュエルソンの言葉とされる「壮大な新古典派総合」と
いう表現によって，のちに固定化された[5]．

　ドン・パティンキン（Patinkin, 1987, 1990）はおそらく，より最近における，
このような傾向の典型例を代表している．かれは，ケインズの革新を，有効需
要の「原理」ではなく，有効需要の「理論」の 1 つの表現に還元している．そ
の理論は，単に，固定価格での産出調整メカニズムを，マクロ経済学的ワルラ
ス・モデルに取り込んだものとして構想された．

　非常に明らかなことであるが，ケインズの著作をこのように調和的に解釈す
ることが，この方向で引き続いて行われた．それは，1932 年にケインズの頭

---

3)　脚注 7 をみよ．

4)　1935 年にヒックスはゴンヴィル・アンド・キーズ・カレッジのフェローとしてケ
　　ンブリッジにいたことを指摘するのは，興味深いかもしれない．しかしかれは，『一
　　般理論』を取り巻いている議論には参加しなかった．かれは（孤立して）1 人で，か
　　れの『価値と資本』を書いていた．かれの『一般理論』に対する注意は，ケインズの
　　著作の出版後になって始まったのであり，新しいアイディアをかれのワルラス的な思
　　考様式に当てはめることに向けられた．

5)　Samuelson, 1948, pp. 360-361, 訳上巻 600, 601 頁をみよ．

第2章　ケインズ後の「革命」　31

の中で起こったように，正統派との決別の意図を示すものとして理解するのが
合理的である，上にのべた証拠が示すのと，正反対の方向である．

　前の講義で概略を示したクーンの枠組みでみれば，この過程は完全に理解す
ることができる．それは予想されたことそのものであると，述べることもでき
るであろう．しかし，第1に問われるべき意味のある問いは，ケインズ自身は
どのように反応したか，である．

　強調されなければならないのは，『一般理論』を伝統と調和させる試みは非
常に早くから，その出版のはるか以前から始まっていたということである．ケ
インズがそれらに対して非常にきびしい反応をしたことを，われわれは知って
いる．ケインズの同僚のなかで，調和が可能であると確固として信じていたの
は，デニス・ロバートソンであった．かれは，つまるところ，ケインズ政策に
は敵対的ではなかった．不況時において公共事業を支持するという実際的な事
柄においては，かれはケインズに先んじてさえいた．しかし，かれの調和の試
みに対するケインズの反応は非常にきびしいものであって，その結果，かれら
の長期にわたる友情関係の断絶がもたらされた．若い経済学者たちの中で，ジ
ェームズ・ミードはある程度，しかしハロッドはとくに，ケインズとの手紙の
交換の中で，正統派との調和を要請する役割を担った．しかしケインズはまた，
一貫して，非常にきびしい言葉で反応した．非常によく引用されるハロッドに
宛てた手紙があり，その中でケインズは調和へのいかなる試みもはっきりと拒
絶している．かれは，ハロッドの示唆に対して懸念を表し，そしてそのような
ある種の調和を見いだそうとする試みは，伝統に対するかれの攻撃を弱めるの
ではなく逆に強めるべきであると感じさせるとまで，述べている[6]．

　さらに答えるのが難しい問いとして現れるのは——結局のところ，ケインズ

---

6)　「……あなたの反応の一般的な効果は，……わたしの古典学派に対する攻撃は弱め
　　られるよりもむしろ強められなければばならないと，わたしに感じさせるのです．
　　……わたしは，あなたがわたしの建設的な部分を受け容れ，そしてこれと深く珍重さ
　　れてきた諸見解との間に何らかの調和を見いだそうとする傾向の若干の兆候があなた
　　の中にみられることを，とても残念に思います．そのようなことは，わたしの建設的
　　な部分が部分的に誤解されている場合にのみ，可能なのです」(Keynes, 1973a,
　　p. 548)．

の伝記作者であるスキデルスキー（1992, p. 611）が指摘しているように——，『一般理論』の出版後現れた調和の試みに対して，なにゆえ同様な激しさをもってケインズは反応しなかったのか，という問いである．

　もっと具体的に言えば，いまだに議論の余地がある問いは，かれの枠組みについてのヒックスの解釈に対して，なにゆえにケインズは反応しなかったのか，というものである．ヒックスの解釈は，その後もっとも広まったケインズ解釈であり，テキスト・ブックによって広められることになる[7]．おそらくケインズは，かれの理論を定着させるために余りにも多くの戦線で戦わなければならなかったのであまりにも忙しく，若い経済学者たちの試みにそれほど注意を払わなかったのは，十分に理解できる．かれはまた，（それらをすべてかれが承認しなかったとしても，あるいはかれがまったくそれらを承認しなかったとしても），なんとかかれの理論を表現する方法をかれらが見いだそうとしていたという事実に，惑わされたのかもしれない．

　またケインズは，体力の面で以前よりはるかに弱くなっていた．1937 年にかれの健康は，突然悪化した．

　疑いもなくかれは，ヒックスの IS-LM モデルの潜在的可能性を，あまりにも低く評価していた[8]．そしてまたかれの身近な弟子たちも，そうであった——とくに，ジョーン・ロビンソン，そしてリチャード・カーンがそうであった．この両者とも，後に非常に強くヒックスの定式化に反応することになる．しかし，ケインズに対してこの危険性を警告するのが，あまりにも遅かったのである．

　ヒックスの IS-LM モデルについてのケインズの理解を特徴づけるため，リ

---

7)　1936 年の 9 月にオックスフォードで開催された計量経済学会の大会についてのワレン・ヤングの魅力的な説明（1987）をみよ．その大会において，ハロッド，ミード，そしてヒックスは全員，『一般理論』の単純化された解釈を提出した．それらは後に 1937 年の『エコノメトリカ』誌論文に結晶化した．非常に不賢明なことなのであるが，リチャード・カーンもジョーン・ロビンソンもその大会に参加しなかった——それはあまりにも明らかな，かれらの失敗であった．

8)　スキデルスキーの派手な表現では，「かれは，ヒックスによる『一般理論』の「一般化」をうかつにも通してしまった」（Skidelsky, 1992, p. 616）．

チャード・カーンは──1976年にミラーノで行った「マッティオーリ講義」において──「悲劇的」という言葉を使った.「IS-LMモデルと関連の図や数式が, ……現れ始めたとき, ケインズがおおやけにはなんの抗議もしなかったのは, 悲劇的である」(1984, p. 160, 訳246頁). ジョーン・ロビンソンは, 例によって, やはり遅くなって反応したのであるが, もっと鋭く効果的であった. 彼女は問題の中心を攻撃した. つまり, 調和者たちは真のケインズ主義者ではなかったのである. せいぜいのところ, かれらは「非嫡出子」ケインジアンであった.

この表現は, 論争を呼ぶものである. しかし, それは問題の核心をついている. ケインズの展開を伝統的なワルラスのパラダイムに引き戻そうとするのは, ケインズ革命の否定である. それが意味するのは, ケインズが意図した革命をまったく革命でないものに還元する, ということであった.

4. ケインズ経済学のケンブリッジ学派

ケインズの伝記作者たちは, 『一般理論』の出版以後ケインズは, もはや以前のような闘争的な論争家ではなくなっていた, とわれわれに警告する. 1年間の間, ケインズは批判に答え, 質問に答え, そしてさまざまな攻撃に対抗するのにあまりにも忙しかった. しかしかれの肉体的な健康状態は, すでに悪化していた[9]. 1936年から1937年の冬, かれの健康状態はまったくよくなかった. 1937年の5月(『一般理論』の出版後1年がたって少し後のことであった), かれは心臓発作におそわれた. その結果それ以後かれは体が不自由になり, 事実上かれを通常の決まり事として毎日午前中はすべてベッドに拘束することになった. それは, かれの闘う姿勢にとって, 致命的な打撃であった. しかし不安定な健康状態にもかかわらずかれは, 戦争の直前, 戦争中, そして戦後の時期を通じて, 非常に困難な時期に政府のために驚くべき量の仕事をこなし続けた. 実際に行った以上のことをかれにはできたはずであるというのは,

---

9) Skidelsky (1992, 第17章)をみよ.「わたしの呼吸筋肉は, 緩んでしまった」. Moggridge (1992, 第23章)では,「脳は肥沃で, 肉体は虚弱」.

明らかに不合理であろう．

　かれは，1946 年の復活祭の日曜日（4 月 21 日）に亡くなった．

　『一般理論』の出版後の 10 年間において，本当に消耗する出来事は第 2 次世界大戦であった．ケインズ革命を前に進めるのに，ほとんど何もなされなかった．ケインズ理論を教育的に表現するという問題についての最後の言葉は，したがって，ヒックスの IS-LM の枠組みであったのである．

　しかし終戦直後，ケインズのもっとも近い弟子たちは，もっとも緊密で強力なグループをケンブリッジに形成した．それに対して，オックスフォードからハロッドは，『動態経済学序説』（1948）の出版によって，ケインズが手を着けなかった長期分析に向かって新たな地平を開こうとしているように思われた．イギリスにおいて，合衆国において，そして西欧世界において，ケインズ経済学は驚くべき成功を収めていた．強調されなければならないのは，これは本質的に政策の分野においてのことであったということである．1950 年代と 1960年代は，産業化された世界全体における，政府による需要の管理，低い利子率，低い失業率，そして前例のない経済成長率によって特徴づけられる．疑いもなく，これらはケインズ政策が目標としたような，実際的な結果であった．これはすべて，皮相でひとを誤りに導く楽観的な雰囲気をつくり出したかもしれない．しかし経済理論の分野では，テキスト・ブックで広められたケインズ理論は，『一般理論』からきたものではなかった．それはむしろ，ヒックスのIS-LM モデルによって伝えられたものであった．それは——すでに上で指摘したように，ヒックス自身の言葉を引用すれば——ケインズの分析をワルラスの枠組みに翻訳しようとする試みからきていた．それ以外のケインズ理論の解釈は，支配的なテキスト・ブックの中に長期的に存在する橋頭保を確保することができなかった．

　にもかかわらず，ケンブリッジにおいてはケインズ革命は，前進し続けたと思われる．ジョーン・ロビンソン，リチャード・カーン，そしてピエロ・スラッファは，直接の弟子たちの強力なグループを形成し，そしてそのグループは，キングズ・カレッジがニコラス・カルドアを獲得したことによって，強化された（カルドアは，ケインズ理論への転向者であり，LSE から永続的な形で移ってきたのであった）．このグループは，ケインズがケインズ革命を相当な程

度進んだ段階にもっていくために努力した.

　知的に強力なひとびとのこの尋常でない集団によってなされた科学的研究は，めざましいものであった. 1950 年代の遅くから 1960 年代初期のある時点で，経済成長理論，所得分配理論，資本蓄積，そして技術進歩の研究へのかれらの開拓者的な貢献は，かれらが世界的にみて経済学の主要な先進的な学派にまで上昇したという印象を与えた——かれらの貢献は，古典派経済学の驚くほど強力な復活に基づいていた.

　しかしながら，ポスト・ケインジアンの経済学のこの輝かしいケンブリッジ学派は，ある時点で，広がっていくのを停止した. それは，ケンブリッジ以外においてはほとんど枝を出さなかった. そしてケンブリッジ自体においても，支持者はもっと少なくなっていった. 本質的に，そしてつまるところ，ケンブリッジにおいてさえ，ケンブリッジ学派は世界の他の部分から孤立していたのである. ミンスキー (Minsky, 1986)，デイヴィッドソン (Davidson, 1972)，ウェイントロープ (Weintraub, 1959, 1966) といったアメリカのポスト・ケインジアンたちは，かれら自身のグループを代表していた. このグループは，不確実性，貨幣，そして金融的不安定性を扱うケインズの分析の部分から生まれた. かれらは，シャックル (Shackle, 1952, 1967) という，もう 1 人の孤立した「ケインジアン」の分析との間に，ケンブリッジ・グループの人たちに対してよりも，より大きな親近性を見いだした[10]. 遂行されるべき，あるいはそのように意図された科学革命は，実際には進まなかった. 1970 年代はじめにおけるケインズの弟子たちのグループ全員の引退という自然な過程にともなって，そしてさらには，1980 年代においてかれらがすべて亡くなったことにともなって，ケインズ経済学のケンブリッジ学派全体が，今日の世代の経済学者たちとの接触を——いくらかの例外はあるとしても——失ったように思われる.

---

10)　アメリカのポスト・ケインジアンたちとケンブリッジのポスト・ケインジアンたちとの間にはつねに，大きな意思疎通の困難があるように思われた. とくに，どちらの側からも，お互いに統合しようとする努力はなされなかった. アメリカの側でギャップを埋めようとする真剣で明示的な努力をした唯一の経済学者は，アルフレッド・アイクナーであった (Eichner, 1979, 1991, また，Eichner and Kregel, 1975 をみよ). 不幸なことに，アイクナーは，早すぎる死を迎えてしまった (1986 年).

なにが起こったのだろうか．それはすべて失敗であったのか，それに答える
のはまだ時期尚早であろう．しかしこの点は重要である．もしそれが失敗であ
ったとすれば，それはケンブリッジのポスト・ケインジアンのみの失敗ではな
い．以上の分析が明らかにするように，その失敗はケインズ革命の失敗である．

当面――問題はけっして単純ではないにしても――ケンブリッジ・ケインジ
アンたちの経済理論が離陸し，支持され，展開されることがなかった理由の少
なくとも**若干**を，明らかにすることは有益であろう．

確かに1つ以上の理由がある．第1に，ケンブリッジのケインズ学派の経済
学者たちは，なされるべく残っている仕事の巨大さを過小評価していた．まず
基礎をつくり，そしてその上に貨幣的生産の経済理論を建設することは，実に
巨大な仕事であって，統一的な理論的枠組みのなかで活動する多くの研究者の
確固とした努力を必要としたであろう．

もしわたし自身のこの問題の捉え方が正しいとすれば（Patinkin, 1986, 1993
をも参照），生産パラダイムは，動学的であることによって，それと対抗する
交換パラダイムよりも，より複雑であることを避けられなかった．その分析を
扱えるようにするには研究の2つの次元を分離することが必要であると，わた
しは論じてきた．まずなによりも，（必ずしも実際の展開ではなく，論理的順
序として）全構造物の論理的基礎を明確にするという課題がある．この課題は
（言っておかなければならないのであるが，古典派経済学者たちはきわめて明
確に認識していたけれども，まったく正しいやり方で遂行することができなか
った），主として制度以前のものとして現れる研究の次元において，客観的な
基礎の上に経済システムの完全な理論的枠組みを設定することである．わたし
は，この次元での研究を，古典派経済学者たちはかれらの「自然」という概念
の意味するところについて必ずしも完全に首尾一貫してたのではないが，かれ
らの言葉を借りて，「自然的」と呼んでいる．ケインズのいう貨幣的理論の特
徴についてのケインズの基本的な考えは，本質的な要素だけに還元した場合，
この研究の次元に属する．そしてかれの有効需要の原理もまた，その深い根の
ところでは，そうなのである．ピエロ・スラッファの商品による商品の生産の
理論的枠組みもまた，この基本的で，自然な次元に属する．

つぎに，第2の，別個の研究の次元がある．それは，（より基本的な次元で

の研究を与えられたものとして，正面から立ち向かうべきものである），明確に定義された制度的条件の中での，現実の経済システムの実際の作用を表し説明することを意図した行動関係に関わる．基本的諸関係とその上に置かれる客観的な基礎が，個人のあるいはグループの主観的な行動をもっとも適切に表現するはずの諸仮説の上につくられた行動関係によって統合されなければないのは，研究の第2の次元においてなのである．ニコラス・カルドアの貢献はほとんどすべて，この研究の次元で展開された．これに対して，ジョーン・ロビンソン，リチャード・カーン，そしてケインズ自身の貢献は，ときにはより基本的な次元で，ときには行動の次元で，ときには両方で展開された．いくつかの分析用具の場合には——もっとも意味深い例，すなわち乗数の場合をとれば——，あるいは，分析のすべての領域では——例えば，貨幣に関する領域では——，より基本的な次元にかかわる側面もあれば，行動に関する制度の次元の側面もある．わたしが思うには，これらの2つの研究の次元の区別をはっきりと認識することは，前進への決定的な1歩を意味し，大きな刺激をもたらし，またリサーチ・プログラム全体の明確な定義への道を開いたであろう．しかし，ケインズ自身，そしてケインズのグループは，とられるべき論理的段階についての明確なヴィジョンを基礎とするのではなく，むしろ直観を基礎にして進んだのである．これらの概念の明確化の多くは，いまだかなりの程度未達成である．あの知的な冒険の主要な登場人物たちはお互いの貢献の積極的な側面に注意を払うことがあまりにも少なく，総体的な理論の枠組みの研究を刺激しなかった．この側面において，かれらは曖昧であった[11]．しかしながら，かれらの著作を

---

11) ジョーン・ロビンソンを例として取り上げよう．ある機会に彼女は，一般的な枠組みの存在を指摘した．

われわれは今や，長期，短期の分析の一般的な枠組みをもっている．それは，マルクス，ケインズ，カレツキーの洞察を首尾一貫した形にし，それらの洞察を現代の場面に適用することを可能にする（Robinson, 1979, p. 216）．

他の機会に彼女は，いかなる総合的な理論についても，その可能性を否定することさえした．

1つの理論は，他の別の理論によってのみ，追い出されうると，しばしば言われる．新古典派の経済学者たちは1つの完全な理論をもっている．……そしてわれわれはかれらを補完するよりよい理論を必要としている……．別のどのような

基礎にすれば，課題は達成することができたであろう．わたしが主張するのは，それは達成可能であり，依然として達成されるべく残っているということなのである．

　それから，状況を困難にした個人的な，そして気質的な要素があった．おそらく，一面では遂行されるべき巨大な仕事についての不完全ないしは部分的に不正確な認識の結果として，他面ではケインズの経済政策が世界的に成功したと思われたことによって醸成された高揚した雰囲気の結果として，ケインズ革命の受容の程度について，ケインズのグループの間に１種の過大評価が広がった．ケインズのグループの個々のメンバーの行動（ないしは誤った行動）が，1950 年代と 1960 年代において，あたかも（ケンブリッジとそのほかの）世界の誰もがかれらのアイディアと権威を受け容れているかのように，かれら自身が世界と理論の主人公であると信じているという印象を与えた．どの特定のアイディアを誰が最初に考えたかをめぐって論争し，かれらの一部が互いに争うようになったとき，それは実にまずい兆候であった．容易に推察されることであろうが，とくにその時期のケンブリッジにおける共感をもっていない多くの証言者たちの反応から，かれらの行動はかなり傲慢なものに見えた．かれらと意見を異にした人々にとって，それは独断的なものにさえ見えた．いずれにせよ，かれらはケンブリッジ自体に存在した（最初から敵対的ではない）多くの才能を，実りある議論の過程に巻き込むことができなかった（そしてこれは本

　「完全な理論」ももう１箱のトリックであると思う．われわれが必要としているのは，異なった思考習慣である――それは作り話を避け，事実を尊重し，そしてわれわれが知らないことについて無知を認めるためである（Robinson, 1979, p. 119）．
　これは無邪気な説明であるという他はない．「作り話を避け，事実を尊重し，そしてわれが知らないことについて無知を認める」は，ケインズ派の経済学者たちの特権として残ることになるのであろうか．
　しかし，彼女は自分自身に対して，明らかに不公正であった．アルフレッド・アイクナーはジョーン・ロビンソンの著作に多くのものを見出し，かれの主著を「ジョーン・ロビンソン」に捧げたほどである．「ジョーン・ロビンソンは，代替的なポスト・ケインジアンのパラダイムを首尾一貫した１つの枠組みに入れ，新古典派という暗闇の谷からから脱出する道をわれわれに示した」（Eichner, 1991, p. 3）．

第2章　ケインズ後の「革命」　　　39

当に失敗であった)[12].

　くわえて，何十年か前までわれわれが生きていた世界全体を規定していた，隠されていたけれども重要な1つの特徴（当時は全員がそれをひどく過少評価していた）を無視してはならない．これは2つの対立するブロックに，恐るべき軍事的ブロック（資本主義ブロックと共産主義ブロック）に鋭く分裂した世界であった．それは，互いを何度でも破壊する能力をもっていた．ときには無意識のうちに，イデオロギー的な性質の猜疑心が生ずるのは，避けられなかった．既存の制度に対して，いつでも，そしてあらゆる批判が提起された．ケインズの場合，強い反共主義の姿勢が，かれを安全地帯においていた[13]．しかし，ケンブリッジのケインジアンたちの場合には，個々人によって違いはあったけれども，それほど明示的ではなくはっきりもしていなかった．かれらは全員，確かに，左派に属していた．これは一種のはっきりしない抵抗を生んだ．かれら自身，もちろん，そのことに気づいていた．しかし，かれらはいつもその抵抗を過小評価していた．

　1つの重要な点ではかれらは，ケインズに完全には従うことに失敗した．つまり，若い世代に対して，選択し，養成し，準備し，注意を払うという点で失敗したのである．この課題にケインズは，相当量の努力と時間を注いでいた．ケンブリッジのケインズ・グループは，これらのことをあまりかまわなかったように思われる．もっと悪いことに，若い人たちの野心を抑え，さらには抑圧

――――――――――

12)　いくつかの例を挙げるとすれば，わたしはリチャード・グッドウィンの場合を考えている．かれはケンブリッジで過ごした期間全体において，経済学をするよりも絵を描くことにより多くの時間を割くことで終わった．リチャード・ストーンの場合は，応用経済学部に所属し，孤立していた．ジェイムズ・ミードの場合，新古典派分析にますます押しやられた．モーリス・ドッブは，それと反対の側にいて，放置され1人で研究していた．オースティン・ロビンソンでさえ，1人で孤立し，『エコノミック・ジャーナル』誌において（そして国際経済学会では），ケインズ学派とはほとんど関係のない出版方針の担当を任されていた．

13)　このことは，ミハエル・カレツキーの場合には，当てはまらない．かれは，ケインズとは独立に，ケインズにかなり似た有効需要と雇用の理論を展開していた．ただしかれは，マルクス主義者の諸前提から出発していた．こうした起源は，かれがつねに低評価され，多くの場合にケインズと比べていつも二次的な位置に置かれていたことを説明する．

することさえしたのである[14].

　かれらは，かれらの後継者を準備するために，ほとんどなにもしなかった．後継者になる可能性のある人物たちの中から選択することを迫られたとき，かれらははっきりとした選択をせず，躊躇し選択を行わなかったか，あるいは中途半端な選択ないしは妥協的な選択をしたのである．これはこの学派にとって致命的であった．そしてこの学派は，かれらとともにケンブリッジから消えた．きわめて少数の例外（いずれにせよ，この少数の例外に対しても，かれらはほとんどなにもしなかったか，あるいは多くの困難を作り出すことさえした）をのぞいては，かれらはケンブリッジにポスト・ケインジアンの後継者をまったく残さなかった．

　最後に，形式的にかれらの後を継いだ人々には，長期的な視点の驚くほどの欠如があったことを，述べてもよいであろう．かれらの前任者たちについてかれらが傲慢と考えたものに対して，かれらは過剰反応をし，なんであれケインジアンたちが残したものをすべて葬り去った．かれらは，ケインズのアイディアの強力な意義を，恐ろしく過小評価した．さらに悪いことに，かれらにはヴィジョンがなかった．支配的な正統派の思想潮流に対して代替するものとして，真のケインジアン（つまり，非マルクス主義の）を存続させ続けておくことの意義に，かれらはなんらの重要性も価値も与えなかったのである．そのような代替物が理論の潜在的可能性の源泉であり，ケンブリッジだけでなく世界の経済学者の社会にとっての宝であることを，かれらは理解することができなかった．残念ながら，その宝は浪費されてしまった．

　全体的な結果は，印象的である．科学革命の自然な結果は，すぐには成功をもたらさなかったとしても，構想，議論，展開，さまざまな方向での試みの，沸き立つような豊富さであったはずである．これはまったく起こらなかった．もちろん，それがまったくなかったというわけではない．たとえ最近の著者た

---

14)　意味深い例として，1950年代のケンブリッジの若い世代のもっとも優秀な2人の代表者の情緒的な反応を考えることができる．ハリー・ジョンソン（Johnson and Johnson, 1978）とロビン・マリス（Robin Marris, 1991）である．その時期にケンブリッジで教育を受け，そこに残るのに十分な刺激を見いださなかった，第1級の才能をもった人たちの長いリストを作ることができるのは，確かであるとわたしは思う．

ちが簡単に忘れたり単に気づかなかったりしても，カルドアのアイディア（収穫逓増，製造業部門における完全競争の不可能性の帰結，内生的技術進歩など）は，最近の多くの経済学文献に広く浸透している[15]．ジョーン・ロビンソンの資本理論についての姿勢は，いまだに新たな貢献を刺激し続けている．スラッファの並外れて簡潔で小さな本は，完全に新たな経済学文献の大きな流れを生み出した，等．これらがあげられる．しかしそれらすべてが断片的であること，全体を統合する枠組みの欠如，建設的な側面よりもむしろ破壊の側面に偏っていること，などの印象を避けることができない．これらの顕著な特徴にもかかわらず，ケンブリッジのケインジアン・グループの貢献は，全体として，離陸のために必要な批判の勢いをもつことができなかった．革命の過程は，行き詰まったのである．

5. 正統派経済学の「通常科学」の過程に異常な事実（とくに失業）を吸収することの困難

　ケインズ経済学，とくにそのテキスト・ブック版は，何らかの実際の出来事がその短期の限定をきびしいテストに付せばその瞬間に，攻撃にさらされざるをえなかった．これは1970年代に起こった．そのとき，劇的な外的出来事——石油危機——が，すべての産業世界において，動態的な過程（コスト・プッシュ・インフレーション）の引き金を引いた．それは，需要が支配するケインズ政策の複合体の外で起こったのである．それは実にインフレーションの噴出であって，ケインズ政策を困難に陥らせた．1930年代にはこの問題は事実上重要でなかったので，ケインズ自身はこの問題に注意を集中したことはない（ただし，かれのすばらしいパンフレット，『戦費調達論』の中で，インフレの問題にはっきりと向き合っていた）．そしてケインジアンたちは，その出来事が要求したであろう適切な著作をあらかじめ用意していなかった．かれらは，準

---

15)　カルドアの研究は，主に資本主義のシステムの動きに関するものであり，非ケインズ的な経済学者たちにとってより容易に近づくことができるように思われる．カルドアの最近の2つの伝記（Thirlwall, 1967, Targetti, 1992）が役立つであろう．

備なしに，問題に直面したのである．

　予想されないことではなかったが，ケインジアンたちは混乱に陥った．他方ですべてを**以前の状態**に戻させようとする，強力で根本的な試みが生じた．

　経済思想の合理的期待の流れと1970年代と1980年代の「新しい古典派」のマクロ経済学の展開は，ケインズの分析の価値をおとしめ，そしてケインズ以前の初期の時代の純粋正統派に経済理論を全般的に回帰させようとする強力な試みであった．わたしの考えでは，そうした試みは成功しなかったと，いまでは結論してよいであろう．ケインジアンのさまざまな経済理論の流れの間の矛盾は明白になったといってよいであろうし，すべてを正統派に戻そうとしてなされた強力な試みを理解することを可能にするであろう．しかしながら，現実世界において観察される明白な事実の中には，正統派の経済学では説明できない，もっと大きな異常現象がある．さまざまな国における物的富の顕著な格差，世界の金融市場の扱いにくい異常な不安定性，これと結びついた金利生活者たちの巨大な規模の所得，技術のフロンティアの破壊的な変化，大部分の国における長期的で大きく広がっていて危険なほどに増加している働く人々の大量の非自発的失業，これらの現象はすべて一緒になって，一種の疫病が産業化された世界と産業化されつつある世界を，おそっているのである．

　現実のこのような顕著な特徴に対して，ケインズ理論が訴えるものは依然として強力である．しかし，今日のケインジアンの理論家の大部分は，ケインズがそうであったほどには野心的ではないし，1930年代はじめにケインズの弟子たちがそうであったよりも，さらに野心的でない．ケインズのアイディアが強力であることを認めながら，かれらは（おそらくは無意識のうちに現実に恐れをなして），伝統的パラダイムを拒絶する試みは必要ではない，あるいはたぶん危険であると，確信しているように見える．要するに，かれらは，科学革命を企てるほど先に進む必要はない，と考えているように思われるのである．異常につぎはぎを当てることはできるし，正統派経済学の内に留まることもできる．ケインジアンの経済学の最近の展開は，実際すべて，J. R. ヒックスによって開かれた方向でのものである．すなわち，正統派とのある種の調和の方向での展開なのである．その過程は容易なものではない．ケインジアンの理論総体が，正統派の中に容易な再吸収を許すにはあまりにも大きな異常現象なので

ある．これらのことが，今までになされた試みが多様であることを，説明するであろう．

　これらの，ケインズのアイディアを復活させ，経済学者の既存の理論的枠組みの中にそれらの居場所を与えるように再解釈する試みのうちで，代表的であるという理由で，わたしには注意するに値すると思われる3つの試みについて述べておこう．

　クラウアー（Clower, 1965）とレイヨンフフヴド（Leijonhufvud, 1968）は，ケインズ的失業を諸市場における調整の欠如の産物として再解釈しようとした．この場合，市場は，ワルラス的に解釈されてきたものであって，より現実的には均衡状態のワルラス的模索（有名な**タトヌマン**）は瞬間的には作用しないこと，そして均衡からはずれている場合には，模索の過程の途中で多くの困難に陥る可能性があることを指摘する．

　主としてフランスの経済学者のグループ（Benassy, 1976, Malinvaud, 1977, その他）は，均衡状態が完全には「清算」されない市場と共存するように，なんらかの理由で生産物の物量，そして（あるいは）労働が「割当てられる」市場というアイディアを展開した．かれらはこれらを，（わたしは不適切であると思うけれども）「非ワルラス的」と呼んだ．ただしかれらは，ワルラスが提案した一般経済均衡の均衡グループにあることに固執していた．

　最後に，ニュー・ケインジアン・モデルという呼称をもって最近提案された一連の展開がある．それらは，ケインズ的な結果，つまり失業の状況を生み出すことを目標としている．ただしかれらは，ミクロ経済学的次元では完全に正統派的諸仮定（すなわち個人の最大化仮説，あるいは少なくとも合理的行動）を，そして疑うことなく正統派の一般均衡理論の基礎を採用しているのである．その結果は，不完全競争，規模に対する収穫逓増，情報の非対称性，さまざまな種類の硬直性などが存在する状況を仮定することによってえられるのである．

　これらの試みのいずれも，生産パラダイムの基礎に向けて経済分析を転換する方向には向かっていない．この意味で，それらは革命的ではない．それらはすべて，ワルラスの交換パラダイムの中に位置を占めることを，おおいに受け容れているのである．それらはすべて調和の方向に向かっている．それらは──もともとはJ. R. ヒックスやフランコ・モディッリアーニによって設定された

路線上にはっきりとある——モディッリアーニのお気に入りの言葉を使えば，新しい展開，「不完全性」，「異常な事実」を，正統派の経済学の通常科学のパラダイムに吸収するか，あるいは「消化する」試みなのである[16].

6. ポスト・ケインジアン，ネオ・リカーディアン，進化主義者，制度主義者，その他

　ケンブリッジ・ケインジアンの軌道上にとどまりながら研究を進めている，多様性をもったグループが，もちろん存在する．かれらは，つねに主流派の外にあった．かれらは世界中に散らばっているが，少数派にとどまっている．もちろん，もともとのケイジアンのグループの経済学者よりも多いけれども，かれらは全体として，経済学者社会での重要性の小さいグループを形成している．
　知的環境の主要な新しい側面が，重要になった．経済学者社会は，過去よりもいっそう制度化され，この結果として異なった考えに対する許容性が小さくなった．とくに主要な経済学雑誌の査読と編集の過程を通じて，非主流の経済学者たちはかれらの論文が拒否されるという事態に，しばしば直面する．権威のある経済学雑誌といわれるものは，めったに非正統的な論文を出版することはない．そのために，新しい雑誌（それらのうちで，もっともよく知られているのは，イギリスの『ケンブリッジ・ジャーナル・オブ・エコノミックス』誌

---

16)　記録のために，次のことは述べておかなければならない．すなわち，ヒックスの側では，かれの IS-LM 定式化について，ある時点で不安を感じるようになった．かれはかれの理論を再考し続けた．そしてそれほどまでに成功を収めたかれの IS-LM モデルから，徐々に離れていった．1960 年代の終わり頃から 1970 年代のはじめにかけて，かれは勇敢にもそれを批判し，そして事実，はっきりとそれを拒否したのである（Hicks, 1975, 1980-81 をみよ）．かれは，自分は新古典派経済学者であることをやめたとおおやけに宣言するまでに行った（かれの言葉では，「J. R. ヒックスは，もはや死んだ「新古典派」経済学者である」）．さらに，自分の考えの変化を強調するするために，かれは自分の論文に J. R. Hicks の名前でサインするのをやめ，そのかわりに John Hicks を使うようになった（かれの言葉では，「明らかにわたしは名前を変える必要がある．……ジョン・ヒックスは非新古典派であり，「叔父の」J. R. に対して尊敬の念をもっていない」（Hicks, 1975, p. 365）．

第2章　ケインズ後の「革命」　　45

と合衆国の『ジャーナル・オブ・ポスト・ケインジアン・エコノミックス』誌
である）が，非主流の経済学者たちに出版の機会を提供するために，発刊され
なければならなかった——そして今でも新たな発刊が続いている．いずれにせ
よ，かれらの論文を，経済学者集団の大部分は読むことはほとんどない．この
ことは，分離，そして没交渉という，一種の分派化を進める．

　それらのグループの異質性は，多くの研究者によって明らかにされている．
1つの例を挙げれば，ハムーダとハーコート（Hamouda & Harcourt, 1988）は，
かれらを「異質な経済学者グループ」と呼んでいる．「にもかかわらずかれら
は，主流の新古典派経済学がきらいであるだけでなく，……首尾一貫してそれ
と代替的な研究方法を打ちだそうとしている点で，一致している」（p.2）．「研
究方法」という言葉は，複数形で書かれている．それは，かれらが，数が多く，
多くの点で対立しているからである．ハムーダとハーコートは，かれらを3つ
の主要な流れに分類する——すなわち，アメリカ・ポスト・ケインジアン，ネ
オ・リカーディアン，そしてカレツキアン・ロビンソニアンである——しかし
かれらは，「何人かの重要な人物は，……どのようなグループ，あるいは流れ
であっても，自分が分類されるのを拒否すること」を見いだしたのである[17]．

　まったく何の役にも立たないことであるが，これらのさまざまの研究方法の
流れに従った経済学者たちは，しばしばお互いに攻撃し合ったのである．かれ
らは，何度も，極端な程度にまで，かれらの間の相違を強調し，かれらが共有
していることを見過ごし，あるいはそれを研究することを拒否した．疑いなく，
ケンブリッジ・ケインジアンのグループは，この点で役立たなかった．しかし，
この点においては，かれらを見習うべきではない[18]．

　かれらは不可避的に——議論，会議，そしてより最近においては学会（たと
えばヨーロッパ進化経済学会 EAEPE）において——さまざまな非正統派の経
済学者たちと接触するようになった．かれらの出自はさまざまであって，進化

17）　マルコム・ソーヤーの評価は，それほど異なっていない（Malcolm Sawyer, 1988,
　　　pp.1-5）．
18）　残念ながら，これは起こらなかった．アレスティスとソーヤーによって出版された
　　　自伝（Alestis & Sawyer, 1992）は，ケンブリッジのプリマ・ドンナ症候群と呼んで
　　　もよいものがいかに広まっていたかを示している．

主義者，制度主義者，もとマルクス主義者，などであった[19]．これらの接触と交流は，適切に方向付けられれば，お互いに養分を吸収しあい，豊富化することができたし，またそうすべきである．今までのところ，かれらはお互いの異質性を強めているだけのように思われる．

わたしにとって実に驚くべきことなのであるが，非正統派の経済学者の異質な集団は，支配的な正統派の枠組みに対して代替的な，全体として総合的で堅固な理論的枠組みを構築する必要性——わたしにはこれが絶対に必要であると思われる——に対して，非常に無感覚であった．

ポスト・ケインジアンの新古典派経済学と異なる特徴を強調しようとする何らかの努力は，もちろん，つねに行われている．ポール・デイヴィッドソンは，3つの特徴をあげている[20]．マルコルム・ソーヤーは，7つ以上の，ポスト・ケインジアンの経済学の特徴的な含意のリストをつくった[21]．わたしの見解は，これらの特徴づけは，分類，あるいは事後的な記述としては，受け入れてもよいであろうが，新しいパラダイムを提示するやり方としては満足なものではない，ということである．もっと深いなにかが必要である．この研究方法のもっと具体的で，パラダイムの独自ななにか，結果としてこれらの特徴付けを生み出すことができるようななにかが，必要なのである．

ベールでおおわれてはいるが，より広い地平でみると，いくつかの光が見えないわけではない．マルク・ラヴォワは，ポスト・ケインジアンの「1つの扱

---

19) かれの教科書（Sawyer, 1989）においてソーヤーは，できるかぎり単純化しようとして，非主流の経済学が4つの「代替的なパラダイム」，すなわち，ポスト・ケインジアン，スラッフィアン，マルクス派，そして制度派からなるとしている（p.3）．（しかしながら，**「代替的」**という表現は，厳密にいうと，2つ以上の可能性について言及する場合には，不適切である．そして「パラダイム」という言葉は，クーンの使い方では，不適切である）．

20) それらは，1）経済は歴史過程にある，2）期待は経済的な結果に対して顕著な効果をもつ，3）制度が重要な役割を果たす，というものである（Davidson, 1981 をみよ）．

21) それらは，1）収穫逓増に基づく累積的因果関係，2）経験による学習，3）（論理的ではなく）歴史的時間，4）需要による部門間の資源配分，5）資源の創造の重要性，6）均衡分析が役立たないこと，7）市場機構は多くの経済制度の1つにすぎないこと（Sawyer, 1989, pp. 448-450）．

いやすいポスト・ケインジアンの経済学の総合を与えるために」，本を書いた．かれは，「その総合が1組の首尾一貫した諸理論を構成し，支配的な新古典派パラダイムに対して代替的な1つのパラダイム［ついに，単数のパラダイム］を与えることができることを示した」(Lavoie, 1992, p. 1)．かれはさらに進んで，この代替的なパラダイムの4つの「前提」を具体的に示した．現実性，有機性，手続きの合理性，そして生産である（これらはそれぞれ，新古典派経済学の道具主義，個人主義，主観的合理性，交換に対応する)[22]．

　これはすべて完全に正しいが，非常に不十分であるとわたしは考える．1つには，ラヴォワの諸前提はすべて等しく基本的であるというわけではなく，また相互に独立しているというわけではない．シュンペーターがはっきりと認識していたように，明確に定義された「世界についてのヴィジョン」は，ある経済思想の流れの基本的な概略を説明するのに具体的な詳細よりも，より本質的である．一連の経済学研究の目的に対する堅固な背景となるためには，ヴィジョンは包括的で十分に単純でなければならない．再びわたしが強調したいのは，特定の側面に焦点を合わせること，あるいは特徴的な前提を強調することは，予備的な特徴として述べられるよりもむしろ自然な結果として，**出て来なければならない**．さもなければ，非主流の経済学をバベルの塔として描くような説明に対して反論することは，困難になる（Beaud and Dostaler, 1995)．

　もう1つ別の角度から見ると，これは——わたしの見解に関するかぎりでは——，なぜわたしが，生産パラダイム全体に実際統一を与える経済研究の基本的な制度以前の次元と，特定の制度的環境に特有な行動分析の多様で完全に開かれた次元とをはっきりと区別する必要を強調したかを，かなりよく明らかにするであろう．これらはさまざまな可能性を示すかもしれない．そして事実，

---

22)　Hamouda and Harcourt, 1988. Sheila Dow, 1985 の方法論の研究における同様な試みをみよ．かれらは，彼女の努力を次のように要約する．「……ポスト・ケインジアンたちがもっぱら共有するのは，資本主義がいかに機能するかについてのある特定の見方である．すなわち，個人の行動と結びついた集団や階級の重要性，そして非自発的失業や金融的不安定性といった特定の問題に焦点を合わせること，などである．このように，ポスト・ケインジアンの理論は，世界の見方については全体的であるが，技術についてはそうではない」(p. 25，脚注)．

主流派経済学の限界——別の観点から見れば先端——で行われている分析の多くを利用すること——そして吸収することさえ——できるであろう（わたしがここで考えているのは，ゲーム理論の社会への適用，社会的選択の名前で行われているものの多く，そしてさらには所有権についての文献からくる若干の貢献のことである）．わたしの主張は，基礎的な次元では，堅固で包括的な研究の枠組みが存在すること，そしてケインズとかれの弟子たちはもともとその存在を直観的に認識していた，ということである．ただしかれらは，視界を遮る多くの偏見によって曇らされ，そしてケインズがはっきりと警告していたように，古い思考様式の虜に無意識のうちになっているという最大の困難に直面していた．

いまや，非正統派の異質的なグループ全体が根本的な建て直しの必要を拒否することなく，きびしい自己批判と自己点検の過程を真剣に行うときである．

7. 結論

以上2つの講義を締めくくるために，いくつかの論評を述べよう．ケインズの経済学は依然として，はっきりと見ることができる多面的で異質な影響を通してさえも，非常に強力な引力の中心である．このような状況において，当面圧倒的に優勢な考え方は，もともとのケインズのそれではなく，調和者たちのそれであろう．すべての——新旧の——調和者たちの間の基本的な考えでは，経済学の基礎を正統派のパラダイムから貨幣的生産のパラダイムに転換させようという，ケインズの独創的で根本的な試みはあまりにも野心的であったか，あるいは不必要に過激であった．引き出された結果は，その試みは成功しなかった，というものである．しかし，にもかかわらず，かれの試みは，伝統との妥協と伝統的なパラダイムへの，かれの理論の伝統への吸収という形で生き残ることができるという確信もまた，存在する．

ロバート・スキデルスキーは，広く抱かれているこの確信を明確に捉えている．かれはケインズの伝記の第2巻を，正確に次のように結論することで終わっている．「調和者たちの仕事の中には，［ケインズの］正統派の枠組みに対する革命的な攻撃が失敗したというヒントが複数あった．ジョーン・ロビンソン

がそれを「非嫡出子ケインジアン」と呼んだのは，たぶん正しい．しかしそのような形で［つまり，実際にはまったく革命なしに］，「ケインズ革命」は「生き残り成長する」ことができたのである」(Skidelsky, 1992, p. 621)．しかし，科学的努力の目標は，誰かある人物の理論を生き残らせることではない．それは，事実についてのよりよい，そしてもっと満足な説明を与えることである．

　われわれのまわりに，おかしな事実は，山ほどある．驚くべきことではないが，それらは累積し続けている[23]．

　実際，最終的には，ケインズの直観とヒント，そしてアイディアを経済学者たちの議論の中にしつこく呼び戻しつづけるのは，事実の強力な推進力なのである．このことすべての結果が，新しい展開と証拠を，つぎはぎと多くの分析上の困難をともなっているとはいえ，なんとかして取り込むことができるように伝統的な枠組みを継続的に修正するということであるならば，支配的な理論の枠組みが次第に異質的になり，ますます不安定で，したがってますます首尾一貫性を欠くようになり，維持するのが困難になるとクーンが述べたものに，その姿は，不可避的に，ますます見えてくる．すなわち，つぎはぎを重ねていくパラダイムの崩壊の可能性そのものが，今日の非正統派のあゆみがよたよたしており，混乱しているとしても，ついにはわれわれの不満足な思考様式を克服する強力な刺激となる．

　おそらく，いろいろなことがあっても，調和の試みがますます困難になる結果，ケインズとかれのグループによって始められ，真剣に試みられ，強力に追求されたけれども達成されなかった正統派経済学とのあの決別を生み出すことは，若い経済学者の世代の課題であろう．経済的，そして政治的場面において，20世紀の最後の20年間に，多くの劇的な変化が起こった．多くの精神——わ

---

23)　ケネス・アロー自身が一般均衡分析のワルラスの交換モデルに基づいた現在の支配的なパラダイムの明確な定式化への主要な貢献者であったのであるが，「自由市場経済の理論の応用における山積みの問題」(Arrow, 1994) という（科学的な雑誌にではなく）新聞紙上の短い記事において書いたことは，わたしには意味深いように思われる．ケン・アローは，同時に正直に主要な弱点と明らかな誤りのリストを示している．そのことは，これらの誤りの数や深刻さが持続的に積みあがっていることを示唆している．

れわれの視界を遮っていた偏見から自由な精神——は，今までのところ未完に
とどまっている，あの真のケインズ革命をもたらすのに必要な武器をもっとよ
く備えていることであろう．

第 2 部

ケインズ経済学のケンブリッジ学派

前奏：初期の弟子たち

　第2部は，ケインズ亡き後，師によって開始された科学革命をイギリスのケンブリッジにおいて追究した経済思想の一学派の初期における達成，業績，そして果たせなかった課題を示すことにあてられる．わたしは以下で，ケインズの初期の弟子たち，すなわちリチャード・カーン，ジョーン・ロビンソン，ニコラス・カルドア，ピエロ・スラッファについて，伝記的‐書誌的特徴に関する一連のエッセイを提示するつもりである．

　ケインズは1946年4月に逝去した．しかし，ケインズは理論的論争の前線からはずっと以前に撤退していた——実質的には，あの心臓発作を患ってからである（1937年）．心臓発作は，通常の仕事をするかれの能力を恒久的に損なった．破滅的な戦争が近づく中で，かれは大蔵省においてイギリス政府に対して助言を行うことにエネルギーを集中させなければならなかった[1]．それからすぐに，第2次世界大戦の勃発にともなう諸義務は，若い世代全体をも飲み込んだ．そしてこのことは，ケインズ革命に関する論争の強制的な中断を意味した．しかし，戦後，大学の活動が再開されるとすぐに，ケンブリッジにおいてケインズの弟子たちは——かれとの個人的な結びつきの直接的な結果として——独特の「ケインジアン」の経済思想の一学派を形成した．かれらは言葉の文字通りの意味におけるケインズの「経済学における革命」，すなわち正統派との断絶としての革命を目指していた．

---

1)　スキデルスキー（Skidelsky, 2000）がケインズの評伝の第3巻で詳細に示したように，結果として，ケインズがイギリスにとっての敗北と見なしたブレトン・ウッズ会議（かれの死の数か月前）の終わりまで，ケインズがなしえた驚くべき作業量の資料を調べることは，それにもかかわらず，驚異的である．

逆説的であるが，かれらは自らが不利な状況におかれていることに気づいた．理論的論争の 10 年間の中断は，戦前に開催された唯一実質的に意味をもった学会，すなわち 1936 年後半のオックスフォード大学における計量経済学会大会における「ケインズ氏の体系」というセッションを，熱心な若いケインジアンの間でいっそうきわだたせるのを助長した．これは，ヒックスの単純な 4 本の方程式からなる IS-LM モデルがケインズの基本的な理論的枠組みの表現として提示され，広く議論されたセッションそのものであった．ジョーン・ロビンソンもリチャード・カーンのどちらも，そのセッションには参加せず，後にそのことを痛切に悔やんだ．しかしこの結果，初期のケインズによるかれの立場の擁護（それはいずれにせよ，ケインズと同世代の経済学者の批判に対し反駁することを意図していて，全体としてはとにかくすべてケインズの側にいるように思われた若い世代の，ありうる誤解を無視したものであった）に続く 10 年間は，『一般理論』の実際の教育はヒックスの IS-LM モデルを採用した世界中の経済学者によって行われた．これは単純な分析用具であって，魅力的で教育目的には非常に便利であった．他方，ケインズ自身の著作は，教えるという目的にはむしろ不適切であったということを認めなければならない．その結果，戦後，大学へ戻った経済学の新たな学生たちによって最初に吸収された『一般理論』の解釈は，正統派との明確な断絶の必要性を強調していた人々のものよりはむしろ，ヒックスが率直に述べていたように，ワルラス的伝統との協調的な妥協をすることを好む人々の方針に沿ったものであった[2]．

かなり不賢明なことであったが，ケンブリッジ・グループはこの状況に多くの注意を払わなかった．かれらはそれを過小評価しただけでなく，ヒックスの IS-LM「ケインジアン」モデルを一蹴し，世界全体がジョン・メイナード・ケインズの真の後継者であり，解釈者であると見なすのはかれらであると，実際そうであったのであるが，確信していた．典型的に無頓着な自信をもって，かれらは自らの道を突き進んでいった．

---

2) 上記については原書 p. 30, 本書 29, 30 頁を参照せよ．モディッリアーニは，戦時中に研究を進め，有名な「流動性選好」論文を出版したが，ヒックスの方程式自体から出発し，それらを同じ方向に発展させた．

かれらの役割が顕著なものであったことは，やはり認めなければならない．戦後直後，かれらはケンブリッジという場を支配しただけでなく，かれらの影響は経済学の世界一般に広がった．1950年代と60年代においては経済学者の間では——肯定するにせよ反対するにせよ——かれらが提示し執筆するものに注意を払わないということは，不可能であったであろう．かれらのおかげで，ケンブリッジはイギリス（とヨーロッパ）の経済思想の最も卓越し独創的なセンター，すなわち1国だけでなく国際的にも卓越したセンターとして現れた．リチャード・カーンは，ケインズの最も身近にいた学生であったが，主に舞台の背後で活発であったのに対して，ジョーン・ロビンソンとニコラス・カルドアは，ケインズの経済理論の長期への拡張という，はっきりとした目的をもって，著作と講義において，ケンブリッジと海外において，世界中の大学および他の研究の場所への非常に頻繁な訪問をし，新古典派経済学への痛烈な攻撃を躊躇なく行った．ピエロ・スラッファは，『リカードウ全集』の素晴らしい編集作業を行っていた長い期間の後，古典派経済学に対する関心を再び覚醒させ，その再発見を非常に積極的に進め，1960年には，まったく予期されていなかったのであるが，経済思想の一分野にとどまらず騒ぎを生み出した，かれは薄く，ひとを混乱させる著作を出版したのである．

　経済学者のこのグループが，ケインズの経済理論の軌跡の上に強力な学派を形成したことは，疑いない．リチャード・カーンは，経済学の研究を始めて以来，ケインズに最も近い弟子であった．それはかつて最も巨大な経済的災厄，すなわち西欧の産業諸国が経験した——1929年の大恐慌——時代とおおよそ一致している（そしてケインズによる経済学の再考は，いずれにせよその災厄を克服するのに貢献した，独創的な考えとして信じられていたことは，覚えておくべきであろう）．ジョーン・ロビンソンは，ケインズ革命の最も率直な世界的な宣言者になった．ニコラス・カルドアは，このグループの若いメンバーであり，ロンドン・スクール・オブ・エコノミクス（LSE）のハイエクのサークルから，1938年にケインズと接触した．カルドアのケインズ経済学への転向は突然で目立ったものであったとしても，かれは熱心で完全で声高であり，かれの転向はほんのわずかの疑いもないものであった．ピエロ・スラッファは，このグループの年長のメンバーで，ケインズ革命以前にケインズと接触してい

た唯一の人物であった．かれは，ケンブリッジにおいて（そしてケンブリッジ以外においても）事実上すべての経済学者にとって尊敬の的であった．ケインズの『一般理論』に関連した概念に関しては，スラッファは完全には他の人のようには関与しておらず，一貫してグループ全体の最も批判的なメンバーであった．かれの思考の進化は『一般理論』以前に始まり，ケインズの考えに続いてというよりも，むしろ，平行した線上を進んでいた．

　逆説的なことであるが，もし，シュンペーターが経済学の「学派」を定義するために用いた意味にわれわれが厳密に従ったとすれば，このグループは経済思想における明確に同質的な学派であるとはいえないであろう．かれらは，多くの独立した，時には明らかに調和しない意見のグループを形成していた．しかし，どの外部の観察者にも，かれらは「学派」として現れていた．かれらにそのような統一性を与え，かれらを緊密にしていたものが何であるかを詳細に述べることは，誰にとっても容易なことではなかった．かれらはしばしば互いに口論していた．しかし同時にかれらを区別する一種の強い繋がりを互いに保ち，他のすべての人々から独立していた．かれらは議論する時，ときには互いに痛烈に議論したが，緊密で排他的な知的サークルとして認められるもの，あるいはそう思われるものの内部で議論を行っていた．かれらの個人的関係は非常に強く，親密であった．ニコラス・カルドアは，その回顧録（Kaldor, 1986, pp. 67-8 を見よ）の1つにおいて，LSE が戦中に（そして戦争のために）ケンブリッジに移動してきた時に，かれらは定期的な討論を開始したと主張している．それは1931年のケンブリッジ・サーカスの討論の再開でもあり，戦後の「秘密セミナー」の討論に先行するものであった．しかし，このことすべてによっても，それだけではかれらの知的交渉の親密さをほとんど説明しえないであろう．かれらの知的類似性，あるいは魅力を形作り，同時にかれらの強く激しい個人的関係をもたらした何か，他のより深いものを探さなければならない．

　以下のエッセイは，今や独立した章の形でここにまとめられているが，かれらの協力の興味深い側面と，『一般理論』のメッセージをかれらが吸収し，提示した方法を説明する予定である．このメッセージは，正統派との断絶と，まったく別の基礎に基づいた経済理論の再構築として疑いなく意図されたもので

あった．以下のエッセイはそれぞれ，異なった機会に，互いに別々独立に，異なった目的で，異なった場所において書かれた．わたしはそれらを均質化させようとはしなかったが，2つの別々のエッセイを合体させたニコラス・カルドアの場合は例外である．他のすべてのエッセイに関しては，それらを原型のままにとどめたが，不正確さに関してわずかに修正を行い，もはや重要でない詳細を削除するだけでなく，スラッファに関する第3のエッセイの最後の部分において統合を行った．また読者はあちらこちらでいくらかの繰り返しを見出すかもしれない．それらの繰り返しは，この注目すべき「ケインズ」学派の経済思想の重要な側面と特徴を強調するのに役立ちうると考えたので，繰り返しを削除しないようにすることが賢明であるとわたしには思われた．

　ここにこれらのエッセイを提示するに当たって，カーン――すなわち，1931年のケンブリッジ・サーカスの主催者――から始め，続いて，カーンの最も親しく，生涯にわたり，最も声高な知的パートナーであったジョーン・ロビンソンを扱うのが適切であるように思われる．次に，わたしは初期の改宗者（けっして従属的なパートナーではない）であるニコラス・カルドアを配置した．続いて，ピエロ・スラッファに捧げられた3編のエッセイがある．分量の点では，かれはこのように，最も注意を引き付ける学者であると思われるかもしれない．しかし，それらのエッセイはアプローチにおいてかなり異なっていて，かれの貢献と人格のさまざまな面に関わっているので，わたしはそれらのエッセイを原型のままにとどめざるをえなかった．さらに，それらの章は本書の第3部への過渡的な段階を準備する議論において決定的に重要なものとして現れるであろう．

　全体としてのケインジアンの集団についてのわたしの一般的なコメントをさらに2つ，別々の部分として，付け加え，第2部の中間奏，そして最後に後奏を挿入した．これらの部分においては，わたしは世界的な名誉と評判があるこの独自の経済学者の集団の全体的な業績，共有された研究方法と，失敗の両方の個人的な評価を要約しようと試みている．この点でわたしは，経済思想のケンブリッジ学派において，ケインズ革命をその完成へと前進させる試みとして，何が**機能せず**，同時に何が**機能した**のか，いまや何が救済され，再開されうるのかを，読者が自分自身で判断するために充分な材料が与えられることを期待

している.

注意：すべての章の参照文献と注は第2部の終わりに掲載されている. ただし, それぞれの著者の抜粋された業績リストは, 対応する章の中核的な部分と見なされるため, 各章の最後に置いた. これらの章の文中においては, そのような参照文献は （ ） 弧内に示されるであろう.

訳注：翻訳書では各部ごとの参考文献はすべてまとめられ, 巻末に置かれている. ただし, それぞれの著者の抜粋された業績リストはそのまま, 各章末に置かれている.

第3章 リチャード・フェルディナンド・カーン (1905-1989)

——『一般理論』の共著者か——

編集上の注：
この章は，イギリス学士院によって著者に委託され，『イギリス学士院会報』（第76巻，「講義と追悼」，ロンドン，1991，pp. 423-443）において発表された追悼文「リチャード・フェルディナンド・カーン：1905-1989」を再録したものである．

1. 主要な伝記

リチャード・フェルディナンド・カーン（Richard Ferdinand Kahn, 1905-1989）は，1905年8月10日にロンドンで生まれた．かれは，1989年6月6日に，数ヶ月にわたる闘病の末，ケンブリッジのイヴリン病院において83歳で亡くなった．

かれは，1930年以来，ケンブリッジ大学キングズ・カレッジのフェローであり，1951年以来，ケンブリッジ大学の経済学教授（1972年以降は名誉教授）であった．かれは1946年に大英帝国勲位（CBE）に叙任され，1965年にハムステッド男爵として1代貴族となった．

かれは未婚であった．

2. ケンブリッジ・ケインジアンの環境におけるカーン

カーンの消失は，1つの歴史的段階——ケンブリッジを中心とする歴史的段階——，それはケインズ経済思想の歴史におけるほぼ1つの時代であるが，その終焉を示す．1930年代はケインズのおかげで，そして，終戦直後の時期にはケインズの弟子たちの恐るべきグループのおかげで，ケンブリッジは，数十

年間，知的リーダーシップと，非正統的ではあるが創造にあふれる経済理論の思考様式にとっての独特な場所となった．

　経済学のケンブリッジ・ケインズ学派はアイディアの歴史にその痕跡を残したが，数年間のあいだに，その主要な代表者たちはすべて亡くなった．ジョーン・ロビンソンとピエロ・スラッファは，2人とも1983年に亡くなり，ニコラス・カルドアは1986年に亡くなった（他方で，ロイ・ハロッドは，オックスフォードに留まっていたが，1978年に亡くなっていた）．1989年は，リチャード・カーンの番であった（Pasinetti, 1989）．

　これらの出来事の年代順の継起は，カーンにこの循環を締めくくらせることになった．かれは，ケンブリッジ・ケインジアンのこの循環を始めたと主張しても，正当であったであろう人物である．なぜならば，ケインズ自身は，伝統的な経済学者であったのちに，結局のところ，50歳という異常に遅い年齢で，ケインズ経済学への改宗者になったからである．カーンは，最初から真のケインジアンであった．ジョーン・ロビンソンは，「ケインズより以前に」と言ったものである．

　ケインズ経済学とのカーンの結び付きは完璧であった．かれはケインズのお気に入りの弟子であり，1930年代の『雇用，利子および貨幣の一般理論』という有名な著作の仕上げの時期において，最も近い協力者であった．

　1946年のケインズの死後，かれはあらゆる点でキングズ・カレッジにおけるケインズの後継者となった．かれはまた，キングズ・カレッジの第1会計責任者としてケインズの後任となった．かれはケインズの遺著管理者であり，生涯を通じて，ケインズの独創的な思想の最も強固な擁護者であり，最も忠実な表現者であった．しかし，カーンはけっして卓越したリーダーではなかった．かれの影響は，つねに静かで控えめであった．このことによって，このわかりにくい人物が果たした実際の役割をめぐる，謎めいた雰囲気がつくり出された．かれの功績は，その著作によってかれに帰しうるものをはるかに超えており，その人柄は，かれに最も近い友人の小さなサークルを越えては，ほとんど知られていなかった．

3. 生涯と科学的貢献

　リチャード・フェルディナンド・カーンは，ハムステッド（北西ロンドン）に住んでいた，厳格に宗教的戒律をまもる，ユダヤ教徒の家族の出身であった．かれの父であるアウグストゥス・カーン（Augustus Kahn, 1869-1944）は，第1世代のイギリス人（両親はともにドイツ生まれ）であった．アウグストゥスは，ケンブリッジ大学のセント・ジョーンズ・カレッジを数学で卒業し，政府の視学官になった．かれは，リチャードの母のレジーナ・ショイヤー（Regina Schoyer）と結婚するために，実際にドイツへ戻った．かれらには何人かの子供がいたが，成人したのはそのうち，4人，すなわち，3人の娘と長兄のリチャードだけであった．

　カーンの家族は，以下のように記述されている．すなわち，「共同体の礼拝への参加と形式をまもり，かつ教育と文化への渇望をもった礼儀正しい正統派のユダヤ教徒の，快適で教養のある家族であった．……19世紀中頃に，世俗的教育への開放性とともに，トーラーの律法の厳格な遵守を……（主張する）……ラビ・サムソン・ラファエル・ヒルシュというユダヤ教の非常に有名な思想家につながるユダヤ教の一派……（に属している）」（Tabor, 1989）．

　リチャードは，青年期をはるかに超えても，かれが受けた宗教的教育に厳密に忠実であった．キングズ・カレッジの会計責任者として，安息日には小切手にサインしなかったという．しかし，晩年にかれは正統派ユダヤ教からは離脱した．かれは健康のために肉を食べることを奨励され，宗教的実践においてはますます不活動になっていた．「まれにしか，かれはユダヤ教会（シナゴーグ）で見掛けられなくなっていた．……遵守，祭儀，そして宗教的伝統は，もはやかれにとって重大ではなかった．……（それでも），……かれはユダヤ人としてのアイデンティティーを，プライドをもって保ち，――ときにはある程度批判的であったけれども――，イスラエルに対して肯定的な態度を取っていた．……晩年には，（ユダヤ教の伝統への）ある程度の回帰があった」（Tabor, 1989）．

　リチャードは，1918年から1924年までロンドンのセント・ポールズ・スク

ールで教育を受けた．そして，かれはケンブリッジ大学のキングズ・カレッジ
への奨学金を獲得した．ケンブリッジ大学においては数学を専攻し，数学トラ
イポス第1部で第1級を獲得した．そして，物理学を専攻し，1927年に卒業
した．かれは自然科学トライポスの第2級であったが，それはかれにとっては
失望であった（かれは非常に不器用な実験者で，その答えがすでにわかってい
る実験をすることに，うんざりしていたと言われていた）．かれの奨学金は4
年目の権利を与えていたが，家族を助けなければならないと感じて，かれは職
を探そうとしていた．しかしかれは，ケインズとショウヴに励まされて，経済
学の学習への取り組みを続けた．かれは，中でもピグー，ケインズ，ショウヴ，
デニス・ロバートソン，そして（次の年に）ピエロ・スラッファによって行わ
れた講義に参加した．かれの決定は正しかった．1年後にかれは，経済学トラ
イポスの第2部で第1級を獲得した．

　かれ自身は，近年，経済学研究の開始について次のように記している．

　　わたしが自分の論文の主題を選ぶまでに，数か月が過ぎた．ジェラル
　ド・ショウヴに加えて，わたしの先生であったケインズは，わたしがトラ
　イポスのために勉強をしているときに，わたしがミッドランド銀行の統計
　を利用できるように，そこから何かをするであろうことを期待して，紹介
　しようとしていた．……わたしはミッドランド銀行の統計がどのように使
　えるのか，想像もできなかった．しかし，わたしは若く，未熟で，ケイン
　ズの影響に抵抗するのは気が進まなかった．
　　ケインズは，ミッドランド銀行の頭取であるレジナルド・マッケンナに
　会うためにわたしを連れて行き，そしてマッケンナは容易にケインズによ
　って説得された．そしてわたしは，ミッドランド銀行の情報部門の責任者
　である A.W. クリックの部屋に連れて行かれた．かれは無愛想に，ミッド
　ランド銀行の統計を扱えるのはかれとかれのスタッフであって，わたしで
　はないことを告げた．クリックのわたしに対する態度は，ケインズが『エ
　コノミック・ジャーナル』誌の編集長として1928年4月に投稿されたク
　リックの論文を却下したことに，部分的には帰せられるであろう．もしそ
　のときかれが懐柔的な路線をとっていたならば，わたしの生涯はどのよう

第3章 リチャード・フェルディナンド・カーン（1905-1989） 63

になっていたかを考えると震えてくる．それは災危からの奇跡的な脱出であった．そしてケインズは，わたし自身で主題を選ばせるようにした．マーシャルの『経済学原理』の影響下で，わたしは『短期の経済学』を選んだ．わたしはその選択をする際に，ショウヴとピエロ・スラッファによって励まされた．ケインズは幸いにも黙認した．わたしの短期についての研究が，後にケインズ自身の思考の発展に影響することになるとは，かれもわたしも少しも思っていなかった．しかし，その論文自体にはケインズ的な思考の痕跡はない．（1989, pp. x-xi）

　フェロー資格請求論文は，『短期の経済学』（*The Economics of the Short Period*, 1929）という題で，非常に短期間に書かれた．それは 1929 年 12 月にキングズ・カレッジのフェロー選挙人に提出され，その論文はキングズ・カレッジのフェローの資格をカーンにもたらした（カーンは 1930 年 3 月にキングズ・カレッジのフェローに就任し，終身その地位にあった）．
　カーンのフェロー資格請求論文（50 年間公刊されなかった）は，1920 年代後半にピエロ・スラッファによって開始されたマーシャル経済学への破壊的な批判（Sraffa, 1925, 1926）の足跡のもとで，ケンブリッジにおいて展開された 2 つの重要な著作の 1 つである（もう 1 つは 1933 年のジョーン・ロビンソンの『不完全競争の経済学』（*The Economics of Imperfect Competition*）である）．リチャード・カーンとジョーン・ロビンソンは，スラッファとショウヴの強い影響下で非常に良く協力して仕事をした．カーンとジョーン・ロビンソンにとっては，これは生涯続いた緊密な知的パートナーシップの始まりであった．
　カーンの『短期の経済学』の最も興味深い部分は，おそらく，――不況時に――産出がさまざまな企業に配分される仕方に，市場の不完全性が影響する程度についての分析である．すなわち，本質的な点は，最も効率的な企業が生産能力の最適な利用に到達することが市場の不完全性によって妨げられ，かわりにすべての企業（効率的な企業も非効率的な企業も等しく）が生産能力の過少利用と完全雇用以下で均衡に到達するという点である．これは，単独の企業のミクロ経済学的行動と経済システム全体の生産能力の過少利用状態の間に明白な関係があることを示している．

この論文の非常に短い部分のみ（第7章の一部）が，1930年代に出版された．カーンは，それを再び彫琢し，すばらしい論文（1937a）の形態にした．その後，その論文は，複占と寡占についての経済学文献の標準的な参照文献となった．しかし，カーンの論文全体がより徹底した精査に値する．カーンの本は最初にイタリア語へ翻訳され（1983），そして（実際，著者の死後）英語のオリジナル版が，やっと最近になって入手可能となった（1989）．その注意深い研究は，スラッファによるマーシャル企業理論批判とケインズのマクロ経済理論との間をつなぐという，大きな分析上の難問を解決するのに，おおいに貢献するであろう．

厳密に知的な次元では，1930年代はカーンの最も生産的な時期であったことは疑いえないであろう．カーンが乗数原理を発見したのは，1930年の夏，ケインズとヘンダーソンの公共事業についての論文を批判する過程においてであった．

乗数は，総支出の外生的**増大**と，それによって生み出される純国民生産の**増大**の間の関係である（そしてまた，もし雇用が純国民生産に比例的で，経済が有効な総需要の不足によって失業をともなった状態にあるならば，雇用にも同じ関係がある）．単純で簡潔な記号を用いて示すと，もし，c を消費者が所得の増加のうち傾向的に消費する部分であるとするならば，外生的支出の流れにおける1ポンドの増大（あるいは1つの追加的な仕事を生み出すような支出の増大）が，最終的に追加的な純国民生産の $1/(1-c)$ ポンド，あるいは $1/(1-c)$ の追加の仕事を生み出すであろうということが示される．これがカーンの乗数である．カーンは当初は雇用に関しての論文（1931）においてそれを提示したが，それはすぐにその当時の経済政策論争に関連するものとなった．伝統的な見解は，利用可能な貯蓄量は固定されているので，政府支出の増大は単純に雇用を，その総量に影響することなく，民間から公共部門へ移動させるであろう，というものであった．カーンの分析装置は，雇用が単に増大するだけでなく，どれだけ増大するかをも示した．そして乗数は，ケインズによって，『一般理論』の主要な構成要素の1つとして，国民所得と密接に関連付けられて（そして対応する貯蓄量を生み出す投資の過程にも関連付けられて）使用されることになった．

カーンがいわゆる「ケンブリッジ・サーカス」，すなわち，ケンブリッジの若い経済学者たち（カーン以外にジョーンとオースティン・ロビンソン，ピエロ・スラッファ，ジェームズ・ミードを含む）の集団（あるいはかなり閉鎖的なクラブ）を主催し運営し始めたのは，1930年のことであった．それは当初はケインズの『貨幣論』について討論するために始められたが，それから，その後ケインズの『一般理論』になる草稿について，定期的に議論し，批判し，修正を提案することとなった．

しかし，カーンの貢献はミクロ経済理論と1930年代に議論された他のテーマにも広がった．例えば，伝統的な所得分配論の分析ツールとしての生産要素間の代替の弾力性の概念の発展（1933b），そして厚生経済学の基礎を展開した．カーンの「理想的産出」（1935a）についてのノート，そして「関税と交易条件」（1947）についての論文は，後にヤン・グラーフの厚生経済学の体系的な（そしてやや悲観的な）理論的著作の基礎となった（Graaff, 1957）．

カーンは1933年に大学講師に任命され，1936年にキングズ・カレッジの経済学の教育スタッフの1員となった．後に戦争による中断がある．しかし，これを例外として，（最初はショウヴとケインズとともに，そして後に1949年からはカルドアとともに）1951年まで，かれはキングズ・カレッジでの経済学教育の責任があった．

かれは，退職時（1972年）まで保持した個人としての大学教授職への任命により，――大学の規則に従って――，1951年に学部生教育をやめた．

数年前まで，かれの戦時中の活動には，かれの学問上の友人たちはほとんど注意を払っていなかなかった．しかし，マリア・クリスティーナ・マルクッツオによって編集され，最近公表された長いインタビュー（Marcuzzo, 1988）において，カーンはこのあまり知られていないかれの人生のこの部分を十分に詳細に述べた．

1939年に始まった騒然とした7年間，かれは一時雇いの公務員として，政府の活動に忙殺されていた．かれは1939年に商務省に勤めた．かれの任務は労働供給，原材料，設備，建物，出荷場所を軍の要求に応じて転用するために，民間人への財の供給を最低限必要な水準に制限する方法と，同時に民生品の限定された生産において最大の効率を確保する方法を工夫することであった．

1941 年に，かれは再び，軍需割当と軍需生産に関する任務をもって，中東供給センターのスタッフの一員としてカイロへ移動した．1943 年に，軍需省の原材料部門へ異動し，ロンドンへ戻った．そしてかれは，1944 年に軍需生産省の総務局の責任者に移動した．終戦時には，軍需生産省と商務省が合併し，かれは商務省の総務局の責任者となった．

かれは 1946 年 9 月までは恒久的な形では，ケンブリッジに戻らなかった．後にかれの政府での活動は，散発的で一時的な形だけであるが，その後も続いた．1960 年代には，かれはイギリス石炭庁で非常勤として 3 年間勤めた．

知的な次元において非常に重要なのは，ラドクリフ委員会として知られている政府によって任命された「貨幣システムの作用に関する委員会」へ提出された，「証人による覚え書き」である．この「覚え書き」（1960a）は，流動性選好の概念の拡張についての理論的著作（1954a）とともに，貨幣システムの機能についての「ラドクリフ委員会見解」として知られるようになったものの形成の背景にある，実質的な部分に含まれている．1970 年代に伝統的な「マネタリスト」の見解が再び流行したとき，カーンはそれらに対して激しく反応し，ケインズ的方法の擁護に集中することに徹した（1976a, 1976b）．

かれはまた，ときどき，さまざまな国際機関で働いた．1955 年に，国際連合欧州経済委員会の調査部門の 1 員としてジュネーヴで 1 年を過ごし，『1955 年欧州経済調査』に十分に寄与した．

1959 年にはかれは，物価上昇問題を研究するために，欧州経済協力機構（OEEC）の専門家グループの 1 員に任命された．過大な賃金増加の結果と結び付いた「賃金 – 賃金の蛙跳びスパイラル」の概念を——1960 年代初期のインフレーションの危険性がいまだほとんど認識されていなかったときに——導入したのは，この専門家グループであった．

1965 年から 1969 年にかけて，かれは国際連合貿易開発会議（UNCTAD）の 4 人の専門家グループの 1 員として勤めた．国際流動性の拡大を，国際通貨基金を通じての低開発諸国のための供給に**結びつける**という考えが発展したのは，この関連においてであった．

国内の，そして国際的な機関への勤務のこのような顕著な記録があったので，1965 年にハロルド・ウィルソンの新たな労働党政権の叙勲リストに，リチャ

ード・カーンが一代貴族の1人として現れたときに，驚きはなかった．

　ハロルド・ウィルソンは，自身は確信的なケインジアンであり，カーンの学問的研究の崇拝者であった．しかし，カーンはけっして労働党の顧問のグループの一員ではなかった．かれはつねに超然とした態度を保っていた．上院においてかれは中立議員席に座っていた．実際，かれの出席はむしろ珍しく，公けのスポットライトは内向きの性格にまったく合わなかった．時折かれは演説を行ったが，すべて経済問題に関してのみであった．

　カーンの本当の居場所は，キングズ・カレッジとケンブリッジ大学にあった．戦後はかれの生涯のうちで完全な円熟期であった．並外れたアイディアの奔流がその時代のケンブリッジの経済学を特徴づけ，ケンブリッジを独創的な経済思想の，主要な世界的源泉の1つにした．また，カーンは生成途中のほとんどの理論の背後にいた．経済学部長として，キングズ・カレッジの教授フェロー，そしてフェローの選挙人として，いわゆる秘密セミナーの主催者として，かれがケンブリッジの経済思想の展開過程全体がかれの周りをめぐらせているように思われる時期が存在した．ケンブリッジの経済学教育はかれの主導の下で再構成された．「秘密セミナー」（月曜日に集まっていたにもかかわらず，火曜グループとしても知られていた）は，初期の「ケンブリッジ・サーカス」の戦後版であった．それは，ウェッブズ・コートのカーンの部屋で行われた．ケンブリッジのケインズ経済学派によって生み出された主要な貢献が具体化されたのは，そこにおいてであった．

　主導者が誰かは秘密であったというのは1つの冗談であったが，その管理者であり指導者であったリチャード・カーンによって創り出された雰囲気の特徴を，よく表していた．共感をもたない部外者は，それにあらゆる種類の神秘的で隠された意味を与えた．しかし，その本質は非常に単純であった．それは，会合を小さなグループに限定されたものに保つ，1つの方法であった．カーンの性格は，けっしてかれに外向きの表現や，あるいは他人との容易な交流を許さなかった．かれは聴衆の規模が比較的大きくなるととたんに，不器用な講師となった．かれはコンファランスや公開の集会には滅多に行かず，大規模な大会にはけっして行かなかった．決定的な主張がなされるべき時には，他の人を戦闘の最前線に派遣した．かれは舞台の背景にとどまることを好んだ．しかし，

私的な会話，あるいは小さいグループにおいては，かれに匹敵する者はいなかった．かれは，粘り強く，几帳面に，際限なく時間を割いた——同僚，学生，そして著作をかれに提示した訪問者に対してさえ——，自由に，そして非常に寛大にかれの時間を割いたのである．

　ケインズの『一般理論』を越えて，カーンが新たに開拓した，少なくとも3つの分野において，われわれはかれの貢献の明らかな影響の跡を見出すことができる．第1に，貨幣理論の分野においては，すでにふれた流動性選好についての論文（1954a）と「ラドクリフ委員会覚え書き」（1960a）がある．第2に，完全雇用がひとたび達成されると，何らかの変化がわれわれの制度に導入されないかぎり，工業諸国におけるインフレーションの圧力が不可避であるという点を明らかにしたことである．そしてかれは，賃金交渉の過程に導入されるべきとかれが考えた制度的変化を，具体的にかなり詳細に研究した（Kahn, 1976a, 1976b, 1977d）．第3に，新古典派理論に反対して，資本，成長，所得分配のポスト・ケインジアン理論の形成（Kahn, 1954b, 1959a, 1959b）において，そして計画化に関するポスト・ケインジアンの方法の発展（1958）において，かれは主要な役割を果たした．

　個人的には，かれは「非常に内向的な性格の人」（Tabor, 1989）であった．かれに近い友人たちの小さなグループに属する「わずかな幸福な人びと」だけが，表面的にはひとを怖がらせる権威的で堂々とした態度の硬い表面の下にある，非常に洗練された人格の繊細な感性を知る特権を与えられた．つねに貯えられているかれの暖かさは，演劇あるいは音楽の公演の際と，その多くはケンブリッジ・アーツ・シアター（その評議員をかれはケインズから受け継いだ）においてみられるものであったが，公演に続く慎重に準備されたディナー・パーティーの機会においても，ゲストのために時折，束縛を脱し発揮された．これらはかれの人生の通常の特徴であった．かれは非の打ち所のないホストの役割を果たすのを楽しみ，ほとんどの場合に，各ゲストについての短く，手書きの（しかし，ほとんど読めない）重要な伝記的な情報を含む詳細を，他のゲストのために準備していた．

　かれはまた，学問の自由のための運動に完全に傾倒していたことで記憶されてよいであろう．政治体制との間で窮地に陥っている知識人を助けるための，

かれの断固たる努力は，驚異的そのものであった．かれは長い期間（1954-76），イギリスに到着した亡命学者を助けることが目的である機関，すなわち，科学と研究保護協会の理事会の一員であった．

かれの音楽と美術の愛好には，かれの山への愛好以外に匹敵するものはなかった．湖沼地帯のイングランドの山頂以外に，スイス・アルプス，オーストリア・アルプス，イタリア・アルプスが，かれのいつもの訪問先であり旅行先であった．そして当然のことであるがかれは，女嫌いではないが独身者として，大学生活を十分に楽しんでいた．選ばれたわずかな友人の家族は，かれらの家族生活へのかれのくつろいだ参加を楽しみ，かれはかれらと深い人間性，ひとのつながり，責任を共有した．わたし自身とわたしの家族は，かれのイタリア・プレアルプスへの最後の訪問の際（1982）に，かれをゲストとして迎えることになった．われわれは，ときにはかれの潔癖な几帳面さの背後に隠された親切心，感性，そして暖かさを長く記憶するであろう．かれと出かけるたびに，自分がいかに素人であるか，感じさせられたことか．そしてそれは，記憶に残る出来事のほんの一部であった．どんな特別な場合でも，かれ自身のためだけでなく，他のすべての人のために絶対に必要であるものをかれが装備していることが判明した．すなわち，地図，コンパス，予備の時計だけでなく，小さな懐中電灯，救命艇用のマッチ，あるいは誰も霧の中で迷わないための，それぞれの旅行メンバーのためのホイッスルさえをも，準備していたのである．言うまでもないが，子供たちは大喜びであった．

かれは，ケンブリッジ自体における散歩への愛好心をもちつづけていた．かれの長い日曜日の散歩は，最晩年にいたるまでかれの生活の通常の特徴であった．

かれの人生の最後の10年間，リチャード・カーンはますます引っ込みがちになった．かれは歴史的，芸術的関心のある場所への旅行と訪問を続けていたけれども，国内でも海外でも講演への招待は減多に引き受けることはなかった．例外は2つだけであった．すなわち，その1つは，後に『ケインズ「一般理論」の形成』という本になった1978年のミラーノでのラッファエーレ・マッティオーリ講義であり，もう1つは『ケインズの弟子』という，かれが自らに与えた定義を表すタイトルを付けた長いインタビューが1988年に本の形態にまと

められ，そのイタリア語版が，ボローニャにおいてかれに贈呈されたときであった．それらはいまやかれの一貫したケインズへの忠誠の最終的な表現，そしてイタリアの経済学者との特別な関係の象徴となっている．

しかしかれのよそよそしさは，ときには身体的な難聴にもよるものであるが，それにはより深い複雑な理由が存在する．かれは政治が自分の国において生じた政治の転換を認めことができなかった．かれは主要な2大政党に不満足となり，実際，社会民主党の支持者になった．しかしとりわけ，主流派経済学がとった展開を悲しんだ．最後の数年間，かれは非常に深く失望した人であった．ときどき不機嫌なようであった．しかし，もしはっきりと聞かれたならば，けっして不満を隠さなかったけれども，かれはそのことについて明らかな不満の多くは，けっして漏らさなかった．かれは意識の深みにおいて苦しんでいたが，どんな形であれ高齢者のヒステリー的な不満と思われるかもしれないものよりも，沈黙の厳粛な威厳を好んだ．そしてかれは，あらゆる点で死後にも，沈黙し続けた．驚くべきことに——独身で几帳面な学者として，またジョン・メイナード・ケインズの良心的な遺著管理者として——，83歳で遺言状を残さないで亡くなった．かれが残したと思われる死後の唯一の願いは，ケンブリッジ墓地のユダヤ教区画に埋葬されるようにというかれの指示であった．葬儀は，ケンブリッジ大学ユダヤ人協会の主席財務担当者を1946年にカーンから継承したゴンヴィル・アンド・キーズ・カレッジのデヴィッド・テイボー教授によって，ヘブライ語で1989年6月12日に執り行われた．

4. カーンとケインズの『一般理論』

しかしながら，カーンの沈黙が経済思想の歴史家によって受け入れられることは，とてもありそうにないであろう．少なくとも，かれの消失がまったく未解決のままに残した2つの困難な問題が存在する．第1問題は，ケインズの『一般理論』の形成においてかれが果たした役割に関係している．第2の問題は，より意味深いものである．それはケインズ革命の本質そのもの関わっている．

ケインズが1930年代にかれの新たな考えの革命的な性格を，深く確信する

第3章　リチャード・フェルディナンド・カーン（1905-1989）　　　71

ようになったことをわれわれは知っている[1]．同時にかれは誤りに陥ることを
強く恐れていたようであった．かれの傑作の序文において，かれは以下のよう
に説明している．

　　本書のような本の著者は，慣れ親しんでいない道を歩いていく．もしかれ
　　が過度の割合の誤りを避けようとすれば，かれは批判と会話にとくに頼り
　　にするものである．おどろくべきことであるが，とくに経済学においては，
　　人間はあまりに長く１人で考えていると，一時的にはどんなに馬鹿げたこ
　　とでも信じてしまうものである……（Keynes, 1936a, p. xxiii, 訳 xvii 頁）

　この点は，ケインズがともに楽しい会話と徹底した討論を行うことのできる，
聡明で若い知識人の安定したグループによって，かれ自身が取り囲まれるよう
に，かれが特別な配慮をした理由を説明するのに役立つかもしれない．
　オーストリアの素晴らしい哲学者であるルードヴィッヒ・ヴィトゲンシュタ
イン，著名なイタリアの経済学者であるピエロ・スラッファ，かなり若くして
亡くなったキングズ・カレッジ出身の才能ある数学者で哲学者のフランク・ラ
ムゼーは，ケインズの側近の重要な部分であった．しかし，とりわけ，若い経
済学者の恐るべきグループがかれの周りにいた．その中でもリチャード・カー
ンは，疑いなく，特権的な位置を得ていた．
　ケインズの２つの主要な著作の両方において，ケインズの最も重要な謝辞は，
カーンに対してのものであった．『貨幣論』の序文においてケインズは，以下
のように書いている．

　　本書が徐々に進展し最終的な形にまるまでの過程において，そして多くの
　　誤りを避ける上で，わたしは，ケンブリッジ大学キングズ・カレッジの
　　R.F. カーン氏に負うところが大きい．同氏の配慮と洞察は，多くのページ
　　にその跡を残している……（Keynes, 1930a, pp. xviii, xix, 訳 xxvii 頁）．

――――――――――
　1)　この点についてのよく引用される文献は，1935 年１月１日付の G. バーナード・シ
　　　ョウ宛のケインズの書簡である（カッフェ講義，原書 p. 6, 本書６頁を参照）．

そして『一般理論』の序文においてケインズは，以下のように書いている．

　　本書においては，『貨幣論』を書いたときよりも，おそらくはるかに多く
　　わたしは，R.F. カーン氏の絶えずの助言と建設的な批判を頼りにした．か
　　れの示唆がなかったとすれば，本書の多くの部分は現在の形態をとってい
　　なかったであろう（Keynes, 1936a, p. xxiii, 訳 xvii 頁）．

　ケインズのカーンへの信頼は，『ケインズ全集』において最近公刊されたさ
まざまな文書によって，さらに明らかにされる．例えば，1932 年にジョーン・
ロビンソンの『不完全競争の経済学』のタイプ原稿についてケインズの意見を
尋ねた，ハロルド・マクミランへの書簡において，ケインズは以下のように書
いている．

　　わたしは，著者が序文において，それが非常に入念に注意深く R.F. カー
　　ンによって批判されたと説明しているので，小さな書き損ない，誤り，勘
　　違いが非常に少なくなっているということを……確信している．実際，わ
　　たしは，本書を現在の形にする上で，かれが非常に重要な役割を果たした
　　と想像している．今や，かれはすべての若い経済学者の中で，最も注意深
　　く正確であり，誤りは容易にはかれの注意を免れない．かれは今や，ここ
　　にあるこの種の著作の最も有能で最も信頼できる批判者であると，わたし
　　は言わなければならない．この本の準備においてかれが果たした役割を知
　　って，わたしはそれが……失敗……からはほど遠いものであるということ
　　に，かなり大きな信頼を置いている（Keynes, 1983, p. 867）．

　これを確証するものとして，以下，ジョーン・ロビンソン自身が出版された
著書の序文に書いたものをあげよう．

　　「これがわたし自身の発明である」とわたしがはっきりと言えるのは，
　　……新しい考えのすべてではない．わたしはとくに，R.F. カーン氏の助け
　　をたえず受けた．技術的な用具の全体がかれの助けによって構築された，

そして主要な問題の多くは……わたしと同じくらいかれによって解かれた（Robinson, 1933, p. v, 訳 i 頁）.

それゆえ，ポール・サミュエルソンがかつて，カーンについて，「ケンブリッジの本の序文にうらに隠れているとらえがたい人物」（Samuelson, 1947b, p. 159）と述べているが，それはまったく驚くべきことではない.

このことは外観の下を探る努力をいっそう適切なものとしている.

ケンブリッジ・サーカスを主催していたのはカーンであったことを，われわれは知っている. かれはケインズから問題を得て，それをグループに持って行き，そして討論の結果をケインズへ戻した.（若い経済学者の1人の妻の，色彩に富んだ想像の中で，カーンは「神‐ケインズ」と人間の討論者の間の天使の伝達者の役割を果たしていた）（Keynes, 1983, pp. 338–339）.

最近の回顧録において，カーンは以下のように語っている. 1930年に始まる少なくとも「4年間」，かれは「大部分の長期休暇の一部を，ケインズ，リディア（ケインズの妻）とともに，ティルトン（ケインズの田舎の家）で過ごした. ……「その主な目的は，かれの著作を手伝うことだけでなく，またわたし自身の仕事を進められるようにすることでもあった. ……朝は，われわれは通常はかれの書斎で一緒に仕事をした」（Kahn, 1984, p. 175, 訳270, 271頁）.

カーンの助けの有効性に関する，非常に意味深い観察が，ケインズが1934年3月29日にジョーン・ロビンソンに宛てて書いたものから見えてくる.

わたしは，わたしの原稿について RFK からの厳しい1週間の指導を受けている. かれは素晴らしい批判者で，助言者で，改善者である. ——ひとが書いたものを提出するのに，これほど役立つ人物は，世界の歴史においてかつていなかった（Keynes, 1973a, p. 422）.

ヨーゼフ・シュンペーターは，——すべての経済思想史家の中で最も鋭敏な観察者である——，カーン（ショウヴとともに）を非常に特異なカテゴリーの学者に属するものとして鋭い観察を記している.

……科学的経済学者，あるいはむしろ科学一般の他の中心よりもはるかに
ケンブリッジに生み出す準備があるようなタイプの学者．かれらは，自分
のアイディアを共通のプールに投げ入れる．批判的で積極的な示唆によっ
て，かれらは他の人びとのアイディアを明確な存在にするのを助ける．そ
して，かれらは匿名の影響——指導者としての影響——をもたらす．それ
は，かれらの著作から明確にかれらに帰せられる何ものかをはるかに越え
ている（Schumpeter, 1954, p. 1152, 訳 738 頁）．

　しかしもちろん，シュンペーターの主張のうちで最も印象的なのは，以下の
よく引用される，かれの推測である．

　　次に，われわれは，（『一般理論』における）ケインズの自分が受けた恩恵
　への謝辞を記録しなければならない．それは，ジョーン・ロビンソン夫人，
　R. G. ホートリー氏，R. F. ハロッド氏への，しかしなかでも，歴史的達成
　に対するその貢献が共著者の水準からけっして遠くない R. F. カーン氏へ
　の謝辞であり，それらはそれぞれ独立になされるべきものである
　（Schumpeter, 1954, p. 1172, 訳 779 頁）．

　共著者か．本当にそのようなものであったのか．カーン自身はかれの貢献に
ついて，かれに特徴的な天性の慎ましさをもって，つねにそのことを否定して
いた．とくに問われたときは，かれはシュンペーターの主張について，以下の
ように述べている．「明らかにばかげている．おそらくそれは，無意識のケイ
ンズへの敵意から出ものだろう」（Kahn, 1984, p. 178, 訳 274 頁；p. 240, 訳 352,
353 頁も参照せよ）．
　しかし，上述の証言はかなり説得的である．
　さらに以下の点を指摘しよう．

1.　ケインズの『貨幣論』（マーシャル的伝統における著作）から『一般理
　　論』（「革命的」な著作）へとかれを導いた，ケインズの思考における「革
　　命的」変化は，ケインズが自らの理論を，カーンによって組織され導かれ

た「ケンブリッジ・サーカス」の，定期的で徹底的な討論に付した後に生じている．

2. 1932年の4月のいわゆる「マニフェスト」，すなわち，ケンブリッジでのケインズの貨幣理論の講義への公開の批判を，オースティンとジョーン・ロビンソン夫妻とともに行い，署名したのはカーンであった．この講義の後に，ケインズは講義を根本的に再構成し，それを「生産の貨幣的理論」と新たなタイトルを付け，価格調整から数量調整への決定的な転換をはたした．そしてそれは『一般理論』の基礎となった（Keynes, 1979, pp. 42-45）．

3. 1930年に，ケインズの革命的な著作の主要な分析的構成要素である乗数を発見したのは，カーンであった．

シュンペーターの推測は，行き過ぎているかもしれない．しかし，この「歴史的達成」における，この「わかりにくい人物」の参加に，決定的に尋常でない何かがあったのは，きわめて明白である．実際，このような参加がどれだけのものであったかは，おそらく今後長い間考察と論争のテーマであり続けるであろう．

5. カーンとケインズ革命

今提起された問題への何らかの光が，ケインズの死後，何が起きたかを考えることからもたらされるかもしれない．カーンは，ケンブリッジにおいて彫琢されているものへの不連続な影響を，かれのいつものやり方で与え続けていた．ジョーン・ロビンソンが，彼女の著作の中で最も野心的な『資本蓄積論』の序文において謝意を表明していることを報告すれば，十分である．「それだけしばしば，われわれが手探りで捜していた論点を理解した．それをわれわれが理解できるような形にしたのも，R. F. カーンであった」（Robinson, 1956, p. vi, 訳5頁）．そして，数行後に，特別ではあるが，基本的な分析用具（生産関数）への参照が行われる．「この理解において，R. F. カーンから実に貴重な助力を得た．かれは，ふたたび，わたしが陥った議論のもつれから救い出す，決定的

な糸口を発見した」(p. vii, 訳5頁).

　しかし，ケインズはもはやケンブリッジにはいなかった．かれの代わりに，知的に恐るべきかれの直接の弟子たちの，強力なグループが存在した．衝撃的であるように思われたのは，ケインズのメッセージの偉大さについてのかれらの誇り高い意識と，ケインズ革命の真の継続と純粋な解釈を表現しているというかれらの強い確信に対して，ケンブリッジの主流派の，伝統的な考えを持ち，穏健で保守的な部分からの反対（それはけっしてなくなることはなかった）に加えて，ケンブリッジの外部のアカデミックな世界からの，ますます敵対的な反応があったことである．

　ケインズ的な理論と政策は，戦時中と直後にはアメリカ合衆国において受け入れられた．このことは，世界的な意味をもった．戦後の最初の20年間を特徴づけたのは，すべての工業諸国における失業の空前の低水準と，世界全体における空前の経済の拡大であった．この例外的に繁栄の長い波は，普遍的に適用されたケインズ政策に，一般に結び付けられた．しかし，後に1970年代の石油危機と同時に，経済的な困難が，特に物価水準の持続的な上昇が，ふたたび現れはじめた．このことは，特にアメリカ合衆国と，そしてその反射としてイギリスにおいて，学界と政界の両方において，反ケインズ的，前ケインズ的でさえある思考様式の復活を促した．大量失業がすべての産業化された諸国において再び現れた．しかし，失業への関心は，インフレーションについての関心に比べて二的次な地位に転落した（それは，最初は思いがけなく思われたが，しかしケインズ政策自体がもたらした変化があったので，それにはある程度理由があった）．

　数年間，（ケインズ主義に反対する）マネタリズムが，流行となった．しかし，それは長くは続かなかった．厳格なマネタリストの処方箋は直ちに悪評を招いた．しかし，かれらは痕跡を残した．主流派の経済学はケインズ的な理論と政策へは，完全には戻ら**なかった**．それはどこか途中で止まってしまったのである．

　それは，ケインズとかれのケンブリッジ学派の間に鋭い区別を描くことによって，あるいはむしろ，突然，断絶をもたらすことによってなされた．後者は，さまざまな方向でのケインズ的な思想のすべての展開とともに，拒絶され，無

視された．同時に，ケインズの『一般理論』は，ますますケインズ自身の『一般理論』以前の著作と結びつけられ，一連の再解釈にさらされるようになった．

　非常に意味深いことであったが，ドン・パティンキンは，1989年の英国学士院のケインズ講義において，自ら「『一般理論』の異なった諸解釈」について話すことを選んだ．かれはまた，かなりたくみにわたしには思われたのであるが，――ケインズの主要な著作の異なった諸解釈が出版後4半世紀を過ぎるまで現れなかったことを指摘し，驚きを示した．

　パティンキン自身のお好みの解釈は，伝統的な経済学の内部からゆっくりと成長したものである．パティンキンは，ケインズの理論を一種のワルラス的な一般均衡マクロ経済モデルと見なしている．対照的に，ケンブリッジのケインズ学派，そしてとくにカーンは，つねにマーシャルの新古典派経済理論を――すなわちそれは大陸ではワルラス，パレート，メンガーの名前と結び付いている経済学の流れのイギリス版である――，ケインズ革命がそこから分離した理論そのものと見なしていた．

　カーンにとって，ケインズ革命は，それが文字通り述べていること以外を意味しえなかった――それは革命を，伝統的な新古典派経済理論からの離脱，すなわち流行のクーン的な用語（Kuhn, 1970a）を用いれば，「パラダイムの転換」であった．

　これらの点で，主流派経済学は（少なくとも用語上の）混乱に陥っている．ケインズ革命を伝統的な囲いの中に再吸収するのに必要なすべての再解釈を行うことは，実際，ケインズ革命をまったくの無革命へと還元してしまうことである．

　これが，リチャード・カーンが支配的な経済理論において生じたものを見た最終的な姿である．そして，かれの人生の最後の数年間において，かれを非常に深く悲しませたのは，このことなのである．かれはかれのケインズ的根源を奪われたかのように，いくらか感じていた．

　さらに，カーンにとって，「悲劇」として現れたものは，ケンブリッジにおいて，――ケインズ自身の場所において――，実際，非常に少数の経済学者だけがケインズ主義の旗印を掲げることを，許されたのである．少なくとも，ある1つの点でケインズ派のグループは，ケインズとは異なっていた．それは，

かれらは影響力のあるポジションに後継者を残さなかったことである．ニコラス・カルドアは，かれの人生の最後の数年間，このことを明らかに失敗として公然と認めるほどであった．リチャード・カーンはおそらく，そのことをカルドアよりもっと深く感じていたが，口には出さなかった．

しかし，それは，例外的な場合には，どんな注目すべき人物によっても経験されたかもしれないし，感情，好奇心，反省の源泉として魅力的であるが，個人的悲劇を別とすれば，ケインズ革命とは本当は何であったのか（あるいは失敗したのか）という，より実質的で広範な意味のある知的な問題が残っている．

それは，本当にカーンとケンブリッジのグループが当初から非常に確信していて，より健全な基礎に基づいて経済理論を再構築する大きな努力において，そのために研究するようにかれらが駆り立てられていた，マーシャル的（そしてワルラス的）新古典派経済理論との断絶と不連続であったのか．あるいは，それは，結局のところ（かれらが感じていたこととは反対に），その背後にある偶然的な事象が消え去ったように，伝統的な陣営の中に再吸収されるべき，鋭い，あるいは暴力的でさえあるが，おそらくそれは，単なる**一時的な**騒ぎであったのか．

これまでのところ誰も，これらの疑問にある程度，決定的な仕方で答えることが可能であると主張しえないであろう．また，あるいは失望したリチャード・カーンが，人生の最後において，われわれのためにこれらに答えようとしていたとは，期待すべきではないであろう．

6. R.F. カーンの科学的著作

1929, 'The Economics of the Short Period', fellowship dissertation, submitted to King's College, Cambridge, in December 1929; published, wih the addition of thirteen-page Acknowledgements, by Macmillan, London, 1989; also published in Italian by Boringhieri, Torino, 1983, with an introduction by Marco Dardi.

1931, 'The Relation of Home Investment to Unemployment', *Economic Journal*, vol. 41, pp. 173-198; reprinted in Kahn (1972).

1932a, 'The Financing of Public Works: A Note', *Economic Journal*, vol. 42, pp. 492-495.

1932b, 'Decreasing Costs: a Note on the Contributions of Mr Harrod and Mr Allen', *Economic Journal*, vol. 42, pp. 657-661.

第 3 章　リチャード・フェルディナンド・カーン（1905-1989）　　　79

1933a, 'Public Works and Inflation', *Journal of the American Statistical Association, Supplement, Papers and Proceedings*, pp. 168-173; reprinted in Kahn（1972）.

1933b, 'The Elasticity of Substitution and Relative Share of a Factor', *Review of Economic Studies*, vol. 1, pp. 72-78.

1935a, 'Some Notes on Ideal Output', *Economic Journal*, vol. 45, pp. 1-35.

1935b, 'Two Applications of the Concept of Elasticity of Substitution', *Economic Journal*, vol. 45, pp. 242-245.

1936a, 'Dr Neisser on Secondary Employment: a Note', *Review of Economics and Statistics*, vol. 18, pp. 144-147.

1936b, 'Mr Paine and Rationalisation: a Note', *Economica*, vol. 3, pp. 327-329.

1936c, *Interest and Prices. A Study of the Causes Regulating the Value of Money. English translation of K. Wicksell, Geldzins und Güterpreise*. London: Macmillan.

1937a, 'The Problem of Duopoly', *Economic Journal*, vol. 47, pp. 1-20.

1937b, 'The League of Nations Enquiry into the Trade Cycle'（a review article of Gottfried von Haberler's *Prosperity and Depression; A Theoretical Analysis of Cyclical Movements*）, *Economic Journal*, vol. 47, pp. 670-679.

1947, 'Tariffs and the Terms of Trade', *Review of Economic Studies*, vol. 15, pp. 14-19.

1948, 'The 1948 Budget: An Economist's Criticism', *The Listener*, 6 May, pp. 738-739.

1949a, 'Professor Meade on Planning', *Economic Journal*, vol. 59, pp. 1-16.

1949b, 'Our Economic Complacency', *The Listener*, 3 February, pp. 166-167 and 181.

1949c, 'A Possible Intra-European Payments Scheme', *Economica*, vol. 16, pp. 293-304.

1950a, 'The Dollar Shortage and Devaluation', *Economia Internazionale*, vol. 5, pp. 89-113; reprinted in Kahn（1972）.

1950b, 'The European Payments Union', *Economica*, vol. 17, pp. 306-316.

1951a, 'Home and Export Trade', *Economic Journal*, vol. 62, pp. 279-289.

1951b, 'The Balance of Payments and the Sterling Area, *District Bank Review*, vol. 100, pp. 3-17.

1952a, 'Oxford Studies in the Price Mechanism', *Economic Journal*, vol. 62, pp. 119-130.

1952b, 'Britain's Economic Position 1952', *The Listener*, 3 July, pp. 18-22.

1952c, 'Monetary Policy and the Balance of Payments', *Political Quarterly*, vol. 23（July-September）; reprinted in Kahn（1972）.

1952d, 'International Regulation of Trade and Exchanges', *Banking and Foreign Trade*（5th International Banking Summer School, Oxford 1952）. London, Institute of Bankers: Europa Publications.

1954a, 'Some Notes on Liquidity Preference', *Manchester School of Economic and Social Studies*, vol. 22, pp. 229-257; reprinted in Kahn（1972）.

1954b（with D.G. Champernowne）, 'The Value of Invested Capital; a Mathematical Addendum to Mrs. Robinson's article', *Review of Economic Studies*, vol. 21, pp. 107-111; reprinted in J. Robinson, *The Accumulation of Capital*, London: Macmillan,

1956. 杉山清訳『資本蓄積論』みすず書房, 1977 年.

1955, 'Short Term Business Indicators in Western Europe', *Economic Bulletin for Europe*, vol. 7, pp. 34-78.

1956a, 'Lord Keynes and Inflation, *The Listener*, 3 May, pp. 543-545.

1956b, 'Lord Keynes and the Balance of Payments', *The Listener*, 10 May, pp. 591-593; reprinted in Kahn (1972).

1956c, 'An Answer to the Capital Question', *Westminster Bank Review*, August, pp. 1-26.

1956d, 'Full Employment and British Economic Policy', Nihon Keizai Shimbun; reprinted in Kahn (1972).

1957a, 'Doubts about the Free Trade Area', The Listener, 28 February, pp. 331-333.

1957b, 'A Positive Contribution?', *Bulletin of the Oxford Institute of Statistics*, vol. 19, pp. 63-68.

1958, 'The Pace of Development', *The Challenge of Development*, The Eliezer Kaplan School of Economics, The Hebrew University; reprinted in Kahn (1972).

1959a, 'Exercises in the Analysis of Growth', *Oxford Economic Papers*, vol. 11, pp. 146-163; reprinted in Kahn (1972).

1959b, 'Sur l'analyse de la croissance', *L'accumulation du capital, Colloques Economiques Franco-Britanniques sur l'Accumulation du Capital*, Paris, pp. 51-69.

1960a, 'Memorandum of Evidence Submitted to the Radcliffe Committee (on 27 May 1958)', *Committee on the Working of the Monetary System*, Principal Memoranda of Evidence, pp. 138-146, London: HMSO; reprinted in Kahn (1972).

1960b, 'Evidence Submitted to the Radcliffe Committee, Q. 10938-11024, (1958)', *Committee on the Working of the Monetary System, Minutes of Evidence*, pp. 739-746, London: HMSO.

1961, *The Problem of Rising Prices* (with contributions by W. Fellner, M. Gilbert, B. Hansen, R. Kahn, Friedrich Lutz, Pietar de Wolff), Paris: Organisation for Economic Cooperation and Development (OECD).

1964 (with R. Cohen, W.B. Reddaway, J. Robinson), 'Statements Submitted to the Committee on Resale Price Maintenance', *Bulletin of the Oxford Institute of Statistics*, vol. 26, pp. 113-121.

1965a, *International Monetary Issues and the Developing Countries (report of the group of experts)*, New York: UNCTAD.

1965b, 'Un confronto fra la politica inglese e quella italiana', *Programmazione Economica: Confronti Italo-inglesi*, ed. G. Fuà, Urbino: Argalia Editore.

1966, *Payments Arrangements among the Developing Countries for Trade Expansion* (reports of a group of experts), New York: UNCTAD.

1969, *International Monetary Reform and Co-operation for Development* (reports of a group of experts), New York: UNCTAD.

1971, 'Notes on the Rate of Interest and the Growth of Firms' (Kahn, 1972, pp. 208-232).

第 3 章　リチャード・フェルディナンド・カーン（1905-1989）　　　81

1972, *Selected Essays on Employment and Growth*, Cambridge: Cambridge University Press. 浅野栄一・袴田兆彦訳『雇用と成長』, 日本経済評論社, 1983 年.

1973a, 'The International Monetary System', *American Economic Review*, vol. 63, *Papers and Proceedings*, pp. 181-188.

1973b, 'SDR and Aid', *Lloyds Bank Review*, vol. 110, pp. 1-18

1974a, 'Plans for a Monetary System to Replace the Bretton Woods Agreement', *Problems of Balance of Payments and Trade*, N.S. Fatemi ed., New Jersey: Rutheford, pp. 199-226.

1974b, 'On Re-reading Keynes', *Proceedings of the British Academy*, vol. 60, pp. 361-392.

1974c (with M.V. Posner), 'Cambridge Economics and the Balance of Payments', *London and Cambridge Economic Bulletin*, vol. 85, pp. 19-30.

1974d (with M.V. Posner), 'The Effects of Public Expenditure on Inflation and the Balance of Payments', *Ninth Report from the Expenditure Committee: Public Expenditure, Inflation and the Balance of Payments*, London: HMSO.

1975, 'Oil and the Crisis', *IEA Occasional Papers*, vol. 43, pp. 34-38.

1976a, 'Thoughts on the Behaviour of Wages and Monetarism', *Lloyds Bank Review*, vol. 119 (January), pp. 1-11.

1976b, 'Inflation-A Keynesian View', *Scottish Journal of Political Economy*, vol. 23, pp. 11-16.

1976c, 'Political Attitudes Involved in Teaching Economics', *Oxford Review of Education*, vol. 2, pp. 91-95.

1976d, 'Unemployment as Seen by the Keynesians', *The Concept and Measurement of Involuntary Unemployment*, G.D.N. Worswick ed., London: Allen & Unwin, pp. 19-34.

1976e, 'Historical Origins of the International Monetary Fund', *Keynes and International Monetary Relations*, ed. A.P. Thirlwall, London: Macmillan, pp. 3-35.

1977a, 'Malinvaud on Keynes: Review Article', *Cambridge Journal of Economics*, vol. 1, pp. 375-388.

1977b, 'Mr. Eltis and the Keynesians', *Lloyds Bank Review*, vol. 124 (April), pp. 1-13.

1977c, 'A Comment', *Keynes Versus the 'Keynesians'*, T.W. Hutchison ed., London: Institute of Economic Affairs, pp. 48-5 7.

1977d (with M.V. Posner), 'Inflation, Unemployment and Growth', *National Westminster Bank Quarterly Review* (November), pp. 28-37.

1978, 'Some Aspects of the Development of Keynes's Thought', *Journal of Economic Literature*, vol. 16, pp. 544-559.

1984, *The Making of Keynes's General Theory (The 'Raffaele Mattioli Lectures'*, delivered at Universita Bocconi, Milan, 1978), Cambridge: Cambridge University Press. 浅野栄一, 地主重美訳『ケインズ「一般理論」の形成』岩波書店, 1987 年.

1985, 'The Cambridge Circus', *Keynes and his Contemporaries*, G.C. Harcourt ed., London: Macmillan, pp. 42-51.

1987, 'Rostas L.', and 'Shove, G.F.', two entries in *The New Palgrave. A Dictionary of Economics*, J. Eatwell, M. Milgate and P. Newman eds., London: Macmillan, vol. 4, pp. 222-223 and 327-328.

1988, *Un discepolo di Keynes (an interview)*, Maria Cristina Marcuzzo ed., Milan: Garzanti. English version: 'A Disciple of Keynes', Department of Economics Discussion Paper, no. 29, Modena: University of Modena.

カーンによる書評

Gayer, A.D., *Public Works in Prosperity and Depression*, in *Economic Journal*, vol. 46 (September 1936), pp. 491-493.

Report of the Committee of Investigation for England on Complaints made by the Central Milk Distributive Committee and the Parliamentary Committee of the Co-operative Congress to the Operation of the Milk Marketing Scheme, in *Economic Journal*, vol. 46 (September 1936), pp. 554-559.

Lundberg, E., *Studies in the Theory of Economic Expansion*, in *Economic Journal*, vol. 48 (June 1938), pp. 265-268.

Meade, J.E., *World Economic Survey*. Seventh Year; 1937-8, in *Economic Journal*, vol. 49 (March 1939), pp. 96-98.

Nourse, E.G. and Drury, H.B., *Industrial Price Policies and Economic Progress*, in *Economic Journal*, vol.49 (June 1939), pp. 321-323.

Third Annual Report of the International Bank for Reconstruction and Development, in *Economic Journal*, vol. 59 (June 1949), pp. 445-447.

Final Report of the United Nations Economic Survey Mission for the Middle East, in *Economic Journal*, vol. 60 (September 1950), pp. 634-635.

Ohlin, B., *The Problem of Employment Stabilisation*, in *American Economic Review*, vol. 42 (March 1952), pp. 180-182.

Hicks, J.R., *Economic Perspectives: Further Essays on Money and Growth*, in *Manchester School of Economic and Social Studies*, vol. 46 (March 1978), pp. 83-85.

カーンによる上院での演説

1966, 'The Economic Situation', 28 July.

1966, 'The Prices and Incomes Policy', 3 August.

1967, 'European Economic Community', 8 May.

1968, 'The Economic Situation and Public Expenditure', 28 January.

1973, 'Economic and Industrial Affairs', 6 November.

1973, 'Counter-Inflation (Prices and Pay Code)', (2), 20 November.

1973, 'Economic Policy and Fuel Supplies', 18 December.

1974, 'Industrial and Economic Situation', 6 February.

1974, 'The Economic Position', 30 July.

1975, 'The Attack on Inflation', 30 July.

第4章 ジョーン・ヴァイオレット・ロビンソン (1903-1983)

──ノーベル経済学賞をのがした女性──

編集上の注:
本章は,『ニュー・ポールグレイヴ経済学事典』(eds., John Eatwell, Murray Milgate and Peter Newman, The Macmillan Press Ltd., London, vol. IV, 1987, pp. 212-217) の「ロビンソン, ジョーン・ヴァイオレット」という項目に由来する.

1. 前言

ジョーン・ヴァイオレット・ロビンソン (Joan Violet Robinson, 旧姓モーリス Maurice) は,1903 年 10 月 31 日にサリー州カムバリーに生まれた.彼女は 1983 年 8 月 5 日にケンブリッジで亡くなった.

彼女は,(ローザ・ルクセンブルクという,偉大な経済学者の中に入る可能性があるが論争の余地のある例外とともに) 偉大な経済学者中で,唯一の女性である.世界女性年が宣言された 1975 年に,アメリカ合衆国のほとんどの経済学者が,彼女がその年のノーベル経済学賞に,当然選ばれるであろうと予想していた.彼女は,彼女の理論がつねにアメリカ合衆国で直面していた厳しい敵意にもかかわらず,それより 3 年前のアメリカ経済学会年次大会におけるイーリー特別講演において,勝利の喝采をあびていた.アメリカの『ビジネス・ウィーク』誌は,アメリカのプロフェッショナルな経済学者の意見を調査し,彼女が明らかに「すべての人の今年のノーベル経済学賞者のリスト」にあることを示す長い記事を掲載することによって受賞を予想するほど,選ばれることが確実であると感じていた.しかしスウェーデン王立アカデミーは,その機会を逸した (そしてその機会は,残念ながら,2 度とやってこなかった).それ以来,経済学者の間での仲間うちの話では,ジョーン・ロビンソンは実際には

受けることのなかった最大のノーベル賞受賞者であった.

2. 基本的な伝記

ジョーン・ロビンソンは，サー・フレデリック・モーリス少将とヘレン・マーシュ（彼女自身はケンブリッジ大学の外科教授でダウニング・カレッジの学寮長を務めた人物の娘であった）の間の娘であった．モーリス少将はイギリス陸軍において輝かしい経歴をもっていたが，1918 年にかれは自らが公の論争の中心にいることがわかったとき，原則に従って辞職した．これは家族の伝統にきわめて忠実に沿ったものであった．モーリス少将の祖父——すなわちジョーン・ロビンソンの曾祖父——は，キリスト教社会主義者のフレデリック・デニスン・モーリスであった．かれは永遠の断罪を信じることを拒否したため，ロンドンのキングズ・カレッジの神学講座の教授の地位を失った．

ジョーン・ロビンソンは，確かにこれらの多くの特徴をもっている．すなわち，粘り強く我慢強い性格，非国教徒的で非正統派的な思想，世界の有名人に対面した場合でも見せなかった敬虔的なあるいは内気な感情の欠如，新しいものと未知のものへの情熱的な渇望である．

彼女はロンドンのセント・ポールズ・ガールズ・スクールで教育を受けた（かなり奇妙なことであるが，リチャード・カーンは同じ学校の男子部門で教育を受けた）．1922 年 10 月に彼女はケンブリッジ大学に入学し，ガートン・カレッジに所属した．そこで彼女は経済学を専攻したが，当時のケンブリッジにおける中心的な人物はマーシャルとピグーであった．マーシャルはすでに引退していた（かれは 1924 年に亡くなった）けれども，ケンブリッジだけでなく，ブリテン諸島の全体において大きな影響力があった．ピグーはマーシャルのお気に入りの弟子で，かれの後継者に選ばれ，経済学の教授であった．ケンブリッジの学生たちはピグーの講義においてマーシャル経済学の公式の**教え**を吸収した．ケインズは一種のアウトサイダーであり，ケンブリッジにおいて非常勤であり，そしてロンドンにおいても非常勤であった．かれはつねに大蔵省あるいは野党の立場から，政府の政策にかかわっていた．当時，かれは，厳密に正統派の貨幣理論と政策を講義していた．かれの講義は定期的には行われな

かったが，出席者は多かった．

　知的環境は根本的に伝統的であるように思われたにちがいない．ジョーン・ロビンソンは 1925 年に，それは優秀な女子学生の場合普通のことであったが，トライポスを第 2 級の成績で卒業した．

　翌年に彼女は，6 歳年上で当時はコーパス・クリスティ・カレッジのジュニア・フェローであった E.A.G. ロビンソン（後にサー・オースティン・ロビンソン教授）と結婚した．かれらは，ともにケンブリッジを離れ，インドへ出発した．そこでは，オースティン・ロビンソンはグワリオールのマハラジャの家庭教師として仕えた．ジョーン・ロビンソンはオースティンの妻としてそこにあったが，そこでは現地の学校で多少教えていた．かれらが 2 年間のインドにおける契約任務が終了して帰国したとき，オースティン・ロビンソンはケンブリッジ大学の経済学講師の常勤のポストを獲得し，その後かれらはケンブリッジに生涯住んだ．かれらには 2 人の娘がいた．

　ジョーン・ロビンソンがカレッジにおいて学部学生にある程度の指導をし，そして真剣に経済学の研究を始めたのは，ケンブリッジへ戻ってからであった（1928 年夏）．ケンブリッジの知的環境は，劇的に変化していた．エッジワースの死後（1926 年），ケインズは『エコノミック・ジャーナル』誌の唯一の編集者となっていて，『貨幣論』（Keynes, 1930a）に取り組んでいた．とりわけ重要なことは，かれがピエロ・スラッファをケンブリッジへ連れてきたことである．スラッファは若いイタリア人の経済学者で，マーシャル経済学への破壊的な攻撃を大胆にも発表していた（Sraffa, 1926）．さらに何人か新しいスターがケインズの取り巻きの発酵炉の中で，上昇しつつあった．才気あふれる数学者フランク・ラムゼー，ケインズがケンブリッジに来るように説得したオーストリア人の哲学者ルードヴィヒ・ヴィトゲンシュタイン，そしてケインズのお気に入りの弟子であったリチャード・カーンなどである．ジョーン・ロビンソンが彼女の人生全体にわたって続く緊密な知的パートナーシップを開始したのは，リチャード・カーンとの間においてであった．

　厳密に学術的な面では，ジョーン・ロビンソンは大学の階段をゆっくりと上昇していった．1931 年にジュニア準講師（junior assistant lecturer），1937 年に正講師（full lecturer），1949 年にリーダー（reader）に昇進した．彼女の夫が同

じ学部にいたということによって，彼女の大学のキャリアのすべての段階において昇進が遅らされたということが，ケンブリッジにおいていわれていた．彼女は，1965年にオースティン・ロビンソンの退職後になって，はじめて正教授になった．彼女のケンブリッジのカレッジとの関係は，もっと変則的であった．しかし，彼女は，ガートン・カレッジとニューナム・カレッジのフェローに続けてなった．ケンブリッジ大学の学部あるいはカレッジにおける正式な地位が何であれ，それでも彼女は長年，経済学においてのみでなく，学部学生の多くの世代にとって，ケンブリッジ大学における主要な魅力の1つであった．戦後において彼女は，確かに海外において最もよく知られたケンブリッジの経済学部のメンバーであった．疲れを知らない旅行者であった彼女は，外国への訪問先を大学に限定していなかった．彼女はまた，中心都市から離れた場所においてさえ，地元の慣習や生活状態を知ろうとした．彼女の頑健な体質と気質的な粘り強さは，彼女をおおいに助けた．彼女がすでに70歳代にあったときに，彼女をアフリカ奥地への1か月の旅行に連れ出したマケレレ大学の友人は，彼女がどれだけ，生の食物，設備の欠如といった非常に原始的な条件の中での生活，そして過酷な熱帯の気候に昼夜曝されることに耐えたことに驚いていた．

彼女が訪れた場所，あるいは彼女が世界中で行った講演，セミナー，公開講義を，すべてここで列挙することは不可能であろう．彼女は，夏の間あるいは学期の休み中，そして研究休暇の間は滅多にケンブリッジにはとどまっていなかったが，学期が始まる前日にはきまって几帳面に戻っていた．アジアは彼女のお気に入りの大陸であった（とくにインドと中国）．しかし，北米と南米，オーストラリア，アフリカ，そしてヨーロッパの多くの学生もまた，直接に彼女を知っていた．

ケンブリッジにおいて彼女は滅多に講義とセミナーを休講にせず，他の人々の，とくに訪問者のセミナーの定期的な出席者であった．そして，けっして討論と対立を避けなかった．ピグー教授は――有名な女嫌いであったが――彼女を「名誉男性」という，かれのカテゴリーに含めていた．

彼女は学生に非常に人気があった――明快で才気あふれ，刺激的な教師であった．彼女は，強い感情――愛情と憎悪――をかきたてる人物であった．彼女の反対者たちは，彼女に恐れをなした．彼女の友人たちは，彼女を本当に称賛

し，ほぼ崇拝していた．日常生活，そして服装（ほとんどは彼女がインドで買ったものであった）においても，彼女の非同調性は非常に有名であった．

彼女は，ケンブリッジ大学の教授職から 1971 年 9 月に引退した．引退に際して彼女は，ケンブリッジにおける講義を続けることに同意しなかった（後に1970 年代後半に彼女は部分的に妥協し，「ケンブリッジの伝統」について講義を行った）．しかし彼女の著作と外国での経済学部と学生の招待による講演は，あいかわらず減ることなく続いていた．

1970 年代後半に，キングズ・カレッジ（ケインズ自身のカレッジ）が最終的に伝統的で時代錯誤的な女性排除をやめ，共学になるときに，ジョーン・ロビンソンはカレッジの経済学者全員による熱心で満場一致の提案によって，キングズ・カレッジの最初の女性の名誉フェローになった（彼女はもっと早く，ガートン・カレッジとニューナム・カレッジの名誉フェローになっていた）．

彼女の人生の終わり頃に，彼女は経済理論が向っていた方向と，若い経済学者が新たな保守的風潮と，政治家と政府の利己的な政策に適合するように，かれらの上品なモデルを安易に曲げてしまうことについて，非常に心配し，失望するようになった．彼女の友人たちはまた，以前に現れていなかった彼女の見解における，一種の頑固な硬直性に気付いていた．それは痛ましいことであった．なぜならそれは，彼女の敵が彼女への敵意と彼女の不寛容さへの非難を増大させるのを助長することになったからである．

彼女は 1983 年 2 月のはじめに発作に襲われ，それから回復しなかった．彼女は数か月間ケンブリッジの病院に入院していたが，6 か月後に静かに亡くなった．

3. 彼女の知的性格の特徴

ジョーン・ロビンソンの経済理論への貢献の本質をもっとよく理解するために，彼女の知的人格の特徴を示すいくつかの側面を明示的に考察することから始めるのが，適切であろう．

ジョーン・ロビンソンは驚くべき分析的能力をもっていた．彼女は通常は数学を用いなかったので，この驚くべき知的能力はありきたりの方法では説明で

きない．彼女の初期の著作において，彼女は微積分によって確証を得た上で（通常はリチャード・カーンによって提供された）幾何学的な説明を用いた．彼女の円熟した著作においては，彼女の推論の方法は個人的な特徴を帯びるようになった．彼女のスタイルは，（彼女が経済学の演習問題の作成において彼女に従うように読者を促す時のように）模倣するのは困難であるが，非常に効果的である．結果はつねに印象的である．彼女と議論をしたことのある人たちは，彼女が一連の連鎖的効果と相互依存関係を把握し背後にもっている（そして適切な瞬間に持ち出される）ことを知っていた．このことは彼女の対談者が，ほとんど想像しえないことでもあった．

　彼女は，孤立して思考を続けることができるタイプの人間ではなかった．彼女が自分の主張を最も良く表現することができる方法は，誰かとつねに対立していることであった．彼女は，誰か他の人と対立するかあるいは支持する場合に，自らの見解を最も良く表現することができた．このことから，彼女が出会った人々からもたらされる概念や貢献を，彼女が非常に快く受け容れた．経済的なアイディアの正確な歴史家は，彼女が出会ったほとんどの人の影響の痕跡を彼女の著作におそらく見出すであろう．それゆえジョーン・ロビンソンの貢献を考察する際には，少なくとも彼女に影響した最も重要な経済学者を念頭に置いておくことが重要である．これらの人びとの中には，彼女の教師たち（ピグーを通じてマーシャル，ケインズ，ショウヴ），彼女の同時代人（スラッファ，カルドア，彼女がとくに高く評価し彼女がマルクスへ遡る契機となったカレツキー，そしてとくに彼女の著作を1つ1つ読み批判し改善したリチャード・カーン），そして一連の他の（若い）人々——弟子と学生——が，すべて含まれている．

　このことは，彼女の独創性の問題を提起する．彼女の著作への序文には，謝辞，ときには重々しい謝辞が詰まっている——例えば，『不完全競争の経済学』からの，以下の抜粋を考えてみよう．

　　本書はわたしが新しいと信じている考えを含んでいる．しかし，新しいアイディアの全部について，「これがわたし自身の発明である」と確定的に言うことはできない．わたしは，特にR.F.カーン氏から，絶えず援助を

第4章　ジョーン・ヴァイオレット・ロビンソン（1903-1983）　　　91

得た．……主要な問題の多くは，……わたしと同じくらいかれによっても
解かれたのである（1933, p. v, 訳 i 頁）．

　しかし上で言われたことは，覚えておかなければならない．実際，ジョー
ン・ロビンソンは，非常に独創的な思索家であった．ただし特別なタイプのそ
れであった．明確に彼女独特のものであると言える経済理論への貢献以外でも，
彼女は小さな細部においてさえも，他の著者の見解を示す際にも大いに彼女自
身の独創的な方法を用いた．彼女はそれを，つねに明確に個人的な再彫琢を通
じて行った．ときには，その再彫琢は余りにも個人的で，偏狭な感じを与えた．
しかし，このような特徴は，ジョーン・ロビンソンに限られるわけではない．
ケンブッリジ的偏狭さは，マーシャル以来（ケインズも含めて）のケンブリッ
ジにおいて純粋に育った，ほとんどすべての経済学者たちが共有していた．そ
のことからときには，ケンブリッジの外部（すなわち圧倒的に大多数）の経済
学者とのコミュニケーションにおいて，不必要な困難を生み出し，あるいはさ
もなければ，欠点のない成果にいくつかの奇妙な注記が導入された．
　年齢とともに革新する傾向を強めたジョーン・ロビンソンの経済学の研究方
法における進化は，明確に見出される．彼女は初期においては，堅牢な分析的
基礎を最初に構築することに集中していて，非常に慎重であったように思われ
る．しかし彼女は，自らの分析装置に自信を感じるやすぐに，革新という刺激
的な領域へと大胆にさらに進み始めた．彼女の円熟した著作においては，彼女
の典型的なスタイルが確立された．一種の教育的，気質的，知的要素の混合が，
彼女を 20 世紀の主導的な非正統派経済学者の 1 人にした．つねにドグマに我
慢がならず，新たな非正統的なアイディアのために絶えず闘い，確立された信
念を容赦なく攻撃し，彼女は一種の経済学の異端に，一種の天職を得た［1971
を参照せよ］．彼女の態度は，イタリアのルネッサンス時代の哲学者であるピ
エトロ・ポンポナッツィによるある格言を思い出させる．すなわち，「もしひ
とが真理を見出したいならば，異端であることは割に合う」．
　この態度に強く関係しているのが，彼女の著作から発せられる社会的なメッ
セージである．彼女の「道具箱」と彼女の議論の論理的連鎖は，それ自体のた
めには提示されていたのではなかった．それらはつねに，世界の最も緊急の問題

を——戦前の失業，戦後の旧植民地諸国における低開発とそのための闘争——を念頭に置いた，実践的な行動へと向けられていた（非常に目立つのは，彼女のアジアへの特別な関心と，ときには素朴で的外れな共産主義中国への熱狂である）．一貫して彼女は——おそらく唯一，グンナー・ミュルダールに次いで——経済科学の非中立性の主張者の１人であり，自分自身の確信と信念を明示的に述べることの必要性の，最も強力な主張者の１人であった．

　しかし大胆な攻撃と風刺的な調子にもかかわらず，その文章のスタイルは驚くほど女性的である——寓話的な比喩，日常生活からの通俗的な例（「紅茶１杯の値段……」），そしていろいろな場面からの喩えと，自然から取られた例（『資本蓄積論』はコマドリの経済生活のたとえ話で始まっていた）で満ちていた．彼女のきらめく散文と愉快な挿話は，ジョーン・ロビンソンを経済学者の中で，最も華やかな，確かに読むのが最も楽しく，魅力的な書き手の１人にした．

4. 彼女の科学的達成

　ジョーン・ロビンソンは，数多くの著書と膨大な数の論文を書いた．それらのほとんどは彼女の『経済学論文集』（*Collected Economic Papers*, 1951-79）に収められている．

　それらは，彼女の知的発展の基礎的な３段階に対応する，３つの大きなグループにすっきりと分かれる．第１のグループは今では古典的な『不完全競争の経済学』（*The Economics of Imperfect of Competition*, 1933）に代表される段階に属している．第２のグループはケインズの『一般理論』の説明，普及，擁護の段階に属する．最後に，著作の第３のグループは，彼女の円熟期の主要な著作である『資本蓄積論』（*The Accumulation of Capital*, 1956）の周辺に存在している．他の著書と論文は多方面にわたる，あるいは広い関心から，あるいは学生向けの経済学の練習問題，あるいは非正統的な経済学の教科書（Robinson and Eatwell, *An Introduction to Modern Economics*, 1973c）を提供するという願いから生まれている．それらは全体として印象的なリストを構成している．彼女の論文（そのほとんどは著書に再録されている）を無視したとしても，彼女の文献

第4章　ジョーン・ヴァイオレット・ロビンソン（1903-1983）　　　93

目録は 24 冊にもなる著書を含んでいる.

　ジョーン・ロビンソンの著作の中で最も広く知られているのは，いまだに最初の著作である『不完全競争の経済学』（1933）である．それは彼女の青年時代の著作であり，出版直後に彼女を経済理論の発展の最前線に置くことになった．それは，費用曲線と収穫法則についての激しい論争（Sraffa, 1926）と，ロバートソン，スラッファ，ショウヴによる「収穫法則」についてのシンポジウム（1930）によって特徴づけられる 10 年間の終わりに，ケンブリッジで構想された著作である．この論争を背景にしてジョーン・ロビンソンの著作は，1933 年に，言葉の伝統的な意味における，傑作として現れた．マーシャルの理論は，完全競争の非常に限定的な条件の上に構築されていたのであるが，放棄されている．そして一般的には独占的な状況にあり，完全競争は非常に特殊な場合であるということが示されている．市場行動の新たな分析全体が，新しく一般的な諸仮定に基づいてなされている．しかしその分析方法全体は，そして研究方法全体は――洗練され完成されているけれども――，依然として伝統的なマーシャル的なものである．スラッファによる師に対する批判は受け容れられているが，それはマーシャル自身の理論的枠組の一般化により伝統的な箱の中に組み込まれている．結果はきわめてエレガントで，印象的である．市場競争の問題全体が明確にされている．マーシャルの曖昧さは取り除かれ，さまざまな市場状態が厳密に定義され，技術的装置全体（「1 箱の分析道具」）は（需要曲線と供給曲線から限界費用曲線と限界収入曲線までの）一般的な場合における市場状況を扱えるように発展している．それゆえ，ある意味で『不完全競争の経済学』は，根本的な批判というよりもむしろ，マーシャル的分析の完成と戴冠と見なされてもよいであろう．このことは，何故ジョーン・ロビンソンが，彼女の思考が後に別の線に沿って発展するにつれて，その著作をますます好まなくなったのかを説明する助けとなるかもしれない．1969 年に，彼女はその書に対する 8 ページの厳しい批判を書くまでに至った．非常に勇気のいることであったが，彼女は，その書の再版の機会に，それを第 2 版の「序文」として出版したのである．

　その著作はエドワード・チェンバリンによる『独占的競争の理論』（*The Theory of Monopolistic Competition*, 1933）とほとんど同時に現れ，この 2 冊の著

作は完全競争の仮定からの経済理論の決定的な離脱を示すものとして，通常はともに括られている．チェンバリンはつねにこの結び付けには不満であった．というのは，2冊の書は2人の異なった著者によってまったく独立になされた，基本的には同じことの同時発見を示しているけれども，それらは実際かなり異なっているからである．

　振り返ってみると，これらの2冊の著作は1930年代に考えられていたようには，現在では企業理論への決定的な貢献とみなされていないことも付け加えておくべきであろう．寡占的市場における企業の行動と大企業の戦略は，複雑な分析を必要とすることが明らかになっている．同時に完全競争の仮定は，完全に廃れるどころか，多くの理論経済学者の著作において異なった外観の下で，最近は復活している．それでも，2冊の著作は企業理論の発展における明確な転回点を表すものとして存在している——それは，「独占的競争革命」（Samuelson, 1967）を代表するものとして参照されるほどになっている．非常に特徴的なことであるが，エドワード・チェンバリンは，『独占的競争の理論』の執筆後は，かれの傑作（第8版にまで到達した）を改善し，完成させ，付録を付け加えることに残りの人生全体を費やした．ジョーン・ロビンソンにとっては，『不完全競争の経済学』は経済理論のかなり異なるさまざまな領域における一連の著作への，非常に長い道のりの最初の1歩でしかなかったのである．

　『不完全競争の経済学』は1930年代におけるミクロ経済理論へのジョーン・ロビンソンの唯一の貢献ではなかったことも，付け加えられるべきであろう．彼女の名前は当時の前衛的な経済学雑誌のページに再三現れている．彼女の論文のうちで，「上昇する供給価格」についての彼女の非常に明快な論文と，伝統的な生産理論における限界生産性に応用されたオイラーの定理の意味を明らかにした彼女の貢献については，少なくとも明確な言及がなされるべきである（彼女の『経済学論文集』第1巻, 1951を参照）．

　しかし非常に重要な何かが，1930年代のケンブリッジに生じていた．ケインズはかれの革命的な著作（Keynes, 1936a）を生み出す過程にあった．ジョーン・ロビンソンは企業理論を放棄し，かれによって開かれた新たな道に，それまでの自分を捨て完全に身を投じた．彼女の最初の著書が専門的経済学者の間ですばらしい評判を得ていたということを考慮するならば，これは真に勇敢

第4章　ジョーン・ヴァイオレット・ロビンソン (1903-1983)　　　95

な決定であった. ある1つの分野において顕著な成功をおさめ主導的な人物になった後で, そこから抜け出し, 誰か他の人, そしてこの誰かがケインズのような人物であったとしても, その影に自らを置く人は, 非常に稀にしか見出されない. ジョーン・ロビンソンは, 実際, それを行ったのである. 彼女は, 定期的に討論のために集まり, ケインズの『一般理論』の草稿の展開過程において決定的な役割を果たした, ケンブリッジ・サーカス(オースティンとジョーン・ロビンソン以外に, カーン, スラッファ, ハロッド, ミードを含む)として知られている, 若い経済学者の集団のメンバーの1人であった――最近出版されたケインズと彼女の間の書簡の (Keynes, 1973a, 1979) によって明らかにされたように, 彼女は, 実際, 重要なメンバーであった.

　新たなケインズの方法は彼女の気質に適合していたということを述べておかなければならない. ケインズの方法は伝統との断絶であり, このことは彼女の非国教徒的な態度に適合していた. ケインズの方法は失業という深刻な社会問題を扱っており, 彼女の社会的良心に訴えかけた. 彼女が『雇用理論研究』(*Essays in the Theory of Employment*, 1937a) と『雇用理論入門』(*Introduction to the Theory of Employment*, 1937b) を出版したのは, この傾向からであった. これらの双子の著作は, ケインズの『一般理論』の読者の助けとなることを単純に意図していた. 実際それらは, はるかにそれ以上のものであることが, 明らかとなった. とくに, ジョーン・ロビンソンは, 『一般理論』においてはかなり曖昧なままであったケインズ理論の主要な部分――投資が貯蓄を決定する過程――の説明に, 貢献している. 彼女にとって, これは重要であると思われた. なぜなら, それは伝統的理論における決定的なリンクを破壊したからである. 伝統的な理論は, 利子率を, 資本を供給すること(すなわち貯蓄)に対する「犠牲」の補償を表すものとして示していた. それに対して, ジョーン・ロビンソンは独立変数としての投資の役割を強調した. 他方で総貯蓄は, 乗数の作用を通じて投資によって受動的に決定されるものとして示され, 結論は利子率が誰の「犠牲」も補償しえない, ということであった. 節約――「私的美徳」――が「公的悪徳」になる不況時には, なおさらそうである. 当時, ジョーン・ロビンソンによって導入された他の概念, そして雇用理論に関して, 以後の経済学文献において恒久的に生き残ることになったのは, 彼女が「近隣窮乏化政

策」と呼ぶもの，「偽装失業」，「4種の弾力性」による国際貿易のマーシャル＝ラーナー条件の一般化である．

　1930年代の終わり頃に，ジョーン・ロビンソンはカレツキーに出会った．そしてカレツキーがケインズとはまったく独立に，そして，実際ケインズより早く同じ結論に達していたことを発見した．カレツキーは，ケインズが偏見をもっていたマルクス主義的な背景から出発していた．このことは，彼女がマルクスを再読し，マルクス主義理論に対する彼女自身の立場を再考するように導いた（1942）．

　ジョーン・ロビンソンのマルクスとの戯れは，非常に奇妙であった．それには，1つの邂逅のすべての魅力と1つの衝突のすべての喧騒があった．彼女は疑いなく，マルクスの一般的な社会の見方に引き付けられていた．彼女は自らが承認することの多くをマルクスの中に見出す．しかし同時に彼女は，マルクスの科学的な核心がイデオロギーの中に埋め込まれており，そこから解放される必要があることを見出す．このことを達成するためには，彼女が言うところでは，精力的に研究しなければならない．彼女のマルクスについての著作は，とくに「イデオロギーの籾殻から科学の種子を分離する」ことに向けられていた．言うまでもなく，このことは，彼女とマルクス主義者たちとの間に多くのトラブルを引き起こした．大陸ヨーロッパにおいてはマルクスについての議論には，文献学的な重みとイデオロギー的情熱の，長く複雑な伝統があるということが注意されるべきであろう．ジョーン・ロビンソンの議論は，短く単純であった．彼女はつねにマルクスを「真面目な経済学者」として評価していた．その結果，彼女は自分がマルクスの経済分析であると考えるものに直接向かうように，つねに努めていた．1人の学者として，また一流の分析的精神としてのマルクスを救い出す必要があるという彼女の主張は，スラッファの著書（1960，また例えばSamuelson, 1971を参照）の出版後に，とくに近年になって確証されたのである．

　しかし戦後の時期には，新たな展望が開かれた．ケインズの『一般理論』を背景として，ジョーン・ロビンソンは，経済理論の再構築以上のことからなる手強い課題を予見していた．このことは，10年間の集中的な研究の後に，彼女の第2の主要な経済理論への貢献である『資本蓄積論』（1956），すなわち彼

女の円熟期の著作で，ジョーン・ロビンソンの全盛期の才能を表している著作の出版に繋がった．ここで彼女は新たな，そして論争的な道を進むことを選んだ．彼女の初期の著書においては，方向は――いったん確立されると――明白で，彼女は詳細を埋めなければならなかっただけであったのに対して，ここでは方向自体がまったく明らかではなく，引き続いて調整がなされなければならない．詳細は次第に重要ではなくなり，完全に放棄される可能性があり，そして2回目の試みでは他のものに取り替えられるかもしれない．結果として，多くの書き直しがなされなければならなかった．

『利子率その他諸研究』（*The Rate of Interest and Other Essays,* 1952）は，その中心的な論文が「『一般理論』の一般化」に捧げられていたが，一種の準備であることが判明した．『資本蓄積論』は，彼女が経済理論の新たな枠組みとして感じ取ったものの中核を表している．それから『経済分析演習』，『経済成長論』，そして他の一連の論文は，間隙を塞ぎ，不明瞭な点を明確にし，議論をさらに先に進めた．

「『一般理論』の一般化」は，ハロッドの『動態経済学序説』（1948）と彼女の『雇用理論研究』（*Introduction to the Theory of Employment,* 1937a）に対するかれの初期の書評に続く，ハロッドとのやりとりに対するジョーン・ロビンソンの回答を示している．ジョーン・ロビンソンは短期の限界からは離脱したが，いまだ自らの方向性を明確に定めてはいなかった．それでも『一般理論』の「一般化」すなわち「動学化」の過程がひとたび始まると，著者はケインズの議論を資本蓄積，労働供給，技術進歩，自然資源といった，より基礎的なカテゴリーのもとに作り直さざるをえなくなる．この再構築の過程を通じて，社会的集計量で問題を述べるという，（リカードウとマルクスに共通する）昔の方法へと向かうのは不可避となった．彼女の集中的な探究の証拠は，著作の終わりの承認と否認の章に見出されるであろう．そこでは彼女は自身が，どのようにマルクス，マーシャル，ローザ・ルクセンブルク，カレツキー，ハロッドによって影響されたか，あるいはかれらにどのように反応したが，続けて記述されている．

『利子率その他諸研究』（1952）から『資本蓄積論』（1956）への移行の時期は，ケンブリッジにおける一連の集中的な討論，とくにカーン，スラッファ，カ

ルドア，チャンパーナウンとの討論によって特徴付けられていた．そしてつい
に，ジョーン・ロビンソンは，資本主義経済の発展における基本的過程として
の資本蓄積の問題へ注意の焦点を置くようになった．彼女は「生産関数」とい
う，伝統的な概念への痛烈な攻撃から始めた（彼女の『経済学論文集第 2 巻』
(1960a) の有名な論文，これは一連の怒りの反応を誘発した．例えば，Solow
(1955-56)，Swan (1956) を参照）．それから，彼女は再構築を根気よく進め
た．決定的な段階は，スウェーデンの経済学者クヌート・ヴィクセルを再発見
する彼女自身の方法であった．

『資本蓄積論』(1956) は，ジョーン・ロビンソンが英語への翻訳
(Luxemburg, 1951) の序文を書いた，ローザ・ルクセンブルクの著書と同じ
タイトルをもっている．これはもう 1 人の女性経済学者への素晴らしい賛辞で
あった．しかしわれわれは，誤解しないようにしなければならない．ジョー
ン・ロビンソンの著書はまったく異なった時代に属し，まったく異なった研究
方法をとっている．彼女の理論は，長期へと拡張されたケインズの枠組みのも
とに設定され，ハロッドの経済動学とヴィクセルの資本理論の全体としての結
合に，その起源をもっている．ジョーン・ロビンソンが自らに課した主要な問
題は，今では典型的な古典的問題である．すなわち，所得と資本の累積的な長
期定常成長（彼女が特徴的に「黄金時代」と名付けているもの）を達成するた
めの条件は何であるか，そして労働力と技術の時間を通じての一様な進化が与
えられたとき，総産出と純産出の成長と，賃金と利潤の間の所得分配における
この過程の結果は何であるか．これらの問題に答えるために，ジョーン・ロビ
ンソンは有限個の技術をもつ 2 部門の動学モデルを構築し，それからさらに進
んでより高い機械化の程度と，「中立的」と「偏倚した」技術進歩の 2 つの効
果を導入して，賃金と利潤，資本ストックと生産技術，企業家の期待と経済に
おける競争の程度との関係の相互作用を示す．基本モデルと基本的な答えは，
著書において非常に素早くすべてつくられている．そして著書の残りの部分は，
単純化の仮定を緩和することにあてられている．分析全体は数学を使用**しない**
で行われている．これは注目すべき点である．ジョーン・ロビンソンは，必要
とされる答えをモデルからすべて 1 つずつ絞り出す．数学の不使用には，ある
明白な不都合がある．その分析は必ずしも厳密さで劣るというわけではないが，

第4章　ジョーン・ヴァイオレット・ロビンソン（1903-1983）　　　99

多くの段落において理解するのは，それほど容易ではない．しかし，それには
ある点があり，ジョーン・ロビンソンにはそれを活用する準備が十分にできて
いて，そしてそれが可能であった．彼女は，例えば，数学的に定式化されモデ
ルが通常課している対称性から，自らを解放することに成功している．ジョー
ン・ロビンソンのモデルでは，ある結果はその対称的な結果よりもつねに起こ
る可能性が高い．対称性と形式的な優美さは，何の役割も果たさない．現実妥
当性のみが意味をもつ．あるいは少なくともそれのみが，著者によって認めら
れた方法において意味をもつのである．

　全般的な結果は，またも印象的である．ハロッドの単純化されすぎた動学モ
デルは，有限個の代替的技術間の選択の導入によって非常に豊かになった．同
時に，ある所与の技術の下における蓄積のヴィクセルの分析は，さまざまな型
の発明の一定のフローについての新たな分析によって補完された．そしてこの
ハロッド・モデルのヴィクセルの分析への結合は，多くの方向で成果を生むこ
とになる．ジョーン・ロビンソン自身ではすべての方向を追究しなかったが，
実際これらの方向は多く豊かであり，そのことはそれに続いて現れた文献の豊
富さから，明らかである．

　この文献にジョーン・ロビンソンは，説明のいっそうの明確化と精緻化を示
す一連の論文と著書によって貢献している（1960b, 1962a, 彼女の『経済学論
文集』第2巻，第3巻，第4巻，第5巻，すなわち 1960a, 1965, 1973a, 1979a
を参照）．これらはまた，彼女の批判者からの反対論と，彼女の友人からのあ
らゆる種類のコメント，意見，刺激に対して応えて，彼女の議論を作り直し調
整する彼女のやり方を示している．同様にそれは，広くみれば似たような問題
に同じ目的で研究をしている他の学者，同僚，学生の著作——つねに彼女の結
果とは必ずしも一致しない——の結果を把握する，彼女のやり方を表している．

　その一方で，並行する線を進む多くの他の独立した思考の糸が，彼女の驚く
べき知的活動から生じていた．それらのうち少なくともいくつかは，簡潔にで
も言及しておくべきであろう．

　第1に，一連の概念とアイディアが——彼女の主要な関心分野には属してい
なかったけれども——，成果を生み出した．それらは，彼女の研究が経済理論
の全体を補完する成果となった．すなわちそれらは，（彼女の人生のさまざま

な段階における）国際貿易論（ケンブリッジにおける彼女の教授就任講演である『新たな重商主義』（*The New Mercantilism-an inaugural lecture*, 1966a を含む）や，マルクス経済学，そして経済発展と計画理論についての諸著作である．それらの著作は，例えばマルクス経済学，彼女の世界旅行の間に行われた講義を再現したもの，あるいは彼女が家に戻ったときの静かな省察から生じたものである（彼女の『経済学論文集』（1951a-1979a，および 1970b，1979b を参照）．

　第2に，経済学の学生と経済学の教育一般への彼女の深く自覚された関心は，1966b，1971 の著書，そしてとくにイートウェルとの共著（1973c）のような著書をもたらした．それらは，伝統的な経済学の研究方法とは代替的である経済的現実への全体的研究方法が存在し，それが存続可能であるという彼女の強く自覚された信念に実体を与え，世界中に伝播させるのに貢献した．

　第3に，彼女の人生の経過の中で蓄積されたアイディア，考察，合理的説明は，『経済学の考え方』（*Economic Philosophy*, 1962b）と『社会史入門』（*Freedom an Necessity*, 1970a）のような著書の形態をとった．それらは経済学自体よりも広い問題に関わっており，世界の全体的なとらえ方と人生の全体的な哲学を示すことを試みたものである．これらの著作によって，ジョーン・ロビンソンは，この世紀［20世紀］の影響力のある思想家の端にではなく，中心に位置付けられるであろう．同時にそれらは，彼女の傑作にもまして一般的な読者によって読まれたのも不思議ではない．純粋に文学的な視点からは，それらは楽しい読書を提供しているのである．

　さらにジョーン・ロビンソンのどの特定の著作にも，もっぱら結び付いているというわけではないが，彼女の研究方法に特徴的に結び付いた彼女の著作において何度も繰り返されている多くのテーマがあることは，付け加えなければならない．以下にいくつかを挙げる．

　　a）「企業者」と「アニマル・スピリッツ」の概念——すなわち，資本主義経済における投資を説明するのに役立つ，重要な要素としてケインズから拾い出され，展開された表現．

　　b）物価と利潤率というマーシャルの概念は，産業に関して，ワルラスの概念よりもはるかにリカードウの概念に類似している．

第4章　ジョーン・ヴァイオレット・ロビンソン（1903-1983）　　　101

c）「論理」的時間と「歴史」的時間の鋭い区別．両方とも，経済分析の中に位置を占めているが，異なった役割をもっている．この点に関して，「取り返しのつかない過去と不確実な未来」との間でなされる決定に関する，歴史的時間における経済進化の，ジョーン・ロビンソンによる特徴付けはよく知られている．

d）動学的分析における，均衡‐成長状態の比較と，ある均衡‐成長状態から他の点への**移行**の等しく明確な区別．

e）とくに彼女の人生の後半において，ケインズの立場と対照的なカレツキーの立場へ次第に接近する傾向．すなわちそれは，資本主義経済の制度の全体的な作用様式の解釈においてであり，彼女はとくにカレツキーにおいて有効需要の概念と価格形成過程とのより満足のいく統合を見出した．

　最後に，とくに論争的な評価をもたらし続ける可能性のある問題に，言及しておかなければならない．これは，1960 年代に 2 つのケンブリッジの間で勃発した資本理論についての，よく知られた論争におけるジョーン・ロビンソンに割り当てられるべき役割に関する問題である（Pasinetti et al, 1966 を参照）．この問題に関する 1 つの見解は，ジョーン・ロビンソンは 1950 年代中頃における新古典派生産関数への（すでに触れた）彼女の攻撃によって論争を予示する功績があった，というものである（Harcourt, 1972 を参照）．もう 1 つの見解は，ジョーン・ロビンソンは，彼女自身自らの感情的な気質の犠牲者であって，あまりにも早く伝統的な概念への彼女の攻撃を開始し，生産関数の新古典派的概念への決定的な打撃を最終的に加えた，真に基本的な論点（技術の再切り替え現象，Sraffa, 1960 を参照）を無視することによって，批判全体に誤った位置づけを与えた．確かに言えることは，再切り替え現象へのヒントは『資本蓄積論』（p. 109, 訳 117, 118 頁）に現れていたが，しかし，まったく二次的な部分における奇妙な現象（いわゆるルース＝コーエンの謎）の役割に追いやられていた．たぶんその現象は彼女に対して指摘されていたのであるが，彼女はその重要性を非常に過小評価していた．奇妙なのは，それが前面に登場した後になっても，彼女がそれを過小評価し続けたことである（『経済学論文集』第 5 巻（1979a）所収の彼女の「再切り換えの非重要性」を参照．また，

Pasinetti, 1966 を参照）．

　しかしこの点において，ジョーン・ロビンソンの著作は，ケンブリッジの経済学者の注目すべきグループ——ジョーン・ロビンソン以外に，中でもとくにピエロ・スラッファ，ニコラス・カルドア，リチャード・カーンなど（この点に関しては，Pasinetti, 1981 の序文を参照）——の著作に合流する．かれらは戦後期にたまたまケンブリッジに集中していて，ケインズが正統的な経済理論に対して開始した挑戦を取りあげ，継続し，拡張した．この注目すべき経済学者のグループは，明らかに完全な状態からはほど遠いけれども，1つの経済思想の流れを開始した．しかしながら，その基本的な特徴は，十分に明らかである．かれらは，ほぼ1世紀にわたって正統派の経済学がそこに留まっていた，所与の資源の最適配分の問題から，経済学の理論化の焦点全体を引き離す断固とした努力を体現し，産業社会の動態の原因である根本的な要素へと議論を向かわせている．この焦点の移動は，資本蓄積，人口成長，生産拡大，そして所得分配の，かつて議論の中心的であったテーマを前面に必然的にもたらす一方で，同時に技術進歩と構造変化の研究を開始している．

　この注目すべき経済学者のグループのメンバーとしてジョーン・ロビンソンが果たした相対的な役割を評価するのは，時期が早すぎるかもしれない．グループの個々の構成要素は，ときには補完的で，ときには重複し，またときには部分的に矛盾さえしている，貢献を行った．1つの主要な問題のみに言及しておくと，ピエロ・スラッファの著書は，ジョーン・ロビンソンが自らの理論的枠組みに統合するには登場するのが遅すぎ，そのために彼女が後に行った勇敢な努力は，必ずしも説得力があるわけではない．それらは実際，ある種の矛盾する傾向を，あちらこちらで示している．同時に，彼女の『資本蓄積論』は，スラッファがまったく触れなかった経済動学の領域に思い切って踏み込んでいる．まったく明白なことであるが，ポスト・ケインジアンの分析の背後にある根本的な考えは，見解の完全な同一性や研究方法の完全な調和を前提としてはいない．

　将来の事態の進展が，論点を明らかにし，提示されたどの線の研究方法が最も有用で成果が多く，あるいは多産であるかを示すであろう．しかしながら，もしこの理論的運動が成功であることが判明するならば，経済理論に相当多く

第4章　ジョーン・ヴァイオレット・ロビンソン（1903-1983）　　103

の書き換えがなされなければならないであろう．これは，ほとんど疑いない．
もし，そしてこの書き換えが生じたときには，ジョーン・ロビンソンの貢献は
中心的な位置に戻ってくるであろう．

5.　ジョーン・ロビンソンの主要著作（抜粋）

1933, T*he Economics of Imperfect Competition*, London: Macmillan, 2nd edition, 1969. 加
　　藤泰男訳『不完全競争の経済学』文雅堂銀行研究社，1956 年.
1937a, *Essays in the Theory of Employment*, London: Macmillan. 篠原三代平，伊藤善市
　　訳『雇用理論研究：失業救済と国際収支の問題』東洋経済新報社，1955 年.
1937b, *Introduction to the Theory of Employment*, London: Macmillan. 川口弘訳『雇用理
　　論入門 』厳松堂出版，1958 年.
1942, *An Essay on Marxian Economics*, London: Macmillan. 戸田武雄，赤谷良雄訳『マル
　　クス経済学』有斐閣，1951 年.
1951, *Collected Economic Papers*, vol. I, Oxford: Basil Blackwell （vol. II, 1960a; vol. III,
　　1965; vol. IV, 1973a; vol. V, 1979a）.
1952, *The Rate of Interest and Other Essays*, London: Macmillan. 大川一司，梅村又次訳
　　『利子率その他諸研究：ケインズ理論の一般化』東洋経済新報社，1955 年.
1956, *The Accumulation of Capital*, London: Macmillan. 杉山清訳『資本蓄積論』みすず
　　書房，1977 年.
1960a, *Collected Economic Papers*, vol. II, Oxford: Basil Blackwell.
1960b, *Exercises in Economic Analysis*, London: Macmillan. 田中駒男，柏崎利之輔訳『経
　　済分析演習』ダイヤモンド社，1963 年.
1962a, *Essays in the Theory of Economic Growth*, London: Macmillan. 山田克巳訳『経済
　　成長論』東洋経済新報社，1963 年.
1962b, *Economic Philosophy*, London: C.A. Watts. 宮崎義一訳『経済学の考え方』岩波書
　　店，1966 年.
1965, *Collected Economic Papers*, vol. III, Oxford: Basil Blackwell.
1966a, *The New Mercantilism-an Inaugural Lecture*, Cambridge: Cambridge University
　　press.
1966b, *Economics-an Awkward Corner*, London: Allen & Unwin. 山田克巳，米倉一良訳
　　『経済学の曲り角』新評論，1969 年.
1970a, *Freedom and Necessity*, London: Allen & Unwin. 佐々木斐夫，柳父圀近訳『社会
　　史入門』みすず書房，1972 年.
1970b, *The Cultural Revolution in China*, London: Penguin Books. 安藤次郎訳『未完の文
　　化大革命：中国の実験』東洋経済新報社，1970 年.
1971, *Economic Heresies: Some Old-fashioned Questions in Economic Theory*, London:

Macmillan. 宇沢弘文訳『異端の経済学』日本経済新聞社，1973年.

1973a, *Collected Economic Papers*, vol. IV, Oxford: Basil Blackwell.

1973b（ed.）, *After Keynes, papers presented to Section F（economics）of the 1972 annual meeting of the British Association for Advancement of Science*, Oxford: Basil Blackwell.

1973c（with John Eatwell）, *An Introduction to Modern Economics*, New York: McGraw-Hill. 宇沢弘文訳『現代経済学』岩波書店，1976年.

1978, *Contributions to Modern Economics*, Oxford: BasiI Blackwell.

1979a, *Collected Economic Papers*, vol. V, Oxford: Basil Blackwell.

1979b, *Aspects of Development and Underdevelopment*, Cambridge: Cambridge University Press. 西川潤訳『開発と低開発：ポスト・ケインズ派の視角』岩波書店，1986年.

1980, *Further Contributions to Modern Economics*, Oxford: BasiI Blackwell.

第5章　ニコラス・カルドア（1908-1986）

──成長，所得分配，技術進歩──

編集上の注：
本章は以下の2つの論文を統合したものである.
International Encyclopedia of the Social Sciences, vol. 18, Biographical Supplement, New York: The Free Press and London: Collier Macmillan Publishers, 1979, pp. 366-369.
'Nicholas Kaldor', an introduction to: Nicholas Kaldor, Economia senza equilibrio（カルドアのエール大学講義のイタリア語版）, Bologna: Il Mulino, 1985（pp. 9-21）.
わずかな再配置が行われ，推敲が加えられている.

1．人物

ニコラス・カルドア（Nicholas Kaldor）は，20世紀の最も刺激的で独創的な経済思想家の1人であった．かれは，さまざまな理由によって戦間期に祖国から移住し，アングロ・サクソン圏の大学の知的状況を豊かにし強化するためにやって来た，中欧知識人の優れたグループに属していた．カルドアは，最初はイギリスのロンドン・スクール・オブ・エコノミクス（LSE）に所属し，そしてケンブリッジ大学に落ち着いた.

アメリカ合衆国の大学とのかれの関係は，奇妙なものに思えるかもしれない．かれはアメリカ合衆国を多くの機会に訪れた．かれは1935，1936年にロックフェラー訪問研究員であり，1960，1961年にはカリフォルニア大学バークリー校の客員教授であった．かれはまた，さまざまな他の機会にさまざまな場所において非常に多くの講義を行った．しかしアメリカ合衆国においては，かれはけっして人気のある人物ではなかった．かれには，当然，多くの友人はいたが，学術的なサークル，あるいは政府関係のサークルにおいて真の崇拝者はほ

とんどいなかった．生涯全体を通じてかれは，驚くほど多くの政府（インド，
スリランカ，トルコ，イラン，ガーナ，英領ギアナ，メキシコ，ヴェネズエ
ラ），多くの中央銀行，国際連合欧州経済委員会，国際連合ラテン・アメリカ
経済委員会の税制，財政政策，金融政策，経済発展に関する著名なアドヴァイ
ザーであった．イギリスにおいては，1964 年から 1968 年，1974 年から 1976
年の労働党政権の大蔵大臣の特別顧問であった．しかしアメリカ合衆国におい
てかれは，進歩的であれ保守的であれ，いかなる公的な機関からも助言を求め
られことはけっしてなかった．アメリカ合衆国の政府官庁への唯一の関与は，
第 2 次世界大戦直後の 1945 年のことで，ヨーロッパにおいて，かれが米国戦
略爆撃調査団の経済計画部部長として働いていたときであった．

　すべてこのことには，その論理が存在する．たいていのアメリカ人の経済学
者は，ワルラス的一般均衡分析と**所与**の資源の最適配分モデルのテーマにおけ
る，ほとんど無限の変種を受け入れる準備があった．かれらはまた，対照的に，
価値と搾取のマルクス理論をテーマとした分析を許容する準備もあった．ニコ
ラス・カルドアは，両者の頑固な反対者であった．かれは，実際，急進的な思
想家であったが，確立された市場制度の枠組みにおいてのことであった．そし
てこのことは，特にアメリカ人のかれの同僚の多くにとって，つねにそれだけ
いらいらさせるように思われていた．かれは改革の情熱的な主張者であったが，
革命的ではなかった．市場経済の作用についてのかれの全般的な見解は，基本
的には楽観的なものであった．しかしそれは，市場，そして自由放任政策さえ
もが，自動的にすべての状況のうちで最善の結果をもたらすことを信じている
という，伝統的な意味においてではなかった．かれは批判に注意を払うことに
並外れて寛大であり，もしかれが間違っていることが説得的に示されたならば，
かれは自分の見解をいつでも変えることができた．

　研究生としてわたしは，1956 年 10 月にケンブリッジに到着した．その年は，
カルドアの所得分配の理論とジョーン・ロビンソンの『資本蓄積論』が出版さ
れた年であった．進行中の論争において感じた達成感は記述しがたく，そして
一学生にとっての知的刺激は実に並外れていた．わたしはまた，ハーヴァード
とオックスフォードにおける幕間の後で，1961 年にキングズ・カレッジのフ
ェローになるという経験をしたが，それはスラッファの著書の出版に続く年で

あった．わたしは最も若いメンバーであったが，キングズ・カレッジにおける
いわゆる「秘密セミナー」（もっと有名なケインズの「サーカス」の戦後版）
の集まりで，所得分配に関するわたしの研究（Pasinetti, 1962）の結果を思い
切って報告した．それはわたしにとって唯一の経験であった．わたしは自分の
結果を，カルドア理論への**批判**として発表した．聴衆は 1 人の例外，すなわち
ニッキー・カルドアを除いて，唖然としあるいは疑わしげで，否定的であった．
かれは驚くほど素早く，アイディアの要点を把握し，自らが「論理的つまず
き」に陥っていたことへの譲歩が所得分配のポスト・ケインジアン理論（実際
はカルドアの）の一般化と，さらには新しい長期の利潤率のケインズ的理論へ
と繋がることを理解した．ニッキー・カルドアは，かれの考えを変えるように
説得することに成功した人々に対して，つねに非常に寛容であった．

2．基本的な伝記

ニコラス・カルドアは，1908 年 5 月 12 日に弁護士の息子としてブダペスト
で生まれた．かれの両親，ジュリアス・カルドア博士とジョーン・カルドアは，
いくらかの不安をもってではあるが，その子に期待をかけていたにちがいない．
かれらには娘は 1 人いるのみであった．2 人の兄は幼児期に死亡していた．ニ
コラスが生まれたとき，かれが両親に幸福をもたらしたこと，かれが 2 人の兄
の代わりに両親の配慮と愛情を受け取ったことは，疑いない．これらすべては，
中欧文化の主要な首都の 1 つにおける，かなり裕福なユダヤ人家庭のものであ
った．

この恵まれた子供時代の深い痕跡が，かれの人生全体を通じて，カルドアの
態度と振る舞いに残っていた．それは，快活で，自己中心的で，規律正しくな
いかれの性格を説明するのに，ある程度役立つかもしれない．

ブダペストにおいて 1918 年から 1924 年まで，かれは有名な「モデル・ギム
ナジウム」，——すなわちあるエリート校に通った．ついでながらこれは，ジ
ョン・フォン・ノイマンが数年前に通ったのと同じ学校であった．しかし，移
住者としてそれぞれの家族を訪ねるために 2 人とも戻ってきた 1930 年代にな
るまで，カルドアはフォン・ノイマンに会ったことはなかった．かれらは仲良

くなり，カルドアはフォン・ノイマンの成長する経済システムについての論文を知るようになった．実際，戦後すぐに，『リヴュー・オヴ・エコノミック・スタディーズ』誌の編集者として，フォン・ノイマンの論文を英語に翻訳させ，その雑誌に掲載したのはカルドアであった．

　1925 と 1926 年にカルドアはベルリン大学の講義に出席したが，すぐにロンドンに移動し，そこではかれは 1927 年から 1930 年まで，ロンドン・スクール・オブ・エコノミクス（LSE）の学部学生であった．かれは第 1 級の成績で 1930 年に卒業した．かれは，教師としてかれに深く影響を与えたライオネル・ロビンズ，フリードリヒ・フォン・ハイエクと，そしてとりわけハーヴァード大学から LSE にやって来たアメリカ人の教授であるアリン・ヤングについてつねに言及していた．LSE における同世代の中では，ジョン・ヒックス，エルウィン・ロスバース，チボール・シトフスキーと親しかった．かれは，1932 年に LSE の助講師（assistant lecturer）に任命された．その後かれは講師（lecturer）になり，そして経済学のリーダー（reader）になった．

　1934 年に，オックスフォード大学のサマーヴィル・カレッジを歴史学で見事な成績で卒業した魅力的な少女（彼女は 1994 年の彼女の死まで，彼女の人生全体を通じて魅力的な女性であった），クラリッサ・ゴールドシュミットとニコラス・カルドアは結婚した．彼女は彼女自身のキャリアをあきらめ，4 人の娘を産み，非常に幸福な家族生活をかれにもたらした．

　戦時中，LSE 全体は（そしてカルドアの家族も）ケンブリッジへ疎開した．しかし戦後，LSE のスタッフと学生がロンドンへ戻ったとき，カルドアは国際連合欧州経済委員会の研究局長として 2 年間，ジュネーヴへ行った．1949 年，学問的生活への復帰に際して，かれはケンブリッジ大学の経済学部に加わった．かれはキングズ・カレッジ（ケインズ自身のカレッジ）のフェローとなり，そして経済学のリーダーに任命され，続いて 1966 年に教授となった．1974 年にイギリス政府への功績を顕彰されて，かれは一代貴族として上院に登用され，ケンブリッジ市のニューナム男爵の称号を得た．かれは 1975 年に教育からは引退したが，人生の終わりまで長年，中断なく学術的（そして政治的）活動を続けた．

　カルドアはまた，ケンブリッジのアダムス・ロード 2 番地の大きな家におけ

る訪問者と友人に対するホストという，かれの有名な役割を演じ続けた．ケンブリッジの気候が輝き，驚くほど青々とし，色彩に富んだ庭園が外に出るようしつこく招く季節（晩春と初秋）の間は，カルドア家においては，週末は催しが特に多かった．カルドア家のティー・タイムには，日曜日の外出の終わりに別々に立ち寄るジョーン・ロビンソン，カーン，スラッファと家族に混じって会うことができた．キングズ・カレッジの最も聡明な経済学の学生のうちで，最近やってきた学生に会うこともできた．予期せず，著名な訪問者を見出すこともできた．スコットランドあるいはハンガリーからの友人，また，われわれの小さな世界の最も遠いところからやってくる，経済，政治，あるいは文学的なサークルにおける著名人にも会うことができた．

　かれにとって典型的なことであったが，ニコラス・カルドアは，致命的な病気でケンブリッジの病院に運ばれたとき，数日後に海外で行う予定の講義の準備をしていた．かれは 1986 年 9 月 30 日の火曜日に亡くなった．

3. カルドアの経済学への主要な貢献

　経済理論と実践へのカルドアの貢献の顕著な特徴は，その研究方法の著しい独創性とその思考法の絶えざる進化に見出されるべきである．

　かれの初期の貢献——それらは，かれがロンドン・スクール・オヴ・エコノミクスにいたときのものである——は，限界主義の経済理論の厳密な意味での正統派の中にあった．それらは，当時議論されていた問題——とくに不完全競争および独占的競争の理論および，厚生経済学に関するもの——であった．それらは直ちに，かれの独創性を明らかに示した．需要と供給の相対的弾力性による市場の安定条件に関する，今ではよく知られている定理に「蜘蛛の巣定理」という名称を与えたのは，カルドア（1934）であった．後にかれは，個人所得の再配分の仮説的な事象における「敗者の補償テスト」（1939a）を提唱した．それは以後，厚生経済学の文献において「カルドアの補償テスト」として，知られるようになった．かれはまた，『エコノメトリカ』誌に掲載された，資本理論の周知のサーヴェイ論文（1937）の著者でもある．

　しかしカルドアにとっては，そしてかれの世代の多くの経済学者にとってと

同様に，決定的な転換点は 1936 年のケインズの『一般理論』の出版とともに
到来した．カルドアは 28 才であった――そしてそれでもかれは，ケインズが
強力な攻撃を加えていた伝統におけるすでに確立した経済学者であった．かれ
は深い衝撃を受けた．最初は，主にミクロ経済学からマクロ経済学の問題への，
関心の変化が見られた．そして経済理論と経済学者の実践的役割についてのか
れの思考様式全体に，完全で根本的な変化が現れた．1939 年頃，かれは一連
のマクロ経済学の問題に関する論文を執筆した．その中で最も注目すべきもの
は，「景気循環のモデル」（1940）であり，それは「リミット・サイクル」を生
み出す非線形の投資関数と貯蓄関数にもとづいていた．この時期のもう 1 つの
かれの重要な論文は，金融不安定性に関する論文（1939b）である．

　後に，伝統との断絶はより広範にわたり，そして決定的となった．それはか
れのロンドンからケンブリッジ大学への移動と付合していた．

　ケンブリッジにおいてカルドアは，ほとんどの円熟した研究を行った．そし
てかれは，最終的に本書でケインズ経済理論のケンブリッジ学派と呼んでいる
主要な著者たち――すなわちリチャード・カーン，ジョーン・ロビンソン，ピ
エロ・スラッファなどとともに――のグループの 1 人として現れた．ケインズ
経済学の理論へのカルドアの独創的な貢献は，非常に多い．それらは長い一連
の論争的な論文の中に含まれている．それらの論文の中には，1 つの経済成長
のモデルの 3 つの異なった版（1957, 1961, 1962）が存在する．しかしながら，
かれの主要な独創的な貢献は，かれが所得分配の「ケインジアン」理論を提示
した論文（1956）の最後の数ページにおいて与えられている．その理論は実際，
明確にカルドアのものであり，それ以来正しくそう呼ばれている．

　カルドアの所得分配理論は，利潤受領者は賃金稼得者よりもはるかに高い貯
蓄性向をもつという考えにもとづいている．それゆえ，完全雇用に対応する投
資を実行する企業者が存在する経済システムにおいては，異なった貯蓄性向に
よって，先に決定された投資を維持するのに正確に必要な国民所得における利
潤シェアを生み出す，利潤と賃金の間の所得分配が存在する．このように，カ
ルドアは複数の貯蓄性向の概念を用い，それらをリカードウの理論を想起させ
る所得分配のマクロ経済理論的な理論の枠組みの中に挿入している．しかしカ
ルドアは，リカードウの因果関係を逆転させている．リカードウにおいては，

第 5 章　ニコラス・カルドア (1908-1986)　　　111

賃金は（労働者の生存の必要性によって完全に決定される）外生的に与えられる数量であり，利潤は残余として，あるいはむしろ「余剰」として現れる．カルドアにおいては，利潤は（完全雇用投資の必要性によって決定される）外生的な数量の性格を帯びるのに対して，賃金は残余となる．結果は，理論的次元（所得分配の限界理論の批判のために）においても，また実践的次元（租税政策のために）においても，遠くにまで及ぶものである．カルドアの所得分配論が直ちに，強力で辛辣ともいえる攻撃の対象となり，長い一連の議論を生み出したのは，何ら驚くべきことではない．今ではそのテーマについて，膨大な文献が存在する．

　所得分配についての理論と並行してカルドアは，「支出税」についてのアイディアを発展させ，今では古典的となった著書（*An Expenditure Tax*, 1955）においてそれを提示した．カルドアの主張は，基本的に個人所得にもとづく現行の課税システムは，多くの点で不公平であるということである．私有財産を相続する人々は，社会の必要と厚生に対して相応の割合のいかなる貢献をすることなく，膨大な支出力と経済力をもっている．他方，節約をする人々は，2 回課税される――1 回目はかれらが貯蓄した所得に，2 回目は蓄積した貯蓄から得た所得に課税される．カルドアは，もはや人々が自らの所得に課税されるのではなく自らの現実の支出に対して課税されるような，課税基盤の根本的な変更を提案する．

　かれの学問的生涯の後半部分においては，カルドアはますます実証的な研究に関心をもつようになった．1 つの例は，教授就任講義「連合王国の低経済成長率の諸原因」(1966) である．興味深いもう 1 つ例は，ジュネーヴの国連貿易開発会議 (UNCTAD) のために，ハート教授とティンバーゲン教授との共著で書いた論文 (1963) である．著者たちは，多数の物的商品のストックを基礎に置く国際通貨制度を提案した．かれらは，国際市場において最も取引されている 30 の商品を基礎とした計算を提供し，実際に機能する可能性とそのような商品本位制の貨幣システムの利点を示そうと努めた．著者たちは，そのような制度が現在の状況において受け容れられるためには，「あまりにも過激」であると自ら判断していた．それは発展途上諸国にとって有利であり，先進工業諸国の諸制度への発展途上諸国の依存を打破することを意図していた．その

貨幣システムを制度として定着させることは，それが提案された当時よりも今日の方がより望み薄でさえあるように思われる．しかし，国際経済関係における差し迫った危機の脅威がつねに存在し，そしてインフレーションが完全には克服されていないのであるから，提案された枠組みが天然資源は豊富であるが低所得であるような国々にとって，今なお再考される価値がある程度存在することは，否定できない．

　カルドアは，以下のようなアイディアにもとづいた理論を作り上げることに，多大の努力を払った．それはすなわち，経済の「ケインズ的」特徴が工業部門に適用される一方で，それと並行して食料と原材料を提供する第1次産業部門が「非ケインズ的」特徴をもって活動しているという考えである．この対照的部門分析は，先進国と途上国の間の関係にも適用されるとかれは考えた．もし「工業」部門（あるいは国）が「規模に関する収穫逓増」（アリン・ヤングに遡る考えで，その非常に長期にわたる影響は特にカルドア（1975）においてはっきりと現れている）のもとで機能し，そして第1次産業部門（あるいは国）が規模に関する収穫逓減（それはリカードウ的で，「土地節約的」技術革新によってときどき緩和されるのみである）のもと機能しているならば，適切に定式化するのは容易でないかもしれないが，その重要な結果すべてがその定式化から生ずる．カルドアは，これらの線に沿って一連の論文を執筆した．それらはかれの「ラッファエーレ・マッティオーリ講義」（これについては以下で参照することになる）において要約され，統合されている．

　読者は，わたしが経済学へのカルドアの貢献を示すために，報告文書と論文に絶えず言及していることに驚くかもしれない．しかしこれが，かれの研究のやり方であった．カルドアは，座って体系的な大著を執筆するようなタイプの学者ではなかった．かれは，そのような仕事をする忍耐心や持続力をもっていなかった，あるいはかれは——自ら特徴的に表現しているように——自分の見解を改善（そして修正）するために，批判に耳を傾けることにあまりにも熱心であった．しかしこの過程は，かれにとって果てしのないものであった．アイディアを短い論文に書き，それから他の問題へと進み，そして古い問題へ戻ったときにはかれの考えがしばしば変わっているということは，明らかにかれの性格にあっていた．このようにしてかれは，驚くほど広い分野で仕事をするこ

第5章　ニコラス・カルドア（1908-1986）　　　113

とができたのである.

　カルドアの考えは，信じられないほど多数の論文，報告文書，覚え書き，報告書に分散している. 唯一の例外は支出税についてのすでに言及した短い著書（その執筆には，アン・ジャクソンの助力を得た）と，以下すぐに言及する2つの講義である. 幸運にも，かれの人生の後半においてカルドアは——おそらくはかれのプライドがかれの躊躇と明白な無精に打ち勝って——ほとんどのかれの著作を1連の8巻本（1960-80）に収めることを自らに納得させた. それらは，3巻の理論的著作，3巻の応用経済学と課税についての著作，そして2巻の，それぞれイギリスと海外の政府に関する報告書と覚え書きに分けられる. これらの本を読むことは，もし伝統的な経済学の思考に対して絶えず放つ矢によっていらいらさせられないならば，どんな経済学者にとってもきわめて有益な経験である. 非正統的な見解，思いがけない巧妙な洞察，独創的なアイディアが，至る所に，最も「応用的な」著作にも，散らばっている. 8巻の本への序文は——これはかれが書かなければ**ならなかった**——それぞれ啓発的であり，かれの経済思想の進化を追跡することに関心のある人なら，誰にとっても非常に貴重である. その8巻はすべて，今後多年にわたってアイディアの豊かな源泉であり続けるであろう（Collected Economic Essays, 1960-1979）.

　かれの人生の最後の7年間における科学的活動——世界中の大学からの訪問と講演への招待に関連し，非常に豊かな活動であった——の結果についてのかれ自身のコメントと報告を手にすることは，われわれにはけっしてできないであろう. しかしほとんどのこれらの論文と講演は，フェルディナンド・タルジェッティとアンソニー・P.サールウォールによって収集され，1989年に死後出版された『経済学著作集』の事実上の9巻目として編集された. かれの世界的な活動から，さらに2冊の本が現れている. 1冊は，かれの「オーカン記念講義」（1983年にイエール大学で行われた）を含み，もう1冊は，「ラッファエーレ・マッティオーリ講義」（1985年にミラーノで行われた）を含んでいる. 後者は修正され，大幅に書き直され，最終的にフェルディナンド・タルジェッティとアンソニー・サールウォールの編集によって，1996年にケンブリッジ大学出版局からかれの死後に出版された（*Causes of Growth and Stagnation in the World Economy*, 1996）.

「オーカン記念講義」は短い著書として直ぐに出版された（*Economics without Equilibrium*, 1985）．そこでは，伝統的な経済理論に対するかれの長年にわたる批判において非常にしばしば繰り返されるテーマが，実に効果的に示されている．基本的な主張は，一般経済均衡理論（今や支配的な経済理論の主柱となっている経済理論であり，かれの LSE 時代に，かれ自身が共有し教え，そして独創的な貢献をした理論）は純粋に**仮説的な**世界を示しており，**現実**世界の理解には何の意味もない諸仮定に基づいているという点である．かれの主張は，そのような理論は高度に非現実的な諸仮定に依存しているというものである．そしてその仮定の数は，増大する反対論をかわすために絶えず増やしていかなければならない．かれが繰り返し用いた比喩は，それ自体ではけっして立つことのできない建物を支えるための絶えず拡大してゆく（仮定の）足場の比喩である．しかしそれでも，カルドアが主張するところでは，多くの経済学者がさらに進んで，あたかも足場がすでに取り除かれたものとして，そこから含意を引き出している．ケインズ理論は，カルドアが意図したように，まさにその反対を行っていた．すなわち，事実，現実のあるいは——かれが意図して名付けた派手な表現を使えば——「様式化された」事実のみへの言及によって理論化するということである．

　「ラッファエーレ・マッティオーリ講義」は，はるかに手間のかかる仕事であった．その一部は非常に暫定的なタイプ原稿をもとに，そして一部は即興で行われたため，長期にわたる修正作業をかれはしなければならなかった．本当はかれの好みではなかったが，かれは何年もそれに手をかけた．しかし完全に満足することはなかった．それらの講義は，「世界経済の成長と停滞の諸原因」に捧げられ，世界全体に関する 1 種のモデルで，かれの人生の最後の部分の多くの論文の中に散らばっていたアイディアを総合することを狙っていた．その目的は，生産が規模に関する収穫逓減に必然的に直面している地域（主に農業と鉱業のような第 1 次産業活動に依存している諸国）と，他方で生産が規模に関する収穫逓増の利益を享受して行われている地域（主に製造業と先進的な技術活動に依存している諸国）との間の貿易関係の結果として，成長あるいは，停滞が現れるようにすることである．最近の「新しい」成長モデルについての文献は，概念，直観，そして建設的な示唆に驚くほど富んでいるカルドアのこ

れらの貢献に，不当にもほとんど注意を払っていない．われわれは，この著書
の（死後の）出版を見ることが現在可能であることを，タルジェッティとサー
ルウォール（編者）の決定に感謝する．

これら2つの「講義」はまた，カルドアの関心の具体性について理解するの
に役立つ．経済理論は，かれにとって純粋に知的な気晴らしではけっしてなく
——ケインズ，すなわちかれの理想の師にとって，つまるところそうであった
ように——，現実の経済問題の理解と解決のためにつくられるのである．かれ
が経済学者になることを決めたのは15歳のときであったと，つねに友人に語
っていたということを思い出すのは，興味深いであろう．バイエルン・アルプ
スに家族の休暇で滞在していたとき，「昨日の価格の商品あさり」を直接に個
人的に体験したこと，そして第1次世界大戦後のドイツのハイパー・インフレ
ーションを引き起こしていたメカニズムについての好奇心からであったと，か
れは主張していた．それ以来，現実世界の経済的事実へのかれの関心は，かれ
の経済研究への絶えざる刺激であった．しかし，とりわけこれは，信じがたい
ほど多数の政府，中央銀行，国際機関への経済アドヴァイザーとしての——す
でに言及したように——並外れて密度の高いかれの活動によって明らかである
が，それらへ影響を与えるという積極的な意図を伴っていた．

4. 政治的活動

かれは確かに，上院への登用を純粋に名誉職的義務とは見なさなかった．か
れは，1980年代の保守党政権の経済政策，特にサッチャー首相によって追求
された政策に対する，最も厳しく執拗な反対者の1人であった．

カルドアの上院への出席は，時期が集中していた．かれの人生の最後の数年
間，上院における経済政策に関する主要な論争で，かれによる演説，介入，中
断を伴わないものはなかったと言ってよい．かれの上院への貢献は実際，一連
の魅力的な演説からなっている．それらは，イギリスと世界の政治的，経済的
状況についての鋭い観察者であっただけでなく，討論者そして論客としてカル
ドアが全盛期にあったことを示している．かれの攻撃の主要な対象は，マネタ
リズム（「恐ろしい呪い，邪悪な精神の訪れ」）と，さらにはサッチャリズム

（「連合王国にとっての脅威」）であった．これらの演説が収集され出版される
とき，それらは経済学者と知識のある公衆のどちらにとっても，同様に楽しい
読書を提供するであろう．かれが取り上げた論争的な姿勢そのものによってカ
ルドアは，イギリスだけではなく，かれが政府に助言を行った国々の資産家の
間に厳しい感情をつねに生み出したことは，付け加えられるべきである．かれ
の人生の最後の数年間，かれに対する反対論は，政府の金融政策に対するかれ
の非常に厳しい攻撃そのものによって増大した．大変珍しいことであるが，か
れはそれらをまったく心配しなかった．かれはそれらを，まったく気にしなか
ったのである．それはかれの一種の粘り強さと呑気な性格を示しており，それ
がかれの反対者をいっそういら立たせた．しかしかれをよく知るすべての人は，
かれに対して必ず好感を抱いた．

5. カルドアとケインズ

　ポスト・ケインジアン経済学のケンブリッジ学派のこの著名な代表について，
いくつかの結論的な見解を述べるのは，ここが適切であるかもしれない．その
学派の主要な人物の中でカルドアは，もともとはケインズの弟子ではなかった
けれども，市場経済のグローバルな捉え方の点で，そして経済学者が演じうる
役割において，他の誰よりも師に近かった人物であったと主張することは，お
そらく真実から遠くはないであろう．この2人の人物の間の最も大きい類似性
を示すのは，高度な経済理論の領域と実践的応用への現実的関心との間をつね
に行ったり来たりしたことだけではなかった．より深く，そしていっそう根本
的な次元で，かれらの間の類似性はかれらの基本的な世界観に関わっていた．
ケインズのようにカルドアは——われわれの社会の基本的（市場的）制度的構
成においてではなく——**経済理論**において，革命が必要であると確信していた．
かれは市場メカニズムの強力な力の偉大な信奉者であった．しかしかれは同時
に，所得と資産の不平等な分配，あまりにも高水準の失業，国際関係における
混乱と不公正という点で，市場の弱点をそれが不可避的に引き起こす社会的不
公正に気付いていた．このため，かれは改革の情熱的な支持者であった．しか
しかれは，市場経済の欠陥は政府の啓発的な行動と国際協調によって是正され

うる，という意見ももっていた．

　カルドアは，精神において理想主義者であり，フェビアン主義の伝統に深く染まった，ゲイツケル的なイギリス社会主義者の世代に属していた．かれは理性と知性の力の偉大な主張者であり，人々が望むように生きることができる社会を形成することに役立つ分析と実践の道具を知的な人々が開発し応用する可能性の，強力な信奉者であった．かれはまた，愚かさに打ち勝ち制限する知性の可能性を過大評価する知識人の克服しがたい傾向をもっていた．かれは実際，知識人の役割の偉大な信奉者であり，支配階級の間に広まった凡庸さであるとかれが考えるものを軽蔑していた．かれは──かれの行動の皮相な評価に関して述べられたこととは反対に──多くの敗者に無関心であるということはなかった．かれの社会的なコミットメントは，イギリスと途上国の両方に対して同様に，金持ちが税金を払い，より多くの財あるいは仕事を貧しい人々が獲得できるようにすることによって，貧しい人々の救済をもたらすための方法と工夫を考案するためにかれがはらった，大きな苦労によって示されている．

　「革命」は，実際，かれが心の底から意図していたものであった．これも，結局，ケインズの考え方に沿っていた．意図されていたことは，思考方法の深い変化，経済理論を理解し応用する仕方における「革命」──実際，過去から受け継がれた**すべての経済理論**，すでに意味をもたなくなっているときでも，われわれの心の最も遠く隠された隅から，現在のわれわれを規定している理論を──理解し応用する方法における「革命」であった．

　この点において，かれは十分には理解されなかったかもしれない．

6. ニコラス・カルドアの主要著作（抜粋）

1934, 'A Classificatory Note on the Determinateness of Equilibrium', *Review of Economic Studies*, vol. 1, pp. 122-136; reprinted in Kaldor, 1960-1979, vol. 1, pp. 13-33.

1937, 'The Recent Controversy on the Theory of Capital', *Econometrica*, pp. 201-233; reprinted in Kaldor, 1960-1979, vol. 1, pp. 153-205.

1931a, 'Welfare Propositions of Economics and Interpersonal Comparisons of Utility', *Economic Journal*, vol. 49, pp. 549-554; reprinted in Kaldor, 1960-1979, vol. 1, pp. 143-146, with the title 'Welfare propositions in Economics'.

1939b, 'Speculation and Economic Stability', *Review of Economic Studies*, vol. 7, October, pp. 1-27; reprinted in Kaldor, 1960-1979, vol. 2, pp. 17-58.

1940, 'A Model of the Trade Cycle', *Economic Journal*, vol. 50, pp. 78-92; reprinted in Kaldor, 1960-1979, vol. 2, pp. 177-192.

1955, *An Expenditure Tax*, London: Allen &Unwin. 時子山常三郎監訳『総合消費税』東洋経済新報社，1963 年.

1956, 'Alternative Theories of Distribution', *Review of Economic Studies*, vol. 23, pp. 83-100; reprinted in Kaldor, 1960-1979, vol. 1, pp. 209-236. 富田重夫編訳『マクロ分配理論：ケンブリッジ理論と限界生産力説』学文社，増補版，所収，1982 年.

1957, 'A Model of Economic Growth', *Economic Journal*, vol. 67, pp. 591-624; reprinted in Kaldor, 1960-1979, vol. 2, pp. 259-300.

1960-1979, 'Collected Economic Essays', 8 volumes, London: Duckworth. Volume 1: *Essays on Value and Distribution*, 1960. Volume 2: *Essays on Economic Stability and Growth, 1960. Volume 3: Essays on Economic Policy*, I, 1964. Volume 4: *Essays on Economic Policy*, II, 1964. Volume 5: Further Essays on Economic Theory, 1978. (笹原昭五，高木邦彦訳『経済成長と分配理論：理論経済学続論』日本経済評論社，1989 年); Volume 6: Further Essays on Applied Economics, 1978. (笹原昭五 他訳『貨幣・経済発展そして国際問題：応用経済学続論』日本経済評論社，2000 年); Volume 7: *Reports on Taxation, I: Papers Relating to the United Kingdom*, Volum1979. e 8: *Reports on Taxation, II: Reports to Foreign Governments*, 1979.

1961, 'Capital Accumulation and Economic Growth', pp. 177-222 in: Hague, Douglas C.and Lutz, Friedrich, eds., *The Theory of Capital*, London: Macmillan; reprinted in Kaldor, 1960-1979, vol. 5, pp. 1-53.

1962 (with J.A. Mirrlees), 'A New Model of Economic Growth', *Review of Economic Studies*, vol. 29, pp. 174-192; reprinted in Kaldor, 1960-1979, vol. 5, pp. 54-80.

1963 (with A.G. Hart and J. Tinbergen), 'The Case for an International Commodity Reserve Currency', submitted to the UN Conference on Trade and Development (UNCTAD), Geneva, March-June 1964; reprinted in Kaldor, 1960-1979, vol. 4, pp. 131-177.

1966, *Causes of the Slow Rate of Economic Growth of the United Kingdom*, Cambridge: Cambridge University press; reprinted in Kaldor, 1960-1979, vol. 5, pp. 100-138.

1975, 'What is Wrong with Economic Theory', *Quarterly Journal of Economics*, vol. 89, pp. 347-357; reprinted in Kaldor, 1960-1979, vol. 5, pp. 202-213.

1989 (edited by F. Targetti and A.P. Thirlwall), *Collected Economic Essays*, vol. 9, *Further Essays on Economic Theory and Policy*, London: Duckworth.

1985, *Economics without Equilibriam, The Okun Memorial Lectures at Yale University* 1983, Armonk, New York: M.E. Sharpe, lnc.

1996, *Causes of Growth and Stagnation in the World Economy; the 'Raffaele Mattioli', Lectures, delivered in Milan*, 1985, revised and posthumously published with the editorship of Ferdinando Targetti and Anthony Thirlwall, Cambridge: Cambridge University Press.

後記
ニコラス・カルドアの2つの主要な伝記がかれの死後出版されている.

Thirlwall, Anthony P., 1987, Nicholas Kaldor, Brighton: Wheatsheaf Books.
Targetti, Ferdinando, 1992, Nicholas Kaldor-*The Economics and Politics of Capitalism as a Dynamic System*, Oxford: Clarendon Press.

.

第6章　ピエロ・スラッファ（1898-1983）

——批判的精神——

編集上の注：

以下に収録する3つのエッセイは，もともとは異なった目的で異なった時期に書かれたものである。

　第1のエッセイは，ピエロ・スラッファがまだ生存しているときに，『社会科学国際百科事典』の第18巻（「伝記的補巻」，New York; The Free Press, マクミラン出版の1部門，1979, pp. 736-739）の1つの項目——「簡単な伝記的・書誌的スケッチ（ピエロ・スラッファ）」——として書かれた。ここでは節に分け，それぞれに題をつけ，若干の追加をして再び出版したものである。

　他の2つのエッセイは，たまたま同じところで，18年の間隔をおいて，別々の祝賀行事で発表された（ルイージ・エイナウディ財団，トリーノ）。最初のエッセイのもとになったのは，ピエロ・スラッファの死から3カ月後の1983年12月16日に行われた記念講演である。それは，『ポリティカ・エコノミカ』誌（vol. II, 1985, pp. 315-332）に，「ケンブリッジのイタリア経済学者，ピエロ・スラッファの追憶のために」として出版され，後に『イタリアン・エコノミック・ペーパーズ』のために英語に翻訳された（vol. 3, Bologna, Il Mulino and Oxford University Press, 1998, pp. 365-383）。ここでは，当時の状況についてふれた最初の挨拶文を削除し，若干の加筆，修正をし，そして節に分けてある。タイトルは，スラッファが自分自身を定義した「イングランドにおけるイタリア人」を想起させることを意図している。その表現は，スラッファの『マンチェスター・ガーディアン』紙宛の手紙（1927年10月2日）において使われたもので，その手紙の中でかれは，ファシスト政権の政治犯の扱い方，とくにアントニオ・グラムシの扱いを，公然と告発している。もう1つのエッセイは，1998年12月に書かれたもので，ピエロ・スラッファの生誕100周年を記念して開かれたある集会で発表された。それは，『ピエロ・スラッファ：100周年目の評価』（London；Routledge, pp. 139-156）（T. コッツィ，R. マッキオナーティ編）（Cozzi & Macchionati, 2000）に収録された。ここでは若干の追加と調整がなされている。

第6章の1 簡単な伝記的・書誌的スケッチ

1. 伝記

　ピエロ・スラッファは，1983年12月3日に，イングランドのケンブリッジにおいて85歳で亡くなった．かれは，ケインズの庇護のもとに，1927年にイタリアを離れ，ケンブリッジにやってきた．かれは，イタリア共産党の創設者であるアントニオ・グラムシ，著名なイタリアの銀行家であるラッファエーレ・マッティオーリ，そして言語哲学の創始者ルードヴィッヒ・ヴィトゲンシュタインの友人であった．スラッファは，その活動的な人生のほとんどを，未婚のドン（大学教師）として，ケンブリッジのカレッジの静かな雰囲気の中で過ごした．その環境は，かれの内向的で控え目な性格に見事に合っていた．かれは世界中の学術的な大会やコンファレンスには，滅多に現れることはなかった．しかしかれが書いたものは，かれの生涯の間で2度，経済理論における大きな発見の中心にあった．かれはおそらく，20世紀のひとをもっとも当惑させ，論争を引き起こす理論経済学者の1人であり続けるであろう．

　ピエロ・スラッファは，1898年8月5日北イタリアのトリーノで，アンジェロ・スラッファとイルマ・ティヴォーリとの唯一の子供として生まれた．この家族は，両親のどちらもユダヤ系であった．父，アンジェロ・スラッファは，ピーサ出身で，著名なイタリアの大学教授であった．かれは，はじめにマチェラータ大学で教鞭を取り，その後続いてメッシーナ，パルマ，トリーノの各大学で教えた．かれは最終的には，ミラーノのルイージ・ボッコーニ商科大学の学長になった（1916年から1926年）．母，イルマ・ティヴォーリはトリーノ

出身で，女家長的な家族で育ち，彼女の息子の教育に大きな影響を与えた．

　子供としてピエロ・スラッファは，当然かれの家族の行くところに従った．かれは初等教育をパルマで始め，ミラーノでそのあとを続けた．そこではかれは，有名なジュゼッペ・パリーニ・ジムナジウムに通った．トリーノに移って，マッシモ・ダンジェロ・リセに通ったが，そこでのかれの教師たちの中にウンベルト・コズモがいた．かれは文学の教授で，社会主義的傾向をもった複雑な性格の持ち主であった．かれはまた，イタリア文学についての講義科目を担当していた．そこにはたまたまアントニオ・グラムシが出席していた．ピエロ・スラッファがはじめてアントニオ・グラムシに会ったのは，ウンベルト・コズモを通してであった．この2人は同年代ではなかった．グラムシが7歳年上であった．

　トリーノ大学では，スラッファは「戦中と戦後におけるイタリアの貨幣的インフレーション」（1920）について卒業論文を書いた．それを指導したのはルイージ・エイナウディであった．かれはイタリアの経済学者であり，財政学の専門家で，後に——第2次世界大戦後——イタリア共和国第2代の大統領になった．

　1921年1月に卒業後，スラッファは研究生としてロンドン・スクール・オブ・エコノミクス（LSE）で，いくつかの講義科目を履修した．そこではかれは，とくにエドウィン・キャナンに強い印象をもったようである．キャナンは，当時古典派の生産と所得分配の理論を講義していた．短期間のたまたまのケンブリッジ訪問の間にスラッファがケインズと会ったのは，その年の夏のことであった．スラッファは，ケインズに強い印象を与えたようである．その印象は非常に強かったとみえ，ケインズは，イタリアの金融市場と銀行業の危機について論文を書くという課題をかれに与えることに決定した．スラッファはすっかりその気になり，それを有頂天で引き受けた．その論文は，2つの版で出版された．すなわち，『エコノミック・ジャーナル』誌（1922a）と，もう1つは週刊の『マンチェスター・ガーディアン・コマーシャル』紙上で——ケインズが編集した——「ヨーロッパの再建」の中の1節として出版された（1922b）．この出来事は，スラッファの生涯において重要な意味をもつことになった．とくにその論文の第2の版（『マンチェスター・ガーディアン・コマーシャル』

に現れた）は，ファシスト体制との一連の紛争の始まりとなった．権力を握ったばかりのムッソリーニは，その論文によって怒りをかき立てられ，ピエロ・スラッファにかれが書いたものを撤回するように圧力をかけようとした．かれは，当時ミラーノのボッコーニ商科大学の学長であったピエロ・スラッファの父を巻き込んだある種の恫喝によって，それをしようとした．スラッファにとってこの出来事は，ファシスト政権との一連の紛争と同時に，ケインズとの接触が増えていくことの始まりであった．

数年後（1923年），スラッファはペルージャ大学で経済学と金融について講義を始めた．それ後かれは，1926年に（サルデーニアの）カッリアリ大学の経済学講座の教授の地位を得た．しかしファシスト政権は，ますます権力を強めていた．そして1927年にケインズがケンブリッジ大学の講師の地位を提供することができたとき，スラッファはそれを受け入れたのである．かれはイングランドに移住し，以後の人生をそこで過ごした．

にもかかわらずスラッファは，その後もずっとイタリア国籍を保持し，「イングランドのイタリア人」のままであった．当時のイタリアの法律では，かれがイギリス国籍を得た場合には，イタリア国籍を失わなければならなかったはずである．第2次世界大戦時にはさまざまな困難に直面したけれども，かれはイギリス国籍を取らなかった．その当時かれはしばらくの間ケンブリッジを離れ，――イタリアに戻ることを拒否した他の知識人たちとともに――，アイルランド海のマン島にある国際抑留キャンプに行かざるをえなかったのである．

イタリアの大学におけるスラッファの地位は，非常に異常なものであった．かれは1926年3月にカッリアリ大学の講座に地位を得て，しばらくそこにいた．それから――ケンブリッジに講師の地位を得た後――かれは，カッリアリの教授の地位を放棄した．第2次大戦が終わった後，しかしながら，正教授（「通常教授」）としての地位に再び任ぜられた．それは，1930年代はじめにかれが辞任したことで，かれはファシスト政権に忠誠を誓わなかった数少ないイタリアの大学教授の1人となった，という事実のおかげであった．しかしながら，スラッファは，（かれの友人の多くが強く要請したにもかかわらず）イタリアのどの大学にも戻らなかった．かれは定期的なイタリア訪問を再開したが，それは友人たち（とくにラッファエーレ・マッティオーリ）と会うためであり，

古書店を訪れるためであり，観光地（とくにラパッロ）で休暇を過ごすためであった．かれは再び，書面で，大学の講座からの辞任状態を維持する意図をはっきりと述べた．しかし教育省は，かれの辞任を正式に受領しないためのある工夫を考え出した（その工夫とは，リカードウの『著作集』を編集するために，かれをケンブリッジに「派遣する」というものであった）．それゆえスラッファは，カッリアリ大学におけるイタリアの正教授に，引退するまで（「定数外で」留まった，つまりそれは特別にかれのためにカッリアリ大学にもうけられた，他の誰にも与えられない地位であった）．しかしかれは，かれの報酬あるいは年金を，けっして受け取らなかった．引退したときかれは，カッリアリ大学の経済学研究所の図書館あてに，かれの権利に属するものすべてを寄贈するという書簡を送った．

2. 規模に対する収穫，費用，そして価値

ピエロ・スラッファがケンブリッジに落ち着いたとき，かれは 29 歳であったが，イタリア語で書かれた論文によってすでに国際的な評価の高い理論経済学者であった．

かれはすでに，イタリア語で書かれた論文（1925）でアルフレッド・マーシャルの企業の理論の規模に対する収穫の問題を中心に，詳細な批判を行っていた．かれは，その理論においてただ 1 つの論理的に矛盾のない仮定は，収穫一定であると論じた．ほとんど同時に簡潔な，すばらしい論文（1926）の中でスラッファは，伝統的理論がそれまで一般に使用してきた完全競争モデルの明らかな弱点を露わにした．単一の企業の需要曲線の傾きが負である場合，独占的な市場状況の重要性と限定された生産における収穫逓増の一貫性が両立することを強調することによって，かれは価値と価格決定の新しい理論の 1 つの分野の基礎をつくったのである．その分野は数年後，とくにイングランドにおいてはリチャード・カーン（1929）とジョーン・ロビンソン（1933），そして合衆国ではエドワード・チェンバリン（1933）の著作を通じて発展した．ただし後者はまったく独立した思想の流れから出発していた．

ケンブリッジでスラッファはすぐに，有名な収穫逓増に関するシンポジウム

第6章の1　簡単な伝記的・書誌的スケッチ　　　127

(1930a) において，ジェラルド・ショウヴとデニス・ロバートソンとともに，主要な登場人物となった．その後まもなくかれは，フリードリッヒ・ハイエク (1931) によって提案されたような，貨幣と資本の伝統的な理論に対する破壊的な批判 (1932) を打ち上げた．

　しかしスラッファはまた，時間をより娯楽的な活動に当てることができた．かれは稀覯書，とくに18世紀の経済学者や哲学者の稀覯書の初版を収集することを好んだ．かれは，もっとも親しい友人の2人，ラッファエーレ・マッティオーリとメイナード・ケインズと競争して，そしてときには一緒になって収集をした．たとえば，ケインズと協力してかれは，『人間本性論の要約』と題する著者名のないパンフレットを，正しくデイヴィッド・ヒュームが書いたものとした後，それを跡付け，編集し，出版する (1938) のを楽しんだのは，こうしてであった．それ以前は（間違って）アダム・スミスの著作とされていたものである[1]．しかしこれは，単なる趣味以上のものではなかった．

3. リカードウの『著作集』の編集

　はるかに大きな課題が目の前にあった．ケンブリッジ大学は，スラッファがかれの大きな望みを実現することを可能にした．それは，スラッファがもっとも高く評価していた古典派経済学者である，『デイヴィッド・リカードウの著作と書簡』(1951-1973) の収集と編集であった．これは生涯続く企画であった．それは，多くの，劇的でさえある局面を通じて進行した[2]．スラッファは，この偉大な仕事を1930年代初期に始めて，第2次世界大戦を通して続けた．テキスト対照が正確で完璧であること，編者の注が多数あり正確であること，そしてもっとも重要なことなのであるが，第1巻への長い「序文」と各巻につけられた（もっと短い）序文に含まれる分析は，この仕事を経済学の古典の出版におけるほとんど唯一の傑作ともいうべきものとした．それは必ず今後長い間にわたって，編集という仕事の一種の理想であり，ほとんど並ぶもののないモ

---

1)　次の章の脚注14をみよ．
2)　リカードウの『著作集』の第1巻へのスラッファの序論をみよ (Sraffa, 1951)．

デルであり続けるであろう.

　さらに重要なのは，リカードウの『著作集』のこの編集が第 1 級の批判的用具を与えるだけでなく，古典派経済学の理論的基礎についての新しい解釈を提案したことである. スラッファがそう呼んだのであるが，古典派の「立場」は，単に経済思想史の中で意味をもつ概念の組であるというだけでなく，今日の問題に対して意味がある大きな分析上の可能性をもった理論的な装置としても，提示されているのである. スラッファによるリカードウ『著作集』の編集は，古典派経済学の真に新しい再発見をもたらした. 同時にスラッファは，今後長期にわたってそれと並ぶようなものが出てきそうにない，編集の学術的な水準の高い標準を示したのである.

4. 『商品による商品の生産』

　リカードウの『著作集』の出版の後，スラッファにそれ以上のものを期待するひとはほとんどいなかった. しかし 1960 年に，62 歳の年齢でスラッファは，すばらしい，99 ページの簡潔な本を出版した. その本のために，かれは 30 年以上にわたって，研究を続けていたのである. そのタイトルは驚くべきものであった——すなわち，『商品による商品の生産：経済理論批判序説』であった. その本の中身は，さらに驚くべきものであった. その中で 1 世紀以上にわたって確立され経済理論を特徴づけてきた「限界的方法」を，スラッファは放棄し，「アダム・スミスからリカードウに至る旧古典派経済学者の立場」に回帰したのである.［その立場は，］「「限界主義の方法」の出現以来，水底に沈められ，忘れ去られてきたものであった」(Sraffa, 1960, p. v, 訳 1 頁).

　この研究においてスラッファが追究してきた問題は，生産規模の変化も，「生産要素」間の割合の変化もないような，経済システムの性質に関するものである.『経済表』(1758) におけるフランソワ・ケネーのようにスラッファは，純国民生産物を生産手段の置き換えに必要なものを上回りそれを越える「剰余」として考える. そして生産を，同じ商品が生産手段と最終生産物の両方に現れる，「循環の過程」とみなす. この研究方法は，レオンチェフの投入産出分析と同じように見えるかもしれない. しかしスラッファは，さらに深く進む.

第 6 章の 1　簡単な伝記的・書誌的スケッチ　　　129

かれは，価値と所得分配の理論において，より古典的な思考の線を，再び取り
上げる．それはリカードウ（1821）に始まり，カール・マルクス（1867, 1885,
1894），ラディスラウス・フォン・ボルトキエヴィッチ（1907），そしてウラディ
ィミール・カルポヴィッチ・ドミトリエフ（1904）へと続いた．古典派の諸理
論は，ある段階で放棄された．それは，それらがその上にたてられたいくつか
の基本的な概念が，欠陥と曖昧さ，そして矛盾さえも含むと思われたからであ
る．スラッファの貢献は，これらの欠陥，曖昧さ，矛盾を追い払ったことその
ものにある．この点を説明するには，3 つの例で十分であろう．

1)　アダム・スミス以降のすべての古典派経済学者たちは，必需的（あるい
　　は賃金）財と奢侈的財との間に鋭い区別をしていた．この区別は，この 2
　　種類の財に対して根本的に異なる結論をもたらすので，重要であった．し
　　かし，それは，恣意的と見られたので，後に放棄された．スラッファは区
　　別の基礎を，テクノロジーへと移動させ，すべての商品の生産に技術的に
　　必要な商品――「基礎財」――とそのように必要とされない商品――「非基
　　礎財」――との間に区別の線を引いた．これらの用語によって，数学記号
　　を使うことができ，諸概念は明瞭になる．

2)　リカードウは，所得の分配を「経済学における主要な問題」と考えてい
　　たが，かれが価格と独立に所得の分配を研究しようとしたとき，越えるこ
　　とのできない困難に逢着した．もし所得分配が変化したとき，そして技術
　　における改善があったときにその価値が変化しない財として定義された，
　　「不変の価値尺度」を発見することができた場合にのみ，これらの困難を
　　克服することができるということを，かれは理解した．しかしかれは，そ
　　のような財を発見することには，ついに成功しなかった．スラッファは，
　　少なくとも最初の問題（所得分配）に関しては，任意の与えられた技術を
　　特徴づける合成財の形――「標準商品」――で，「不変の標準」を分析的に
　　構成することができることを証明した[3]．非常に興味深いのは，「標準商

---

3)　実際，リカードウの第 2 の問題（すなわち，技術の改善に関しての不変性――原書
　　pp. 290-291，本書 261，262 頁を参照せよ）に関しても「動学的」標準商品を構成す

品」がフォン・ノイマンの成長モデル（1937）と，たまたま，同じ構成で
あることである．

3) 最後に，経済学者たちは何年もの間，マルクスの「価値の生産価格への
転形問題」が意味をもつのかもたないのか，論争してきた．スラッファの
分析は，すべての分析上の困難を解決する．投下労働量（すなわち，マル
クスの「価値」）と生産価格の間の関係は，じっさい存在することが示さ
れる．しかし，マルクスが想像したのよりも，はるかに複雑である．それ
は，いずれにせよ，マルクスの「価値」が競争価格に対し優先するという
主張には，なんら分析的根拠を与えるようなものではない．それは，競争
価格がマルクスの「価値」に対し論理的優先性をもつとする主張に，分析
上の根拠がないのと同じである．

　ひとを悩ませ不満足なスラッファのこの本の特徴は，著者がはっきりとかれ
の命題が「経済理論」の批判への準備であると述べていることである．それは
おそらく，価値と所得分配の限界理論への批判として理解される．しかしかれ
自身は，そのような批判を行っていない．このことが，多くの経済学者を，と
くに合衆国において，スラッファの分析を純粋理論における単なる演習と見な
すようにさせたのである．その後の展開は，しかしながら，違う方向を指して
いる．1960 年代の後半における資本理論に関する論争は，スラッファのいく
つかの命題を起源として（Pasinetti et al, 1966 をみよ），ほとんど 1 世紀あま
りもの間，資本と所得分配の限界理論の基礎をなしてきた諸概念——とくに新
古典派の集計的生産関数——の放棄へ導いた．マルクス主義者の間でのもう 1
つの論争は，やはりスラッファの本を起源として，かれらの多くを，マルクス
の純粋労働価値論は放棄されなければならないという結論に導いた
（Morishima, 1973, Steedman, 1977 をみよ）．
　限界主義の経済理論とマルクス経済理論の両方において，スラッファの分析
がよく確立された諸概念の批判と放棄の基礎として現れるというのは，奇妙で

る可能性が存在する．これまで，リカードウの問題の両方を同時に満たす可能性は見
出されていない．

ある．しかし，スラッファの本の意義が究極的に評価されるべきなのは，明らかにこの種の展開との関連においてなのである．

　1961 年に，スウェーデンの王立科学アカデミーは，スラッファにソデストロム・メダルを授与した．それは当時経済学のノーベル賞に替わるものと見なされた．しかし 1969 年にノーベル記念経済学賞が実際に設けられて以来，多くの経済学者（実際にノーベル賞を授与されたひとたちを含めて）が，スラッファの名前がノーベル賞受賞者として発表されなかったことに，公然と，そして繰り返し，驚きを表明した．これらの経済学者たちか，あるいはスウェーデン王立アカデミーが正しかったかどうかは，未来が判断するであろう．

5. ピエロ・スラッファの主要著作

1920, L'inflazione monetaria in Italia durante e dopo la Guerra, 1920 年 11 月にトリーノ大学に提出された卒業論文．最近になって英訳された．'Monetary inflation in Italy during and after the war', *Cambridge Journal of Economics*, 1993, pp. 7-26.

1922a, 'The Bank Crisis in Italy', *The Economic Journal*, vol. XXXII, pp. 178-197.

1922b, 'Italian Banking Today', *Manchester Guardian Commercial: Reconstruction in Europe*, section XI, December, 7, pp. 675-676.

1924, 'Obituary-Maffeo Pantaleoni', *The Economic Journal*, XXXIV, pp. 648-653.

1925, 'Sulla relazione fra costo e quantita prodotta', *Annali dEconomia*, vol. II, pp. 277-328. ［英訳，On the Relations between Cost and Quantity Produced', in *Italian Economic Papers*, vol. 3, edited by Luigi Pasinetti on behalf of Societa Italiana degli Economisti, Bologna; il Mulino and Oxford: Oxford University Press, 1998, pp. 322-363］菱山泉，田口芳弘訳『経済学における古典と近代：新古典学派の検討と独占理論の展開』有斐閣，1956 年.

1926, 'The Laws of Returns under Competitive Conditions', *The Economic Journal*, vol. XXXVI, pp. 535-550. 菱山泉，田口芳弘訳『経済学における古典と近代：新古典学派の検討と独占理論の展開』有斐閣，1956 年.

1930a, 'A Critique' (pp. 89-92) and 'A Rejoinder' (p. 93) in 'Increasing Returns and the Representative Firm: A Symposium', *The Economic Journal*, vol. XL.

1930b, 'An Alleged Correction of Ricardo', *The Quarterly Journal of Economics*, XLIIV, pp. 539-544.

1932, 'Dr Hayek on Money and Capital' and 'A Rejoinder', *The Economic Journal*, vol. XLII, pp. 42-53 and pp. 249-251.

1938, (jointly with J.M. Keynes), 'Introduction' to David Hume, *An Abstract of a Treatise*

132 　　第2部　ケインズ経済学のケンブリッジ学派

on Human Nature [1740], Cambridge; Cambridge University Press, pp. V-XXXII.

1951-1973（with the collaboration of Maurice Dobb）, *The Works and Correspondence of David Ricardo*, vols. I-IV, 1951: V-IX, 1952: X, 1953: XI, 1973; a publication of the Royal Economic Society, Cambridge; Cambridge University Press.

1960, *Production of Commodities by Means of Commodities-Prelude to a Critique of Economic Theory*, Cambridge; Cambridge University Press（Italian Version: 'Produzione di merci a mezzo di merci-Premessa a una critica della teoria economica', Torino; Einaudi, 1960). 菱山泉，山下博訳『商品による商品の生産：経済理論批判序説』有斐閣，1962年.

1962, 'Production of Commodities- A Comment', *The Economic Journal*, vol.LXXII, pp. 477-479,（This is a comment on a book review by Roy F. Harrod.）

第6章の2　ケンブリッジのイタリア経済学者

1. 前言

　かれの生涯の最後の数年間，かれの身近にいたひとたちは，かれの死亡の知らせに対してこころの準備ができていた．それは，1983年9月3日土曜日の早朝，ケンブリッジのある介護ホームで起こった．2年の間かれは，ときどきは短時間アームチェアーで休息を取ることができたけれども，ベッドにいることを余儀なくされ，誰かの助けがなければ，事実上なにもできなかった．かれの苦しみは深かったにちがいない．かれは内気で思慮深かったけれども，誰かの感情をきずつけることをおそれて，つねにひとの迷惑にならないように努めていた．かれは自分自身であること，自立，そして言葉のもっとも広い意味での自由にこだわり，かれの担当の医師たちのそれを含めて誰の処方旋にも従わなかった．介護ホームへの訪問と，ベッドの横での会話——断片的で，繰り返しの多い会話——は，苦痛なものとなっていた．理性の次元では，かれの死はかれを知る人々にとって，ある種の安堵の感覚をもたらしたはずである．しかし感情の次元では，そのような尋常でない人物が，もはやわれわれとともにいないということを考えると，心は苦痛で一杯になる．

　この講演はかれを記念する集会において行われるのであるが，わたしは，見出し，想起し，あるいは発見することができる，かれが生涯の大部分を過ごしたケンブリッジの知的な環境とスラッファの関係に集中するように，努めることにしよう．明らかに，満足に取り扱うには，この主題はもっと時間と省察を

必要とするであろう．今からのわたしの話は，この瞬間に脈絡なく頭に浮かぶ感情的反応，その場で考えた省察と追憶の寄せ集めである．

2. 1926年：新たに現れた星

1つの引用から始めることにさせていただきたい．

> 時代は，経済科学に対して決定的に対立する．それは経済学者の勧告に人々が耳をかさない，という理由によるのではない．反対に，科学者たちは考え，研究し，結論を引き出し，そして学問の最前線を前に進めることに満足している．時代が敵対的であるのは，最良の経済学者たちが，つぎつぎと急いで去っていくからである．1年もたたないうちに，パレート，バローネ，マーシャル，パンタレオーニがすべて，この世を去った．

最後の行は，その日付についての手がかりを与える．この文は，『アッナーリ・ディ・エコノミーア』誌の第2巻第1号（1925年11月）に，マルコ・ファッノによって書かれたアルフレッド・マーシャルに捧げられた論文のはじめの諸命題である――それは驚くべき号で，アウグスト・グラツィアーニのアダム・スミス論，アキッレ・ローリアのリカードウ論，ジュゼッペ・プラットのマルサス論，ルイージ・アモローゾのジェヴォンズ論，ジーノ・アリアスのジョン・ステュアート・ミル論，が続いた――マルコ・ファッノによる論文は最後におかれていて，そこから上の文は引用されている．しかしその雑誌の編集者たちは，まだページが余っていると考えたにちがいない．その号の最後に――あたかもそれが残ったページを埋める方法であるかのように――，それまでの論文と関係のない2つの論文を加えた．追加された論文の1つは，アッティリオ・カビアーティの金本位制への復帰についてのものであり，もう1つは若い経済学者で，当時はその雑誌の読者に知られていなかったピエロ・スラッファの「費用と生産量の関係」についての論文であった[1]．

---

1) これは，Sraffa, 1925 である．

上の引用はこの集会にふさわしいと思う．ここにはあたかも天罰を与える女神ネメシスが徘徊しているかのように思われる．わたしがいま考えているのは，ジョーン・ロビンソンとモーリス・ドッブの最近の死である．かれらはピエロ・スラッファに先だって逝った．さらに，現代のケンブリッジのポスト・ケインジアンの経済思想の他の主導的な人物たちの，不安定な健康をわたしは考えている．かれらは，専門的な活動においても，個人的な交友関係においても，長い間ピエロ・スラッファとともにあった[2]．

しかしまた，上の引用文は，ここに集まった多くの若い経済学者たちにとって，よい兆候と受け取られるかもしれない．マルコ・ファッノが経済学の世界に空白を感じていたちょうどそのときに，1人の若い経済学者――その当時はほとんど注目されていなかった，そしてわれわれがこの集会で記念している人物である――ピエロ・スラッファが，この学問の天空に新しい星としてのぼりつつあったのである．

これはまた，わたしの話にとって，よい出発点であると思う．当時，ピエロ・スラッファはあるポストを得るために，全国的な**競争**に参加していた．『アッナーリ・ディ・エコノミーア』誌のその号（1925年11月）の出版の日に，カッリアリ大学の1つの教授職に対して，**コンクール**が開かれた．その当時イタリアにおいては，教授職をめぐっての全国コンクールは，1度に1つだけ行われた．しかし教育省によって設置された委員会は，**すべての**候補者の評価をし，「テルナ」と呼ばれる3人の勝ち残る可能性のある候補者のリストを，業績評価の高い順に順序づけて作成するように求められた．そのとき，委員会はアウグスト・グラツィアーニ（委員長），コスタンティーノ・ブレッシャーニ＝テゥッローニ，アッティリオ・カビアーティ，ロレンゾ・モッサ（秘書），そしてウンベルト・リッチ（**報告者**）で構成されていた．11人の候補者が応募していた．それらの中には，ロベルト・ミヘルス，ジュゼッペ・ウーゴ・パーピ，カルロ・ロッセッリといった，後に著名になるけれども，そのとき残った候補者のリスト（「テルナ」）からははずされた人たちの名前がある．残った

――――――――――

2) ここで言及されているのは，明らかにニコラス・カルドア，そしてリチャード・カーンである．かれらはそれぞれ，1986年と1989年に，亡くなった．

候補者は，公共事業省の役人であったカルロ・グリッリ（第1順位），ピエロ・スラッファ（第2順位），そしてアンジェロ・フラッカレータ（第3順位）であった．言うまでもなく，そのコンクールを重要なものとしたのは，第2番目の名前である．委員会がかれ，スラッファの著作に与えた短い評価は，ここに再現するのは，興味深いであろう．

　　ピエロ・スラッファ──1923-4年度の学年ペルージャ大学の経済学講師，そして現在かれは財政学講師でもある．1925年にかれは，経済学の大学教授資格を得た．この候補者の科学的業績は，多くはない．かれの業績は，論文「費用と生産量の関係」，論文「戦時中と戦後のイタリアにおける貨幣的インフレーション」，『エコノミック・ジャーナル』誌に発表されたイタリアの銀行制度の危機に関する論文（それはバンカ・ディ・スコントの危機を扱っている），パンタレオーニの死亡記事，そしてもう1つのノート「イタリアの銀行の状況について」であり，これは『マンチェスター・ガーディアン』紙の宣伝用の付録のなかで出版されたものである[3]．委員会は，上にあげた著作のうちで最初の論文を特に賞賛する．この中で著者は，純粋経済学のもっとも困難な主題の1つに取り組んでいる．しかしながら委員会は，著者が到達する結論は批判する．委員会はまた，著者の中身の圧縮と簡潔さへのこだわりが，ときに難解な表現スタイルと不明瞭さとすれすれの簡潔さにつながっていることに気づいた．しかしながら疑いなく，著者は力強い論理家であり，鋭い批判家として自己を確立している．さらにかれは，その主題についての文献を完全に自己のものとしている．銀行システムについての論考と『マンチェスター・ガーディアン』紙における非常に短いけれども圧縮されたノートもまた，著者の観察能力と現実の経済的出来事の鋭い解釈能力を証明している．委員会はそれゆえ，この候補者の「成熟」と大学の水準で教授する能力を，満場一致で承認する（教育省，1926年）．

───────────

3)　これらの著作はすべて，原書 pp. 145-146, 本書 131, 132 頁におけるリストに挙げられている．

この評価は，多くの点で代表的なものであり，1926年1月に書かれた．スラッファはその年の3月に，カッリアリでの仕事に就いた．当然のことながら，その「評価」には，かれの論文のうちでもっとも有名になる『エコノミック・ジャーナル』誌論文（Sraffa, 1926）は，含まれていない．それはまだ書かれておらず，同じ年の夏に出版されたのである．そしてまた，もちろん，かれの後の著作――『デイヴィッド・リカードウの著作と書簡集』への序文とイントロダクション，そしてかれの本，『商品による商品の生産』（1960）も，そこにはない．しかし，ピエロ・スラッファの経済学者としての性格が，そのときすでに形づくられていたことは，きわめて明らかである．

3. ピエロ・スラッファの経済学者としての教育

スラッファがどのようにして，どこで，経済学者としての教育を受けたのか，疑問をもつのは当然である．このトピックについてかれに質問をするひとたちに対して，スラッファはいつも，そして特に大学で過ごした時期に関しては，そっけなく答えていた．スラッファは，どのようにも，かれの大学時代を評価するような印象を与えることは，けっしてなかった．かれの社会経済問題への関心は，ずっと以前に――「ジムナジオ」でないとしても「リチェオ」で生まれていたにちがいない．そうでなくとも，「ジムナジオ」でスラッファは，中学教育レベルのかれの教師たちの思い出を大切にしていた．かれはかれらについて長々と，そして愛着をもってよく語っていた．かれが高齢になってからも長い時間を経て，ときにはかれらについて冗談を言うのを楽しみながら，驚くほど陽気な雰囲気で語っていた．「リチェオ」の教師の中にウンベルト・コズモがいたことを，簡単に想起しておこう．

反対に，大学生時代は，大部分がかれの兵役の期間と重なるのであるが，かれの中に注目すべきあるいは心地よい記憶を残していない．著名な大学教授の息子としての恵まれた状況は，ほとんど準備することなしに試験に合格するすべての術をかれに教えていた．かれはこの話題について，いつも自慢げに話していた．教授たちが非常に厳しいことを知っていたいくつかの試験をのぞいて，大学でかれは本当に真剣に勉強をしなかったことを自慢していたものである．

陸軍から休暇を得て（大学の試験がある場合には戻ることができた），陸軍の下士官の制服を着たまま試験会場に行くだけで十分であったと，かれはいつもこう語っていた．教授はまずかれを祝福し，例えば次のような賞賛の言葉を述べた．「君はじつに勇敢な若者だ．国のためにつくしている間に勉強し，前線から戻ってきて試験を受けている」．そしてそのあと，次のようなことを付け加えたものである．「ところで，君が特に興味をもった論題はあるかね」．ここでスラッファは付け加えた．こつは，おきまりの，よく準備された答えをすることであった——短い論題についてよく説明する，それで試験は終わりであった[4]．最高の評価を得て，かれは家に帰って兵役からの休暇の残りを楽しむことができた．

　これが大体，スラッファが大学時代について語ったやり方であった．しかしかれの学部には，エイナウディやヤネッコーネといった有名な教授がいた．明らかに，スラッファがかれの大学時代の教授たちについて語っていたことには，誇張があった．イタリアのアカデミックな世界に対する深く根ざしたかれの嫌悪感には，有名な大学教授の息子であるということによる，明らかに心理的な要素があった．

　いずれにせよ，かれの若い時代についてかれと話しをする機会があった折りに，わたしが得た明らかな印象は，一方ではかれの社会経済問題への関心は大学時代よりもずっと**以前に**さかのぼる，そして他方では経済**理論**の分野ではかれの主要なアイディアの形成は，大学時代**以降**であるというものであった．しかしながら，スラッファはかれの大学卒業論文——「戦後のイタリアにおける貨幣的インフレーションについて」(1920)——について，少なくとも１つの理由によって，満足して語っていた．その理由は，それがルイージ・エイナウディとの議論の源泉であった，ことである．スラッファが，会話の中で主張していたのは，かれの大学卒業論文の後，エイナウディは考えを変え，リラの為替レートの変更に対する以前の厳しい反対の姿勢を和らげた，ということである．日刊紙『コッリエール・デッラ・セーラ』でのこの時期におけるかれの論考を

---

4)　かれの学位に関して，すべての試験が口頭試験であったことに注意するのは，役に立つかもしれない．いかなる筆記試験も求められなかった．

通してみれば，エイナウディの考えの変化のようなことについて，何らかのヒントを得ることができるかどうか，確かめることができるであろう．

　次の時期については，わたしの印象は，若いスラッファにとって，かれがロンドン・スクール・オブ・エコノミクス（LSE）で過ごした時期（1921 年春）は，基本的な重要性をもったにちがいない，ということである．LSE でスラッファは，間違いなく大いに興味をもってエドウィン・キャナンの講義に出席した．キャナンがかれの「経済理論の再検討」を提示した有名な本は，はるかに遅くなって出版された（1929）のであるが，この時期にかれが行った講義がもとになったものである[5]（ピエロ・スラッファとの多くの会話からわたしが得ることができたことから推して）これらの講義はかれに大きな影響を与え，かれの経済的思考の多くを形成したと述べるに，わたしは躊躇しない．

4. ケインズとの最初の接触

　1921 年という年はまた，スラッファがケインズと最初に接触した年であった．より正確には，かれらが初めて会ったのは，1921 年夏であった．そのときスラッファは，いまではよく知られているが，メアリー・ベレンソンのケインズ宛てに書かれた紹介状をもって，ケインズに会いに行ったのである[6]．手紙は，かれの父の考えによって，ガエタノ・サルヴェミーニを通してピエロ・スラッファに送られた．かれは家族の友人で，ベレンソン家の人々をよく知っていた．ある時スラッファは，内気な性格からであろうが，その手紙を誰が書

---

5)　この起源はキャナン自身によって確認されている．かれは序文において，かれの目的がかれの以前の著作『1776 年から 1846 年の間の生産と分配の理論の歴史（*A History of the Theories of Production and Distribution from 1776 to 1846*）』（1903）への補論を与えることであると述べている．かれは次のように，「その本を，扱われる期間がそれ以前とそれ以降に適切な関係にあるような本によって補完することができる……希望を」表明している（Cannan, 1929, p. v）．

6)　メアリーは，著名な美術評論家である，バーナード・ベレンソン教授の妻であった．ロシア起源のアメリカ人としてかれは，フィレンツェの別荘「イ・タッティ」で長い間生活した．そこにケインズは，「ブルームズベリー・グループ」の芸術家の友人たちを伴って，何回も訪れている．

いたか知らないとわたしに言った．ともかく，1921 年にスラッファは，その
手紙を持ってケインズに会いに行った．このときのかれらの出会いは，スラッ
ファの将来の経歴全体にわたって，決定的な意味をもつことになった．そのと
きケインズは，週刊の『マンチェスター・ガーディアン・コマーシャル』紙の
月刊付録（「ヨーロッパの再建」と題する論文集）を編集していた．ケインズ
は――注目すべきことであるが，スラッファの素晴らしい直観とどのような出
来事でもうまく利用する能力を確認し――ただちに若いスラッファをテストに
かけることにした．かれはスラッファに，『マンチェスター・ガーディアン・
コマーシャル』紙の月刊の付録に，イタリアの金融危機について論考を書くよ
うに依頼したのである．若い男は誉められたと感じた．かれはイタリアに帰り，
その問題について非常に熱心に研究を始めた．かれはその論考を（イタリア語
で）非常に短期間に書き上げ，ロンドンの友人に英訳してもらい，ケインズに
送った．その論考は非常によく論じられ，事実を記録していて，新聞にではな
く科学的な雑誌にふさわしいものであるということを，ケインズは直ちに理解
したのである．それゆえケインズは，その論考を『エコノミック・ジャーナ
ル』誌に載せることをスラッファに提案し，同時にかれに，**もう１つ別の**，よ
り簡単で，通俗的なものを『マンチェスター・ガーディアン』紙の月刊付録に
書くように依頼したのである．２つの論考とも 1922 年に出版されたのである
が，騒ぎを引き起こしたのは後のほう――通俗的な論考――（『マンチェスタ
ー・ガーディアン・コマーシャル』紙月刊付録，「ヨーロッパの再建」1922 年
12 月 7 日）で，――それは単にムッソリーニ（かれは，本当の新聞あさりで
あった）がそれを読んで怒ったからである．かれは，若いスラッファが，自分
の祖国を貶めるという罪を犯していると，考えた．そのときの状況は今やよく
知られているので，その詳細には立ち入らないことにしよう[7]．

---

7) 起こったことは，ムッソリーニが直接ピエロ・スラッファの父（全国的に著名な人
   物）に，かれの息子が腐敗に対する非難とイタリアの政治・金融システムに対して示
   した推論を取り下げるように導くように依頼したのである．予想されないことではな
   かったが，ピエロ・スラッファは，それに従わなかった．最初の論文（『マンチェス
   ター・ガーディアン』紙の月刊付録「ヨーロッパの再建」1923 年 3 月 29 日）に続い
   て，（ムッソリーニの圧力によって）イタリア商業銀行の頭取，ジュゼッペ・トエプ

スラッファのその後の経歴の展望は，根本的に変化した．ある意味でケイン
ズは，スラッファを厄介な事態に陥れたのは自分に責任があると感じ，スラッ
ファをイギリスのケンブリッジに，少なくともしばらくの間戻ってくるように
招いた．しかしスラッファは，イギリスに入国することができなかった．かれ
は実際入国を試みたけれども，ドーヴァーでイギリスの入国管理事務所によっ
て阻止され，戻るように言われた．2年後（1924年夏）に至るまで，かれはイ
ギリスに入ることができなかった．ケインズは，スラッファを**好ましからざる
人物**のリストからはずさせるのに，政権の交代を待たなければならなかった．
そのリストにスラッファの名前は，『マンチェスター・ガーディアン』紙の記
事の出版後に挿入された．もっともありうるのは，ムッソリーニ政権の外務省
からイギリスの（保守党）政権への圧力のもとに，それがなされたということ
であろう．

5. 大学での経歴の始まり

スラッファがケインズの『貨幣改革論』をイタリア語に翻訳したのは，この
時期であった．スラッファはイタリアに残ったけれども，ファシストとの面倒
に巻き込まれるのを恐れて，ときどきは一時的に祖国を離れた（かれはスイス
やフランスに行った）．かれはペルージア大学に，講師の地位を得た．（この場
合，大学教授の息子であるということが，役に立ったということは，非常にあ
りうる）．ペルージアで講義の準備をしたり講義をしたりしている間に，かれ
の考えは主流派の経済学と衝突し始めた．その衝突はマーシャルの経済学とで
あって，イタリアの経済学者たちによって提案されたそれとではなかったのは，
意味深い．しかし，イタリアの経済学者たちはこの当時非常に目立っていて，
一般均衡（パレート）の経済理論の先端の中心にいた．マーシャルとの衝突は，
かれがイギリスで過ごした研究期間，とくにLSEにおけるキャナンの講義に
出席したことの結果であると推測しても，間違いではないであろう．

リッツ氏と，そしてケインズとの間に手紙が交わされた（同新聞のシリーズの編集者
であったケインズは，明らかにピエロ・スラッファと相談した上で，返事を書いた）．

スラッファが費用と生産量の関係についての論文を構想し執筆したのは，ペルージアにおいてであった[8]．この論文から，有名な 1926 年の『エコノミック・ジャーナル』誌論文が出てきたのである．その論文は，「不完全競争論革命」の出発点となった（かれの意図ではそれは反マーシャルであった）．

紙数の制約を考えると，この時期にスラッファがもった個人的な関係の詳細にここで立ち入ると，あまりにも長くなりすぎるであろう．したがってわたしは，近道をとり，この機会にとってとくに適切と思われる 1 つの特定の観点から，これらの個人的関係について考察しよう．すなわち，スラッファの交友関係の観点から，考察することにしよう．

6. スラッファの個人的関係

ピエロ・スラッファに会った人たちは，かれを訪ねるひとにかれがどのように反応したか，知っている．直接的な印象は，とても親切で，丁寧で，開かれた心をもった人物のそれである．かれはどのような学生に対しても，あるいは訪問教授たちに対しても，あるいはジャーナリストに対しても，会うのを拒否することは，まずなかったとわたしは思う．かれはつねにひとに会う用意があった．しかし同時にかれは，距離を置いて慎重で，内向的とまでは言わないまでも，内気であった．かれの性格は，まぎれもなく，一人っ子であることと，ともにユダヤ系の家系の出であったかれの父と母の素晴らしい個性によって，深く影響されていた．

かれの父は著名な大学教授であり，多くの影響力のある人物と接触があり，知り合いであった．かれは，1916 年から 1926 年まで，ミラーノのボッコーニ商科大学の学長であったし，ミラーノ国立大学の法学部の創設者であり，最も重要なイタリアの商法雑誌の創刊者であった．スラッファの母は，彼女の夫の死（1937 年）後，彼女の息子と一緒に住むためにケンブリッジに移住した．彼女は，スラッファの生涯において決定的に重要な人物でもあった．彼女はスラッファに非常に大きな影響を与えたにちがいない．わたしがスラッファから

---

8) Sraffa, 1925 をみよ．

受け取った手紙の中で，彼女の死後何年たっても，スラッファは「最愛の母」について語っていたのである．非常に濃密な関係には，強い証拠がある．そしてスラッファが独身のままであったとしても，それが驚くべきでないことを理解するのに，なにもフロイトに頼る必要はまったくない．

かれにとって，ケンブリッジのカレッジのような環境に住むようになったのは，明らかに幸運なことであった．そこではすべての細々した日常の事柄が，当たり前のこととして，規則的に処理される．そこでは——とくにかれの若いときには——かれは，父親の煩わしい名声から遠く離れていることができた（その名声は，とくに1920年代にはかれを悩ましたことであろう）．そこではかれは，講義をするという仕事からさえも免れて，自分の研究に集中することができた．それは，真に例外的で幸運な出来事が結びついた結果であった．こうしてわれわれは，なぜスラッファがけっしてケンブリッジからほかへ移動しなかったか，理解できるであろう．戦後に多くのイタリアの友人たちがかれをイタリアに戻そうとして，圧力をかけようと試みた．しかしかれは，ケンブリッジに，すでに永遠に定着していたのである．

7. 交友関係：マッティオーリ，グラムシ，ヴィトゲンシュタイン

ここでスラッファの交友関係の話題に戻ろう．疑いもなく，スラッファは，その生涯を通じて，数え切れないほどの人と出会った．かれと接触をするのは，容易なことであった．かれのところへ行って話をするには，なんの困難もなかった．しかし真の交友関係は，まったく別の事柄であった．かれの真の友人は，実際，非常に少なかったと思う．しかし，かれの友人となった数少ない人々とは，関係は普通以上に緊密であった．世代的な区別は，明らかに考慮されなければならない．かれの世代の人々，相互的な，ギブ・アンド・テイクの双方向の関係が形成されえたひとたちとの関係について，ここでは話をしよう[9]．こ

---

9) 若い人たちや学生との交友関係については，別の章が書かれなければならない．かれらとの間には，教師と生徒の関係が生まれていた．しかし，これらの交友関係について評価を下すのは，明らかに時期が早すぎる．

の種のかれの交友関係は，片手の指の数で足りると思う．

　まずラッファエーレ・マッティオーリとの交友関係があった．それはスラッファにとってもっとも長期にわたる交友関係を代表する．この2人は，大学卒業直後に知り合った．大学は違っていたけれども，かれらは同じような題目について卒業論文を書いていた．マッティオーリはジェノヴァ大学を卒業した．かれを指導したのは，アティリオ・カビアーティで，ミラーノのボッコーニ商科大学でも講義をしていた．そこでマッティオーリは，かれの教育助手となった．またそこでスラッファの非常に目ざとい父はかれの才能を認めたにちがいなく，かれの息子との最初の接触の機会をつくったのである．この交友関係は，1973年のマッティオーリの死まで続いた．そのとき——すでにかれの病状は大変重かった——かれは，かれ宛に送られたリカードウの著作集の最後の（第11）巻を，なんとか間に合って受け取った[10]．スラッファとマッティオーリの交友関係は，それ自体特別な研究に値するであろう．

　それから，アントーニオ・グラムシとの交友関係があった．スラッファの死以来，イタリアの新聞，とくに共産党と関係する新聞は，この関係に注意を集中し，当然予期されたことであるが，グラムシの側とイタリア共産党の側から詳しく調査された．これは理解しうることである．イタリアの共産主義者たちは，ピエロ・スラッファに感謝すべき多くの理由がある．グラムシとスラッファは，厳密には，同年代ではなかった．スラッファがトリーノ大学に行ったとき，グラムシはすでにそこに腰を落ち着けていた．しかしかれらは2人とも，同じ教師，ウンベルト・コズモの魅力の虜になった．かれは，かれら両方にとって，社会的不正義の問題に対する興奮と，情熱と，感性の源泉であった．

---

10)　ラッファエーレ・マッティオーリ（Raffaele Mattioli, 1895-1973）は，公式には，一銀行家であった．かれは，1926年から1972年まで，イタリア商業銀行と関係していた．1930年代の初期にはかれは，同行の理事会のもっとも若いメンバーであった．それからかれは，執行理事になり，最後にはその銀行の頭取になった．戦後の時期には，かれは銀行家としてだけではなく，文学や芸術のパトロンとしての偉大な評価を確立した．スラッファは，ミラーノを訪れるたびに，かれに会いに行ったものである．マッティオーリは，スラッファの1960年の本が出ると，スラッファにそのイタリア語版を直ちに出版するように説得し，実際にその出版を助けるという，決定的な役割を果たした．

（事実問題として，スラッファはコズモのことを高校——「リチェオ」——の教師として知っていたが，グラムシは，コズモがイタリア文学についての「自由な講義」をもっていた大学でコズモを知るようになった）．1920 年代にグラムシがムッソリーニによって投獄されたとき，スラッファはかれの物理的圧迫を和らげ，かれの知的活動を生かし続け，かれの手紙が宛先に届くようにし，それらの文の保存を確保するという，不可能なことを試みた．さらに，かれの叔父，大審院判事長であったマリアーノ・ダメリオの，法律の知識，助言，そして人的関係を利用してスラッファは，グラムシを監獄から解放するために長期に亘る——それは非常に複雑で，長く，成功の直前まで行った[11]——法廷闘争を始めた．スラッファの性格を完全に評価するために付け加える必要があるのは，かれは一度も共産党員になったことはないし，どの政党の党員にもなったことはないことである．しかしもちろんかれは，現に起こっている出来事について，自分の見解や考えを表明し，政治的な評価を表明することをためらわなかった．わたしにとって（少なくとも，わたしがかれと接触をもった長い年月の間），ピエロ・スラッファは深いところではつねに文化人であった．かれはけっして，なんらかの政党の闘争員でもなければ，活動家でもなかった．この理由を考えると，スラッファの側からもグラムシとの交友関係を研究することは，興味深いであろう．

　さらに，ヴィトゲンシュタインとの交友があった．かれらが一緒になったのは，かなり自然なことであった．異なった理由ではあるが，かれらの状況には共通するところが多かった．ヴィトゲンシュタインが戦時捕虜としてイタリアにいたとき，ケインズが『論考』（Wittgenstein, 1922）を兵士ヴィトゲンシュタインのナップサックからケンブリッジに運ぶのに決定的な役割を果たしたこ

---

11)　推測の的として残るであろう問題は，グラムシの牢獄からの解放を実現しようとするスラッファの忍耐強く苦労の多い法律的行動の悲しい頓挫にとって，パリに亡命していたイタリア共産党のグループから 1933 年に情報が漏れたことが，決定的な役割を演じたのかどうか，である．この情報源がスラッファであったということは，秘密にされた．しかし，突然に新聞に漏らされ，新聞の見出しになった．内輪の会話の中で，かれの人生の最後の時期になってもスラッファは，これらの出来事について深い悲しみと感情をもって，語っていた．

とは，今ではよく知られている[12]．ケインズが，ヴィトゲンシュタインの著作
がケンブリッジで利用できるようにすることに強い関心をもち，ヴィトゲンシ
ュタインの説得のためにフランク・ラムゼーをイタリアに意図的に派遣したこ
ともまた，よく知られている．

　ヴィトゲンシュタインは，スラッファの到着後間もなく，1929年に最終的
にケンブリッジに移住した．2人が出会い，お互いに気に入ったことは，容易
に理解できる．2人ともその場所にとっては異邦人であり，ケインズという
「文化の狐」ともいうべき人物によって，ケンブリッジにつれてこられた，あ
るいは言ってよければ，「とらわれた」のである．ケインズはかれらの中に，
例外的な才能を見いだした後，ケンブリッジに移るようにかれらを説得するの
に，かれができることをすべてした．この点においてケインズは，かれらがそ
れぞれの故国において経験した不運もしくは個人的な事件を利用することさえ
したのである．

8. スラッファとケインズ

　最後に，スラッファとケインズの交友関係について考えよう．20世紀のも
っとも独創的な2人の経済学者の間の交友関係であるから，これにはある程度
のページ数を当てることにしよう．

　スラッファに関するかぎり，この交友関係は確かに，かれの生涯にとっても
っとも重要なものであった．かれらの最初の出会いからケインズの死（1946
年）まで，かれらの交友関係は途絶えることはなかった．上でわたしは，スラ
ッファを初めてケインズに出会わせた事情（1921年）について想起した．し
かし明らかに，厳密に科学的な問題についてはかれらの交友関係は本当には，
スラッファが講師としてケンブリッジに移ってきた1928年から1929年に始ま
ったのである．そのときまでにすでにスラッファは，かれが経済理論の分野で
出版した，理論的に重要なもののほとんどすべてを構想していた．そしてわれ
われは，『商品による商品の生産』への序文から，その本の「最初の諸命題の

---

12) これは，ヴィトゲンシュタインの最初の重要な著作である（Wittgenstein, 1922）．

草稿」は 1928 年にケインズに示されていたことを知っている.

　簡単にことの経過を想起しておこう. スラッファは, 『アッナーリ・ディ・エコノミーア』誌の論文の出版から数か月後, 1926 年の 3 月 1 日にカッリアリ大学の正教授になる. この論文は, モーリス・ドッブの紹介によってケインズの注目するところとなる. ドッブは, イタリアへの旅行中にそれについて聞いていた. そしてかれはイタリア語を知らなかったので, 友人たちに, しかしもっともありうるのはスラッファ自身に, その論文の結果をかれに報告し説明するように依頼した. ケインズは, イタリア語を知っていたエッジワースにスラッファの論文を見るように頼んだ（当時エッジワースは『エコノミック・ジャーナル』誌の編集者であり, ケインズは副編集者であった）. エッジワースはその論文の重要性を直ちに理解した. そしてケインズがスラッファにその英語版を『エコノミック・ジャーナル』に書くように依頼することを認めた. よく知られているように, スラッファはそれを受け入れた. しかしかれは**異なった**——もっと短いが, 間もなく元の論文よりももっと有名になった——論文を書いた. その論文においては, 前の論文の内容は, はじめに簡単に想起され要約されただけである. ケンブリッジの科学的経済学の社会では, スラッファの『エコノミック・ジャーナル』誌論文は, 爆発的な効果をもつ. それは, 支配的なマーシャルの経済理論に対する, 「不完全競争論革命」の出発点となるのである. そのときまでにケインズはスラッファの才能についてはっきりと確信し, かれにケンブリッジの講師の地位を提供する. ケインズはそれ以前に, スラッファに著作のいくつかを書くように勧めたということがある. そのことは——とくに——ケインズがかれの問題のいくつかを克服する上で, 助けとなっていたのである. このときまでにケインズは, スラッファをかれのケンブリッジの知的な側近グループの永続的なメンバーにすることを決めていた.

　スラッファがケンブリッジに到着すると, かれが長年研究していた『貨幣論』の原稿——そのときはまだ出版できる状態ではなかった——を読むように依頼した（『貨幣論』は, ケインズ (1930a) として出版されることになる）. スラッファは『貨幣論』の原稿と校正刷りを読み, 詳しい論評をしたことは, 確かである. スラッファの名前がケインズの序文に現れないのは, 奇妙に思われる. しかしわれわれはいまでは, 『貨幣論』の序文の出版された版は, （モグ

リッジによってケインズ著作集の中で部分的に出版された）校正刷りとは謝辞からスラッファの名前が削除されている点で異なっていることを知っている．校正刷りにおけるケインズの文は，次のようである．すなわち，「わたしは，数え切れない誤りと混乱の発見を，F. P. ラムゼー氏，P. スラッファ氏そしてR. F. カーン氏に負っている」（Keynes, 1973a, p. 83）．

　しかし，最終的な版では，ラムゼイとスラッファの名前が落とされる．スラッファをよく知る人にとっては，次のように——少なくともスラッファの場合には——このことは，ほとんど確かであるが，かれの要請によって起こったと考えるのが自然である[13]．しかしながら，同様なことが『一般理論』（Keynes, 1936a）についても，起こったと考えられるかもしれない．これについてモグリッジは，序文の出版されたもの以前の版を示していない．ケインズの未公刊文書は膨大で，同じようなものがまだ発見されるかもしれない．いずれにせよ，きわめて明らかなのは，ケインズがスラッファの中に第一級の批判精神を見いだし，かれの著作をスラッファに渡し，ありうる間違いを発見するよう，それらを読み，よく検討することを求めたことである．スラッファは確かに，『貨幣論』を正確に読んだ．かれは『一般理論』について，ケインズと何度か議論をしたにちがいないのであるが，『貨幣論』ほどには，正確にあるいは情熱をもって検討しなかった可能性がある．また，1930年から1931年にかけての，今では有名なケンブリッジ・サーカスの形成を想起してもよいであろう．スラッファはそのメンバーの1人である．誰もが感じる印象は，スラッファが若干醒めた目で『一般理論』の進展を見ていたことである．この面については，まだすべてのことが完全にわかっているわけではない．今までに出版された関連の資料は，モグリッジが編集したケインズの『著作集』の第13巻から14巻（そして29巻）にある．ケインズの未公刊の文書だけでなく，スラッファ文書の大部分をさらに研究してみるのは，興味深いであろう．指摘しておく価値が

13）　ジョーン・ロビンソンの『資本蓄積論』（1956）に関して，同様な状況をわたし自身も記憶している．この本の献本が手紙とともにピエロ・スラッファに贈られた．（この手紙をみる機会をわたしは得たのであるが），この手紙の中でジョーン・ロビンソンは謝辞のなかにスラッファの名前を入れることが許されなかったことについて，深い悲しみを表明している．

ある1つの関連する側面は、モグリッジがサーカスについて情報を集めたやり方（Keynes, 1973a, pp. 337-343）が、完全に満足なものとは受け取れないことである。かれは、サーカスに関係した調査対象の人たちに対する個人的な聞き取り調査を基礎として、物語を再現している。そこで不可避的に生ずるのは、そのようなやり方では、もっとも進んで語った人たちの解釈に主に依存した筋書きが得られる、ということである。そしてスラッファは、確かに、そうした人たちの1人ではなかった。

いずれにせよ、わたしが強調したいのは、どのようにケインズがスラッファの理論的思考に影響を与えたかを見いだすのは困難である、ということである。スラッファはかれより15歳年下であったが、ケインズとの科学的な議論が始まる**以前に**すでにかれは、かれの主要な貢献の構想をすでにもっていたか、あるいは出版さえしていたのである。しかし個人的な次元では、ケインズとスラッファの関係は、予期できないほどひどく曲がりくねったところに根を張っている非常に複雑な関係の1つに属する[14]。ケインズのスラッファへの関心は、日常生活の細々したことも、かれの態度や性癖に合うように、気を配るほどである。スラッファは、ケンブリッジのカレッジに住むことのすべての利益を、それと結びついた義務で苦労することなく、享受する。例えば、スラッファは、キングズ・カレッジのフェローではないが、ハイ・テーブルのメンバーである。かれは、カレッジの集会への通常の出席、あるいは学部学生の指導といった同

---

14) 個人的関係についての喜びに満ちた表現は、かれらが一緒に出版した唯一の著作である。これは経済学の著作ではなく、文学批評および言語哲学の著作であるが、かれらの共通の書誌的な情熱の成果であった。1933年にある古書店で、1740年の日付の付いた著者名のないパンフレット（*An Abstract of a book entitled A Treatise of Human Nature*, etc.）を発見した後、それを互いに調査し、互いに驚きと満足をもって両者は、（テキスト分析と外面的な突き合わせに基づいた内在的な批評という忍耐のいる仕事をして）そのパンフレットが、（それまで誤ってアダム・スミスの著作とされていたのであるが）ほかでもないデイヴィッド・ヒューム自身以外の何者でもない人物によって実際に書かれた可能性が高いことを証明することに、大きな喜びを見いだした。後者［ヒューム］は、かれの主著を取り巻く無理解に落胆し、ある時に、それについて著者名のない書評を書く決意をしていた——推測を膨らませれば、それがこのパンフレットであるということになる（Sraffa, 1938）。

僚たちの行政的な仕事に巻き込まれることなく，カレッジの施設のすべてを利用できる．さらに，数年間講義をした後（ところで，スラッファの講義ノートの明確で完全な草稿が存在する），ケインズの助力によって考え出された工夫のおかげで，スラッファは講義の義務から免れる．スラッファは講師としての地位を放棄し，研究の副監督になる．形式的な観点からすれば，これは降格のようにひびく．事実の点では，それはスラッファがそれ以降講義をしないということで，そのようにみえるだけである．スラッファは学部のすべての活動に参加する．ケンブリッジの学部委員会のメンバーであった者なら誰でも，そのメンバーを選ぶ権利をもっていることがいかに重要であるか，よく知っている．スラッファは，講義をする他の同僚と同じように，投票する権利をもつが，かれは講義をする義務をもたない．さらに，そしてとりわけ，ちょうどその時期に，ケインズは王立経済学会にデイヴィッド・リカードウの完全な著作集を編集するように依頼されていたロンドン・スクール・オブ・エコノミクスのT. E. グレゴリー博士を，手を引かせるよう説得する．同じ依頼が——グレゴリー博士の同意のもとで——ピエロ・スラッファに移される．

　結論すれば，ケインズは疑いなくスラッファに大きな関心を示す．しかしわたしは，スラッファの経済思想の発展に対するケインズの直接的な影響をあとづけようとする問題について考えるのは，難しいと思う．

　しかし同時に，反対の例を見つけるのも，同様に困難であると思う．ケインズは，かれ自身の「革命」を進めていた．かれは『貨幣論』（伝統的な著作）から，『一般理論』（「革命的な」著作）へと移りつつあった．ケインズの貢献のなかで最も重要なもの——有効需要の原理，消費のマクロ経済学分析，投資と期待の決定的な役割，投資と貯蓄の関係，流動性選好関数，など——を考えた場合，これらのどれも，その発展においてスラッファがなんらか意味のある役割を果たしたということを示していない．スラッファのアイディアと直接結びついている『一般理論』の唯一の部分は，第16章（「資本の性質についてのさまざまな考察」）とケインズがはっきりとスラッファに帰している自己利子率についてのヒントだけである．しかしこれらは，『一般理論』が与えた理論的な文脈の点からも，直接的に政策的な含意の点でも，二次的な側面である．

　次のように結論するのが妥当であると思われる．すなわち，ケインズのスラ

ッファに対する，科学的な基礎に関し重要な影響があったとする見方を支持する明確な証拠を見つけるのは困難であるし，また同時にスラッファのケインズに対する実質的な影響の明白な証拠を見いだすことも，同様に困難である．

にもかかわらず，次のように述べることは，確かに可能であろう．つまり，ケインズとスラッファの双方にとって，伝統的な経済理論は不適切であり，根本的な再建が必要であるという，共通の確信があるということである．この点で，この確信はスラッファにはつねにあった．それに対してケインズにおいては，『貨幣論』から『一般理論』への移行とともに，はじめてはっきりとしたのである．この移行は，「ケインズ革命」と時を同じくしたし，スラッファがケンブリッジに到着したときに起こった．しかしこの種の議論は，その「革命」の他のすべてのケンブリッジの証人たちに関しては，もっと複雑な問題を提起するであろう．したがってわたしは，ここでこの問題から離れることにしよう．これ以上なにかを付け加えるとすれば，両者のそれぞれの貢献をそのうちに位置づける論理的な枠組みを提示するという勇気ある手続きをとらない場合，それはまったくの推測となってしまうであろうと感じる[15]．

9. 素晴らしい批判者

しかしながら，ケンブリッジの知的環境におけるスラッファの役割については，さらに何かを付け加えることができるであろう．スラッファとケインズ——お互いに譲歩するには知的にあまりにも強力な2つの個性——の関係を分析しようとするとき直面する困難は，よく引用されるペリー・アンダーソンにスラッファとグラムシの関係について書かせた困難に似ている．

　　……皮肉なことに，そして謎めいているが，かれの［すなわちグラムシの］もっとも親密で人生のうちでもっとも長期に亘る友人の1人が，ピエロ・スラッファであった．……西欧におけるもっとも偉大なマルクス主義の政治思想家と戦後におけるもっとも独創的な経済理論家の間のこの奇妙

---

15) この問題については，以下第3部で論ずる．

な関係には，個人的な親密さと知的な独立をともなった，ある種の象徴的な意味がある．それぞれの著作の宇宙の間には，遠いつながりもなかったように見える．スラッファのその後の新古典派経済学の批判は，マルクス主義そのものの分野において達成されたいかなるものよりも，より厳密で破壊的であった．しかしこの象徴的な達成は，マルクスを越えて，リカードウに戻ることによってもたらされたのであり，そこから出てきた体系は『資本論』における価値の理論にとって，劣らず厳しいものであった（Anderson, 1976, p. 75n, 訳 160 頁）．

　わたしの確信は，しかしながら，これは意志疎通の欠如のケースではない．それはむしろ，強力な知的自立のケースである．わたし自身の経験では，かれが出会ったすべての知的に重要な人々について，この種のスラッファとの関係を見いだした．ときには弁証法的な理由で極端にまでいく同様な対立はまた，ケンブリッジとそれ以外におけるスラッファの友人たちとの関係を，特徴づけるものであった．容易な結びつきを見いだすのを好む人たちにとっては，それは否定的に判断される．かれの議論を受け入れるひとたちにとっては，お互いに刺激し合う，そしてときには容赦のない批判をするという，積極的な役割をもったのである．
　議論において氷が溶けてスラッファが自由に議論できると感じたとき，かれが完全に破壊的であったというのは，事実である．いかなるアイディアであれ，かれの検討に付して，最初の衝撃で一見理由なく，ときにはひとを混乱させるように，転覆され，粉々に砕かれ，破壊されることがない，というのは非常に難しいことであった．
　ヴィトゲンシュタインのものとされるある文を想起してみよう．かれによれば，「かれのスラッファとの議論は，すべての枝が切り落とされた木のように感じさせた」（Von Wright, 1958, p. 15, 訳 182 頁）．何らかの理論的な構築物をかれに提出し，かれと議論したことのある人ならば，ヴィトゲンシュタインの文の意味がわかりすぎるほどわかるであろう．
　スラッファが演じた容赦のない批判者の役割は，ケンブリッジでは伝説的にまでになった．わたし自身が覚えているのは，リカードウ体系のわたしの数学

的定式化の初期の草稿をかれの注意に付したあとわたしのカレッジに戻ったとき，1 人の友人がすぐにわたしに質問した．「君はそれをごみ籠に捨てたのかい」．わたしの答えは，「ああ，しかし最初の節だけね．その著作の主要な部分は残っていると思う」．驚いた答えは，「そうか，スラッファの精査を通過したとすれば，それは持ちこたえるだろう」．

10. スラッファとケインズの弟子たち

　より複雑な性質なのは，スラッファとケインズのケンブリッジの弟子たちとの関係である．これらの関係は，一生にわたって進化したからである．最初は，スラッファの影響が明らかに支配的であった（かれが 30 歳代であったのに対し，カーンとジョーン・ロビンソンは 20 歳代であった）．リチャード・カーンの「マッティオーリ講義」から得られる考えは，スラッファの 1926 年の『エコノミック・ジャーナル』誌論文をめぐる議論が，いかに緊密なものであったかということである．それらの議論は，リチャード・カーン（1929 年）とジョーン・ロビンソン（1933 年）の著作の出発点であった[16]．ケインズが『一般理論』を書くに当たって，そうした展開をほとんど考慮に入れなかったことは，今日では驚くべきことのように思われる．かれがスラッファの諸著作を中心とした，カーンとジョーン・ロビンソン，そして「収穫逓増に関するシンポジウム」──かれは雑誌編集者としてそれを出版する役割を果たした（Robertson, et al., 1930, pp. 80-116）が，自分は参加しなかった──そのような理論的展開にもっと敏感であったならば，その「ミクロ的基礎の欠如」による，『一般理論』に対するある最近の批判は，避けられた可能性があるし，あるいはそれが生ずるのを防げたかもしれないである．

---

16)　リチャード・F. カーンの論考，『短期の経済学』は，1929 年にケンブリッジのキングズ・カレッジのフェロー選考委員会に提出された．この論考は，最近になってタイトルを変更せずにマクミラン社から出版された（Kahn, 1989 をみよ）．かなりおもしろいことであるが，マルコ・ダルディの序論を付してもっと早くイタリア語に翻訳され出版された（Kahn, 1929, イタリア語版は 1983）．ダルディの序論は，Pasinetti, 1994 において，英訳されている．

もっとあとになって，第2次世界大戦後の時期に，上でケインズとの関連で述べたような種類の知的な独立性が，スラッファとケンブリッジ・ケインジアンたち（とくにジョーン・ロビンソン，リチャード・カーン，そしてニコラス・カルドア）との関係でも生じていたことがわかる．スラッファは明らかに，新しいアイディア（かれは必ずしもそれらを共有しなかった）と議論の流れに気づいていた．それらは，ケンブリッジにおいて，経済成長と技術進歩に関して生じていた．かれは，（おそらく躊躇しながら），伝統的な生産関数の不適切な点，とくに，技術進歩があるような文脈の中にそれを取り込むことに関連する議論に参加したにちがいない．しかし，これらのトピックについては，『商品の生産』にはなにも見いだされない．少なくともフォン・ノイマンの成長モデルについては何らかのヒントがあってもよいと考えられるであろうが，これについてもなにもない．戦後の時期においては，スラッファは，ケインジアンのグループ全体が動いている方向にかれの理論的枠組みを使わない．実際には，かれの理論的枠組みにおいて，かれは所与とした生産量の水準の変化を扱うことを，几帳面に避ける（所与の生産量は，ある与えられた1時点において観察される）[17]．かれは公然と，他のケンブリッジのケインジアンたちが注意を集中していた現象そのものを，無視する．ただしこれらの現象——経済システムの時間を通じての主要な動きに関する——は，古典派の経済理論から直接再発見され，再び取り上げられつつあったものである．スラッファと何度か交わした会話からわたしが得た印象は，かれは，もしあったとすれば，ある種の純粋な循環モデルに回帰することによって，ケインジアン・グループの議論に反応したのである．それは，その本の最終版から，ポスト・ケインジアンたちの関心の中心そのものであった経済成長の諸問題との結びつきを見いだすように読者を導く可能性のあったあらゆる展開——それらは初期の版にはあったかもしれない，そしてこの点ではかれの未公刊文書を調べてみるのは，興味深いであろう——を意図的に除去したということである[18]．

---

17)　かれの以前の著作，そしてとくにかれの1925年の論文と比較すると，これは変化である．下記の第6章の3をみよ．

18)　これは，すでに上（第9節）で示唆した極端な知的独立性のあの態度の，理解しがたい結果の，もう1つの例である．

同時に，そして同様に，1960年代に，反対の方向で，つまりケインジアン・グループのメンバーの側で，スラッファの本に含まれているアイディアを吸収する上での多くの困難をみとめることができるであろう．スラッファの初期の著作がケインズの弟子たち，そしてより一般的には当時ケンブリッジで研究をしていた経済学者たちに対して巨大な影響をもったと躊躇なくいうことができるのに対して，かれの成熟した時代に出版された著作については同じことは言えない．モーリス・ドッブでさえ，『商品の生産』について熱狂的な書評を書いたし，『デイヴィッド・リカードウの著作と書簡』を出版するに当たってスラッファに協力したが，スラッファの本に対する誤解を示している．ジョーン・ロビンソンは，『商品の生産』の最も重要な諸命題を必死に吸収しようとした．しかしわたしが思うに，彼女はまったく成功しなかった．カルドアは，その本に対してはほとんど完全に無関心であった．同じことが，リチャード・カーンについても言えるであろう．

　この点においては，同時に強い個人的な感情を含んでいる微妙で複雑な知的な関係の文脈においては，強い知的な独立性と個人的な意志疎通の困難との間には，必ずしも正確に真ん中というわけではないとしても，何かが横たわっているように思われる．

11. ケンブリッジ・ケインジアン・グループ

　戦後の時期において，この経済学者のグループは尋常ならざる性質の経済思想の進化の方向に突き進んでいたことを，ここで想起しよう．

　1950年代，1960年代にケンブリッジにいて，そこで起こっていた経済学の議論を追っていたひとたちは，その時期がいかに独特なものであったかを知っている．わたし自身が言えるのは，比類のない知的な創造性の程度によって特徴づけられる経験の中を生きているという印象をもったということである．それは，嫉妬と，ときには不信とさえ混じり合い，ときには相互の意思疎通の不能にまでいった，非常に緊密な友情で結びついた人々の集団のなかで生まれた．それらの年月，ケンブリッジにおいてかれらの近くにいた人たちは，――その多様性にもかかわらず――一連の深い類似性を共有するこの経済学者の集団

から，ある種の魅力と知的な刺激を感じたのである．

　かれらの関係には，かれらの緊密な個人的友情に加えて，全体として表現するのが難しい，ある種共鳴するものがかれらのアイディアの背後にはある．

　わたしにとって興味深い側面は，かれらを包み込んでいたが，当時ケンブリッジで教えていた他の経済学者たちには広がることのない，背景での補完性が，かなりはっきりと感じられたことである．これらの他の経済学者たちの中には，後にノーベル経済学賞を与えられるほどの顕著な人物がいた．しかしかれらは，ある意味で「正常」で，主流派により近く，間違いなくあまり刺激的ではない，経済学と経済の現実についてのヴィジョンをもっていた．

　その当時行われていたいわゆる「秘密」セミナーに出席し（ここでは当然証人は少ない），私的な議論に積極的に参加した人たちは，ケインジアン・グループとその他すべての人々との間には，知的な姿勢における相違，あるいは相違の印象があったことを知っている．

　次のように自問するのは，いまではきわめて自然である．全体として見た，あのケンブリッジ・グループの貢献の意味は，なんであったのか．そしてこの点でのアイディアは，まったく明らかでないのか，あるいはこれから明らかになるのか．それは，結局のところ，幻想であったのか．あるいは，とどのつまり，なにか間違ったことがあったのか．あるいはなにか欠けているものがあったのか．最終的に，実現することができなかったのは，全体の総合である，と示唆する人たちもいる．あの尋常でない，独特の時代に生きた経済学者の集団は――1人1人を考えた場合――いまだはっきりとは定義されていない背景の上に立っている．そこに，かれら1人1人の貢献を位置づけるのは依然として困難であり，さらに困難なのは他の経済学者たちの貢献との関連のなかにそれらを位置づけることである．そして――わたしはあえて言うのであるが――そのグループのメンバーたちは，必要な結合と総合を考え出すという課題を果たす上で，われわれの助けになるようなことは，ほとんどなにもしなかったのである．

　おそらくわれわれがかれらに対してなすかもしれない最大の不正義は，それぞれ，かれらの概念の特殊性，かれらの行動の特異性，かれらの反応の情緒性において，かれらに余りにも緊密にしたがうということそのものであろう．こ

のような態度は，かれらが予想もしなかった道に沿って，つねに前に進み続けている現実世界からくる問題に関して，かれらの創造的なアイディアを不毛なものにしてしまうであろう．

　わたしが思うに，硬直性と精神的な狭隘さを避けるためには，このような態度こそ避けなければならないのである．この場合，反対に，柔軟性と開かれた心こそが，ノスタルジーに屈するのを避けるためには，必要とされる．拡張と一般化が不可欠な場合に，還元主義を避けるために必要とされるのは，知的冒険という新鮮な泉なのである．

第6章の3　ピエロ・スラッファの思想における連続性と変化

1. 前提

　このエッセイは，1974 年 9 月にピエロ・スラッファによって書かれたジョン・イートウェルとアレッサンドロ・ロンカッリア宛の手紙によって触発された，興味に起源がある．かれらは，それまで何か月か，ピエロ・スラッファの1925 年の『アッナーリ・ディ・エコノミーア』誌論文を英訳する仕事をしていた．かれらはかれと何度も会い，翻訳の細かい点について議論していた．すべてが終わり，論文の出版の準備ができたとき，スラッファは考えを変え，少なくとも一時的に，かれの出版許可を撤回した．

　その手紙（ここに記録 1 として，付録に再現されている）は，かれが『アッナーリ』誌論文を書いた時期に関しては，かれの見解は若干の変化をしていたことを意味している．おそらくは，その論文を英語で出版することから生ずるであろういかなる議論においても，問題を再燃させたくなかったのであろう．かれはむしろ，かれの死後にまで——かれ自身が書いているように——出版を延期したいと考えたのである[1]．

　しかし，どのような種類の考えの変化が起こったのであろうか．これが，わたしの興味をかき立てたのである．

---

1)　最近になってはじめて，スラッファの論文は印刷の形で現れた（Pasinetti, 1998）．その翻訳はイートウェルとロンカッリアによって行われたものであり，かれらとスラッファとの間で 1973 から 1974 年に議論された．

2. ピエロ・スラッファの思想の進化

『アッナーリ』誌論文は，イタリア語で 1925 年に出版された．それは，（冒頭の文でかれがはっきりと述べているように），スラッファのより有名な 1926 年の『エコノミック・ジャーナル』誌論文の背景にある分析的な枠組みを含んでいる[2]．スラッファはかれの論文の翻訳を出版することを拒んだことがなかったということを，強調するのは興味深いであろう．『アッナーリ』論文自体，すでにイタリア語からフランス語，ドイツ語，スペイン語，日本語，そしてポーランド語に翻訳されていたし，イタリア語で再印刷もされていた．英語への翻訳がそれほど特別であったのであろうか．そしてより重要なのは，スラッファをそれほど慎重にさせたものは何であったのか．

まず，ある意味での釣り合いを確保することが必要である．経済思想の歴史においては，考えの変化はけっして異常なことではなかった．有名な，そして根本的な考えの変化があった，ケインズの場合を考えてみよう．かれは 1930 年代のはじめに考えを変え，『貨幣論』を拒否し，「革命的な」『一般理論』に向かって進んだ（Keynes, 1930a, 1936a）．カルドアについて考えてみよう．かれは 1940 年頃にかれの限界理論の著作を拒否し，ケインズ経済学への「転向」を経験した．

スラッファの場合は，明らかにこの種のことではなかった．

それでも，何かが起こったにちがいない．スラッファの『商品の生産』（1960）の序文に，若干のヒントが見られる．そこではかれは，規模に対する収穫の問題に言及している．1925 年にはスラッファは，生産の理論においてとられるべき唯一の論理的に矛盾のない仮説は規模に対する収穫不変のそれである，と主張していた．しかし 1960 年の本では，かれの分析は規模に対するいかなる収穫の仮定も含意していない，と主張している．これを根本的な変化と考えるのは，とくにスラッファ自身が読者のために次のように示唆していることを考えるならば，困難であろう．

---

2) Sraffa, 1926, pp. 277-328.

第 6 章の 3　ピエロ・スラッファの思想における連続性と変化　　　161

　　もしそのような想定［つまり収穫一定のそれ］が助けになることがあれば，
　　読者がそれを予備的な作業仮説として採用することには，何の害もない．
　　実際は，しかしながら，そのような仮説は採られていない．（Sraffa, 1960,
　　p. v, 訳 1 頁）

　ここにすべての変化があったのか，あるいは何か他に違うことがあったのか．
　つまるところ，何か変化があったとしても，驚くべきことではない．1925
年から 1960 年までには，35 年が経過している．活動的な知性の思想がたえず
何らかの変化をするというのは，あるいは時間の経過の中で，その間の議論と
再考の蓄積を通じて，そう言ってもよいであろうが，進化を経験するのは，き
わめて正常なことである．このようなことは，スラッファのような学者の場合，
確かに起こったにちがいない．したがって，かれの思想における進化を想定す
ることは，きわめて合理的であるように思われる——その進化は，他の時期よ
りもある時期においては急速であったし，ときにはある種の転換点を考えさせ
るほど急速であった．しかし，上で言及したケースをとれば，ケインズあるい
はカルドアによって経験された断絶，あるいは別の有名なケースを想起すれば，
ルードヴィッヒ・ヴィトゲンシュタインの『論考』から『探究』の間（1922,
1945）に起こった変化を特徴づけるような種類の断絶を，われわれは想像でき
ない．ついでながら，ヴィトゲンシュタインのこの変化は，スラッファの影響
によるものとされている．
　以上のように，スラッファの思想に何らかの種類の「進化」が起こったにち
がいないということを認めるならば，これから研究すべきものとして残ってい
るのは，どれぐらい，あるいはどの程度，それは起こったのか，である．これ
は好奇心をそそる問題である．

3.　スラッファ文書への個人的な埋没

　わたしは 2 週間，ケンブリッジのトリニティー・カレッジにあるレン図書館
にこもり，上に述べた問題に関係がありそうなノートやメモ，文書のファイル
やファイルの束を貪欲に読もうと試みた[3]．

わたしには，スラッファの文書と草稿の調査は，かつてスラッファとの会話がそうであったように，すぐにひとを当惑させる複雑な性格を浮かび上がらせた．わたしの探索は，当然 1925 年から始められた．そしてスラッファの最後の本（『商品による商品の生産』，1960）へ至る，長い旅を見つけだすことに関係がありそうに思われたものに，集中しようとした．もちろん，この探索に当てられた時間は，以前にスラッファ文書をすでに調査していたこと（すべて 1994 年に，スラッファ文書が公開されてからである）を考慮に入れても，あまりにも短かった．それゆえ，わたしがこれから述べることは，まだ暫定的なものである．

トリニティー・カレッジのレン図書館のスラッファ文書のカタログは完全ではないが，助けになるガイドとしては十分に明瞭である．「個人的な文書」（部門 A として分類されている），「学術的な経歴」に関わる文書（部門 B），かれの「日記」（部門 E），「同僚たちの記憶」，そして他の人たちの出版物（部門 F と G），「書誌的資料」（部門 H と I），そして最後に「雑多な資料」（部門 J）を脇に置けば，「書簡」（部門 C）と部分的には「ノート，講義，出版物」（部門 D）に集中するのは，わたしにとって自然なことであった．

「書簡」は，避けれないことであるが，断片的であり，多少混乱もしている．しかしそれは，直接間接の情報の鉱山であり，推測への強力な刺激である．出版されたものは，よく知られている．未公刊の講義は，数多くあり，また多様である．それらのうちで最も重要なのは，1928 年（ミカエルマス学期）にはじめて行われ，その後，修正と追加が（それらはすべて明瞭な手書きで）なされ，連続して 3 年間繰り返された上級価値論についての 16 の講義である．

わたしが念頭に置いていた目的にとっては，しかしながら，「ノート」がもっとも関連が強く興味深いことがわかった．わたしは，それらが魅力的ではあるが，バラバラであると思った．膨大な数の，さまざまなあらゆるサイズの紙片であり，他の書類の裏面，小さな本，大小のブロック・ノート，印刷物（新聞，その他）の断片からなっている．ノートにノートが続き，そしてノートの修正がある．それらは，ときには非常に短く，ときには完全な論文ほどに長く，

---

3) これは，1998 年 9 月の前半に起こった．

ばらばらの，そして予想外の主題についてのものである．使用されている言語は，最初はイタリア語であり，それから時間の経過とともに英語が入ってきて，それから割合はさまざま（そして明らかに変わっていく）であるが，2つの言語が混在して使用されている．引用があり，ここにはフランス語やドイツ語が現れる（かれの明確な手書きで写し書きされている）．コメントがあり，いつ終わるかわからないほどの数の批判，反批判，考察，そして再考がある．これらのノートのすべてではないとしても大部分は，スラッファ自身の手で**日付が付され**，日と月，年が書かれている（日付がないものの多くは，文脈から日付が確定できる）．次のような疑問が，直ちに出てくる．すなわち，これらの日付は誰のためのものか．もっとも考えられるのは，かれ自身のためである．つまり，ノートの背景にある状況を記憶するためである．とくに長い中断のあと，関連する問題に戻ってきたときに，思い出すためである．しかし，本当にかれ自身のためだけであろうか．それらが将来読むことに興味をもつ人たちのために，そこに付された可能性があるという憶測をおさえるのは，――歴史家，注意深い文献学者で，強力で高度に批判的な知性であるスラッファのことを考えれば――，とくに難しいのである．もしそうであるとすれば，かれの目的は，本当に遠大なものである，もしくは広大なものになったように思われる．

4. スラッファ文書の分類についての若干のヒント

スラッファのノートの分類は，スラッファの**死後**，カタログの専門家の手によって行われれたことを，想起することは重要である．スラッファの出版物を，かれのノートの参照と引力の中心点と考えるのは，きわめて自然である．これは，ノートが時間経過の順で，対応する実際の出版物に時間的に近い場合にのみ，完全に正当化される．しかし，ノートと出版物との間に長い時間が経過した場合には，そうした正当化はもっと弱くなる．このような観点で見ると（ここでは貨幣に関する初期の出版物はのぞくとして），1925 年と 1926 年の論文の準備のためのノートと，（出版されなかった）1928 年の講義の準備としてのノートは，十分な明確性をもって，取り出すことができる．それから 1928 年以降について，リカードウの『著作と書簡』に関連しない理論的ノートはすべ

て，『商品の生産』への準備として分類されている．これは，完全には正当化されないかもしれない．

　1928 年から 1960 年までの期間——30 年以上に亘る——は，どのような学者の生涯を考えても，じつに長い期間である．それ以前のノートからのこの期間のノートの区別は，しかしながら，十分に明確である．複数のファイルのカヴァーに，スラッファ自身が「1927 年以降のノート」と書いている．そしてカタログは 1928 年以前と以後ノートを区別している．ごく近い将来の出版を具体的な目的とした初期のノートと，もっと本格的な著作を目標とした，より実質的で内容が深いノートの束とを，スラッファ自身が区別していることは明らかであると思われる．スラッファは，なにか，具体的な何か，おそらくは重大なことを考えていたように思われる．通常の状況では，かれが 1 冊の本を書くことを期待してもよかったであろう．そしてじじつ，かれのファイルには，「著作の計画」——「本」をどのように書くかについての明確な意志の表現——がある（付録の資料 2 をみよ）．しかしもしそうであったとすれば，そのような本の準備期間はどんどん長くなっていったことになる．その期間は，さまざまな出来事があり，突然の停止，新しい仕事によって特徴づけられ，長い中断をともなった．このような曲がりくねった道を通って，かれの元々のアイディアが影響を受けたかもしれないし，ある程度変化したかもしれない，と予想するのは，当然である．

　理論的ノートの集まり（つまり，リカードウの『著作集』に**関係しない**ノート）によって明らかにされることを，図式的に概観してみよう．

　——第 1 に，1928 年から 31 年の期間がある．これは明らかに，スラッファの目標と意図を形作る上で，決定的な時期であったにちがいない．
　——それから，1940 年代はじめまでの空白がある．これはスラッファが，完全にと思われるのであるが，リカードウの『著作集』に没頭している時期である．
　——1941 年に，ノートは突然に，そして集中的に再開されている．それから，年を経るにしたがって，よりゆっくりとした歩調で 1945 年まで続く．
　——1946 年から 1955 年まで再び中断がある．これは，スラッファがリカー

ドウの『著作集』を実際に出版にまで持って行く作業に従事している時期
である。かれはまた，悲しい有名なノルウェイの休日の，恐ろしい重大な
山の事故の犠牲者である。

──最後に，1955 年から 1960 年の時期がある。ここでは，かれのノートの
少なくとも一部を集めて本にするスラッファの最後の努力が見られる。す
べてが終わったのが 1958 年である。しかしそれは，終わることのない躊
躇の末，1960 年の 5 月の末に（イタリア語版は，1 週間遅れて 6 月のはじ
めに）出版された。

それゆえ全体としては，わたしの目的にとって，1928 年から 31 年，1941 年
から 45 年，そして 1955 年から 59 年の 3 つの，関連はあるがはっきりと区別
され，対応するノートの集まりをもつ時期があることを見いだした。

これら 3 つのノートの集まりは，研究対象の主題の点で，きわめてはっきり
と区別される。文書の中では，それらは**すべて**『商品の生産』の「準備ノー
ト」として分類されている。その理由は単純に，最後の 1960 年をのぞいては
出版がなされなかったということである。しかしながら，このようなスラッフ
ァのノート，再考，そして自己批判をこのように考察することは，多くの点で
誤りを生む危険を犯すことになる。スラッファは，かれが 1960 年に『商品に
よる商品の生産』という小さな本を出版することになるということを，1928
年には**知らなかったのである**。上に指摘したように，かれには確かに本を出版
する意志があった。しかし，予想される出版物の種類は，最初はまったく違っ
たものであったかもしれないし，また 1930 年代のはじめから最後の年（1960
年）に至るまでに，大きく変化した，あるいは「進化」したかもしれない。

5. 3つの思考の流れ

スラッファのノートを読むと，ひとは混乱し，困惑する──わたしは，何日
も何日もそうであった。しかし，わたしのノートに戻り，再考し見直し，何百
という思考，批判，再定式化，反思考などの断片を頭の中で総合してみようと
試みた。その際わたしは，高い上空から鳥の目をもって，客観的に距離をおい

て全体を見ることを自分に課した．その結果，スラッファの素晴らしいノートの束には，混じり合っているけれどもはっきりと区別される 3 つのテーマが，はじめから終わりまで存在するという印象をもった．これら 3 つのテーマは，対応する 3 つの思考の流れの展開に関わっている．

第 1 の思考の流れ．1928 年以来のノートは，1925 年と 1926 年の論文の出版後から始まり，1928 年から 31 年の講義ノートの改訂と並行しているのであるが，それからはっきりとわかる 1 つのことは，19 世紀の後半において異常な歪曲が経済理論に生じたことを，スラッファが当初から確信していたということである．1870 年以降，支配的な（限界主義の）経済学は，かつてあったものと比較して，その主題の中身全体に変化を引き起こしていた．より正確には，1870 年以来，経済理論家たちがじつに以前と同じ用語，同じ言語，同じ参照基準を使いながら，それらが意味する概念が「恐ろしく」変化をしていたことを，スラッファは見いだす．スラッファは驚きを示す．一方ではスミスとリカードウ，そして他方では限界主義者とマーシャルは，同じ英語という言語を話しているのではないのか．なぜひとは，同じ言葉の背後にある実際の中身，概念がまったく異なったことを意味するように，ねじ曲げてしまったのか．1870 年以降の限界主義者たちの著作と 19 世紀はじめの経済学者たちのそれらとの間には，「底なしの溝」(S. P., D. 3/12/4, f. 14) がある（付録，記録 3 をみよ）[4]．基本的な問題は，異なった理論の問題ではない，あるいはそれだけではない．われわれが直面しているのは，そう考えがちであるけれども，単に「限界主義理論」対「古典派理論」という問題ではない．スラッファにとって，限界理論は 1 つの逸脱である．かれにとっては，賢明な経済理論と逸脱した経済理論とがある．名称の変化自体――古典派の「ポリティカル・エコノミー」からマーシャルの「エコノミックス」への――が，そこにおける「裂け目」を表しているし，「その「裂け目」に架橋し，伝統における連続性を確立しようというマーシャルの試みは，無駄であり，方向違いである」(S. P., D/12/4)．スラッファが確信するところでは，歪曲は捨てられなければならず，賢明で，真の，合

---

4) わたしは，スラッファ文書からの抜粋に言及するとき，略語 S. P. を使うことにする．それに節（大文字）と参照番号が続く．

理的な経済理論，1870年代以前に存在していた経済理論に立ち戻らなければならないのである．

スラッファのノートにおける第1の思考の流れは，それゆえ，経済思想史に属するように思われる．

第2の思考の流れ．上に述べたことから，それは限界主義の経済理論によってもたらされた歪曲に対する容赦のない批判を展開することの，絶対的な優先性と必要性の問題であると，スラッファは確信していたように思われる．大量のかれのノート，再考，論評がこの方向を指している．それらは印象的な批判の議論の集まりを形成しており，この面においてスラッファは，例外的な批判的精神としての真の姿を現す．文書館におけるノートは，1870年以降存在するようになった経済理論に対する，確固とした，繰り返しの，そして厳格な批判の集合である．この批判的な思考の流れの中には，多くの支流が見いだされる．この分野は巨大でノートは多数であるから，かれの毒を含んだ矢のはっきりとした的として繰り返し現れるテーマを，少なくとも4つあげることができるであろう．すなわち，i）生産と分配の限界理論，ii）（限界主義者たちが価格理論と呼ぶ）価値の理論，iii）限界効用の理論，iv）節欲に対する報酬として表される場合の利子の理論（この主題についてのかれの論評は，とくに辛辣である）．

スラッファのノートにおける第2の思考の流れは，したがって，支配的な経済理論の批判をねらいとしたものである．それは，とくに初期のスラッファのノートにおけるもっとも詳しく，また優勢な思考の流れである．

第3の思考の流れ．第3の議論のテーマは，それ以前の2つのテーマの論理的帰結として展開される．スラッファにとって，賢明な経済理論が立っていた点に，すなわちその発展が中断されゆがめられた点に立ち戻ることが，絶対に必要なのである．重農主義者，スミス，リカードウ，マルクスの「ポリティカル・エコノミー」に立ち戻ることが必要なのである．われわれは，それが中断された時点でわれわれは，本物の経済理論を再開しなければならない．そして2つの方向で前進しなければならない．i）古典派の経済学者たち（そしてマルクス）が克服することができなかったすべての困難と不適切さを取り除くこと，ii）「ペティー，カンティロン，重農主義者たち，スミス，リカードウ，

マルクス」から発展するはずであった．現実との関連性を備えた経済理論を前進させ発展させること，それが必要なのである．このようなアイディアの自然で首尾一貫した流れは，限界主義経済学の，あらゆるところを侵害し沈めてしまう圧倒的な潮の波によって，突然中断され，水中に沈められてしまった．それは救われなければならない．

第3の思考の流れは，それゆえ，ついに建設的な思考の流れとして現れる．

6. 不可能なほど壮大な研究計画

上にその概略を示した3つの思考の流れは，孤立してそれを実行しようとする誰をも恐れさせるほどに巨大な研究計画を構成する．しかしピエロ・スラッファは，最初，ほかでもなく，それを目指していたように思われる．

そうした計画は，かれがケンブリッジにやってきたとき，そしてもっと明確にはかれが（まだ出版されていない）『上級価値論講義』を改訂する段階で，すなわち1928年から31年の期間において現れることが見て取れる．そのような，ぞっとするほど巨大な研究計画を現実の形にまでもっていくのはまったく不可能であることを，かれが理解するのには長い時間がかからなかったはずである．目標と現実的な可能性との間の対照は，かれが『上級価値論講義』の修正を準備している間のかれのノートから際だって浮かびあがり始める．これらの講義は，1927年にすべて手書きで書かれた．これらの講義は，3年間続けて変更と修正を加えられながら行われた．これらの変更と修正は，草稿の上に手書きで明瞭に書かれているが，明らかに感じとれるほどに不満が募っていったことがわかる．

講義をすることを余儀なくされるという純然たる事実が，スラッファの精神を忍耐の限界にまで緊張させる．かれの批判的ノートから，かれが深く考察し，分析をし，拡張をしていることがわかる．かれが総合の方向に向かっている姿は見られない．このようにかれは，本質的に批判的で予備的なノートを書いている．明らかにこれらのノートは自分自身のためのものであるが，かれは非常に早い時期に将来のことを考え，将来誰かがそれらを取り上げることを望むようになった（このように考えれば，かれが日付を付けることに気を使っている

理由が理解できる）．批判に，さらに批判の批判に，批判が付け加えられる．

すでに書かれた講義ノートを使って講義することさえ，ある時点で，かれにとって耐えるのがひどく苦しくなったのは，明らかな事実である．精神的苦悩から自分自身を守ることが，非常に厳しい事柄になったにちがいないのである．

ケインズは，スラッファの苦悩の根本的源泉とかれのドラマの広がりをおそらくはっきりとは理解しなかったけれども，かれの直観は鋭く，スラッファが深刻な苦悩に陥っていることを理解する．いずれにせよ，なんとか，誰かが救済に入るか，あるいはそのために何かがなされなければならないということを確信するほど，強い印象を受ける．このような次第でケインズは，LSE の T.E.グレゴリー教授をなんとか説得して，ロイヤル・エコノミック・ソサイアティーとの合意書にサインがなされていた，デイヴィッド・リカードウの著作と書簡を収集し編集するという仕事からなんとか手を引かせるようにした．契約はグレゴリーからスラッファに移される．これは本当に天の恵みであった．スラッファが他のことをしたかどうか，神のみぞ知る．

その時点で，ピエロ・スラッファは救われる．かれはケンブリッジの講師職を辞し，講義をするという苦悩がなくなり，その後の 30 年間，かれが新しく得た仕事——外部の観察者には，その仕事はその後のかれの主たる関心事になったように見える——に没頭する．その陰では，かれの巨大な研究計画は一時脇に置かれる．ただし，完全にではなかった．そしてほかのことはさておいて，古典派経済思想における不備な点を，自分自身に対して明らかにし，取り除く機会をかれはとらえる．このことは，「建設的な」第3の思考の流れとわたしが上で呼んだものとともに，現れる．

スラッファは，リカードウの著作がかれの研究計画にとって重要であることにはっきりと気づき，1941 年に，大量のリカードウの著作が印刷所に行ったときに（それらは，かれが序文を書くのに困難があったこと，そして，後ですぐに述べるように，新しい文書の発見があったことから，その後何年もそこにとどまることになる），かれは自分の研究計画に戻り，新しい局面を形成し始める．その新しい局面は，ノートから見ると，かれの「古典派」の諸命題の少なくとも一部の，方程式の形での正しい定式化に集中するようにかれを導いたように思われる．このことは，かれの 1941 年のノートにおいて非常にはっき

りとしている．そこでは，かれの以前の思考が中断した時点で再開されている
ことがわかる．事実かれは，方程式によって，かれの理論の定式化を早くも
1928 年に試みていた．かれはそのような方程式をケインズに見せてもいた．
この出来事は，草稿の多くのところで言及されているし，若干薄められた形で
はあるが出版されたかれの本の序文においても触れられてる．しかし，1920
年代の終わり頃には，「剰余のない場合の方程式」以上には，満足な形ではほ
とんど前進できなかった．1941 年から 44 年の間に，かれは本当に困難を突破
する．いつもしたがったわけではないし，またときには実際に拒絶もしたけれ
ども，アブラハム・ベシコビッチの助言を得てかれは，剰余がある場合と労働
を明示的に導入した場合の方程式を正しく定式化することに成功する[5]．その
一方でかれは，価格から独立の最大利潤率，基礎財，非基礎財，「標準体系」
の概念を発見する．これらの結果は，本当に素晴らしい達成がなされたことを
表している．孤立と沈黙の中で獲得されたこれらの結果は，20 年後に，かれ
の本の第 1 部に含められることになる．しかし同時に，それらはかれの努力を
すべて吸収してしまう．かれのもともとの研究計画の残りの部分についてでき
ることは，他にほとんどない．かれは，ときどき，かれの以前のノートに立ち
戻り，何らかのコメント，あるいは自己批判，あるいは再考を加える．それ以
上のものはほとんどなにもない．結果として，かれの研究計画の地平は，劇的
に狭められる．進むにしたがって，かれの方程式の数学的定式化において発見
しつつある顕著な性質に心を奪われる．しかしこのことは時間を奪う．かれは，
その他のことを延期するか，あるいは削除することを余儀なくされる．

　ちょうど同じ時期に，もう 1 つの中断がかれの前進をさまたげる．戦時中に，
予期しない出来事が，異なった種類の，ひとを興奮させるような発見を利用す
るよう，スラッファを導く．1943 年の 7 月，偶然，それまで行方不明であっ
たかなりの数の初期のリカードウの文書，かれのジェイムズ・ミル宛の手紙の
すべての入った金属製の，鍵のかかった箱が，予期せず，ダブリンのラヘニー
社で発見される．スラッファはその知らせを受け，その発見に気づくとすぐに，

――――――――――

　5)　Giancarlo de Vivo, 2004 はこのことを確認している．スラッファの本の方程式の最
　　終的な定式化に至るスラッファの「道程」については，かれの詳しい分析をみよ．

第6章の3　ピエロ・スラッファの思想における連続性と変化　　　171

非常に興奮し——戦争と結びついたさまざまな困難にも関わらず，ケインズの
つてを利用して——ダブリンに向けてすぐに出発することを決める．戻ってき
たとき，リカードウの『著作集』の何巻かはすでに印刷に入っていたけれども，
その出版計画全体の構成を考え直さなければならないことを決定するのに，ま
ったく躊躇しない．次第に，とくに1944年から，かれの関心は，理論ノート
から他へ移っていく．非常に急速に，かれのエネルギーは完全に（モーリス・
ドッブの助けを借りて，各巻の序文を書くという苦しい経験を含めて）リカー
ドウの著作集の1巻から10巻までを再構成し，実際の出版にまでもっていく
という課題に注がれる（1953年から1957年）．出版期限がとっくに過ぎ，10
年以上も印刷された状態で放置されてきた著作に対する，次第に募るロイヤ
ル・エコノミック・ソサイアティーの圧力の下では，かれは他にはやりようが
なかったであろう．この目的に，かれのエネルギーは，1945年から1955年ま
で，ほとんど完全に吸収される（さらに，すでに述べたノルウェイにおける登
山事故の結果，強制的に失われた時間が加わった）．

　最後に，すべてのリカードウの著作が，（1973年まで印刷過程にとどまるこ
とになる索引だけをのぞいて）出版されたとき，スラッファはやっとかれの理
論的な仕事に，1940年代に中断したところに戻り，再開する．1955年から
1960年まで，誰もがそれを予想しなかったときに，完結するのに十分な諸命
題をまとめ，かれは1冊の本を完成し，そしてついに出版することができる状
態にすることに成功する．われわれはそれをよく知っている．それは99ペー
ジの本で，驚くほど諸概念が詰まっていて，簡潔で本質的で，非常に圧縮され
ていて，ひとを困惑させるほどなぞめいている本——すなわち，『商品による
商品の生産』——である．スラッファはいかなる主張をすることも，自制して
いる．かれはそれを，「経済理論の批判への序章」以上のものとはしていない
のである．

7．もともとの計画のどの部分か

　もとの計画のどの部分が，そしてとくにそうした計画のどのような側面が，
最終的に実を結んだのであろうか．これが，この時点でおさえることのできな

い疑問となる．現に存在する草稿がたくさんあるということは，最初の意図とピエロ・スラッファが最終的に出版することを納得したものとの間の落差について，少なくとも何らかの考えをわれわれに与える．

第1に，スラッファが経済思想史に関するものを出版する考えを放棄するということを，悲しい思いで記録しなければならない．このこと自体，かれのもともとの意図を考慮するならば，異常な決定である．もともとの目的が広大であったことは，ペティーからマーシャルに至る経済思想の展開をかれがどのように見ていたか，非常に明確で印象的な枠組み（付録の記録4をみよ）から，容易に見てとれるであろう．同じフォルダーには，次のような──「原理」と題された──ページがあり，かれが意図した展開の計画を示している（付録の記録5）．

リカードウの『著作と書簡』の編集のための基礎的な作業のための，その後の10年間の中断は，かれを──戦後のノートから明らかにわかるように──厳しい再評価へと導く．かれのもとの壮大な計画は──10年間，脇におかれた──根本的な厳しい再評価，そして現実的な再評価を被る．それはおそらく，かれの方程式の満足な定式化をまとめるのに要する努力と時間を考えると，何ができるかについて，より現実的な認識をもつようになったことによる．スラッファ文書の1945年以降のノートのなかにある1つのノートに，「？序」と題された計画がある．そこではスラッファは，もともと意図した計画に関して，かれが決定した削除についてはっきりした説明を与えている（付録の記録6）．しかし再構成はこの段階には止まらないで，さらに先へ先へと進む．このことは，記録6自体で述べられていることと最終的に出版されたものとを比較することによって，わかるであろう[6]．非常に驚くべきことに，最終的に，経済思

---

6) ラッファエーレ・マッティオーリからスラッファに宛てた1955年3月15日付の，機知に富んだ手紙がある．それは，スラッファのプロジェクトの再開の意図と大胆な変更の必要について，かれらが話し合ったことを示している．マッティオーリは，次のように書いている（イタリア語からのわたしの翻訳）．「……私が望むのは，君がこの30日間に20キログラムから半キロに，紙を減らすことに成功したということです．……君の「控えめな小さな本」の最初の大まかな草稿を，君が書くことを望んでいます．……これからも連絡をください．……」(S. P. D 3/11/83. f. 6)．

想史について明示的に残っているものはなにもない．間接的にのみ，リカード
ウの第 11 巻の『著作集』における（重要であるけれども）短い断片が，経済
思想史に属する．『商品の生産』では，そこに見いだすことができるのは，2
ページ半の付録 D と呼ばれるもの——「文献案内」——だけである．そしてこ
れが本当にすべてである．この 2 ページ半が，もしこの分野でもっとも偉大な
学者の 1 人と考えられる人物によって，経済思想史について実際に出版された
ものであると考えるならば，それは信じがたいことであろう．

　地平の漸次的な制限の同じ過程は，スラッファの仕事の主要な流れにも影響
するようになる．すなわち，現代の経済理論の批判に関わる著作にも影響する
ようになる．批判への関心ははじめからスラッファの念頭にあった主要な目標
であるが，結局のところ，限界的経済理論への明示的な批判が（平均生産期間
に関する批判のような，あちこちにある非常に短い言及を除けば）まったく残
っていないというのは，じつに驚くべきことである．この批判への関心がスラ
ッファに最初からあったにもかかわらず，そうなのである．かれの本の序文の
冒頭の数行に，1 つのヒントが与えられている．かれは次のように述べる．す
なわち，「ここに出版される諸命題の束の際だった特徴は，価値と分配の限界
理論についてのいかなる議論にも立ち入らないけれども，にもかかわらず，そ
れらはその理論の批判の基礎として役立つように意図されている．もし基礎が
成り立てば，批判はのちに著者自身か，あるいはもっと若くてその課題のため
の準備をもっとよく備えている誰かによって試みられるであろう」（1960, p. vi,
訳 3, 4 頁）．このことと首尾一貫して，かれは「経済理論の批判への序説」
——かれのもともとの目標がなんであるか，かれの草稿が示していることから
遠く離れていることを自覚していることの告白——という副題をつけている．
同時に，いま引用したかれの最後の文は，もっと若い世代の誰かがかれの先導
に続き，（かれがもともと構想した）課題を遂行してくれるであろうという希
望に，かれが心を開き始めたことを表している．

　実際の出版に関するかぎり，スラッファのもともとの計画の第 1 と第 2 の思
考の流れと上でわたしが呼んだもの——事実上，かれのノートにおける 2 つの
主要な筋——が，最終的には放棄されたと，結論しなければならない．

　かれが最終的には，批判を全面的に脇に置き，まっすぐに——そして驚くほ

ど簡潔なやりかたで——上でかれの第3の思考の流れとして取り出したもの，すなわち建設的な思考の流れに向かって進むことを決意したことは，——スラッファのよく知られた強力な批判的精神を考えれば——，逆説的に聞こえるであろう．しかしかれの分析のこの部分も，総合的な種類の分析ではない．非常に意味深いし，また非常にはっきりもしていることであるが，かれの本を発表するに当たって，かれが「純粋経済理論」と呼ぶものに，分析を狭く絞っている．そしてほとんど信じられないことのように響くであろうが，かれの初期のノート（付録，記録2）において，マルクスが歴史的な説明を提示しなかったこと，それがかれが理解されない原因となったという理由で非難した後，スラッファはまったく同じことをする．とくにもっと悪いのは，経済思想の進化についての歴史的な考え方を削除しただけでなく，現代の経済理論の批判をまったく脇に置き，そしてその上に非常に圧縮された説明方法を採り，かれの議論を理解不可能な程度にまで圧縮してしまったことである．結果がひとを当惑させ，謎めいた，そしてある人たちにとっては，曖昧にさえ見えるものとなったのも，不思議ではない．

　スラッファについての理解は，それ以来進んだ．若い世代の多くの経済学者たちは，かれの希望を裏切らなかった．もっとも一般的な生産経済システムにおける価値と所得分配の間の関係へのかれの建設的な貢献は，いまでは理解されている．標準体系と価格と所得分配の関係に関するかれの分析結果は，多くのひとによって説明された．かれの方程式体系の顕著な性質（例えば，非負解の一意性，特殊ケースとしての固定資本と土地をともなう結合生産など）に関する証明の多くは，強力な数学用具（例えば，非負行列に関するペロン・フロベニウスの定理）の助けによって再定式化された．再び逆説的なのであるが，かれの業績についての理解のこのような前進は，スラッファ自身がおおいに躊躇していた数学用具の明示的な使用に大部分よるものである[7]．実際，数学の使用によってはじめて，ますます増加してきた文献の中で，いっそう多くの分析的な問題が明らかにされてきた．他の結果の中でとくに，基礎財と非基礎財の，分解不可能な，および分解可能な行列の構造との結びつき，（マルクスの）

────────────────

7)　Pasinetti, 2003b をみよ．

第6章の3 ピエロ・スラッファの思想における連続性と変化　　175

「価値の生産価格への」（分析的な）転形と反対の（それと対称的な）生産価格の「価値」への転形の過程の問題，価格の日付のある労働量への還元，結合生産の分析のかなりの進展[8]，最終財と同じ数のサブ・システムへの経済体系の分析上の分解，そしてそれらと同じ数の垂直的に統合された部門との関連，といったことをあげておこう[9]．そしてこのリストはまだ続くであろう．さらに，かれの本の薄い（7ページの）最後の章は，きわめて独自な技術のスウィッチングとリスウィッチングの分析を提示していることは，少なくとも述べておかなければならない．この短い章こそが，1960年代と1970年代においてひろく熱く戦われた資本理論に関する，論争の最初の発火の火花となったのである．同時に，リカードウの『著作集』の各巻へのかれの序論は，古典派経済理論の，かつてなかった，より明快で，より深い理解に途を開いたのである．

　しかし，かれの分析以前の，経済思想の歴史的な進展についてのかれの考え方の説明，そして限界的経済理論に対するかれの批判が示されていなかったことにより，かれの建設的な努力は十分に理解されたという状態からは，依然としてほど遠いのである．多くの経済学者たちが，かれの研究方法に基本的に共感するひとたちさえも，不満の状態にある．

　とくに，不完全な状態にとどまったと思われるスラッファの分析の部分は，生産される商品の物的な数量と，それらの時間を通しての動きの役割に関する部分である．古典派経済理論においては価格と物的な数量とが分離されていて，したがってスラッファの理論の枠組みにおいてそれらが分離されていることは，きわめてよく理解される．しかしスラッファはこれらの問題について先へ進むことを拒否する．かれの公刊された「諸命題」においては，物的数量は所与とされている．そういうことなので，批判者たちの中にはかれのシステムを半システム（経済の価格の面にのみ関わるが数量面には関わらない）と解釈（誤解）した者がいる．この誤解を一掃するために，物的数量を取り扱う問題にわれわれは取り組まなければならない．この点に関してかれから説明を求めるある学生宛の非常によく引用される手紙の中で，ある与えられた時点で実際に観

　8）　Manara, 1968 をみよ．そしてそれからもっと広く扱っている Schefold, 1971 を参照．
　9）　Pasinetti, 1973 をみよ．

察される経済システムの「写真」を撮ることに，かれの分析は限定されている
とスラッファは答えた[10].

　しかし，物的数量の経済的な動きについて，つまりもっと具体的に言えば，
経済システムの動学について，スラッファがどのような考えをもっていたか，
尋ねる気持ちを抑えることはできない．フォン・ノイマンの枠組み，あるいは
レオンチェフの動学モデルとの比較をし，何らかの糸口を求めるという試みも，
魅惑的である．スラッファの「標準体系」と分析的に類似するところがあるに
も関わらず，フォン・ノイマンの研究方法は不適切であると思われる．レオン
チェフの研究方法も同様である．スラッファは，フォン・ノイマンのモデルに
も，レオンチェフにも言及していない．これらの類似性についてかれに質問す
る機会があったひとならば，スラッファの否定的な反応を知ってるであろう．
フォン・ノイマンの研究，そしてレオンチェフの研究はそれ以上に，経済シス
テムの時間を通ずる動きについての，かれの考え方とは，まったく異質である．

　それではスラッファの考え方とは，いったいどのようなものであろうか．こ
の問題に対して，満足な答えを出すのは容易ではない．スラッファの初期のノ
ートには，賃金と利潤でなにが買えるかという形で，体系を「閉じる」という
問題に対するヒントがある．しかしこれらは，一時的で偶然的な指摘である
（あるいはそうであるようにわたしには思える）．わたしの印象は，これらの側
面について，膨大なスラッファのノートは，依然としてなんらかの明確な方向
を示すには十分ではない．結局のところかれは，これらの問題にかれの神経を
向ける時間を欠いていたということかもしれない．個人的にわたしが確信して
いるのは，スラッファは「純粋経済理論」と呼ぶものの範囲内に留まっていた
のであるが，ある与えられた時点で現れる経済システムの静止画を撮るだけで
は，十分でないということである．いわば経済システムの時間を通ずる動きの
「撮影」にも，進むこともできなければならないであろう．

　ここでは，代替案の中での選択肢は広くない．わたしの個人的な確信は，す
べてこれとスラッファの思考の線とが両立する唯一の方向は，**構造経済動学**に
よって時間を通ずる経済的な動きを考えることにある．ケインズ経済学のケン

───────────────

10)　その手紙はスラッファ文書 C294/2 にある.

ブリッジ学派とのわたしの結びつきのはじめから，わたしが一貫して進もうと決意した方向である[11]．しかし強調しなければならないのは，問題は広く開かれているということであり，そしてわたしが恐れるのは，それがスラッファの草稿の限界を超えている，ということである．

8. 最後の論評（あるいはスラッファ対ケインズ）

　スラッファの草稿についてのこの「鳥瞰」の試みは，少なくとも何らかのはっきりとした結論に到達したいという，いくらか性急な気持ちに駆られているという面は否めないであろう．しかし，孤立と沈黙の中にあった1人の注目すべき人物が生きたにちがいないドラマに深く印象づけられないというのは，わたしにとっては困難であった．そしてわたしが思ったのは，たとえ議論の余地があっても明確な態度をとることは，わたしが提供できるもっとも有効な選択である，ということである．

　疑いもなく，スラッファの態度には，かれの人生のうちで，進化が生じた．しかし――わたしはかつてなく強く確信しているのであるが――，かれの基本的な思考と確信には変化はなかった．かれのノートから，次のような長期の過程を明らかに感じ取ることができる．すなわち，経済思想の発展の歴史の堅固な枠組みの中での，初期のけっして終わることのない現代の経済理論に対する批判の火山噴火から――驚くべきことにこのことはかれの友人たちに対しても隠されていたのである――，より成熟した思索，そして論理的な基礎を明らかに欠いている伝統的に考えられてきた諸命題と概念，古典派やマルクスに対して広くもたれている反感を考慮するときわめて慎重に取り扱われればならないものとを区別する思索と研究，そして最終的に攻撃不可能な分析的諸命題の圧縮された核についてのかれの出版された著作に集中するように，かれを導いた異常に注意深い態度にいたる長い過程を見て取ることができる．しかしかれの素晴らしい最終的な諸結果――わたしにはそのように思われるのであるが――は，2重の方向を指し示している．i)それらは，かれがはっきりと述べているよう

---

11)　すなわち，わたしのケンブリッジ学位論文（Pasinetti, 1962）から.

に，限界的経済理論の批判に，イデオロギー的な偏見という非難を受けることなく，用いることができる．しかしそれだけでなく，ii)それらは堅固な論理的基礎——出発点の種といってもよいであろう——を，経済理論の再構築のために提供する．スラッファの未公刊のノートから得られる膨大な情報と，かれが最終的に出版することを決意した小さくて簡潔な材料との間の，目立って大きな対照のゆえに，これまでにわたしが行った試みは，ピエロ・スラッファの草稿の決定的な重要性をはっきりと示している[12]．

　しかし，ここにこそ難問がある．（ノートの）豊富さと（出版された結果の）少なさとの間に，どのような関係を見出すことができるだろうか．数量的には——わたしが上で強調したように——その対照は非常に大きい．しかし**質的**にもまた，そうであろうか．わたしの答えは，決定的な否である．出版されたものは——わたしの考えでは——当初の巨大な計画に完全によく当てはまっている．主題の全体としての範囲の広さ，歴史的な解釈，研究方法の評価，ノートが扱う批判の範囲，そして最終的に再構築の（限定された）試みは，論理的で包括的な枠組みの中で完全に一緒にすることができる．そのことは，わたしには非常に大きな重要性をもっていると思われる方法論的な研究に1歩踏み出し**さえすれば**，可能なのである．われわれが注目すべきなのは，スラッファがかれの分析的枠組みの狭いが同時にもっとも堅固で永続的な部分に，すなわち，かれの分析の厳密に基本的な基礎に集中することを選択している，ということ

---

12)　ピエロ・スラッファがかれの草稿の重要性に気付いていたことの兆候は，たくさんある．かれがジョン・イートウェルとロンカッリアに宛てた手紙（1979年）の中ですでにかれは，次のように述べている．すなわち，「私の死後における私の草稿の出版に関しては，いかなる決定も私の遺言にあるか，私の遺稿管理人に任されるであろう」（付録，記録1をみよ）．しかし，かれの遺言にはこの問題については何もなかった．遺稿管理人は後に遺言への追加において指定されたが，かれに対するはっきりとした指示はなかった．今までに見つかった唯一の示唆は，カレンダーの紙きれの裏に書かれた不完全なノートだけである．それはジャンカルロ・デ・ヴィーヴォによって発見された．かれは，古書商との書簡のファイルの中で他のものを探しているときに，見つけたのである．それは，誤ってそこに入れられていたのである．そのノートは，イタリア語で，鉛筆で書かれていて，かれの未公刊の草稿の将来の編集者に対する指示の草案の一部であると思われる特徴をすべて備えている．それは，本書において，付録の記録7として再現されている．

第6章の3　ピエロ・スラッファの思想における連続性と変化　　　179

である．『商品の生産』では，かれはいかなる制度的条件にも依存していない
し，いかなる歴史的文脈にも言及していないし，いかなる種類の「経済主体」
にも言及していない．かれは注意深く，人間行動，市場構造，競争，規模に対
する収穫について，いかなる仮定をとることも避けている．かれは所得の分配
についていかなる立場をとることも避けている．それについてはかれは，利潤
率（あるいはそれと代替的に賃金率）が決定される仕方についても，特定の立
場はとっていない．利潤率は，独立に決定される変数と単に考えられている．
なぜなら，かれの「純粋経済理論」は，何らかの特定の制度的な仮定に依存し
ないからである．それは，経済理論の非常に**基礎的な次元**で，それ自身の生命
を享受している．そしてスラッファは確信している．「もし［かれが序文で述
べている］基礎が成り立つならば，批判——ただしわれわれは，経済理論の再
建を加えてもよいであろう——は，後で試みることができる」．(Sraffa, 1960, p.
vi, 訳 3, 4 頁) ここで暗示されているのは，本当に恐るべき課題であることは，
まったく隠されていない．それは論理的には，単一の課題でもない．少なくと
も 2 つの別個の課題からなる．わたしが上で呼んだように，不可能なほどに巨
大な計画，それはかれの膨大なノートの最初からすぐに感じ取れることなので
あるが——そのまわり 360 度に糸を張っている．すなわち，歴史に，経済思想
の進化に，そして経済制度に糸を張っているのである．それは実際——われわ
れは今では理解しうるのであるが——かれのケンブリッジの同僚たち——最初
にケインズ，そしてそしてケインジアンのケンブリッジ・グループのすべての
メンバー——が，さまざまな側面について，さまざまな場所で，さまざまな段
階において試みてきたすべての努力の背景につねに見られる課題なのである．
驚くべきことではないが，かれらの努力はスラッファを満足させなかった．か
れの同僚たちに対して——そしてかれ自身の思考に対しても——かれはつねに，
もっとも批判的で，したがってまた非常に高く評価されるかれの知性の強力な
力を行使していた．

　しかしそれでも——われわれがここに立てた視角からみると——これは，け
っして物語のすべてではない．もしわたしが上で行った分析が正しいとすれば，
いまだ完結されるべく残っている経済分析の**基礎的な側面**にも関係する課題が
存在する．われわれはこの点では自己満足してはならないし，幻想を助長すべ

きではない．これは，スラッファ文書にもっぱら依存することによってなされる——上に示唆したような——どのような研究についても言えるもっとも不満足な部分なのである．その課題は，スラッファ文書自体の中身を越えていると思われる．スラッファ文書についてどのような研究がなされようとも，そこにないものをそこに見いだしたと主張することはできないのである．

スラッファが完成することができなかった**経済理論の基礎**の部分を構築することは，スラッファ後の経済学者の世代にかかっている．

付録——スラッファの未刊の文書から抜粋した記録

記録 1
——スラッファからジョン・イートウェルとアレッサドロ・ロンカッリア宛の
　　書簡

トリニティー・カレッジ
1979 年 9 月 20 日

8 月 8 日付けの君たちの手紙に感謝します．君たちは親切にも，私の古い論文に関心をもっていただきました．

『アッナーリ』誌の 1925 年論文の英訳に関して，1 人の一生のうちで，1 つの論文を，それに含まれているものすべてにいまだに同意していることを認めるか，あるいはどの点あるいは側面について考えを変えたかを指摘するかすることなしに，新しい公衆に対して提示することは不可能であるように思われます．私にはこうしたことができるという感じがしません．したがって，私が生きているうちにその論文が再び出版されることを望みません．

書簡あるいは他の草稿からの引用に関しては，私は未公刊の草稿からの引用，あるいは不完全な出版には反対です．

私の死後に私の草稿を出版することについては，いかなる決定も私の遺言の中にあるか，私の遺稿管理者に任せます．

敬具
ピエロ・スラッファ

記録 2
──スラッファ文書 D3/12/11, f. 35（推定日付　1927 年 11 月）

本の構成

　唯一のやり方は，歴史を逆にすることである．すなわち，経済学の現状，現在までどのようにしてたどり着いたか，その際，古い理論との相違，古い理論の優越性を示すこと．それから理論を展開する．時間の経過順序に従うとすれば，ペティー，重農主義者，リカードウ，マルクス，ジェヴォンズ，マーシャル．どこから来たかを説明するためには，私の理論の説明の前に，それをすることが必要である．それが意味するのは，何よりも先に理論**すべて**を説明するということである．その場合，マルクスのように終わってしまう危険がある．マルクスは最初に『資本論』を出版した．それからかれは学説の歴史を終えることができなかった．そしてもっと悪いことには，歴史の説明なしには，自分の考えを理解してもらうことができなかったのである．私の目的は，まず歴史を説明すること．これは，私の考えを理解してもらうためには，本当に不可欠である．そのためにはまず知られていないことに直接行くこと，マルクスからマーシャルへ，負効用から物的費用へ行くことが必要である．［原文はイタリア語］

記録 3
──スラッファ文書 D3/12/4, f. 14（日付　1927 年 11 月）

　われわれと古典派経済学者たちとの間に広がっている理解不能な深淵について考えるのは，恐ろしいことである．かれらからわれわれを分けているのは，ほんの 1 世紀にすぎない．［それからここにイタリック体で再現する文が脚注として付されている．］私は 1 世紀と言ったが，わずか半世紀後の 1870 年には，かれらはそれを理解しなかった．そして前世紀には，不透明な「無理解」の過程が進行していた．われわれはどのようにして，ギリシャ人やローマ人を理解することを想像できようか．［それから再び，ここにイタリック体で再現する文が脚注として付されている］あるいはむしろ，尋常ならざることは，われわ

れがそれらを完全であることを見いだして以来，ローマ法とギリシャ哲学をわれわれが理解することである．古典派経済学者たちは，われわれの心理の基準に照らしても完全に真であることを述べた．そのことは，かれらがお互いに完全に理解し合えたという事実によって，証明される．われわれは，かれらが述べたことをひとことも理解できない．かれらの言語が失われたのか．明らかにそうではない．というのは，スミスの英語はこの国で人々が現在話しているものと同じであるからである．それでは何が起こったのか．

記録 4
──スラッファ文書 D3/12/4 f.10 （日付　1927 年 11 月）

　　歴史
古典派経済学（リカードウの時代）あるいは A. スミス？
　　ペティーからリカードウへ──正しい考え方，基本的な諸仮定

　　　　　　　　　　　　　　原始的，初歩的な技術
　　（A. スミスは強い「通俗的」傾向をもっていた．かれは本当の意味で「近代の経済学の祖」であるということができる.）
通俗的経済学（ミルの時代）
　　マルサスからステュアート・ミルへ──ここではすべて間違っている．かれ
　　　　　　　　　　　　　　　　　　らは近代の経済学の間違った概念と
　　　　　　　　　　　　　　　　　　古典派の原初的な技術をもっている.
　　ミルによって支配された期間：
　　マルクスはここに立っている.
古典派の間で最初の通俗的経済学者として
スミスが孤立して立っていたように，
マルクスは通俗的な経済学者たちの間で
最後の古典派として立っている.
エコノミックス（マーシャルの時代）
　　ジェヴォンズとその仲間たちからマーシャルへ──高度に洗練された技術

第6章の3　ピエロ・スラッファの思想における連続性と変化　　　183

朽ちた諸概念

基本的な仮定

　しかし非常に完成度の高い技術は

ときにかれらの意識的な仮定を

（相互に矛盾することから）

無意識に修正することをかれらに余儀なくさせ，

したがって部分的にのみ真実の結論に到達する.

註：古典派の終わりに，原始的社会主義（オーウェン，ホジスキン）が展開さ
　　れ，通俗的なポリティカル・エコノミーを生んだ. 通俗的な時期の終わり
　　にマルクスが来て，エコノミックスを生んだ.

記録5

──スラッファ文書 D3/12/4 L. 12（推定の日付　1927 年 11 月）

原理

　私が古典派の価値理論の本質であると考えるものの，短い「要約」を与える
ことから始める. すなわち，W. ペティー，カンティロン，重農主義者，A. ス
ミス，リカードウ＋マルクスを含む人々の価値理論の本質である. これは誰か
特定の人物の理論ではなく，私がかれらに共通すると考えるものの要約である.
もちろんかれら自身の言葉ではなく，近代のテクノロジーでそれを述べる. そ
れは，われわれの現在の研究の観点から，それらの持つ意味を理解するために
それらの検討に進む場合に，有用であろう. それは一種の「枠組み」，それら
に共通するもの，そして後の理論との相違は何かを見い出すことができるよう
にするために，それらの説明の1つを同質的な型に当てはめる機械である.
　それから私は，非常に簡単に見るであろう. それらを徹底的に扱うのではな
く，私の現在の目的にとって関連がある点だけを検討するのである. したがっ
て，重農主義者については，わたしは述べないであろう. ……重農主義につい
は，その基礎的な点の1つについてだけ.

記録6
——スラッファ文書 D3/12/43 f. 4（推定日付　1945年以後）

？序文

　私はかつて，この著作に，この著作とそれ以前の古典派経済学（の著作者たち）との関係を説明する序文と（これについての予示を序文の……節で与えておいた.），現代の経済学者たちがもつ見解についての多くの論争的な註を含める考えをもったことがある．しかし私は，それをしないで，それ自身の価値によって評価されるに任せることにした．もしそれに何らかの興味があることがわかれば，これらの追加を出版する機会が出てくる……ときがあるであろう．

使用されないスローガン

　標準体系は，利潤率を非価格現象であることの明らかな証拠を与える．

　配当は，企業の生産物の価格が何であるかが知られる以前に，公表されることができる．

記録7
——スラッファ文書 H2/89, f. 56（日付は不明）

　……私の草稿の出版につけられる序文や註は，草稿自体についての理解に必要な事実の概略を示す程度に限定されるべきであり，論評やそこにある考えの解釈はできるかぎり含めないようにすべきでる．

　私の草稿を見る機会をもつ研究者の仕事に関しては，未刊の草稿の不完全な引用には私は反対である．［原文はイタリア語］

中間奏：不賢明な行動

　以上に述べたカーン，ジョーン・ロビンソン，カルドア，スラッファについての伝記的エッセイは——これはわたしの望みであるが——，ケインズ経済学におけるケンブリッジ学派の多角的で重要な諸側面を強調するのに役立つであろう．読者は，ある基本的な意味におけるかれらの目的の一致を理解できたと同時に，他の多くの点でかれらのアプローチの興味深い不一致を，把握することができたと思う．その全体像は，新たな問題を必然的に提起する．しかし，上に示した一連のエッセイが，かれらの画期的な業績を読者に感得してもらうのに，十分に効果的であることをわたしは望んでいる．

　表面的な次元では，最も顕著な共通の特徴として直ちに現れるのは，支配的な経済学の諸理論や政策に対するかれらの断固とした反対である．しかし，かれらの個々の著作の多くの思考の糸をつなぐ，意味深いある何かを認識するという，根本的な問題が残る．これは重要である．なぜならば，単なる破壊の基盤の上には，新しい研究計画を組み立てることは，明らかにできないからである．破壊の行動は，（必要ではあるが）再建の過程の準備段階でしかない．これはまた，次のことを意味する．すなわち，もしわれわれが破壊の段階にとどまるとすれば，われわれは破壊の行動を十分に正当化することができると主張できない，ということである．しかし，悲しいかな，そうしたことがあまりにも頻繁に，あまりにも容易に行われてきたのである[1]．

---

1) Assar Lindbeck, 1985 は，経済科学のノーベル記念賞委員会の委員長として，1980
　年代までの記念賞委員会の仕事を振り返って，破壊の方向での業績について，委員会
　がノーベル賞を与え**ない**理由と考える特徴の1つであるということを強調した．

しかしながら，かれらは，かれらの議論がその上に立っている基礎や目的の統一性に直接向き合い議論することに，かれらの間での意見の交換の中で十分な努力を払わなかったことは，事実である．このことは，成果を生むためのかれらの間での意見の交換と，深いところでの探究と研究を必要とする大きな余地を残した．マーシャルの伝統を打ち破ろうとするケインズの初期の確固たる努力を詳細に目撃したカーンでさえ，ケインズによるマーシャルの伝統との断絶が実際に何であったのかを，具体的に説明するという課題にけっして向き合わなかった．その出来事から40年後にカーンは，ミラーノでのマッティオーリ講義（1978年）において，他によい言葉がないので，その断絶を単に「一般理論」と呼んだ[2]．

　この特別で理解困難な側面は，コミュニケーションの驚くべき欠如であるという印象を，表面的には与えるかもしれない．事実，特にケインズとスラッファの間，そしてスラッファとグループの他のメンバーとの間における，このコミュニケーションの欠如を示す兆候は，上記のエッセイの中のさまざまなところで，すでに現れていた．かれらは確かに，自分たちの成果を統合する基本的な諸特徴をはっきりさせるのを怠った．かれらはそれぞれ——かれらの直接の努力としては——彼あるいは彼女自身の方向に，おそらくそれぞれが特に他よりも緊急であるか，あるいは重要であると思ったやり方で進むことに集中していたのである．

　この奇妙な状況は，ひとりひとりが発展させていたアイディアの有効性や豊かな実りを損うような影響をもたらさなかった．それは，かれらの間に差し迫った対立の必要がなかったからにすぎない．それが，かれらひとりひとりにとっては，時間を節約する方法であると思われたのかもしれない．彼あるいは彼女はそれぞれ現在の（いっそう差し迫った）課題に集中し，相違は後にまで脇においておくことができたのである．

　しかし同時に，この状況そのものが，なんらの影響ももたらさなかったというわけではない．事実それは，そのグループ外の他の経済学者に対して破壊的な影響を与えた．すなわちそれが，かれらの思想の線に共感をもっていたかれ

---

2)　Kahn, 1984, とくに第5講をみよ.

中間奏：不賢明な行動　　　187

らの世代の同僚やかれらの周りの後輩，そしてとりわけかれらがその形成に貢
献したアイディアの**潜在的な**発展者に対して，そうした影響をもたらしたので
ある．

　有効な「革命」が離陸するためには，基本的なアイディアの普及と革新的な
貢献が集中的に生ずることが必要であったであろうという見解を，われわれは
すでに聞いている[3]．これは実際起こらなかった．なぜか．この問題は多くの
異なった文脈において依然として顔を出している．部分的な答えと試論的な仮
説については——それらのいくつかは必ずしも互いに矛盾しない——，上記の
エッセイの中ですでに概略を述べておいた．しかしここではわたしは，簡単に
ではあるが，それらのうちでケンブリッジ・グループの1つの具体的で特殊な
側面に関連する1つの仮説に集中しよう．すなわちそれは，ケンブリッジの外
と，そして特に重要なことであるが，ケンブリッジそのものにおけるグループ
の外の両方で起こっていたことに対して，かれらがともかくも採用することを
選んだ**排他的な**態度に関係する．

　この態度は，かれらのアイディアの発展において，かれらの交流の継続と豊
かな成果をもたらした点で，利点があったし，重要な役割を果たした．これら
の実り豊かな交流の顕著で最も明白な表現は，特殊で，ケンブリッジの中では
かなり悪名の高かった集まり，「秘密セミナー」の運営であった[4]．すでに言
及したように，それはリチャード・カーンによって組織され，キングス・カレ
ッジのかれの部屋で開かれた．カーンは，きわめて当然のことながら，それを
1930年代初頭のケンブリッジ・**サーカス**の継続と考えていた．それは，ケン
ブリッジ内外に現れた新しい概念やアイディアの，非常に試験的な初期の起源
から，否定的な批判と積極的な再構築の両方の方向での展開において，主要な
役割を果たした（たとえ一時的な訪問者であっても，外部の研究者はそのセミ
ナーに参加することを通常勧められた）．これは明らかに想像にあふれる思考
に刺激を与え，知的な糧をもたらした．しかし，それが組織された仕方そのも
のによって，そのような特殊な組織には必然的に生じる付随した悪影響に，

---

　3)　原書 pp. 17, 40-41. 本書 16, 17 頁, 39-41 頁をみよ．
　4)　原書 pp. 63, 74. 本書 56, 67 頁をみよ．

人々は気付いたであろうということも，述べておかなければならないであろう．

　誰もが知っていた何らかの秘密性は，非常に特殊な特徴である．実際それは，特定の人々を排除する手段としても利用された——それは，とくにその目的のために利用されたと示唆する人たちもいた．しかしこれは，無意識のうちに，実際に参加したひとたちに，ある種の**条件付きの**出席の状態であると感じさせる結果をもたらした——それは，そのときには，明らかには誰も考えなかった影響である．しかし，理解できることではあるが，この状況は多くの参加者（特に若手）をいら立たせた．さらに重要なことは，それが潜在的な貢献者に対してある種の障壁を生じさせたことである．かれらはさもなければ，つよく求められていた「革命」が爆発するのを助けたかもしれないのである．かれらのグループのメンバーたちが——たとえ熱心でなくても——もっと寛容に受け容れるという普通の期待にそっていたならば，そうなったであろう．

　戦後の黄金時代のもっとも生産的で多産な時期においてさえ，ケインズ経済学のケンブリッジ・グループを特徴づけた，いくつかの不賢明な諸側面や出来事について，ある程度の理解をしてもらうために，わたしは以上のような示唆を与えたのである．

　その上，ケインジアン・グループに対する根強い反対は，ケンブリッジそのものにおいてけっして止まらなかったということを，忘れてはならないのである．

　まず，——ピグー（Pigou, 1950）のケインズの貢献に対する寛容な承認の後でさえも——，ケインズのアイディアを否定することを，けっしてあきらめなかった保守的な古い護衛とみなされる存在があった．このグループの人々は，特にさまざまな委員会において，大学やカレッジの生活すべての局面において，ときにはきわめて効果的に，かれらの反対の動きを行った．ケンブリッジ・グループはこれを大学生活の不可避的な側面とみなし，（不賢明で誤ったことであったが）このような扱いにまったくふさわしくない，かれらの歓迎されざる同僚たちを，この「派閥」と結び付けて考える傾向があった．

　しかし，さらに重要なのは，他の極端には，優秀な若手経済学者たちにとって我慢できないことがあったことである．それは，かれらが容認できないと感じた，一種の知的な強要とかれらがみなしことを，かれらはつよく不快に感じ

たことである．かれらはそれを不寛容の現れとして考える傾向があった．これらの若手経済学者の中に生じた不満は，おそらくケインジアン・グループの不賢明な行動がもっとも破壊的な影響をもたらした側面であった．なぜならそれは，かれらの支配にとって最も有利な時にあってさえ，ケインズ学派から継続と発展の最も自然な基盤を奪ってしまったからである．上のような憤懣は，けっして才能の欠如であるとか，あるいは中身があり実りをもたらすアイディアの欠如を示すものでもなかった――そのことは，これらの若い人たちの大部分が，ケンブリッジを去って他のところで収めた成功によって証明される．それは，責任ある教師として行動すべきであったが，それをしなかった人々の不賢明な行動に対する，一種の本能的反応であった．

　たまたま初期のケインズの弟子たちの――単に年齢の点で――すぐ下にいて，かれらの継承者になる用意があった中間世代がいた．きわめて急速にこの世代は，「ケインジアン」のグループと「新古典派」グループに分かれた．後者は，海外からもたらされた「新古典派総合」を支持し，それによって行動の自由，海外の学派からの強力な外部的支援と，上で触れた守旧派からの内部的な支援の点でも，大きな利益を享受した．他方，「ケインジアン」たちは，当然「ケインズ革命」の発展をもたらすはずの人びとであったし，そのように期待された人びとであった．しかし皮肉なことであったが，かれらは初期の「革命家」であるがゆえの重大な不利な事情を抱えていた．中間世代の人びとは，かれらに続こうとしたが，かれらからわずかな，それも積極的でない支援しか得られなかったし，そして――ある決定的なときに――まったく支援を得られなかったのである．

　わたしは，推測，論評，あるいは危険で複雑な事実に基づかない説明によって，これ以上この側面を追究しないことにしよう．それよりもむしろ，『ケンブリッジ・ジャーナル・オブ・エコノミックス』誌のリチャード・グッドウィンにささげられた追悼号にわたしが書いた，（簡潔な）もっと詳しい伝記的エッセイをここに再現することで，間接的ではあるが，第1世代のケインズの弟子たちが衰退期に直面した（カーンの表現を借りれば）「悲劇」を表す，もっと有効であるとわたしが望んでいる方法を試みる．

　グッドウィンはけっして，イングランドのケンブリッジの産物ではなかった．

かれはシュンペーターのハーヴァードから，すなわち**もう１つ**のケンブリッジからやってきた．かれは公然とかつ完全に，ケインジアンの側にあった．イングランドのケンブリッジにおけるかれの業績によるよりも，むしろ業績ではないところで，いまだ達成されていないケインズ学派の巨大な可能性に対して，グッドウィンは弱い光以上のものを——すなわち，わたしが説明しようとしてきた，ある種の壁に遮られた科学的生産性の輝かしい１例であることを——示すであろう．同時に，むしろひとを楽しませる調子で語られた，次のエッセイの最後における引用は，リチャード・ストーン——もう１人のケンブリッジの特徴的な人物——によるスピーチからであり，コインのもう１つの面を前面に押し出すのに役立つであろう．ディック・ストーンは——ジェームズ・ミードのように——，ケインジアンから新古典派の陣営に移ったとみなされるようになった．かれはもう１人の孤独な性格の持ち主であったが，グッドウィンとは対照的に，そしておそらくその孤独さのゆえに，かれは科学的活動の閉塞に悩まなかった．かれは人生の終末まできわめて生産的であった．かれは——ロイ・ハロッドやジョン・ヒックスによって「他の場所」ですでに選択された道の上で——知的環境の複雑さに対して反応する，もう１つの方法の象徴と見なしてもよいであろう．その——刺激的で制約的であった——知的環境は，ケンブリッジの戦後におけるケインズ経済学派を巻き込んだ．

第7章 リチャード・マーフィー・グッドウィン (1913-1996)

──失われたケインズとシュンペーター・コネクション──

編集上の注：
このエッセイはグッドウィンの訃報を受けて，『ケンブリッジ・ジャーナル・オブ・エコノミックス』誌 (1996, pp. 645-649) のために書かれた（本書のために，節に細分され，それぞれにタイトルが付けられた）．

わたしは唯一生き残っている発足時の顧問として，追悼号の巻頭論文を依頼されたので，発刊当時の『ケンブリッジ・ジャーナル・オブ・エコノミックス』誌の「顧問」であるということが何を意味したかを，読者に思い出してもらうのがよいであろう．（1977 年に）このジャーナルを発刊させた非同調的な若手経済学者のグループは，提案と批判は当然歓迎したが，干渉しないことを条件に年長の同僚たちの支援を求めた．当初これを受け入れた3人（他の人たちは拒否し，あるいは後に参加した）のうち，編集グループの見解や姿勢を誰も完全には共有していなかった（グッドウィンは，誰よりも，感化を与えられたとして，はっきりと名前があげられた著者たちの中に，シュンペーターの名前がなかったことを残念に思った．）しかしわれわれは，激しい反ケインズ反革命が進行中であったときにあって，思想の自由と創造の自由を重んじたのである．

1. 前言

リチャード（友人にとってはディック）・グッドウィン (Richard Murphey Goodwin, 1913-1996) は，緊急の心臓手術の後，1996 年8月6日にイタリアのシエナのある病院において，83 歳で突然亡くなった．かれの旅立ちは，弟子，友人，称賛者，そして経済学者グループから，最も優れ，独創的で謎めいた非同調的な経済学者を奪った．

わたしにとって，ディック・グッドウィンの死は，悲嘆，悲哀，失望が混じり合った，つらい体験であった．かれはケンブリッジでのわたしの最初の先生であった．1956 年10月に，わたしが，経済学（と英語）をほとんど知らず，そこで起きていたすべてのことに関して無知な，外国の研究生として到着した

とき，書店の窓の目立つ場所に並んでいる，出版されたばかりのジョーン・ロビンソンの著書『資本蓄積論』を知った．グッドウィンは深い感銘を受けていた．そしてその重要性を確信していた．しかしかれは，ジョーン・ロビンソンが提案したことが理解され説得的であるためには，それが数学的枠組みの中に取り込まれなければならないとも考えた．かれは，クヌート・ヴィクセルの『国民経済学講義』を読んでレポートを書く，という課題をわたしに課した．かれは，そこには先行研究が見出されるであろうと考えていた（それは正しかった）．わたしはオケルマンとヴィクセルの論争も読んだ．そしてわれわれは，長時間議論した．しかしながら，形式化については，ジョーン・ロビンソンが難しい問題の存在を明らかにしていたということを理解したことを除いて，あまり先には進めなかった．グッドウィンとわたしの間のこれらのやりとりの一部は，かなり後になって，フロスタファーレン・ヴィクセル・シンポジウム（1977 年）でそれぞれが（別々に）発表した論文の中で示された．わたしはむずかしい問題（「ヴィクセル効果」と「リスウィッチング」——Pasinetti, 1978 をみよ）を分析する域を出なかった．グッドウィンはさらに洞察を得るために，新しい数学ツール（「直行一般座標における資本理論」Goodwin, 1977 をみよ）を利用するという，より建設的な課題に取り組んだ．

　この個人的な回顧は，かれから激励，刺激，感化を受けた多くの学生とかれがもったにちがいない関係の 1 例である．これらの出会いについては，もっと人間的な話もあった．かれの指導は，大学ではなく，ほとんどかれの家で行われた．かれの魅力的な妻ジャッキーは，休憩時間に，おしゃべりや，最新の芸術に関する催し物——美術展，演奏会，演劇——についての意見，論評，ゴシップに加わったものである．くつろいでいる時，わたしの注意は，かれの「抽象的印象派」の絵画に引き付けられた．それらの絵画はいつも横たわり，複雑で，ひとの想像力に対して謎めいた挑戦をしていた．わたしは幾何学的形状，色彩の鋭い変化に当惑し，むなしくそれらを解釈しようと試みた．

　その当時，背が高くほっそりとしていて，スポーツマンのような外観をもつ，陽気なアメリカ人が経験した過去の出来事について，わたしはまったく知らなかった．かれは，他のすべてのことに加えて，音楽の最良の録音の仕方を熟知していて，大学の催し物を楽しみ，古い年代物のスポーツカーを夢中で運転し

た人であった．わたしには，かれはアメリカ人に見えた．そしてかれは，生涯一アメリカ人であった．

2. 基本的な経歴

かれの伝記についての詳細は，入手可能な情報源では，非常に少ない．リチャード・マーフィー・グッドウィンは，1913年2月24日に，インディアナ州ニューキャッスルで生まれた．ハーヴァード大学への奨学金を獲得し（1930年），そこでは政治学を専攻し，1934年に卒業した．ローズ奨学金（1934-37年）によって，オックスフォードのセント・ジョーンズ・カレッジで3年間を過ごし，哲学・政治学・経済学（PPE）を専攻して文学学士号（BLitt）を得て卒業した．しかしかれは，ドイツとイタリアを広範囲に旅行もした．ハーヴァード大学に戻って（1938年），経済学の博士号（PhD）を得て，それから経済学部のメンバーとなった（1938-50年）．かれは経済学を教え，戦争中は，陸軍士官に物理学も教えた．それからかれは，1951年にイングランドのケンブリッジにやって来たのである．かれはガードラーズ講師に任命され，それから経済学のリーダーと，ピーター・ハウスのフェローになった．ケンブリッジにかれは，67歳の定年までとどまった（1980年）．しかし，これがかれの経歴の終わりではけっしてなかったのである．かれはイタリアのシエナ大学の経済学の教授職へのコンクールを勝ち取り，そこで（イタリアの）定年である75歳まで教え続けた（1988年）．

3. 画期的な知的業績

このような官僚的なリストは，グッドウィンが嫌ったであろうこと，そのものである．かれが応じた多くの自伝的インタビューの中で，かれのアイディア，かれが受けた影響，知的刺激の起源をたどることは，かれにとってそれよりはるかに重要なことであった．かれは，祖父（銀行員）と父親が大恐慌期（1930年）に破産したことを語ることから，話を始めたものである．その衝撃は，かれがハーヴァード大学で政治学を専攻し，マルクス主義についての論文を書く

ことを決心する要因となった．かれはまた，哲学者によって，そしてとりわけケンブリッジ大学からハーヴァード大学へ来たホワイトヘッドに，どれだけ強い影響を受けたかを強調した．かれは，オックスフォード大学で，ジェイコブ・マルシャックのセミナーに，そしてそれからロイ・ハロッドとの接触に夢中になった．ハロッドは，2年目にかれのテューター（個人指導教師）であった．かれは，ハロッドと一緒に，ケインズがハロッドに送った『一般理論』の校正刷りを読んだ．この偉大な著作は，ハロッドの『景気循環論』（1936）とともに資本主義経済を特徴づける循環的成長過程を理解するための，その後のかれの努力すべての主要な源泉となった．この目標の追求は，その後生涯にわたって，かれを多面的な努力，多様な試みに導くことになった．すなわち，マクロ経済と産業間の，線形と非線形の，振動と不連続（カタストロスフィー）の，確率論的と決定論（カオス）的，諸モデルを研究する試みを，かれは行ったのである．かれは完全に満足することはけっしてなく，生涯の終わりに至るまで，楽観的で探究心をもち続けた．しかし，かれのオックスフォード大学における文学士（BLitt）論文は，ヘンリー・フェルプス・ブラウンの指導の下で，金融政策について書かれたものである．そしてかれは，そこにおける発見を，ハーヴァードにおける博士号の学位をもたらした論文の基礎として利用した（「貨幣の研究，イングランドとウェイルズ，1919年から1938年まで」）．かれは，金融のデータとその分析に集中した結果，貨幣管理は資本主義経済の変遷を理解するためには不十分なヒントにしかならず，基本的な説明を与えないことを，確信した．かれが確信したのは，手がかりは「実物」の現象の影響に求められなければならないということであった（したがって，かれは，ケインズとハロッドに引きつけられた）．

　マサチューセッツ州ケンブリッジでは，かれに対する主な影響は，数学者フィリップ・ル・コルベイレール（振動理論の大家），ワシリー・レオンチェフの投入産出の枠組み（Leontief, 1949をみよ），MITのノバート・ウィーナー，そして特にヨーゼフ・シュンペーターから受けたものであった．シュンペーターとは，かれは親しい友人となった．2人は，政治的問題ではまったく反対の側に立っていたけれども，グッドウィンはシュンペーターのヴィジョンと教養に引きつけられたのである．シュンペーターが亡くなったとき，未亡人のエリ

ザベスは，グッドウィンにシュンペーターの『経済分析の歴史』（未完成）の
最後の部分の原稿を出版のために，整理し編集することを依頼した．

4. ケンブリッジの謎

しかしグッドウィンは，ハーヴァード大学では終身在職権を得ることはなか
った．ドリーベルゲン（オランダ）における最初の投入産出に関する国際会議
で会ったディック・ストーンは，かれにイングランドのケンブリッジに来るこ
とを勧めた．かれは，はじめはフルブライトの客員研究員としてやって来て
（1951-52年），その後終身在職権のある学部のメンバーに任命され，ここに落
ち着いた．

驚くべきことは，グッドウィンが経済学者としてのかれの経歴の中心的なほ
とんどすべての時間（30年）を，ケンブリッジで過ごしたことである．しか
しながら，かれが受けたインタビューの中で，知的な恩義を列挙する場合，ケ
ンブリッジへの言及は最も少なかった．ケンブリッジは確かにかれの気質にも
っとも適した場所であった．それは，かれが教えたいことを教えることができ
る場所であったからである．かれは，自分の時間の多くを芸術的な**趣味**（とく
に絵を描くこと）に費やすことができたし，かれはカレッジのワイン管理人と
してワイン通になることさえできた．しかし経済理論に関しては，この時期は，
かれの経歴の中で最も生産性の低い期間であった．もちろんかれは，その後の
発展につながる論文をいくつか書いた——『ドッブ記念論文集』（1967）におけ
る論文「循環的成長」，インドにおける計画についての経験を反映した，「発展
途上経済の最適成長経路」についての『エコノミック・ジャーナル』誌論文
（1961）を考えてみよ——．しかし，それらは非常に数が少なかったので，最
近の出版と引用に基づいているマーク・ブローグの『経済学人物辞典（Who's
Who in Economics)』の第2版（1983）には，かれはその名前さえ含まれていな
い（さらにいっそう驚くべきことに，アレスティスとソーヤーの『異端の経済
学者辞典（Biographical Dictionary of Dissenting Economists, 1992)』にさえ，かれ
の名前は言及されていない）．たとえかれがかれらの見解をまったく共有して
いなかったとしても，かれが最も理解しようとし，注意を払ったケンブリッジ

の同僚は，ジョーン・ロビンソンとピエロ・スラッファであった．かれは，誰の概念であっても，まずは自分の言葉で表現すべきであるとつねに感じていた．ジョーン・ロビンソンに関しては，かれの努力は中途半端であった．スラッファに関しては，（かれはフォン・ノイマン・モデルのフィルターを通してみて）単純な幾何学的グラフを用いて自分の表現を与え，それらをかれの講義において発展させ，その後 *Elementary Economics from the Higher Standpoint, 1970*（『現代経済分析』）を出版した．

5. イタリアにおけるルネッサンス

かれは引退したとき，ケンブリッジからも引っ越して，田舎の小さな村に移った．しかし，経済学者であれば誰もそれ以上をかれから期待しなかったそのときに，（イタリアの弟子や友人から勧められて）シエナ大学の教授のポストの公開のコンクールに応募することを勇敢にも決めたのである．そのことは言及に値する．イタリアにおける教授ポストへの同様な任命は，後にできた制度であるが，それとは異なった（そして新しい）ルール——いわゆる「直接招聘」——のもとで行われていた．すなわちそのルールとは，ある外国の，すでに評価が確立されている教授を招聘する場合，かれのために特別に設けられた講座に，ある1つの学部が「直接に呼ぶ」決定をする場合である．グッドウィンの場合は，これではなかった．かれの場合は，公開の全国的な競争公募であり，かれは多くの生意気な準備ができた若い連中と競争するリスクをとったのである．委員会の決定は，かれに報いるものであった．

このようにして，1950年にハーヴァード大学から得られなかったものを，かれは1980年にシエナ大学から得たのである．そしてその結果は，驚くべきものであった．グッドウィンの科学的生産性は文字通り爆発した．若く，賞賛に値すると同時に挑戦的な同僚たち，そして「かれの意図に反してひどく働かせる」とかれが言った，手こずらせ要求の厳しい学生たちに囲まれて，ルネッサンスの記憶と芸術作品にあふれたトスカーナの豊かな景色の中でくつろいで，美しい景観に身をさらし，良質のワインを堪能して（そして慎重に選んだスポーツカーを運転し），かれの科学的生産は異常な速さで進展した．

かれ自身が主張したようにかれは，かれの思考を単に再整理しただけではなく，利用可能になった新しい数学のツールや概念を吸収した．以前に書いた論文を集め，序文を書き，3 冊の本を出版したことに加えて，驚くべきことに，かれは新たに 2 冊の本を書いた．1 冊は，新しい数学ツール（カオス理論）の経済学への応用についてであり（1990），もう 1 冊は，『資本主義経済の動学』（第 2 部はリオネッロ・プンツォ Lionello Punzo によって書かれた）（Goodwin & Punzo, 1987）である．本来の情熱を取り戻し，そしてハーヴァード大学時代以来期待されてきた本を，かれはついに書いたのである．

ポール・サミュエルソンは，その本の序文（同 pp. ix）において，次のように要約した．

> かれの新しい著作は，大問題を扱う 1 つの叙事詩である．それは，マルクス流の階級闘争，ロトカ＝ヴォルテラ・タイプの捕食者・被食者のドラマ，フォン・ノイマンの魔術的な自律的成長モデル，投入 – 産出面（あるいは加速度 – 乗数の側面）におけるケインズ体系のハロッド的，スラッファ的展開である．

わずか数年のことであった．そして 2 回目の引退となった（1988 年）．シエナ大学はかれに名誉教授の称号を与えたが，かれは並外れた活動を維持した．数年間，かれは夏をイングランドで過ごし，春と秋はシエナで過ごし，冬はインドで（ル・コルビュジエのデザインした家に住んで）寛大な友人の客人として過ごした．その友人は，かれが可能なかぎりの時間を，絵を描くことに割く機会と楽しみを，かれに提供した．これは，ついに満たされた人生なのであろうか．必ずしも，そうではない．

6. グッドウィンの経済学における創造力の謎の中断：ケンブリッジに問題か

上で書かれたすべてのことから，われわれを当惑させる問題が生じる．そのような創造性の爆発がそんなに長く遅れたのはなぜか，ということである．な

ぜもっと早くに起きなかったのか．そして，なぜもっと効果的に起きなかった
のか．ハーヴァード大学で，かれはハーバラーとシュンペーターから評価され
ていた．驚くべきことに，その2人の年長の経済学者たちは，かれが行うこと
に同意した数学の講義に出席することを決めたのである．かれは間違いなく学
生とうまくやっていた（カール・ブルーナーは，1940年代末，ハーバラーを
除けば，話すことのできる唯一の学部教員はグッドウィンだけだったと述べて
いる．ボブ・ソローは，1940年にハーヴァード大学に入学したとき，経済学
が追究しがいのある主題であると考えたのは，グッドウィンの講義に出席した
後になってはじめてのことであったと書いている）．アメリカの学界における
かれの地位の弱さについては，約束した書籍を出版することができなかったこ
とと並んで，かれは以前共産党員であり，そして1940年代末がマッカーシズ
ムの時代であったことを指摘する説明がある．

　しかし，イングランドのケンブリッジ大学についてはどうか．かれが知的な
側面でそれほど孤立したのはなぜか，と問うてもよいであろう．かれが突然経
済学に興味を失ったということが事実ならば，これはかれが望んだことであっ
たのか．かれはケンブリッジ大学の特権を利用し，大切な芸術的傾向（とくに
絵を描くこと）に時間をささげることを楽しんだ．しかし，経済学はかれの専
門であった．少なくとも，環境がかれの経済学者としての才能を刺激するのに
好都合ではなかった可能性も，調べられるべきであろう．確かに，ケインジア
ン・グループはかれの見解を尊重した（かれは「秘密セミナー」のメンバーで
あった）．しかしかれらは，どれだけかれの潜在能力を促進したり，刺激した
り，あるいは利用したりしたのか．同時に，かれの左翼的傾向は保守的な考え
の学部の一部メンバーたちから支持されなかった．しかし，かれらは，近視眼
的な見方をしていなかったか．30年間の教育の後に，グッドウィンのような
力量をもった著名な学者が，教授の地位を与えられなかったということは，奇
妙なことに思われる．

　グッドウィンのケンブリッジ時代について，あらゆる側面（左翼と右翼，年
長と若手）からの冷静な見直しは，ケインズ直後の時代において世界を引き付
ける中心になった後，ケンブリッジ大学の経済学が公式ランキングにおいて劇
的にその地位を落としたのはなぜかを説明するのに，おそらく大いに役立つで

第7章　リチャード・マーフィー・グッドウィン（1913-1996）　　　199

あろう.

　グッドウィンの2度目の引退の機会に，シエナでリチャード・ストーンは，
じっくりと考えてみる価値のある，興味深い感想を表明している.

　　リチャード・グッドウィンの経歴とわたしのそれを振り返ってみると，わ
　　たしたちは，友人であるが，1度も共同研究をしなかったのはなぜかと，
　　不思議に思うことがある．経済学者としてのわたしたちの目的は同じであ
　　り，お互いの技術は補完し合えるものであり，30年以上もの間，同じ町
　　に住んでいた．わたしたちは一緒に世界を驚かす，見事な研究を生み出し
　　たかもしれない．ときどきそれについて話をしたが，肝心な点に来ると，
　　われわれはそれに対して本腰を入れて取り掛かることはなかった．当然な
　　がら，共同研究は扱いにくい仕事であり，友人であり続けることは世界を
　　驚かすことよりも重要であるという，直観が働いたのであろう．それにも
　　かかわらず，一度も試さなかったのは奇妙である．（Di Matteo, 1990, p.
　　19）

　リチャード・グッドウィンとリチャード・ストーン，この2人の経済学者は，
まったく同じ年齢で，その関わった経済学に有益な数学を応用することに人生
をささげ，30年間同じ大学に勤めた良い友人であったが，かれら自身の間で
考えを実際に交流させることはまったくなかった．これは驚くことではないか．
最後に，ストーンは国際的に認められた（ノーベル賞を受賞した）．同様にそ
れにふさわしいグッドウィンは，主流派の回帰線からあまりに離れすぎていて，
考慮される希望さえなかった．気質の点では，両者とも温和で人情味があり，
ひとあたりがよく，協力的な性格であった．どちらも過激な派閥争いには直接
かかわりをもたなかった．かれらは論争を避けた．ストーンは全般的に見て
「新古典派総合」と関係し，グッドウィンはケインジアンと関係すると思われ
た．しかし，間違いなくこれは，かれらが互いに，あるいは他者から孤立した
ままであったことの説明にはならない．明らかにいっそう深く，あるいはもっ
と踏み込んでみるべきである．友人であり続けるために，考えられうる紛糾を
避けたのか．しかしどのような紛糾なのか．世界は待つことができたであろう

か．しかし，誰のために，いつまでか．

ストーンの結びの文は示唆的である．同時に納得いかないものでもある．経済思想の歴史家は，間違いなくこの問題を研究することであろう．その間は，それは厄介な問題として残るであろう．

7. リチャード・グッドウィンの主要著作（抜粋）

1949, 'The Multiplier as a Matrix', *Economic Journal*, vol. 59, pp. 537-555.

1961, 'The Optimal Growth Path for an Underdeveloped Economy', *Economic Journal*, vol. 71, pp. 756-774.

1967, 'A Growth Cycle', in Feinstein, C.H., ed., *Socialism, Capitalism and Economic Growth, Essays Presented to Maurice Dobb*, Cambridge University Press, pp. 54-58.

1970, *Elementary Economics from the Higher Standpoint*, Cambridge: Cambridge University Press. 内田忠夫訳『現代経済分析』マクグロウヒル好学社，1978 年.

1977, 'Capital Theory in Orthogonal General Coordinates', *Wicksellian Symposium*, Frostavallen Sweden; printed in Goodwin , 1983, pp. 153-172.

1982a, *Intervista a un economista: Richard Goodwin*, with a biography, edited by Maura Palazzi, Bologna: Clueb.

1982b, *Essays in Economic Dynamics*, London: Macmillan. 有賀裕二訳『非線形経済動学』日本経済評論社，1992 年.

1983, *Essays in Linear Structures*, London: Macmilan. 有賀裕二ほか訳『線形経済学と動学理論』日本経済評論社，1988 年.

1987（with L.F. Punzo）, *The Dynamics of Capitalist Economy: a Multisectoral Approach*, Cambridge: Polity in association with Basil Blackwell.

1989, *Essays in Nonlinear Economic Dynamics: Collected Papers 1980-1987*, Franklin and Main; Verlag Peter Lang.

1990, *Chaotic Economic Dynamics*, Oxford: Clarendon Press. 有賀裕二訳『カオス経済動学』日本経済評論社，1992 年.

後奏：独立のための闘争

　必然的なことであるが，ケインズの初期の弟子たちが定年に達する時がやってきた．かれらは真の後継者を指名することについて，考えていなかった．このことは，ケインズ経済学にとって，本当に悪い時期に重なった．反ケインズ・反革命が大西洋の向こう側で起こり，広がっていたのである．

　ケンブリッジ大学経済学部において，「新古典派」グループにとって，すべての重要なポストを引き継ぐ過程は簡単なことであった．経済学部は，きわめて急速に，世界の経済学研究の中心としての地位は言うまでもなく，英国の大学間においてさえ，その卓越した地位を失った[1]．

　「ケインズ革命」は，いささか組織立ってない形で世界にひろがり続けたが，ケンブリッジ大学においてはそうではなかった[2]．1980年代までに，ケンブリッジ大学の教育と研究において，ケインジアン——と通常いうところの非正統派——は二次的な立場に閉じ込められた．

　見落とされてきたように思われるこれらの変遷には，1つの重要な側面がある．1950年代と1960年代のケンブリッジ大学の環境にあって，ケインジアン・グループの行動は不適当あるいは不賢明であったかもしれないが，それは，英国の学術における経済学的思考の威信，その勢い，世界的評価を高く維持するうえで，重要な効果をもった（そして，さらに拡大して，旧大陸全体の評価をも維持したと言うひとがいるかもしれない）．この側面は，特にケンブリッジ資本論争のときに，ケインズ学派に対する同時代の批判者たちによってまっ

---

　1)　原書 p. 35，本書 35 頁をみよ．
　2)　再び，原書 p. 45，本書 45 頁をみよ．

たく無視された．ケインジアン・グループに対する敵意は，かれらの学術的な力が衰えているときに，つまり1970年代から着実に増大した．ケンブリッジ・ケインジアンに対する反対者たちは，かれらの業績の顕著な側面にほとんど注意を払わなかった．事後的にみると，これは近視眼的な態度であることが，のちに明らかになった．それはまた，空席を埋めるために採用された若い人々に，必然的に影響したからである．かれらは，たいていは気づかぬまま，当時広まっていた敵対的な態度によって飲み込まれた．そしてその態度は，英国，そしてさらに拡張して旧大陸において独立した経済学的思考を維持することの重要性について考慮することをしてこなかったのである[3]．

　この間，世界中で「ケインズ革命」という言葉が使われ続け，また広がってもいった．わたしがすでに上で指摘したように[4]，それは異なった場所，異なった著者によって，異なった意味をもち，驚くほど多様で，そしてときには互いに対立する，異なった見解を生み出した．その結果は，ケンブリッジのケインジアン・グループがほとんど唯一，もともとの純粋に「革命的」な特徴を維持したように（少なくとも，この言葉をその文字通りの意味にとるならば，す

──────────

3)　次のようなことを見いだすのは，興味深い．ロバート・スキデルスキーは，ケインズの伝記第3巻（Slidelsky, 2000）を出版する直前に，広く歴史的に見て，ケインズの努力のこの側面を正確に認識し，それに応じて「王子としての経済学者」から「英国のために闘う」（米国に対して，同, p. xv をみよ）へと，かれの進行中の本の副題を変えた．驚くことではないが，この副題はアメリカの書評者を喜ばせなかった（De Long, 2002）．この書評者は，ケインズの立場のこうした側面を強調したスキデルスキーを厳しく批判し，それをさもなくば「際立った知的業績」になったであろう中の「大失敗」にほかならないと見なした（同, p. 155）．実に驚いたことに，スキデルスキーはアメリカの出版社の圧力に対して，潔く屈服し，完全な方向転換を行った．その本のアメリカ版において，かれは中立的な「自由のための闘争」に副題をまるっきり変えた．しかし，かれは自分の考えの変化を説明するために，アメリカ版にまったく新しい序文を追加しなければならなかったのである．しかし，悪魔が悪さをしたようにも思われる．同じ新しい序文において，おそらくそれとは気づかずに，スキデルスキーは，ケインズの主要な目的は「われわれが独立した行動ができるようにしておく」ためであったという省句を，ケインズから引用するという間接的な矛盾をおかした．

4)　カッフェ講義II，本書第2章をみよ．

なわち，伝統との**断絶**の意味で）思われる．その確信は，経済理論全体の配置を変え，経済理論全体が，現在支配的な枠組みに対して，代替的で客観的な基礎的枠組みの中にしっかりと位置づけられなければならない，というものである．この特徴そのもののために，ここで，その最も重要かつ基礎的な特徴を取り出すという，大胆な努力を行うことは，意味のあることであると思う．

多年にわたってケンブリッジのケインズ学派と関係をもってきたわたし自身のような人間にとって，代替的な経済学のパラダイムを構成する一連の基本的な建築ブロックは，新古典派のパラダイムと比較すると，最初からきわめて明確であった[5]．それらの構成要素をわたしがどのようなものとして認識したかを説明してみることにしよう．個人的な認識であるので，ここで示すリストは，必ずしも網羅的なものではないし，ましてやそのグループのメンバーたちの著作の中にすべてはっきりと見いだされるというわけではないし（かれらはこの側面を無視した），かれらが直ちに承認するようなものでもないであろう．このことは強調しておく必要がある．推論と論理がかれらに対して要求したはずの総体的な枠組みを認識するのを困難にしたのは，グループのさまざまなメンバーの間の感情と態度における多様性そのものであった．これらの特徴をはっきりと浮かび上がらせるには，未完に終わったかれらの努力の糸を拾い上げ，まとめて織り合わせる前に，これら個々の特徴をはっきりと見えるように浮かび上がらせる努力が必要である．

そのために，次のような，（それらすべてが必ずしもつねに共有されていたわけではないという問題があるとしても）わたしにとってはきわめて明らかな典型的な特徴のリストを，あえて以下に示しておこう．

1．経済理論の出発点としての現実（単に抽象的な合理性ではなく）

これは，「事実が変わるとき，わたしは自分の考えを変える」[6]と述べる勇気をもっていた，ケインズに由来する，典型的な特徴である．ケンブリッジのケ

---

5) Pasinetti, 1981 の序文をみよ．
6) これは，以前の発言を変えたことで，ケインズを非難した同僚に対して，かれがこのように応えたとされている．Malabre, 1993, p. 220 をみよ．

インズ学派全体が，論理のルールは満たすが事実を尊重しない，合理的に行動する個人の，純粋に架空的世界に対して強い反感をつねに示した．どのような理論も，事実にもとづく証拠を基礎としなければならない．その事実の証拠は，研究のはじめから重視される必要があり，最後になって実証的テストに付すというだけでは十分でないというのが，つねにかれらの信念であった．研究対象の現実が，前産業化社会のより静的状態に対するものとしての，変化への傾向や発展的構造をもった産業化社会のものであるとき，この特徴はきわめて重要になる．ケインズは，(「交換」あるいは物々交換という現象に基本的にもとづくと見なした) 未発達な経済と対照的に，かれの分析対象は「貨幣的生産経済」であることを強調することで，この特徴を表した[7]．カルドアにおいて，この関心は，かれが「定型化された事実」と呼んだもの，すなわち単純化や抽象化の必要性を伝える鮮やかな手段であるが，同時に産業化された世界の最も重要かつ具体的な特徴との接点をけっして失わないことの必要性をも伝えるものを選び出すという形をとった．「定型化された事実」という言葉によって，対応する現実の客観的な特徴を理解することを可能にするのに，十分に一般的かつ安定的であるという経験的な規則性を意味した．ケインズ「革命」自体がこの特徴から生じたということは，覚えておく価値がある．ケインズは，大恐慌という劇的な事件がなかったならば，自分の考えを変えて『一般理論』を書くことは，けっしてなかったであろう．

2. 内的整合性を備えた経済理論 (形式的厳密性だけでなく)

　経済理論は出発点そのものから，事実を尊重しなければならないだけではない．それは，分析を行う間，経済の現実との密接な接点を維持することも必要である．これは，いかなる経済も典型的に複雑で進化しつつあるシステムであるからである．そのようなシステムにおいては，出現しつつある基本的なパターンを取り出す——そしてそれを見失わない——ことが重要である．すぐれた経済分析は，抽象的で演繹的な論理だけをもっぱら基礎にしてつくりあげることはできない．ケインズ，カーン，ジョーン・ロビンソンは，経済学が，一見

---

7)　Keynes, 1973a, pp. 253-255 をみよ.

矛盾した証拠に思われることについて定性的な判断を必要とする技術であることを，つねに強調していた．すなわち，それは，迷路のように錯綜したアイディアや現象を，系統だて，首尾一貫した1つの体系にする直観を必要とするということである．さらに経済学は，政策的含意を引き出すには，注意深さを必要とする．しかし，利用される演繹的論理は，完全防水でなければならない．その基礎的な理論の枠組みは，内的整合性を欠くことは許されない．この特徴は，スラッファの『商品の生産』という精巧に組み立てられた作品のなかで，非常に顕著である――スラッファのこの本は，この点で傑作である．理論には内的整合性が必要であると述べることは，「形式的厳密性」が必要であると述べることと同義ではない．「形式的厳密性」とは，今日，数学言語，公理的演繹論理，形式的証明の併用を意味するのに用いられる言葉である[8]．スラッファの傑作が純粋な数学言語で書かれなかったということは，念頭に置くべきである――スラッファは，ケンブリッジ大学でかれが意見を求めた著名な数学者の助言に反して，あえてそのような選択をしたのである．

　測定に関する具体的な問題に関して，スラッファの立場の1つの総合が資本理論に関するコルフ島コンファレンスでかれが行った，簡潔であるが意味深い説明の中に，見出されるかもしれない．そこでかれは，経済数量のいかなる測定も，――実際的必要性によって近似するときでさえ――，けっして論理に反してはならないと主張した[9]．この点で，2つのケンブリッジ間で行われた1960年代の資本論争は，論理的整合性の問題そのものについての論争であり，英国のケンブリッジの経済学者たちが勝利したということを想起するのは，有

---

8)　イタリアの数学者ジョルジオ・イズラエルは，最近，多くの経済学者の間で「科学的厳密性」の概念と「公理化」の概念を同一に扱うという，広く見られる傾向を批判してきた．これは，アンリ・ポワンカレ，ヴィト・ヴォルテラ，アルベルト・アインシュタインのような偉大な応用数学者によって採用された厳密性の概念と，まったく正反対であるとイズラエルは指摘する．かれらにとって「厳密性」は経験的結果の基盤と一致するという意味をもっていた．その反対は「非形式的」ではなく，経験的に確認できる個人間の観察に制約されないものである（Israel, 1981をみよ．またより広範な議論が，『エコノミック・ジャーナル』誌のWeintraub et al., 1998で行われた）．わたしは，この概念がケンブリッジ・グループで採用されたものにきわめて近いと感じる．

9)　Sraffa, 1961, pp. 305-306.

益であろう[10].

3. 経済思想史におけるアイディアの主要な源泉としてのマルサスと古典派 （ワルラスと限界主義者たちではない）

わたしは，支配的な正統派（ワルラス派）との断絶の必要性を，本書で繰り返し示唆してきた．一般にケンブリッジ学派のこの特徴は，純粋に否定的な意味をもつ特徴として，一面的に理解されてきた．これは正しくない．わたしは，この特徴は多くの肯定的な含意をもつ，別の側面からも考えられるべきであることを強調したい．とくに，肯定的な含意というのは，古典派経済思想（とくにスミス，マルサス，リカードウ，マルクス）の復活であった．ケインズは，マルサスの賛美者であり，かれを有効需要の原理の先駆者と見なした．かれは，マルサスの考えが支配的であったならば，経済思想史全体がまったく異なっていたであろうということを，幾分誇張して主張するほど，マルサスの貢献に魅力を感じていた[11]．その後，『デイヴィッド・リカードウ著作集』全11巻の批判的編集版によって，古典派経済学のこの復活へ決定的な道筋を与えたのは，スラッファであった．加えて，そのうすい著書（1960）によって，古典派の分析手法を復活させただけでなく，それを十分に利用することによってかれは，まず限界主義の経済理論の「批判の基礎としての機能を果たす」1組の命題を引き出し，さらに進むべき他の方向性を提案したのである．したがって，古典派経済学者たちのアイディアや方法の再評価は，ケンブリッジ学派の中核的諸貢献を理解するのに，そして「交換」経済のパラダイムよりも，むしろ「生産」経済のパラダイムの枠組みでそれらの貢献を構成するのに，中心的な意味

---

10) 新古典派の生産関数の概念に分析の基礎を与えると主張するレバーリ＝サミュエルソンの非スイッチング定理は，分析誤差のため間違いであったことが証明された．（最初の証明としては Pasinetti, 1966, 1969 をみよ．そして有益なサーベイである Harcourt, 1972 をみよ）．

11) ケインズが（リカードウを含めた）マルサス以後のすべての経済学者を「古典派」と定義した根拠がこれである．象徴的にセー法則を判別要素とみなすことで，かれは（紛らわしいのであるが）古典派と限界主義者の区別を（他の要素に基づいては）行わなかった．

をもつと思われる．古典派経済学者たちとのこうしたつながりは，新古典派経済学との断絶を否定的な意味のみで考えることができないということを示している．なぜならばそれは，現代的な装いのもとに古典派の経済理論を復活させるという，積極的な意味をともなっているからである．そうした復活は，さまざまな理論上の原理をただちに復活させるだけではなく，経済思想の歴史におけるさまざまな理論のルーツを回復させるのである．

ケインズが関係を絶つことを決意した支配的見解に対し，あまりに融和的な態度がもたらす危険な結果について，かれが論争の最初期において，確固たる態度で非難している説明が見出されるのは，ここにおいてなのである．『一般理論』出版の少し前に（1935 年 8 月 27 日），かれがハロッドの安易な妥協を厳しく非難していたことが思い出されるべきである[12]．

そしてふたたび――『一般理論』の出版後間もなく――，ヒックスが IS-LM モデルを提示した 1936 年オックスフォードにおける学会でハロッドによって報告された論文に対するコメントとして，ケインズは次のように繰り返し述べた．

有効需要，あるいはより厳密に言えば，全体としての産出物に対する需要表について，それが乗数の中に含意されていることを別にすれば，あなたはそれに言及していない．歴史的に見て，わたしにとって最も異常なことは，全体としての産出物に対する需要と供給の理論，すなわち雇用理論が，四半世紀の間，経済学において最も議論された**後に**，完全に姿を消してしまったことである．わたしの『貨幣論』が出版された後で，わたしにとって最も重要な考えの変化の 1 つは，突然このことに気づいたことであった．他の誰によってもそのように表現されることはなさそうであるが，所得が増加するとき，所得と消費のギャップが拡大するであろうという心理法則が――わたし自身の思考にとって巨大な重要性をもつ結論であるが，他の

---

12) 「あなたは私の建設的な部分を受け入れているように見えますが，これと非常に大事にされてきた見解との間になんらかの調和を得ることは，私の建設的な部分を部分的に誤解している場合にのみ可能なことなので，あなたにみられるその傾向の兆候についてわたしはひどく心配しています」（Keynes, 1973a, p. 548）．

誰にとってもそのようには明確に表現されたことがない——自分自身に明確になった後ではじめて，思考の変化がやって来たのである．それからかなり後になって，流動性選好の尺度としての利子という概念が，利子について考えるとすぐにわたしの頭の中で非常に明確になった．最後に，はかりしれないほどの混乱と多くの原稿を書いた後で，資本の限界効率の適切な定義によって1つのものが他のものと結びついたのである（Keynes, 1973b, p. 85, 訳110, 111頁）．

以前にかれは，次のように明確に説明していた．

　　……資本の限界効率に関するわたしの定義は，かれ［すなわちマーシャル］の研究あるいは他のどの古典派経済学者の研究の中に見られるものとも，まったく異なる……．わたしがこのことを強調するのは，資本の限界効率の定義を発見したことが非常に些細なことで，形式的なもの以上ではないように見えるが，わたし自身の思考の発展の中では，それは絶対的に重要なものであったからである（Keynes, 1973a, p. 549）．

　ここで，ケインズがかれの革命的著作のすべての主要な構成概念を強調していることに気づくであろう．すなわち，有効需要，所得と消費のギャップ，乗数，新しい利子率の理論，資本の限界効率である．これらの概念のいずれもが，ヒックスの「提案された解釈」には，事前の操作なしに組み込まれることはなかった[13]．それらはすべて，ワルラシアンの連立方程式モデルにはめ込むために歪められた．そのモデルは，ケインズの本来の『一般理論』のモデルと対照的なものである[14]．したがって，ケインズの本来の考えを明らかにするための

――――――――――

13）　わたしは，これらの基本概念のうち少なくとも2つに，立ち戻る機会があった．i) ヒックス（とすべての新古典派経済学者）が混同していた，新古典派の資本の限界生産性の概念とは，完全に異なるものであることを示す，投資の限界効率（Pasinetti, 1997a をみよ），ii) 貨幣的生産経済の基本的な真の特徴としての，有効需要の概念である（Pasinetti, 1976）．

14）　下記のリストの4をみよ．

闘いが必要であるということは，適切であり，完全に正当化される．和解への傾向——マーシャル経済学だけでなくとくにワルラス経済学との——と，ケインズがはっきりと提唱した「革命」の基本的出発点であった正統派とのつながりを断つ確固たる決意との間に，はっきりした分水嶺をひくために，それは必要であったとさえ言ってもよいであろう．

4. （定常的で無時間の経済システムに代わる）非エルゴード的[15] 経済システム

　ケンブリッジ学派は，いかなる経済システムも歴史的時間の枠組みの中で分析されるべきであり，この時間次元は分析から取り除くことはできないと確信していた．このことは長期だけでなく，短期の分析にも当てはまる．歴史的時間の重要性を認識することは，経済システムは静止点をとることはないし，時計をもとに戻すこともできないという信念に結びついている——この信念は，やや専門的であるが的確に言い表す用語である**非エルゴード的**，という言葉で要約される概念である．より簡単に言えば，このことは，未来は過去と結びついているが，過去と一致することはけっしてない，ということを意味する．この特徴は，ケンブリッジ学派のメンバーの間で，さまざまな形をとって現れた．ケインズは不確実性の役割と，将来起こることの予測不可能性を強調した．スラッファは，進化しつつあり予測不可能な経済システムの発展は，経済理論が事実に反するものになってしまうことを避けるために，特定の時点での現実の静止画像を表すだけのものとならざるをえないと考えた[16]．ジョーン・ロビンソンは，歴史的時間と論理的時間の明確な区別によって，おそらく他の誰よりもこの特徴を強調した．前者は，事象の流れを不可逆な過去から未知の将来まで系統立てるのを可能にするので，経済学を理解するのにきわめて重要である．後者は，人類の歴史が無差別に戻ったり進んだりできる水圧装置のようなものではないからこそ，ひとを誤りに導く可能性がある概念となる．

15）　この決定的に重要な用語の使用は Paul Davidson, 1983 によっている．
16）　原書 p. 191, 本書 175, 176 頁をみよ．

5. 因果関係対相互依存関係

　歴史的時間の概念は，因果関係の問題を提起する．経済的な関係は必ずしもすべてが連立方程式体系に押し込められるべきではない，という信念を強調するため，ここでこの概念について言及する．重要な点は，問題は方法論的なものを越えているということである．経済学においては，純粋に相互依存の関係が存在する．しかし，因果の連鎖に関するかぎり，その性質上非対称的である，他の重要な経済的関係も存在する．それらは，すべてのものがすべてに依存するとする論理的枠組みに，強制的に取り込まれるべきでない．そうした強制は，任意の変数をまったく重要でないものとみなすか（この場合無視される），**あるいは**いくらか重要であるとみるが，この場合は，その変数が他のどんな変数とも，同次元かつ対称的なものとして扱うという，正当化できない厳密な区別を導入することに等しい．後者の，他の諸変数が前者の変数に比べていかに重要であるとしても，である．ケインズとケンブリッジ大学のケインジアン・グループ全体は，事実面で最も重要な変数や関係を最初に取り出すこと，そしてその他の変数ないし関係は近似化の第2段階に残しつつも，それらについての「保留や条件」を「われわれの頭の片隅に」おいておくこと，これが必要であるとつねに考えていた（Keynes, 1936a, p. 297, 訳 297 頁）．このことは，「因果」型の諸関係の連鎖の存在を認識していることを含意するが，それにもかかわらず相互依存型の関係の部分集合（ときにはかなり大きな部分集合）を排除しない[17]．したがって，因果関係と相互依存関係は，ケインズ経済学のケンブリッジ学派のメンバーの著作において，ともに存在している．カルドアは，多くの変数が原因と結果の強い連鎖で時間を通じて結びついているという認識から，因果関係の動学面をいっそう明確に強調した．かれは，結果の——収斂というよりは——むしろ分極化をもたらす過程である，**累積的因果関係**という概念で，この現象を定義した[18]．

17）　これらの点について，わたしは詳細を補足し，論じる機会をもった（Pasinetti,
　　　1965, および 1974, 第2章）.

18）　とくに，Kaldor, 1966, 1977, 1981 をみよ.

6. ミクロ経済学より先にマクロ経済学

　ケンブリッジ学派は，マクロ経済学の次元がミクロ経済学の次元に対してつねに先に来るという分析を提案した．この学派の各メンバーの理論的諸命題は，通常，主観的行動（あるいは選好），そして単一の個人の行動の研究から出発することを避けた．ケンブリッジの経済学者たちは，全体としての経済システムの動きは，厳しく制限された条件の場合を除き，それが唯一の帰結としては現れないという意味で，単一個人の部分の合計に還元されえないという原理を，きわめて明確に理解していた．幾度となく現れるのは，単一部分の合計は，独立に決まるマクロ経済の結果ないし制約に**適応**しなければならないということである．ときには，マクロ経済学の次元で，それらはまったく新しく現れる関係である．このことは，経済研究の1つの真性の分野としてのミクロ経済学の役割が否定されることを意味するものでは**なく**，ミクロ経済の行動を基礎にしただけでは，重要なマクロ経済現象を説明できないということを**意味する**．

　単一の個人について真であることを，全体としての経済システムの行動に拡張しようという試みに対して，ケンブリッジ学派が強調してきた合成の誤謬の多くの事例がある．ケインズ自身ほど，マクロ経済学とミクロ経済学の相違を，肯定的に強調した人はいなかったであろう．「全体の経済行動の理論と個々の単位の行動の理論との間には，決定的な相違［がある］」（Keynes, 1936a, p. 85, 訳 86 頁）．スラッファ（1960）が，所得分配を扱う中で，マクロ経済的視点から経済システムを観察し，個々の価格の変化と所得分配の変化の間の関係の非単調性を示したことを強調してもよい．このようにしてかれは，経済システムが単純化された1財世界の特徴を示すものへと還元できないことも証明した．いずれにせよ，ケンブリッジ・グループ全体が，決定的に重要なマクロの経済関係の認識や，部門ごとの数量および（あるいは）ミクロ経済的数量の合計ないし集計からでは単純に導くことのできない，マクロ的な数量や関係に関する認識をつねに共有していた．

　はじめにケインズ，それからすべてのケンブリッジのケインズ学派は，われわれが真にマクロ経済的であると定義する関係や数量の追究を進めた．この用語は，個々の構成要素がどのように決定されたかということとは独立した，マクロ経済の関係や数量を**それ自体として**定義するためのものである．この態度

は，後の経済学文献の中で，「マクロ経済学のミクロ経済学的基礎」の探究と安易に呼ばれることになったものと著しく対照的であり，このような表現は，個人の最大化行動に関するワルラシアンの仮説集合を経済分析において許容可能な唯一の仮説集合として採用するという，一般的には許容できない見方を意味している．明らかに，個人の行動に関するワルラシアンの仮説は，その上に経済行動の関係が構築される多くの仮説のうちの1つにすぎない．結論として，受け入れることのできる唯一の経済モデルとしてワルラシアンの行動モデルを押し付けることは，上で定義した意味での，**真の**マクロ経済的関係が存在しうることを否定するのと同じことなのである．これは受け入れることはできない．どのような複雑なシステムの分析においても**出現する特徴**の可能性に関する周知の原理に基づいて，それは簡単に拒絶されるであろう．

7. 産業経済の正常な状態としての不均衡と不安定性（均衡ではない）

　カーン，ジョーン・ロビンソン，カルドアにおいて際立っていたこの特徴は，現代の生産経済が完全均衡の状態にはけっしてなりえないという確信を表す．顕著な例を挙げると，カルドアはエール大学の「オーカン記念講義」（1983）での基礎をこの特徴に置き，それを「均衡のない経済学」と印象的な呼び方をした．言うまでもなく，これはきわめて広範な問題であるが，非常に基本的なものである．それは，1世紀にわたって「セー法則」として知られてきたものの否定，すなわち，任意の生産能力の初期構造の下で，それがどんなものであれ，競争市場メカニズムが，潜在的生産能力に等しい需要を生み出し，したがって労働の完全雇用と現存資源の完全利用をもたらす，1組の均衡価格を生み出すとする命題の否定をともなうのである．ケインズはこの命題をひっくり返すことから始め，対応する生産を生み出すのは**有効需要**の大きさであり，実際の生産は労働の完全雇用と現存資源の完全利用に対応する規模を下回る結果になりうることを強調した．これらの問題が適切に解決されることはなかった．重要な点は，産業化された経済の動態には，（より原始的でどちらかといえば静態的な経済に対置した場合），既存資源の完全利用と労働力の完全雇用への自発的で自動的な傾向に依存することを許さない，根本的かつ本質的な何かが存在するように思われるということである．しかしわれわれは，その固有な不

安定性の起源（あるいは諸起源という方がふさわしいかもしれない）を，どこに見出すことができるのか．『一般理論』において，ケインズがかれの時代の不況の問題を強調することに専念したことで，すべての人たちの関心が短期に向けられた．そしてこれが，長期の問題を軽視する原因となった．このような態度は，有名になった引用文（「長期的にみると，われわれはみな死んでしまう」）の乱用によって，強化された．その言葉は，『一般理論』の中には見出だされ**ない**もので，しかもたいていの場合，文脈とは関係なく引用される．その1節は『貨幣改革論』（1923）に由来し，そこではもう少し広い文脈において，次のように書かれている．

> 長期的にみると，われわれはみな死んでしまう．嵐の季節にあって，経済学者が言えることが，嵐が過ぎれば海はまた平らかになるであろう，ということだけであるならば，かれらの仕事はあまりにも簡単で無用である（Keynes, 1923, p. 88, 訳 66 頁）．

このように，ケインズは短期と長期の両方を考慮している．「嵐」の間の——短期に特有な——不安定性は，ほぼきまって注意を引く唯一のものであって，一般に金融市場に関係していた．論点は，巨大な規模の抽象的購買力が**いつ**，あるいは**どのようにして**財，サービスへの有効需要へと転換されるかについて何らの決定を下すことなく，企業，家計，金融機関一般がこの購買力を保有し，巨大化させることさえできるということである．今日では，それらは，ほんの数秒でそれらの購買力を，世界中に移動させることができる．しかしながら，不安定性の重要な源泉はこれ1つだけではない．ましてや動揺を引き起こすように作用している，唯一の源泉ではない．これらの諸力を小さなものとみなしたり，あるいは無視したりするのではなく，われわれは不安定性の別の源泉がもっと深いところに存在し，したがってさらに強い影響力をもっているということを強調しなければならない．時間的視野を日ないし月だけでなく，数十年を含めるまで，ほんのわずかに広げると，この重要な不安定性の源泉は非常にはっきりと浮かび上がってくる．それは，時間（そして技術知識）が進むにつれて，産業経済システムの物的構造，価格構造，雇用構造の中で起こる

変化の不可避的な必然性に関わっている.

　ケインズのイメージに話を戻すと，長期において「平坦な大洋」は存在せず，いかなる一時的な「嵐」の前でも後でも，その最中でも，それは存在しない．平坦な大洋というのは，伝統的経済学の定常均衡の考えから来る，誤解を招くイメージである．貨幣的生産経済においては，対象の基礎的諸条件はつねに一貫して動いており，なによりそれらは，一様でなく，かつ連続的な変質過程のもとにある．これこそが深いところにある不安定性の源泉であって，産業革命を経験したすべての経済システムに典型的な，本質的に**構造的な**動態に，それは起因するのである．ケインズ経済学以外は言うまでもなく，ケインズ経済学者の間でさえ，この決定的な点に，あまりにも少ない注意しか払われてこなかったのである[19].

8. 技術変化と経済成長を扱うのに適切な分析枠組みを見いだす必要性

　『一般理論』の出版から数か月後，ロイ・ハロッド宛の書簡の中で，ケインズが自身の理論的枠組みを動学へ拡張することの必要性を認めたことを想起することは，重要である[20]. ハロッド自身（1939, 1948）が最初にその挑戦に乗り出し，その方向に進んだ．かれは，ケインズ理論を動学的な設定の中に組み込むための，首尾一貫した理論的枠組みを提案した．その後，間もなくして，経済成長の問題は，ケンブリッジ・グループの全員が非常に熱心に取り組む問題の1つとなった（もっとも，スラッファは明らかに躊躇していたが）. グルー

---

19)　この内容には，ケインズ理論を主要な短期経済変動モデルとみなし，その一方で長期では，大洋が「再び平らになる」とき新古典派一般均衡理論が支配する状態に戻ると主張する，いわゆる「新古典派総合」における，ケインズの概念の利用（誤用）もある．次のソローの言葉が当てはまる：「……短期のケインジアン，長期の新古典派であり，コミットメントの組み合わせは正しいものであろう」（Solow, 1997, p. 594）. わたしが思うところでは，この意見は，比例的なタイプの経済動学の文脈にたいしてだけ意味をもつのであり，産業システムには当てはまらない．

20)　ケインズは，ハロッドの「ケインズ氏と伝統的理論」（1937）の草稿に対して批評を加えながら，次のように主張していた．「わたしは，君が見事に議論を新しい方向へ向けてくれたと考えています．将来の動学理論に関して，君が最終的に示したヒントにも同意します」（Keynes, 1936b）.

プのメンバーたちは非常に効率的に，かつある程度は首尾一貫して，この問題に関する研究を続けた．当初からメンバーたちは所得の成長と分配の間に密接な関係を見出し，これら２つの分野で多くの重要な貢献をした．それと同時に，スラッファは，マルクスの矛盾というパンドラの箱を再び開け，所得分配に関わる問題がそのなかに位置づけられ，したがって社会的生産物の分配の決定における歴史および制度の役割の考察への道を開く，（古典派の線での）まったく新しい枠組みを提示した．ハロッドの『動態経済学序説』とともに，ジョーン・ロビンソンの『資本蓄積論』，カルドアのケインジアン成長モデルのさまざまな定式化（Kaldor 1956, 1957, 1961, 1962, 最後の論文は「技術進歩関数」を含む），さらにカルドアの「ケインジアン」の所得分配理論により[21]，経済成長，技術進歩，収穫逓増の問題が舞台に登場し，これらはケインジアンの経済研究全体にとって不可欠な構成要素となった．これらすべてを考慮しても，技術進歩への関心が十分に追究されなかったことは，付言しておいてよいであろう[22]．

　もちろん，技術進歩はケインズの『一般理論』における中心的問題ではなかった．この本は大不況の影響に焦点を置いていたからである．しかし，技術進歩がケインズの念頭にまったくなかったと論じるのは，誤りであろう．つぎのようなケインズの直観のすばらしいひらめきを今日発見するのは，依然として驚きである．ケインズは，かれの最も才気溢れるエッセイの１つ（それは1930年代の不況が最も深刻だった頃に書かれたことを強調しなければならない）において，当時悲観的な見通しが広く蔓延していた最中にあって，驚くほどの平静さと冷静さで，はるか先の将来を見通して，次のように「予言」していた．

---

21) 　カルドアの分配理論——ケインズの有効需要理論と整合的な「因果連鎖」を取り上げつつ，それによってリカードウの所得分配理論の背後にある「因果連鎖」を逆転させるというもの——が明らかにした，資本の本源的蓄積と完全雇用水準の設備投資という必要条件がともに満たされなかった場合に，技術進歩の結果のすべてが必ず労働に向かっていく様子を想像するのは興味深い．

22) 　わたしはPasinetti, 1999の中で，成長論の研究者すべてに関係するこの欠陥の原因を研究する好機を得た．

……重大な戦争と顕著な人口の増加がないものと仮定すれば，**経済問題**は，100年以内に……解決されるか，あるいは少なくとも解決のめどがつくであろうということである（Keynes, 1930b, p. 326, 訳393頁）．……進歩的な諸国における生活水準は，今後100年間に現在の4倍ないし8倍の高さに達する（前掲書, p. 325, 訳392頁）．

　かれは，そうした劇的な変化の結果生じるであろう，社会的難題をさらに明確に予見することができた．すなわち，

　　われわれは，新しい病気に苦しめられている．一部の読者はその病名をまだ耳にしていないかもしれないが，今後何年かのうちに頻繁に耳にすることになるであろう．その病名とは……**技術的失業**である．これは，われわれが労働の新たな用途を見つけ出すテンポを凌ぐほどの速さで，労働利用を節減する手段を発見したことに起因する失業を意味している（前掲書, p. 325, 訳392頁）．……数限りない世代にわたる長期間，普通の人のなかにはぐくまれてきた習慣と本能が，わずか2, 30年のうちに放棄を求められるように再調整されることを考えると，わたしは不安を禁じえない（前掲書, p. 327, 訳394頁）．

　かれは，とりわけ構造変化の過程がもたらす，次のような魅力的な見通しを想像することができた．

　　かくて，人間の創造以来はじめて，人間は真に恒久的な問題――経済上の切迫した心配からの解放をいかに利用するのか，科学と指数的成長によって獲得される余暇を賢明で快適で裕福な生活のためにどのように使えばよいのか，という問題に直面するであろう（前掲書, p. 328, 訳395頁）．

「長期的にみると，われわれはみな死んでしまう」という常にケインズにまつわるものとされた態度については，これまでとしよう．
　戦後のケンブリッジにおいて，こういった直観がもつ潜在力は部分的にしか

後奏：独立のための闘争　　217

実現されなかったことは，認めてよいであろう．ヨーゼフ・シュンペーターとの緊密な交流から，豊かな潜在力がもたらされていた，リチャード・グッドウィンの存在に由来する利点は十分に発揮されず，浪費されるままになっていたということも，認めざるをえない（原書 p. 213，本書 198，199 頁を参照せよ）．

9. 強烈で深い社会問題への関心

　この特徴は，ケインズ経済学のケンブリッジ学派全体に特有のものであり，主流派経済学に非常に広くみられる，利己的で競争する諸個人からなる，社会をありうべき最善の状態へ知らず知らずに導く市場メカニズムという，救いの神に無批判的に依存する自由放任の態度とは，鋭く対立する．それは，自然発生的に均衡をもたらす諸力を，盲目的に信頼し，あるいは信ずる形をとる．ケインズは『一般理論』を執筆する何年も前に，この広く行き渡った信念に対する反対を非常に明確に表明していた（Keynes, 1926 を参照）．ケンブリッジのケインズ学派にとって，社会的な関心はつねに最優先のものとして位置づけられていた．その場合の信念は，社会秩序が家計や企業，現存の政府組織の間の自由な相互作用によって守られるとするならば（これは，なんらか特定の幸運な状況では除外されえない場合である），これは促進されるべきである．しかしこの信念は同時に，いかなる貨幣的生産経済においても，上記の論点7における2種類の不安定性を引き起こす源泉が累積的に相互作用しあうため，均衡にないのが正常な状態であるというものでもある．根本的に，安定性が達成されるとはけっして考えられないと感じられていたのである．ケインジアンの経済学の研究領域は，こうした主張を具体化することにあった．全体としての経済システムの作用を——実物的側面ならびに貨幣・金融的側面の両方から——すべて監視することは，国民的ならびに国際的次元の双方で，創設され，たえず順応し続け，そしてときには新設される経済組織（あるいは，むしろ1組の調整組織）が担う課題であるとみなされていた．

　この深い社会的関心の態度の1つの総合を探し出したいのであれば，『一般理論』の結びの数行を参照するだけでよい．そこでケインズは，「われわれが現在生活している経済社会の顕著な欠陥は，完全雇用を提供することができないこと，そして富および所得の恣意的で不公平な分配である……」と述べてい

る（Keynes, 1936a, p. 372, 訳 375 頁）．われわれは，国民的ならびに国際的次元で，このように考えてもよいであろう．そして，先進世界の外へ一歩踏み出すや直ちに，潜在的に豊かな世界において，あきらかに恐ろしいほど広く見られる貧困という劇的な問題を付け加えるべきであろう．

ケインズ経済学のケンブリッジ学派が抱く本当に深い確信は，こうした問題に対し，主流派（新古典派）経済学は次の理由から，救いがたいほどに無力である，というものであった．すなわち，新古典派経済学はその基礎自体において，上に述べた社会問題を生み出しつつある産業世界の，本質的に進化しつつある特徴を理解するのに適切でない理論体系に，本質的に埋め込まれているからである．

＊　＊　＊

「代替的な経済パラダイム」を切望するとはいわないまでも，強く求める以外に，われわれに何ができるのであろうか．上で検討した構成要素のリストは，おおざっぱではあるが興味をそそる出発点である．こうした要素が，ケインズやケインズ経済学のケンブリッジ学派がその上を進んできた，基礎における共通地盤を理解するのに貢献することをわたしは望んでいる．にもかかわらず，こうした要素が互いに結びついているのでなければ，どれだけ要素が多くあったとしても，そうした要素のリストから，首尾一貫した理論的枠組みは生じえないことが，認識されなければいけない．

現在現れつつあるこの挑戦は，ケインズやスラッファの理論，さらにカーンやロビンソン，カルドア（そしてグッドウィンや，ケンブリッジないしそれ以外の場所で同じ方向で貢献をしてきたすべての者たち）による展開を選択し，理論を形成し，首尾一貫した堅固な全体的枠組みを形作ることによって，ずっと以前に取り組まれるべきであった．この種の壮大な作戦は，これまでのところ遂行されていない．これは不可能であるからなのか．それとも（あらゆる観点からみて）適切な時期がなかなか到来しないためなのか．

これと同時に認めなければいけないのは，支配的な（新古典派）理論は，あまりにも多くの現実の出来事の圧力を受けて，密かに形を変えてはいるが，ますます多くの困難や欠陥を見いだしながら，その核と広がった枝の両方で，驚くほど制約のかかった多数の路線に分かれつつある，ということである[23]．

もともと「交換経済」を説明するために生まれた理論に，産業社会の構造的変化の深化に関する問題を解決したり，その課題に対処したりすることを求めるのを放棄するのに，本当に機が熟したように思われる．

---

23) このことは，その発展に貢献してきた一流の経済学者たちによっても，認識されている（Arrow, 1994, p. 49. 本書 49 頁からの引用を参照せよ）．

第 3 部

発展する経済のための生産パラダイムに向かって

第8章　新古典派経済学を超えて

1. 2つの関連した「革命」

　第2部の終わりには，焦眉の問いが明るみに出された．すなわち，われわれは本当に代替的な経済学のパラダイムを必要としているのか．もしそうであるとすれば，この代替的なパラダイムは，ケインズとケンブリッジ・ケインジアンたちが敷いた基礎の上につくることが可能であろうか．

　ケンブリッジ・ケインジアンたちが，次のような確固とした確信を抱いていたことを，想起しよう．すなわち，ケインズのプロジェクトを遂行するためには，われわれは「有害な」（この表現はカルドアのものである）新古典派経済学との妥協を試みるべきではない．ケインズの『一般理論』から感得される諸洞察，そしてケンブリッジにおいてそれらから発した研究の努力，あるいはそれらと並行して進んでいた研究の努力は，伝統的な新古典派経済学との断絶——調和ではなく——を目指したものであった．しかし，いかなる意味で，またいかなる程度に，この確信は正当化されるであろうか．

　第2部で示された伝記的・書誌的なスケッチは，ケインズの主張を明らかにし，その中身を示すことを意図したものである．スラッファの場合のように，ケインズ自身によって演じられた役割が中心的であるとは思われない場合，その相違は上の断絶（スラッファの見解ではそれはいっそう激しいものとなる）そのものに関わるのではなく，そのような断絶がより広い歴史的な，そして理論的な文脈の中におかれるべきか否か，そしてどのようにおかれるべきかという問題に関わる．ケンブリッジ学派は，事実，かれらの研究プロジェクトの批

判の部分の遂行と，ケインズの枠組みを「貨幣的生産経済」において展開することには，かなりの程度成功した．かれらは，かれらの著作の間の関連を明らかにし，かれらの努力を，明確でよく組織化され総体的な，そして代替的なパラダイムの中に位置づけることには，それほど成功しなかった．ケインズの革命は，このようにして，（上記，「カッフェ講義」で論じたように）未完のままにとどまったのである．

　この問題に対してわたしは，経済学における革命の必要性に関するケインズの主張を再開するにあたってもっと自分自身の方法に従い，異なってはいるが，わたしがもっと基礎的であると感じる方法を試みるつもりである．わたしはそれを，2つの段階に分けて行おうと考えている．第1の段階は，われわれの周りの外界を形作ってきた，目の前に覆い被さり，実際，劇的な現実——産業革命以来開始され，そして現在もその勢いを弱めることなく，われわれの生活のあらゆる側面に浸透している，人類の歴史に関わる現実——について認識すべきことを主張することである．第2の段階は，この新しい歴史的局面を研究するのに適切な経済分析を追究する必要を，訴えることである．経済の歴史において起こった革命は，それを研究するのに適切な分析用具の追求と切り離すことができない．要するに，経済史における革命を，経済分析における，それと並行した革命と，切り放すことはできないのである．

2. 経済分析の歴史的背景

　ある時期わたしは，次のように考えていた．つまり基本的に交換の現象（そして資源の賦存量の希少性）に基礎を置く，支配的なパラダイムに対して，生産（そして技術進歩）の現象に基本的に基づいている，代替的な経済学のパラダイムの必要性を示す最も説得的な方法は，過去数世紀間にわたる近代世界が経てきた過程に注意を集めることである．この間に，人間社会の展望は，深い（実際，根本的な）変化を経験した．新しいパラダイムは，経済分析の基礎に，近代世界の動学をはっきりと置かなければならない．ケインズ経済学のケンブリッジ学派とわたしが交流をもっていた時期に，ケンブリッジにおいて行った研究（Pasinetti, 1962, 1965, 1981）の中で，この歴史的な背景を簡潔に示そう

と試みた．その基本的な概略（Pasinetti, 1981, pp. 1-4, 訳 1-5 頁をみよ）の中の，今でも有効と考えられる章句によって，ここでもう一度それを説明しておく価値があると思う．

　経済分析が生まれてきた歴史的文脈を考える場合，この文脈は「近代世界」によって代表されるといってよいであろう．つまりそれは，実験と科学の時代として知られる，われわれの歴史の段階である．人類がその批判的な知性を使い，自然を観察し，実験をすることによって，組織的に**学習**し，改善された知識を後に続く世代に渡すことができるという考えが支配するようになったので，このように呼ばれるのである．人類が組織的に進歩することができるというアイディアは，今日では単純に思われるかもしれないが，それが定着するには長い時間がかかったのである．しかし，その考えがいったん発見されると，数世紀の間に，それは人類の全展望を革命的に変えたし，発明を含む人間のすべての活動に浸透した．

　経済的にみると，その直接的な帰結は，前例のない物的な富の増加であった．その過程は，分析的な目的から，2 つの異なった段階に分けることができるであろう．その 1 つは交易の段階，もう 1 つは産業の段階と呼んでよい．それらは共通の起源をもっており，互いに交錯しているので，2 つの段階の間に明確な境界はない．しかし，にもかかわらず，それらは，それぞれ，それら自身の非常にはっきりとした特徴をもって，歴史の舞台に登場したのである．

　交易の局面が，最初に，登場した．それは，最初の 1 千年の変わり目という非常に早い時期にすでに，地中海の海洋共和国の出現とともに，認められる．しかしそれがよりはっきりと認められるのは，もっと遅くなって，外部世界に向けてのルネッサンスの「人間精神の解放」の後である．輸送技術におけるいくつかの基本的な改善があり，それによって新しい大地の発見がもたらされ，それまで知られていなかった気候や物産をもつ新しい国々を含めて，われわれに知られた世界の地平が拡大されたのである．新しい交易の可能性が開かれ，それが世界全体の経済状態に深甚な影響を与えた．交易をする諸国民の経済状態は，突然，改善された．しかしそれは，世界の生産の増加によるのではなく，すでに生じていた生産物の，空間的利用の改善によったものである．それぞれの国民は，それ自身の生産の制度と組織の構造を，維持した．しかし，それぞ

れの国民がけっして生産できないか，あるいははるかに高いコストをかけてはじめて生産できるような生産物と，その特有の気候，あるいは地域的な資源が適している生産物と，を有利に交換できるようになったのである．すべての国民の物的な富は，交換だけによって，すなわち，既存の資源と生産物の空間的配分の改善によって，増加した．これは商人の時代であり，すべての人がいかにして交易から利益を得ることができるかを示す，おそらく最も顕著な例を表している．

その姿を現すのにはるかに多くの時間を要したのは，産業の局面である．それは，交易の存在を必要とし，そしてそれを前提とする．産業は，物的な富を，科学の進歩の応用，労働の分割と専門化，組織の改善，新しいエネルギー源と資源の発見と利用によって達成される生産物の量と種類の増加を通して，富を増加させる過程である．交易とは違って，産業は社会の組織的構造の変化を要求する．それゆえ，それはゆっくりと，そして漸進的に生ずる．それは，人間と生産手段の間の関係における，長期にわたる，苦痛に満ちた社会的変化を必要とする．そうしてはじめてそれは，イングランドが18世紀に経験した産業革命となって完全に出現することができる．もちろん，交易は産業に対する自然で必要な補完物として残る．しかし，富の**いっそうの**増加の原因としては，交易は後景に退く運命にある．産業は，それに対して，富の増加の永続的な原因として残るに違いなく，その累積的な過程の性質そのものによって，時間が経過するにしたがって顕著になっていく．

粗雑な単純化によっても，近代世界のこれら2つの側面は，近代の出現が刺激した経済分析の方向性を指し示すのに，非常に有用であると思われる．

交易の概念は，いわば，**静態的な**概念である．交易は，経済システム（あるいは個人）の複数性，そしてそれらが特定の資源あるいは生産物を付与され，交換を通じて便益を得ようとする状況と結びついている．そのような状況が経済学者にかき立てる関心は，すでに利用可能になっているものをいかにしたら最善に利用できるかという問題，すなわち，いかにして所与の資源の最適な配分に到達できるかという問題に関わる．われわれは，複数の経済システムが内的均衡に到達しているがお互いに交易をしていないような状況を想像し，それから同じ複数の経済システムが内的な均衡に到達した上で，お互いに交易をする状況を考える．第1の状況から第2の状況への移行——すなわち，交易のな

い状況から交易のある状況への，**1回限りの変化で**，その後はそのまま維持される——は，通常，すべての経済システムに利益をもたらす．ここにあるのは，**合理性の問題**であり，制約条件の下での数学的関数の最大化によって表現される．

　「産業」——これは，もちろん，もともとの「製造業」の意味を超えて，より広い意味で理解される必要がある——の概念とそれによって生み出される問題は，これとはまったく異なっている．産業は，いわば，**動態的な概念**である．それは生産，すなわち，人々が欲する生産物を生産し形作るために，人間の才能を使い応用することを意味する．しかし，経験し実験することによって，人間は学習するから，生産活動を実行することの本来の性質そのものの中に，暗黙のうちに，新しくよりよい生産方法が発見されるであろうということが含意されている．もちろん，新しい方法を発見するには，時間がかかる．そしてそれも継続して時間がかかる．経済学者がここで出会うのは，もはや合理性の問題ではなく，**学習の過程**である．いかなる数学的定式化も時間に関してなされる以外にない．過去との鋭い断絶の局面が当然あるかもしれないし，小さいが永続的な改善の局面があるかもしれない．それらの改善は，しかしながら，累積的である．この過程は，いずれにせよ，時間の関数という形態をとる以外では，形成されることができない．連続的な変化の局面において，それは一度に小さな段階しか進まず，それゆえ短期においてはほとんど無視されるほどであるかもしれない．しかし，それが不断に継続するにしたがって，考慮される期間が長くなればなるほど，それは不可避的にますます目立つようになっていく．

　学習と連続的な運動を特徴とするこの複雑な過程と，交易のより単純な概念との対照は，今や明らかであろう．交易のない状況から交易のある状況への移行は，飛躍を生み出す．それは非常に大きいかもしれないが，一時的である．なぜならそれは，新しい均衡に到達したときに終わるからである．産業と結びついた学習の過程は，これとは対照的に，**持続的な運動**——1回限りの変化ではなく，時間を通ずる**変化率**，そして累積的で無限の運動——を意味する．明らかに，これらは，概念と問題の2つの異なった系列である．2つの特に重要な相違は，理論的な分析の目的にとって，それらは時間に関して反対の実際的な意味をもつことである．すなわち前者は（ある与えられた時点において）後

者が実際的に意味をもたないときに意味をもち，そして後者は（時間が経過するにしたがって）前者が意味をもたないときに意味をもつのである．

　この対照は，理論的分析に，意味深い帰結をもたらす．それは，選択すべき仮説のタイプについて，経済理論家たちにまったく正反対の態度を取らせるように不可避的に導いたからである．

　以上の総合的な概略から明らかなのは，いかにして，歴史的に見て，「交易の局面」が，わたしが以前に「純粋交換のモデル」と呼んだ経済学のパラダイムの基礎を刺激し，形作ったか，ということである．新古典派の一般経済均衡の枠組みは，そのもっともエレガントで完全な表現である[1]．同時に，そして同様に明らかなのは，歴史的な「産業の局面」の開始が，同じ「カッフェ講義」の中でわたしが「純粋生産モデル」と呼んだ経済学のパラダイムを刺激し，形作ったことである．このパラダイムについては，重農学派の人々が最初に，つづいて古典派の人たちが，そして最近ではケインズとシュンペーターによってアイディアを与えられた思想の流れが，その最も明瞭な表現を代表している．

　興味深い点は，両者ともが関係する歴史的局面の出来事によって正当化されるように見えるとしても，2つのまったく異なる対照的な経済理論の形成方法を刺激したのが，歴史の進展，より具体的には最後の1千年紀の主要な出来事の2つの局面であったことである．しかしその過程は，かなり複雑で迂回的な経路をとった．それらは，もう少し考察してみる価値がある．

3．重商主義から新古典派へ

　以上述べたことの後では，近代世界の開始時において——初期の「交易の局面」が突出して目を引いていたので——経済学者たちの直接の反応が「重商主義」タイプのものであったことを見いだしたとしても，驚くべきことではないであろう．重商主義は，1国民はその富を増大させるためには，輸入に対する輸出の超過と，貴金属（すなわち購買力）の蓄積を追求しなければならないと

――――――――――――

1)　上記のわたしの「カッフェ講義」（原書 pp. 16-21，本書 16-20 頁）とそこに示した
　　参考文献をみよ．

いう，中心的な原則をもっていて，16世紀，17世紀，そして18世紀の前半の経済思想を支配した．重商主義者の議論とかれらの交易の利益についての過剰な関心は，後に誤りであることが明らかになった．そしてかれらの有名な政策的処方箋は，先進的な諸国の，軍事力を使ってでも，残りの世界を支配しようとする衝動[2]として解釈されたが，欠陥のある，あるいは間違った議論に基づいていることが証明された．しかしこれは，これらの数世紀の間に，当時の商業環境の重要な経済的な諸側面について分析し，理解しようとした学者たちの考えに与えた交易からの利益の影響が，いかに大きかったかを物語るのみである．

　重商主義者たちは，世界的な規模での交易の重要性についてのかれらの発見を支持する，適切な分析用具をもっていなかった．近代の歴史における「交易」の局面がもたらしたプラスの成果を明らかにするのに使うことができたはずの，理論的枠組みは当時存在しなかったし，重商主義者たちはプラスの成果を証明することができなかった．かなり奇妙なことであるが，そのような機能を果たすことができた枠組みは，形式的には，経済学においてずっと後になって，すぐ後で見るように，1870年代に限界主義者たちによって展開されたのである．重商主義は，それ以前，長い間，低評価の状態に陥っていた．古典派の時代に，リカードウはすでに，――重商主義者たちに反対して――国際貿易が生産の特化を通して，いかにして関係する交易国すべてに利益をもたらすかを示すことができていた．しかし限界主義者たちは，より限定されたヴィジョンの中においてではあるが，はるかにエレガントな理論的枠組みを提示することに成功した．それは，数学によって，魅力的で美しく表現されていた．リカ

---

2)　ランズ（Landes, 1998, p. 143）は，オランダ東インド会社のバタヴィア（現在のジャカルタ）の若くて強い総督，ヤン・ピーテルスゾーン・クーン（Jan Pieterszoon Coen）から，17世紀初め頃の，次のような章句を引用している．「閣下は，経験によって，アジアにおける交易は閣下自身の武器による保護と庇護の下に推進され維持されなければならないこと，そして武器は交易の利益によってあがなわれなければならないこと，われわれは戦争なしには交易を行うことができないこと，戦争は交易なしには遂行することができないことを，お知りにならなければなりません」．富と力の結びつきは，重商主義を研究した事実上すべての学者によって強調されてきた．Heckscher, 1955のとくに第2部を参照．

ードウとは違って，かれらは，重商主義者たちの，自然資源の所与のストック
としての富の観念と調和する枠組みを提示したのである．同時に――（とくに
初期の）重商主義者たちが信じていたこととは逆に――，国際貿易は非ゼロサ
ム的な活動であり，潜在的には**すべて**の交易国に利益を与えることができると
いうことを，かれらは示すことができた．かれらの分析の成果は，ある条件の
下で，交易は所与の自然資源の賦存量のよりよい（理想的には最適な）配分を
もたらすことができるということを，所与の静態的な，技術的，制度的な枠組
みの中で示したことであった．逆説的に思われるかもしれない点は，そこから
出てきた一般均衡の枠組みが，全面的に静態的な諸前提の上に築かれたのであ
るが，それは，外部世界における現実の生産構造にその間起こりつつあった前
例のない発展と同時的に，そしてそれときわめて対照的な形で展開されたこと
である．これは，もっと詳しく研究する価値のある，奇妙ではあるが魅力的な
歴史である[3]．

　もちろん，近代世界の他の経済的な側面――産業および生産と結びついた側
面――も，確実に現れてきた．18世紀の後半にすでに，重農主義が，重商主
義を水没させ，**生産**そのものに注意の中心を置いた．そして――18世紀には
十分に理解できることであったが――農業生産が，1国の真実の富の源泉とし
て取り出された．われわれは，1つの経済における生産物の流れを表す表の最
初の作成を重農主義者たちに負っている（フランソワ・ケネーの有名な「経済
表」）．この「表」においてとられた決定的な前進の1歩は，数量的な分析の試
みだけではなく，むしろそれよりも，それがもたらした**富**の観念の変化にあっ
た．自然資源，とくに貴金属（これらはすべて**ストック**概念である）の獲得は
1国民にとってもはや真の富の源泉ではなく，それはむしろ年々の純生産，す
なわち，**純生産物**（produit net）（**フロー**概念）である．

　重農主義者による分析上の革新は，すぐにイギリスの古典派経済学者たちに
よって取り上げられた．生存と再生産に必要なものを上回る剰余としての農業
生産物というケネーのアイディアに，アダム・スミスは産業的生産をつけ加え

3）　もっとくわしくは，Pasinetti, 1981, pp. 8-23, 訳 10-24 頁をみよ．また，原書 pp.
　　261-262, 本書 234, 235 頁をもみよ．

た.「……土壌，気候，そして領土の面積がどうであろうと……労働が投入される際の技能，熟練，判断」（Smith, 1976, p. 10, 訳 1 巻 19 頁）の重要性を強調することによって，かれは，事実上，諸国民の富の基本的な原因を構成するものとして，今日われわれが労働生産性の成長の背景にある諸力と呼ぶものを効果的に取り出した．その労働の生産性の成長は，希少な自然資源の賦存状態とは**独立に**，労働の専門化と分割によって達成される．かれはまた，市場価格と生産量をそれらの「自然水準」に収斂させることができる適切な経済制度――競争的で利己心をもった諸個人の間の自由な交換――を取り出すことができると考えた．リカードウは，より狭い基礎の上にではあったが，スミスの分析をより豊かにした．かれは，われわれの分析にとって決定的に重要な，2 つの区別を設けた．かれは，アダム・スミスと重農主義者たちが達成できなかった明確さと鋭敏さをもって，**希少な**商品[4]と**生産された**商品[5]の区別について述べた．そして「自然」価格[6]に関する研究と「市場」価格[7]に関する研究との間に，等しく鋭い区別をもうけた．さらに，経済の（生存と置換を上回る剰余として理解される）**純生産物**の重要性は，リカードウの分析では，非常に顕著なので，「地代，利潤，そして賃金」へのその分配の問題を，「経済学における主要な問題」（Ricardo, 1951, p. 5, 訳 6 頁）とかれは考えたのである．かれの注意は，経済成長の主要な推進力としての利潤の蓄積と，製造業における特化を

---

4) 「希少性だけでその価値が決定される商品」に対してリカードウが付した重要性は，小さなものであった．なぜならそれらは，「市場で日々取引される商品総量のほんの一部をなすにすぎない」からである（Ricardo, 1951, p. 12, 訳 14 頁）．

5) 「欲求の対象となる商品の圧倒的大部分は，労働によって獲得される．それらは 1 つの国だけではなく多くの国において，われわれがそれらを獲得するために必要な労働を投入する用意があれば，ほとんど無制限に，増加することができる」（同，p. 12, 訳 14 頁）．リカードウが分析を集中するのは，これらの「生産される」商品に対してである．

6) それらは，「主要な，そして自然な」要因によって決定される（同，p. 88, 訳 104 頁），とリカードウは述べている．

7) これらは，つねに生産可能性と市場における需要の一時的な気まぐれの，不可避的な不一致によって，「偶然的な，そして一時的な逸脱によって攪乱」される（同，p. 88, 訳 104 頁．スミスに関しては，Smith, 1976, pp. 74-75, 訳 1 巻 106-109 頁をみよ）．しかしリカードウは，かれの分析の大部分を「自然」価格の決定に集中した．

通ずる利益の主要な源泉としての国際貿易に移った．かれは，製造業を経済の動態的な部門と考え，農業は規模に対する収穫逓減の影響を受けるとみた．古典派のもう１つの顕著な特徴は，当時は無視され，ケインズに至るまで陰におかれた，全体的な支出の問題であった．この問題は，マルサスによって認識された．かれは，生産の潜在的能力は「有効需要」の不足によって阻害されるという，十分に根拠のある恐れをもっていた[8]．

　古典派経済学者全体としての貢献は，驚くほど豊富な概念をもち，出現しつつあった産業社会がもたらした重要な問題について，強く自覚していたことである．しかしながら，これらの問題は，かれらの原始的な分析用具によって扱うには，あまりにも複雑であることがわかった．かれらは，解くことができない理論的な困難に陥った．かれらは，技術進歩の未曾有の可能性を，ひどく低く評価していた．ことに，かれらは，技術の進化そのものが，成長しつつある人口と，かれらの時代の社会の経済的社会的組織との関係に，大きな変化を生み出していることを，予見することができなかった．

　にもかかわらず，われわれが認めなければならないのは，かれらの実質的な成果である．結局のところ，かれらが基本的に認識することができた，新しい（「生産」）パラダイムの基礎を構想し，構築し，展開したことは，巨大な前進であった．かれらの装備は，不十分なものであった．しかし，かれらが直面しなければならなかった歴史的挑戦は，かつてないものであった．にもかかわらず，かれらが実際に生み出した豊富な概念は，曖昧さを取り除き，調整し，再形成し，洗練し，もっと明確に具体化する必要があった．しかし，知識，技術，そして制度に生じていた異常な歴史的進化に照らせば，新しい概念が痛切に必要とされていたのである．

　古典派の経済学者たちが，――それ以前の「交易の局面」において起こったこととはちがって――制度そのものが「産業の局面」によって深甚な影響を受けつつあった事実を認識できなかったことは，かれらの学説に対して不幸な結果をもたらした．経済学的な議論の舞台へのカール・マルクスの突然の登場は，

8）　ケインズの「有効需要」（effective demand）とマルサスの「有効需要」（effectual demand）を比較した詳細については，Pasinetti, 1974, pp. 39-41, 訳 43-46 頁を参照．

かれらの欠陥を劇的な形で表面に引き出したのである．経済分析の厳密な次元
では，マルクスは古典派経済学の理論の基礎的な要素を受け継いだ．かれは，
実際，古典派が感得しかれらの研究の基礎においた当の「生産」の経済学パラ
ダイムの中を，驚くほど容易に進むことができた[9]．古典派とちがって，かれ
は，それから，かれの分析の大部分を経済学的（そして社会学的）研究の制度
的な段階とのちにわたしが呼ぶことになるものに集中した．かれは，新しい社
会的諸問題を，かれの関心の前面においた．そしてすべての既存の（資本主義
的）制度を，無条件に告発した．しかしかれは，かれの時代の既存の（ブルジ
ョア）社会に対して，それに代わる持続可能な代替案を提示することができな
かった．かれは反対の極端に進み，根本的な社会革命を要求した．マルクスは，
新しい産業の時代の深い**制度的**含意そのものを認識した．それは，古典派の経
済学者たちが把握することができなかったものである．「産業の局面」は，「交
易の局面」とはちがって，社会の**制度**の深い変化を要求した．古典派から受け
継いだ諸概念を再構成することによってマルクスは，かれらの「無邪気な」結
論をひっくり返し，それらを造り変えて，かれの革命の目的に役立つようにし
たのである[10]．強く求められていたであろうものは，新しい経済理論であった．
かれは，実際においては革命を主張していたが，古典派の経済学者たちが直観
したにとどまる経済理論の革命に対して，中身のある建設的な改善を行うこと
ができなかった．この観点から，かれの著作は，残念ながら，まったく破壊的
なものであった．かれの批判は低評価されるべきではない．しかし，建設的で
完全な姿の「生産」の経済学パラダイムの展開は，それ以後達成されていない．
　ひどく破壊的であることが明らかになったのは，かれの著作の社会的な影響
であった．マルクスによる社会革命の主張の直接の実際的影響は，強い社会的
反応を引き出したことである．西欧諸国の体制側は，19世紀の終わりに，マ
ルクスの革命の呼びかけに，恐怖を感じた．これは，それ自体で，学術的な世

---

9)　マルクスの直観的ではあるが概念としては深い，種としての人間の定義を想起しよ
　　う．かれによれば人間は，周りを見て見つかる食物を生存のために拾い上げるだけの
　　動物とは異なって，必要とするものを**生産する**（Pasinetti, 1977 の第1章に挙げられ
　　ている参考文献をみよ）．
10)　Pasinetti, 1981, pp. xi-xii, 訳 i-iii 頁をみよ．

界で，1870年代に限界主義がうけた幸運の多くを説明する．限界主義の成功は，本質的に分析的なものであった．希少な自然資源の1組の賦存量（**ストック概念**）としての，単純に産業革命以前の時代における富の概念に戻ることによって，限界主義者たちは，古典派の経済理論とは比べるものがない，**分析上の革新**を達成することに成功した．かれらは，単純な社会——ほとんどの構成要素が**希少**量を自然によって与えられた資源の賦存量のストックで構成される，伝統的な富の概念を，研究全体の中心におくことができる社会——の諸問題を扱うことのできる，形式的に洗練されエレガントな枠組みをつくりあげた．ここから，逆説的ではあるが，どこでも周りに観察される変化しつつある社会の動態ではなく，すでに存在する富の効率的な管理の問題が，経済学の研究の決定的な主題となったのである．それは，完全に競争的で，厳密に**原子論的な**静態的な社会における，単一の諸個人の完全に合理的な仮定の上に立っている．

　学術的な世界では，これは間違いなく根本的な変化を表していた．しかしそれは，何人かの経済思想史家が性急にそのように（「限界革命」）呼んだけれども，厳密な意味での科学「革命」ではなかった[11]．概念的にはそれは，「反革命」であった．それは時代錯誤の仕事であるが，美しく，非常に洗練された経済分析の用具（これこそが古典派の経済学者たちに欠けていたものである）によって達成された[12]．

　19世紀の終わりと20世紀のはじめに，限界主義の経済理論は，体制側にとって歓迎すべき結論をもたらした．それは特に，現実世界で沸騰していた社会的諸問題に対して超然としていたし，また理想的な条件下では最適な状態に導くと考えられた，制約のない自由放任の政策の擁護のために容易に使うことができる議論だったからである．厳密な中身については，その含意は，以下のい

---

11)　Collison Black 他，1973をみよ．

12)　疑いなく，その魅力と強さをもたらした条件の1つは，古典派の経済理論の需要の扱いの弱さにもあった．限界主義者たちは，完全に（主観的な）価値の理論を展開した．それは，個人の選択，相対的希少性，合理的な最大化行動に，エレガントに基礎付けられていた．それは，分業と生産費に基礎を置いた，形式的にはもっと粗雑な古典派の（客観的な）価値の理論に比べて，それに完全にとってかわるものと思われた（これら2つの価値の理論の代替的な基礎の比較については，Pasinetti, 1986をみよ）．

ずれの意味においても，まったく革命的ではなかった．すなわち，i）現実世界においては，富の分配は現状通りで受け入れられるべきものとして，描かれた．ii）経済学的研究においては，それは生産——産業社会の真に注目すべき特徴である——の重視を放棄する方向にむいていたし，かつて意味があった「交易」のパラダイムの典型的な特徴の強調を再開するものと思われた．ただし，今度はエレガントな「経済的一般均衡」の静学的概念を生み出すように，形作られていた（それは，19世紀に，ワルラスとパレートによって提示され，それから半世紀後にアローとドゥブリュー（1954）によって完成された）．そして，iii）なかでも重要なのは，社会の基本的な制度に関してそれらは，「不完全」であると認められているけれども，制度がこれまで進化してきた現状を基本的な制度としてそのまま受容すべきものと考えられているのである[13]．

　ここでわれわれにとって特別に重要であると考えられるのは，このようなタイプの経済分析が学術世界で驚くべき成功をおさめたことである．その支持者たちは，それが，その間に他の多くの方向でなされた発展のすべてをそれ自身に吸収できるほど，「十分に柔軟」であることが証明された，と主張している．それが新古典派経済学と呼ばれ，世界全体という広範な規模で，経済学の教育と研究を支配する点にまで上昇したのは，このようなすべてを包み込むような姿をとっているからである．それは，交換のパラダイムの範囲を広げることによって，ケインズのアイディアに対し抵抗し，対抗した．その目標は，生産の諸側面を含めて，さらに最近では，特殊な仕方で，技術進歩の諸側面までも含めて，経済の現実のすべての側面をそのパラダイムに接ぎ木しようとまでしている．その擁護者たちは，ケインズとケインジアンたちそのものの貢献までも，吸収することができると確信している．

　本当にこのようなことが可能であろうか．われわれが上に述べたことが正しいとすれば，その議論は，少なくとも，直観に反すると思われる．近代の経済史の初期の「交易の局面」の特徴の上に建てられた理論的枠組みを選択し，そ

13）　この主張は，ワルラス，ヴィクセル，アローといった著者たちがつねに抱いていた，深いところで感じられる，社会的な関心を否定することは，意図していない．かれらは，かれらの時代の市場指向的制度の批判をおしむことはなかった．

のあとに続く，近代の産業史の革命的な局面を特徴づける発展的な出来事をすべてその上に接ぎ木する基礎そのものとして利用するというのは，非論理的にみえる．初歩的な論理によっても，その正反対のことがなされるべきであることがわかるであろう．すなわち，歴史に新しく登場した産業の局面に対して適切な枠組みをつくることにまず集中して，それから，――それからはじめて――それ以前を振り返り，可能な場合に，そして可能なところにおいてのみ，以前の局面の諸側面のうちで依然として意味があり有益であると考えられる側面のみを再び取り上げるという，方法がとられるべきなのである．

4. 新古典派経済学の還元主義的方法

主流派の新古典派経済学の成果を低評価すべきではない，とわたしは考える．重商主義が失敗したところをそれが引き継いだと述べることは，うわべだけの言明であるとみなされるべきではない．**全員**（個人と国）が交易，そしてとくに国際貿易から利益を得ることができることを示したのは，重要な成果であった．これは，純粋交換モデルと結びついて，はじめて可能になった．純粋交換モデルは，技術と制度が与えられている世界において，交換の現象の分析，そして利己的で合理的に行動する諸個人を最適な状態を達成するように導く条件の分析の，科学的な基礎を与えたのである．限界主義者たちは，近代世界の「交易の局面」に科学的な基礎を与えたのである．

しかしそれがいかに意味深いものであったとしても，われわれはその局面をすでに越えてしまった．新古典派の経済学者たちの誤りは，その局面の中に埋没してしまったことである．もっと具体的には，新古典派の経済学者たちはかれらの美しい分析的枠組みが生み出す熱狂から，さらに進んで，**一般的な**妥当性があるモデルを獲得したと主張した時点で，誤ったのである．この主張は正当化されえないし，はっきりと拒絶されなければならない．

かれらが活動的でないのではなかったというのは，本当である．「交換」の特徴は，依然として重要ではあるが，「産業」の特徴に比べて次第にその重要性を減じつつある世界について，かれらは実際自覚するようになった．そしてかれらは，一般均衡のモデルに生産の過程を吸収する目的で，さまざまに修正

第8章　新古典派経済学を超えて　　　237

し，調整することに，かれらの努力を継続して集中するようになった．しかしそうすることによって，新古典派の経済学者たちは，**方法論的還元主義**といわれる状態に陥って，もはや引き返すことができないようになっている．もっと具体的に言うと，現実を説明するというよりも，かれらは（いかに魅力的であっても）自己満足の知的演習にかれら自身を追い込んでしまった．その演習は，**仮定によって**——ときに極端な仮定によって——ますます**仮説的な**世界を作り上げたということであって，あらかじめ考えられた一般均衡の枠組みに適合するように，それは構想され形成される．

　この還元主義的な努力の不満足な帰結は，主に2つの主な方向で見ることができる．すなわちそれは，i）産業革命から出現してきた貨幣的生産経済のもっとも基本的な**基礎**を取り出し，明らかにすることを妨げる，そしてii）産業の世界に対して適切な現実の制度の特徴について，偏向し先入観に基づいた研究を進めるのである．

　基礎的な次元では，その失敗は，産業革命から現れてきた経済に典型的な，生産と消費の構造の進化という基本的な問題を，それが本来的に吸収することができないということと，結びついている．その背景に純粋交換モデルをもつ新古典派理論は，どのような経済現象も，希少性の原理のレンズを通してみるという，本来的な性格をもっている．そのような論理的な枠組みは，生産の諸問題を扱うには，まったく不適格である．再生産可能な財は，あたかもそれらがいつでも供給不足であるかのように扱われる．それは現実の歪曲であるだけでなく，基本的に現実の誤った解釈である．それは，産業社会において出現してくる経済的な困難のほとんどが，希少性の問題からではなく，生産される財の供給過剰の問題から生じてくるという事実を，無視している．その結果として，産業の世界の特徴を取り込めるように，純粋交換モデルをむりやり人為的に調整し，当てはめようとして，新古典派経済学者たちは**仮定によって**——すなわち，純粋に頭脳の演習によって——生産の過程を，時間を通ずる人為的な交換に変形することを余儀なくされている．

　まず新古典派の成長モデルをつくり，それからそれに技術進歩を導入することに，最近膨大な努力が払われたことは，確かである．この傾向は，大きな前進の一歩であると考えられている．しかし，この方向でなされた努力の性質そ

のものが，その操作すべての**還元主義的な**性質をはっきりと表している．動学に進もうとするとき，新古典派経済学者たちは，生産の動学への本来的に人為的な方法についての還元主義の要請と**方法論的個人主義**との間の矛盾に，陥らざるをえない．方法論的個人主義は新古典派の方法の基礎そのものであって，受け入れることができるその「ミクロ的基礎」は，ワルラスの理論的枠組みに根本的に，そして不可避的に限定されている．第1の側面について，かれらは，仮説的な，構造のない，基本的に1財の世界——最初の段階の単純化としてではなく，そのようなモデルの必然的な，緩めることのできない性質として——を，仮定することを余儀なくされている．こうした新古典派の還元主義的な特徴をおそらく最もよく表す分析用具を説明するのに，マクロ経済的なコブ＝ダグラス生産関数へのほとんど不可避的な依存を取り上げてもよいであろう．それは純粋に仮説的な，便宜のための用具であり，論理的な矛盾を避けるためだけに，信じられないくらい多くの制約的な仮定の積み上げを必要とする[14]．しかし，逆説的であるが，それから第2の側面が出てくる．それは，ただ1人の個人が存在する，あるいは——ピルをもっと飲みやすくするために——すべて互いに完全に同質的であると仮定される一連の個人が存在し，すべてが分析上の目的のために，その個人が「代表的な主体」に還元される世界という，同様に無意味な仮定を設けざるをえなくなるのである[15]．この種の演習は，仮定さ

---

14) Pasinetti, 2000, Sylos Labini, 1995 をみよ．そこでは，コブ＝ダグラスの生産関数が実証で成功を収めたとする，広く受け入れられた主張は真実ではないことが示されている．実際には，それは真実からかけ離れている．実証的なテストの大部分は，否定的な結果を示している．

15) 一般均衡モデルの数学的基礎についての非常に正確で批判的な分析において，アラン・カーマン（Alan Kirman）は，これらの結論と本質的に同じ結論に達した．カーマンは，ここで述べたのとは異なったルートを追究していた．かれは，解の一意性と安定性という一般均衡モデルにとって不可欠な性質を検討した．そしてかれの結論は，破壊的なものであった．「…一意性と安定性に関し強い結果をもたらす1つの仮定が，社会が1個人のように振る舞わなければならないというものであることは，単なる偶然ではない．しかし，そのような行動を得るには，諸個人の行動が同様のものでなければならない，ということをわれわれは知っている．したがって，需要関数と支出関数は，それらを現実に逆らって設定するために，かなりの程度高い集計の水準で定義されなければならない．孤立した個人の水準から出発しなければならないという考え

れる純粋に仮説的な世界がいかに現実からほど遠いものであるかを，きわめて印象的に示している．動学の次元では，その基本的な欠陥は異質性——一方では財の，他方では諸個人の——を扱うことができないことに関わる．そのマクロ経済的な帰結は，まったく論理的である——それは，いわゆる「合成の誤謬」であり，システム全体がつねに，そしてもっぱら，すべての単一の個人の独立の行動の合計によって生み出されるとする，強制的な仮定から出てくる．すなわちそれは，産業的経済システムの研究におけるきわめて本質的な，真にマクロ経済的な次元の完全な否定である[16]．基本的にそこでは，経済分析は，技術変化によって，そして消費者の選択の進化する変化によって，強制的に生ずる産出の**構造的な**進化の過程の，あらゆる合理的な研究の可能性を奪われている．これらはすべて，産業社会の基礎そのものにある現象なのである[17]．

　しかしながら，基礎的な次元だけではなく，われわれの経済の具体的な制度の次元においても，新古典派経済学の**還元主義的な**特徴が，それを深刻な過度な単純化に追い込んでいる．概念の基本的に**静学的な**性格により代表される罠そのもののゆえに，それは，その枠組みが非常に特殊な制度をもっぱら対象としてつくられることを要求する．その不可避的な諸々の仮説は，市場の諸制度を想定した仮説であった——それは財の価格の決定（純粋交換モデルはそのために考えられた）だけでなく，経済システムの他のすべての変数の決定についても必要とされる．なかでも，その枠組みは，**完全な**市場制度の仮定によって

　　を，われわれは放棄すべきであろう．現代の経済学において，マクロ経済学のミクロ的基礎という表現ほど誤りを生むものはない．それは，実際には，消費あるいは生産部門の行動を1個人あるいは1企業によって描いている．」（Kirman, 1989, p. 138. またKirman, 1992をもみよ）．カーマンの分析は，事実上，拒絶されなかった．かなり興味深いことであるが，主流派の経済学者たちは，単にそれを無視することによって，新古典派の資本理論に対するケンブリッジの批判の結果に対して反応したのとまったく同じように反応することで，すなわちそれを単に無視することで終わったのである．
16)　いわゆる「内生的成長論」についての膨大な文献は，それが導入した新規さという新鮮な風をもたらした点では評価できるかもしれないが，いずれにせよそれは，本文で述べた2つの矛盾する側面をもっている．
17)　ケインジアン・グループの反応についてのヒントは，原書 pp. 227-234，本書211-217頁をみよ．

制約されている．これらの仮定は，そのモデルが既存の資源の最適な配分という理想的な状態を，それらがなければ生み出すことができないという事実によって本質的なものになっている．そして既存の資源の最適配分こそが，経済的一般均衡の枠組み全体に対して正当化の根拠を与え，美しさと知的な魅力を付与しているのである．制度が継続的に再構成されている世界において，そのような仮説をとることを余儀なくされるということは，そのモデル全体の説明力をおおいに——実際，決定的に——減じざるをえないのと同じである．

　付け加えられなければならないのは，もともと新古典派から出た経済学者たちが最近，不完全競争的な条件を扱う枠組みを数多く展開してきたこと，そしてさまざまな——必ずしも最適化ではない——技法を使い，さらには非市場制度の導入を試みていることである．これは歓迎すべき展開であるが，そのような技法に対しては依然として抵抗がある．それらが受け継いだ枠組みの論理そのものとの両立に関して，深刻な困難に陥ることが避けられないということこそが，その理由である．まず第1に，その分析はますます断片的になりつつある．われわれが目撃しているのは一連の小さなモデルの展開であって，それらの1つ1つはある特定の時点で世界の経済の舞台に現れる，ある特定の現象を扱っている．それらのモデルは，通常，非常に単純なモデルとして出発するが，しかしすぐに，それらの初期の展開の段階においてさえ，かなり複雑なものとなる．さらに，もとの完全競争のモデルから必然的に逸脱することによって，元のモデルの初期の（個人主義的，原子論的な）特徴との矛盾に陥らざるをえない．最適な状態の達成，すなわち，もともと一般的経済均衡の枠組みの魅力の主要な源泉であったし，またいまだにそうであり続けている特徴が見失われるか，あるいはその主張は放棄されざるをえない．

　新古典派の経済学者にとって，わたしが思うに，ここに逃れることのできないジレンマがある．新しい展開の試みをまったく放棄し，原子論的で，完全な知識をもち，完全競争的な諸個人という仮説的で，想像上の世界の想定に，退却する．それは，上に述べた方法論上の還元主義の罠に陥ることを意味する．あるいは，前方に向かってジャンプし，産業世界の実際の制度の，より現実的な側面を分析する方向に行き，それらを逸脱あるいは「市場の失敗」とはみないで——そのように呼ばれるのが慣習的になったが，（実際的には不可能な）

その解決が「市場の失敗」を除去するであろうという，誤解を招く含意をもっている——，現在の制度的枠組みが正常に作用している姿であるとみなすのである．しかしながら，この場合，均衡あるいは不均衡の状態が，最適状態やかなり最適に近い状態，あるいは適度に許容可能な実際の状態から完全に切り離された世界の評価にいかに取りかかるかについて，主張するだけでなく明確な考えをもつことも放棄することを，余儀なくされる．さらに正確に言えば，現実を反映する結果に到達するという課題を追究することはできるが，この場合，それらの結果が，よい，満足できる，あるいは受入可能である，と主張しようとする考えを放棄せざるをえない．その理由は単に，魅力的ではあるが動学的には無意味な一般均衡の，純粋交換，完全競争モデルのもっとも美しい特性（最適性という特性）との結びつきが，消失してしまっているからである．「最適性」という参照基準を失うことによって，われわれは暗闇をさまようままの状態に置かれるのである[18]．

　われわれが決定的な点に到達するのは，ここなのである．他にどのような参照基準をわれわれは求めることができるであろうか．伝統的な理論は，それに代わるものを与えてくれない．それは，われわれを荒野の中に，完全な当惑した状態に取り残す．その難問を解決するには，われわれはつぎはぎを本当にやめなければならない．真に根本的な変化への，ケインズの最初の主張に本気で立ち戻らなければならない——新古典派経済学の還元主義的な制約からの，本当の断絶をはからなければならない．それを超えて，広く，そして自由に航海する時が来たのである．

---

18)　多くの情報源からみて，なにか新しいことが考え出されなければならないという考えが存在することは，依然として不適切な意味でではあるが，「パラダイム」という言葉の使用によって，認めることができる．もとは新古典派経済学者でもっとも展望をもった経済学者たちが，それを使い始めたのである（例えば，Phelps, 1994, Stiglitz, 2001）．真の解決は，伝統との根本的な**断絶**である．それがケインズの主張であったし，以下でわれわれが論ずる通りである（原書 pp. 331-334, 本書 299-302 頁をみよ）．

5. ケインズの経済学の理念的な課題

　その主張が正当化されるとすれば，そしてこれまでに行ってきた議論が正しいとすれば――つまり，ケインズと（ケンブリッジの）ケインジアンたちが，新古典派の経済学との断絶が避けられないと主張する点において正しいとすれば――，再び現れてくる問題は，なにゆえにケインズの革命が未完のままにとどまってしまったのか，ということである.

　この段階で，この問いに対しては，以前よりももっと実質的な基礎の上で，答えられる必要がある．すでに行った単純な説明とはまったく別に，またそれに加えて，1つの説明が必要であるように思われる．わたしの推測するに，ケインズとケインズ学派が理念的には実行するはずであった基本的な課題の性質そのものに属する本当に重要なことが注意にとまらなかったのかもしれない.

　わたしは以下において，少なくともわたしが認識したように，大胆になって，そのような基本的な課題をわかりやすく述べるという，大ざっぱな試みをしようと思う.

　「近代世界」についての以上のページにおける特徴づけが正しいとすれば，ケインズとケンブリッジ・ケインジアンたちは，そしてかれらにまともにしたがった経済学者たちは，かれらが，限界主義者たち，そしてその後，一般均衡の理論家たちによって多大な注意を払って築かれた理論的枠組みに対する革命の必要性を宣言したとき，実際は，限界主義者たちが重商主義の経済学に対して行ったのと同様な課題を遂行することを，理念的には求められたのである．もっと正確には，そしてかれらが取り組んでいたことの本質に関していえば，かれらは経済史の「産業の局面」に関して，新古典派の経済学者たちが初期の「交易の局面」に対して遂行し成功したのと同様な課題を，実行することを求められたのである.

　限界主義者たちは，すでに指摘したように，**ストック**――希少な自然資源の賦存量――として考えられた伝統的な富の概念の基礎の上に，理論的構築物を建てることを可能にする用具を形成していた．したがって，かれらは，所与の，そして希少な資源の最適な配分を経済学の中心と基礎においた．そして，かれ

らは適切な分析用具（制約条件下の最大化）を見いだし，かれらが研究対象に選んだ経済学の問題を一般的に扱うことを可能にした．文脈的には，そうした分析の枠組みを用いることで，かれらは独特で他に類を見ない制度的メカニズムを取り出すに至った．すなわち，それは，原子論的な競争をし，利己的で，自立していて，最大化をする諸個人の行動という特定の（この形容詞を強調したい）形態をとる自由市場であり，それは理想的な条件の下では，経済システムを相対的に最適配分の状態の達成に導くであろう．

　対称的に，ケインズとケインジアンたちは，理念的には，純産出の連続的な**フロー**——すなわち，それぞれの時期に生産され利用可能となる財とサービスのフロー——として捉えられた（産業革命後の）富の概念に基づいた，理論的構築物を建てることをもとめられてきた．したがってかれらは，生産過程の諸原因と性質，国民産出の分配を規定する諸法則，時間を通じたその進化を支配する諸要因の研究に集中することを要請されてきた．

　しかし，注意しよう．ケインジアンの課題は，概念的には，限界主義者たちのそれに対して，本質的に，対称的であるように思われるが，それを達成するのに必要な努力の程度は，はるかに大きい．事実それは，規模と程度の点で劇的に大きいのである．「生産のパラダイム」という概念は，「交換のパラダイム」よりも，はるかに複雑なのである．まず，それは，静学的ではなく，動学的な枠組みを必要とする．第2に，もしそれが，社会の原子論的な分析にもっぱら頼ろうと考えるならば，中心的な諸問題を見失ってしまうであろう．生産活動は，実際，個人の主導性に依存するけれども，同時に典型的に社会的な過程，それも1つ以上の意味において社会的過程なのである．第3にそれは，交換のモデルが通常そうするように，歴史的な特異性を捨象することはもはやできない．というのも，産業社会を形成するような種類の制度は，はるかに複雑であることに加えて，本来的に，交易の時代を形づくったものよりも，はるかに広範で，進化する歴史的な出来事によって生み出される変化にさらされているからである．

　この観点からは，自由市場のメカニズムに言及するだけでは不十分となり，自由市場自体が問題にされなければならない．新古典派経済学は，資源の最適配分の機能によって特徴づけられる，1つの制度としての自由市場の概念を独

占することで終わっている．そのアイディア自体は，「間違って」はいない——しかし，それは，おそろしく還元主義的なのである．第1に，真に機能する完全な市場の条件は非常に厳しいものであるし，そして第2に，動学的な文脈においては，自由市場の社会的な機能は，所与の資源の最適配分をはるかに超えるものであるかもしれない．さらに，自由市場の競争は十分ではないかもしれない．いずれにせよ，そして最も基本的には，自由な競争的市場を単に新古典派経済学と等置することは，けっして許される等置では**ない**．それよりもはるかに広い制度的な枠組みを創造することが，必要とされているのである．

　ここで再び古典派経済学者たちに立ち戻ることが，出発点そのものとして不可欠になる．かれらが達成したことを無駄にしないように，われわれは注意しなければならない．われわれは，かれらがすでに発見したことを再び取り上げ，活用しなければならない——すなわちそれらは，人口成長，分業の進展，技術の進歩，「有効需要」(effectual demand) の不足あるいは低下という，つねに存在するリスクの重要性，とりわけ，かれらが採用した典型的に動学的な研究方法，そして経済的諸関係と社会的変化を結びつけることの重要性である．

　しかしこれが，すべてではない．強調されるべきは，それが出発点であるにすぎないことである．必要とされる分析の枠組みを，いままでよりもはるかに前に進めて，古典派の経済学者たちが重視しなかったような現象の研究にまで進まなければならない（それらは，例えば，技術進歩の長期的な影響，消費，生産と雇用の多様化である）．さらに，かれらが当時理解することができなかったか，あるいは，単にまだ具体的な姿になっていなかったという理由で，まったく見逃した現象の研究にも進まなければならない．とくに，知識の普及の驚くべき衝撃，人々の（**すべての人々の**）行動を形成する上での学習の過程を，技術の進化と全体的な需要の規模と構造の進化に関連させて，考えてみよ．

　最終的にわれわれは，これらの現象全体を，適切な，あるいは少なくとも実現可能な社会制度と両立可能な枠組みの中に，位置づけなければならない．それらの制度自体が，進化しているし，あるいは進化させられる必要がある．

　これは，不可能なほど複雑な研究計画であると思われるであろうか．そうかもしれない．しかし，それは，それを試みないこと，あるいは始める前に放棄する理由とはならない．わたしは，他の人たちも，わたしと同様に，それが提

示している挑戦から感じる興奮や刺激から逃避しないで欲しいと希望する[19].

---

19) ここで付け加えるのが有益である1つの考察は，目の前にある理念的な「ケインズ
の課題」はその根本において，基本的な**ヴィジョン**の変化を要求している，というこ
とである．定常的な経済の研究は，その場所を持続的に進化する経済の研究に譲らな
ければならない．このような根本的なヴィジョンの移動は，——比較することが不可
能な野望であると思われる場合であるとしても——他の分野から一例を取れば，宇宙
物理学者たちを，定常的な宇宙——実際，完全に論理的で自己完結的な宇宙——の概
念から断絶し，現在の，本質的に動態的で，つねに拡大する宇宙という考え方に飛躍
するように導いた根本的ヴィジョンの変更に類似している．

第9章　純粋理論の段階

1. 分離定理

　自分は経済学を専攻しようと考えたけれども，それが余りにも複雑であることがわかったので，代わりに物理学を選んだという，マックス・プランクの発言がよく引用される．悲しむべきは，経済分析がきわめて美しい精神を失ったことであるが，プランクが伝えたとされるこの理由付けは，あながち冗談というわけではない.

　かりにここまでの分析が正しく，したがって取り組まれるべき課題が，深く進んで，――ケインズが「貨幣的生産経済」と呼んだものの背景にまで深く進んで――基礎的で総合的な「生産パラダイム」を置くべき場所を探求することであるとすると，避けることのできない，真に複雑な問題が存在する．それは，もはや閉じたモデルに依存することはできないという，単純な理由による――一般均衡理論の純粋交換の枠組みにおいては，それが可能であったかもしれない．そこでは，経済システムの本質的な諸特徴と，これらの特徴を実現するのに適切な行動上の諸規則の組とが，分かちがたく結びついているからである.

　分離が必要になる．しかしどこで，そしてどのようにしてか．もう一度いうが，われわれが立ち戻るべきところは，古典派経済学なのである．具体的には，古典派経済学者たちが価値論を取り扱ったとき（しかし問題そのものは，明らかに一般的であった），かれらは，「自然」価格と呼んでそれ自体として研究したものと，「市場」価格と呼んだもの，すなわち既存の制度的仕組みの中で，現実の市場需要の状態から生ずる価格との間に，鋭い区別の線をひいた[1]．こ

の古典派による区別は，重農学派から受け継いだものであり，まだ萌芽的ではあるが強力な方法論的工夫であるように思われる．これにより経済分析は，自由な接近による産業世界の研究への道を切開くことができる．自由な接近は，閉じたモデルに拘束された新古典派経済学者たちが，われわれに対して事実上否定したものである（こうしてかれらは，上で言及した還元主義の罠に陥ったのである）．

　問題を別の言い方で表現するならば，古典派経済学が直観した動学的経済分析への真の方法論上の突破口は，ここでは簡単に「**分離定理**」と呼ぶものを採用することによって開かれる，と言ってよいであろう．

　この定理が述べるところは，経済的な諸関係の基盤——これは基礎的な経済分析という，厳密に本質的次元において見いだされる——に関る研究を，現実の経済的諸制度の次元で遂行されなければならない研究から切り離すことができるということである．制度はいつの場合でも，どのような経済システムの下でも，必然的に，すでに備えられているか，あるいはすでに選択されており，あるいはこれから確立されようとしているのである．

　前者の型の研究は，基本的かつ本質解明的なタイプのものである．それらは基礎的なタイプの諸関係を見いだすことを意図している．そうした諸関係は，古典派経済学者たちが「自然的」と呼んだもの，すなわち，かれらの見方によれば，それらはきわめて根本的であって，それらを達成するための個人的行動および社会的行動の諸規則から独立に研究することが可能な次元で，経済的諸量を決定することが意図されている．この次元では経済分析は，——スラッファが採用した用語を用いれば——（「純粋経済理論」の段階に依然として止まっているのであるから）ある意味で自律的である．この次元は，特定の地理的および歴史的状況から独立した研究段階である．そのあとわれわれは，研究の第2の段階へと進むことができる．この段階は，研究される時点で経済を特徴づける諸制度の範囲と制約の中で，経済諸量が実際にどのようにして決定されるかに関わる．この第2の段階に入ると，自由のいっそう進んだ次元を，われわれの経済分析は獲得する．そうした自由は，個人的そして（あるいは）社会的

────────────

1)　詳細については，Pasinetti, 1981, pp. 6-8, 訳 7-9 頁および，1986 をみよ．

第9章 純粋理論の段階　　　　249

行動についての仮定の選択，さらには研究に付されるべき特定の諸制度についての仮定の選択に関係する．現実に観察される，あるいは実証的な研究によって見いだされるか，あるいは理念的に考え出されたパターンによって目標とされる経済制度の組織の中で，**どのようなタイプの観察可能な行動も分析可能で**ある．ここで決定的に重要な点は，望ましい，あるいは「理想的」な状態という問題には，――仮にそう呼んでよければ，それらが存在する程度には――研究の第1の，「自然」の段階で，すでに直面していたにちがいないということである．したがって，規範的な状態に関わる諸問題はすでに解決済みであったはずであり，そしてそれに続く制度の段階での分析は，事前に課された制約的で，かつ還元主義的な諸仮定から自由になる[2]．

　経済学者が受入れなければならない，1つの重要な帰結がある．この2段階の研究方法から，次のようなことが出てくる．すなわち，研究の「自然」的段階が純粋経済理論にとって依然として典型的な分野であるのに対して，研究の制度の段階は，通常，多くの経済分析を必要とするけれども，もはや経済学者だけのものであると主張することはできないということである．具体的な経済における諸制度についての研究分野全体が，他の社会科学から生まれる可能性のある貢献や研究にも，同様に開かれていなければならない．経済分析は，この第2の段階ではもはや自律的ではない．個人や社会の行動に関する仮説は，それらがどのような起源をもち，どのようにして生まれたものであっても，それらは実証的な根拠が与えられ，そして分析的に正しいかぎりにおいて，妥当性をもつことになる．

　1つの結果として明らかになるのは，研究の第1の段階で打ち立てられた理論的枠組みは閉じることができない，ということである．第2の段階の（いっそう現実性を志向した，いっそう地に足のついた）研究から生じる，いかなる型の行動規則であっても，それらを取り込むことが可能になるように，それらの理論的枠組みは十分な数の自由度を備えていなければならない．

---

　2)　もちろん，解決されるべきものとしてすでに存在する一連の「規範的」規則あるいは問題は，秩序社会にとって別の基礎的な規則全体の一覧表を含んでいるかもしれない．それらは経済システムに厳密に関係する，基本的な「規範的」規則の範囲を大きく越えるかもしれない．

250　　　第 3 部　発展する経済のための生産パラダイムに向かって

　すでに示唆したように，以上の研究方法を応用した直観的な基礎の上に立った初期の試みを見出すことができるのは，古典派経済学者の間においてなのである．われわれはまた，次のことを付け加えることができるであろう．そうした研究方法は，高度に動学的な経済システムの暴発的な展開という最近の出来事から，予想外の強みを獲得しつつあり，これらのシステムは定常均衡の経験的妥当性を無効にしてしまったか，あるいは著しく制限してしまったのである．

　同時にわれわれは，次のことを承認しなければならない．ケンブリッジのケインジアンたちは，古典派の人々がアイディアを与えた方法論的**分離法**を暗黙のうちに活用はしたけれども，明示的にはそのことを認めなかった．このことは，かれらがそれぞれ個人として追求していた努力に対して，共通の枠組みを与えるために必要であった，総括的な理論的枠組みを素描するという課題に，正面から取り組むことがなぜ困難であったか（そして結局そこから逃れる方を選んだか）を，かなりよく説明するとわたしには思われる．しかしわたしは，次のことを強調したい．すなわち，「自然的」であると同時に「規範的」な諸関係を，任意の経済システムにおける経済変数の実際の決定に関連する諸関係から分離したこと，これこそがかれらの努力の背景に隠れている共通の**ビジョン**をわれわれが捉え，明確に理解することを可能にする，重要な方法論的工夫なのである[3]．たとえかれらの著作の中でこれら 2 つの研究段階が，不注意に，あるいはときには気づかれずに，互いに混合されていたとしても，そうなのである．わたしの見解では，古典派の人々のアイディアであった**分離定理**は，もし明示的に認識され追究されていたとするならば，すでに示唆したような[4]，かれらの間の意思疎通の欠如を克服することに相当程度貢献したであろうし，かれらの世界の外の経済学者たちとの意思疎通の欠如の克服には，さらにいっそう貢献したであろう．

　わたしの過去の提案を参照するように読者に求めるだけでもよいかもしれないが[5]，わたしはここでは大胆になって，本書の制約の範囲において総合のた

---

3)　これは，かれらの 1 人ひとりとの日常の会話や議論からわたしが得た確信である．
　　Pasinetti, 1981, p. xiv, 訳 iv, v 頁.

4)　原書 pp. 61-63, 169-171, 200-201, 本書 54, 55 頁, 155-157 頁, 186-188 頁をみよ.

5)　とくに，Pasinetti 1981, 1986, 1993a, 1993b をみよ.

めの英雄的な努力を払い，わたしが研究の第1の段階とよぶもの（純粋理論の段階）が意味するものに，やや純化した形で中身を与える試みをすることにする．以前に本書でピエロ・スラッファ体系に関して示した示唆から出発して[6]，わたしが発展させる機会を得た，最も単純な動学モデル——すなわち単純な労働経済発展モデル——を併記する．わたしがここで選択する，この労働モデルを提示するためのかなり単純化した工夫が，ケンブリッジ学派のケインズ経済学者たちすべての業績を取り込むことができる基本的な枠組みを説明する，最も簡単な手段を提供することを，期待している．わたしが追加するのは，単に次のことである．スラッファの**商品による商品の生産の体系**とわたし自身の**労働による商品の生産の体系**とは相互に補完的であるだけでなく，垂直的統合（vertical integration, Pasinetti, 1973）という分析用具によって実際，相互に統合することができる．この分析用具は，生産パラダイム全体の，最も本質的で基本的な形を表現するものとしての，純粋労働体系の解釈へと最終的に導く．

　言うまでもなく，これからわたしが提示しようとしている総合的な素描の目的は，わたしが考えている最も一般的な純粋生産パラダイムの詳細な説明を与えることではない．ここでの目的は，純粋に手段的である．すなわち，進むべき方向について1つのアイディアを与えるために，すべての枠組みの中で最も単純で基礎的なものを用い，同時にここでわれわれが推奨する古典派によってその想源を与えられた，経済的現実へのこの段階的接近法を含む分離定理によってわたしが何を意味するかについて，1つの説明を与えることである．ここでの確信は，この2段階接近法こそが，ケンブリッジ学派のケインズ経済学全体の著作に対して，その構成員たちが伝えることに失敗した，あの一体性を与える鍵である，ということである．

2. 「自然」経済システムの最も単純な形

　純粋労働生産経済（生産プロセスには労働のみを必要とするような諸個人からなる社会）の元々のアイディアは，アダム・スミスにさかのぼる．スミスの

---

6)　原書 pp. 191-194, 本書 177-180 頁をみよ．

考えでは，それは未開経済（「投下労働」と「支配労働」とを一致させることによって，スミスが特にこだわりをもった純粋労働価値説に対する異議を克服することができるようになった工夫の1つ）を指すものだった．

しかしスミスの天才的な工夫は，かれの本来の目的をはるかに超えて応用することができる．最小限の抽象化さえすれば，純粋労働生産経済は，広範な分業と職業の専門化をともなう，**発達した**経済システムにも同じように応用できる．発達した経済では，各個人（あるいは家計）は1つの財だけ，あるいは1つの財（あるいはサービス）の1部分だけの生産に貢献し，同時にその経済で生産される**すべて**の財やサービスへの（消費単位としての）需要をもたらす．

この関連で労働に最も容易に接近する方法は，スラッファが用いた方法である．かれは，「労働の質は均一，あるいは同じことになるが，質の相違は量の等価の相違に予め還元されていて，各単位は同一の賃金を受け取る」と仮定している（Sraffa, 1960, p. 10, 訳16頁）．

スラッファに関してここで追加されているのは（スミスに関しては全面的にではないが），人間の**学習**の存在，すなわち間断なく進行していて，時間の経過とともに，異なった生産過程において異なった率で，すべての技術（労働）係数を逓減させるプロセスの存在である．この過程は，まったく当然であるが，財やサービス相互で異なった率で，1人当たりの物的消費の増加を可能にする．この枠組みには**新しい**財やサービスを発明する持続的な活動を妨げるものは，なにもなく——反対にそうした活動へのきわめて自然な誘因が存在する——，したがって，生産過程（そして利用可能になる財やサービス）の数は，増加している（中には陳腐化し消滅するものもある）．同時に，財の種類と質は絶えず改善し，変化し，多様化しているであろう．

しかし単純な純粋労働モデルの提示を始める前に，わたしの経験ではそうした枠組みに対して最も頻繁に提起されてきた，少なくとも3つの反対論ないし躊躇に対する，取りあえずの回答を与えておこう．

a）まず第1に，最近の実証的証拠の実体的な側面に着目することが，有益であろう．情報技術についての知識の最近の進歩が，（ハードウェアに対して）ソフトウェアの技術が新しい材料の発明とむすびついてますます重要

第 9 章　純粋理論の段階　　　253

になるにしたがって，工業生産にとって伝統的に不可欠な原材料とかつて
考えられていたものの相対的重要性は相当程度減少してきた．経済学者の
中には，「非物質化した」あるいは「重量をもたない」経済について語り
始めた者さえいる[7]．したがって，生産要素として労働のみを含む経済シ
ステムというアイディアは，わずか2, 30年前に考えられていたほどには，
もはや現実離れしたものではなくなっている．

b) いずれにしても，わたしが強調したいのは，このモデルは物的な財が生
産手段として用いられない世界に限定されるように，意図されているわけ
ではないことである．このモデルは，資本財を含む枠組みへ拡張されなけ
ればならないし，実際それは行なわれてきた[8]．現在の目的にとって純粋
労働モデルは，極度の単純性，柔軟性，基本的な特徴を強調する目的への
適合性の点で，大きな有利性をもっている．

c) 第3に，**学習の過程**は，スラッファにはないが（分業の強調を通じて）ス
ミスや他の古典派経済学者にも（例えば，リカードウにおいては耕作方法
の「進歩」として）未分化でありながら存在している．そしてその後，そ
れは産業社会の歴史的進展において決定的に重要なものとして現れてきた．
本書ではこの過程は，学習の過程から必然的に生み出される経済構造動学
の本質的なエンジンとして，純粋労働の枠組みの中心に位置づけられる．
分析上の目的のため，とられるべき最も簡便な態度は，全体としての社会
がそのすべての成員に（現在の知識状態に相応しい）最小限の教育水準を
保障することを公的な義務と考えている社会を，想像することである[9]．
このように考えた場合，限定付きの同質的労働というスラッファの概念は，
依然として意味をもつのである．

---

7)　例えば，Quah, 2001, 2002 をみよ．

8)　わたし自身の本に言及するだけでよいであろう．Pasinetti, 1962, 1965, 1982, 1973, 1988.

9)　本書の最後に，この点に立ち戻る機会があるであろう．

3. モデルの簡潔な提示

わたしは，純粋労働経済モデルの本質的な特徴を1つの表（表IX.1）にまとめた．これは，パシネッティ（1993a）で用いた数式を，再掲したものである（場合によって，理解を助けるために，同じ関係が別の代数式で与えられることがある）．読者の便宜を図るために，用いられる記号のリストを表の最後に付け加えておいた．

表 IX. 1　純粋労働モデル

外生的数量に関する基本的な仮説		
[1]　労働係数の動き	$l_i(t) = l_i(0)e^{-\rho_i t},$	$i = 1, 2, \dots m.$
[2]　1人当たり消費の動き	$c_i(t) = c_i(0)e^{r_i t},$	$i = 1, 2, \dots m.$
[3]　人口成長	$N(t) = N(0)e^{gt},$	
[4]　構造動学	$\rho_i \neq \rho_j,\ r_i \neq r_j,\ r_i \neq \rho_i,$	$\left.\begin{array}{c}\rho_i \\ r_i \\ g\end{array}\right\} \gtreqless 0$

物的数量と価格体系

[5]　物量体系

$$\begin{bmatrix} 1 & 0 & \cdots & 0 & \cdots & 0 & -c_1(t) \\ 0 & 1 & \cdots & 0 & \cdots & 0 & -c_2(t) \\ \vdots & \vdots & \ddots & \vdots & & \vdots & \vdots \\ 0 & 0 & \cdots & 1 & \cdots & 0 & -c_i(t) \\ \vdots & \vdots & & \vdots & \ddots & \vdots & \vdots \\ 0 & 0 & \cdots & 0 & \cdots & 1 & -c_m(t) \\ -l_1(t) & -l_2(t) & \cdots & -l_i(t) & \cdots & -l_m(t) & \mu(t)v(t) \end{bmatrix} \begin{bmatrix} Q_1(t) \\ Q_2(t) \\ \vdots \\ Q_i(t) \\ \vdots \\ Q_m(t) \\ N(t) \end{bmatrix} = \begin{bmatrix} 0 \\ 0 \\ \vdots \\ 0 \\ \vdots \\ 0 \\ 0 \end{bmatrix},$$

[6]　商品価格の体系

$$\begin{bmatrix} 1 & 0 & \cdots & 0 & \cdots & 0 & -l_1(t) \\ 0 & 1 & \cdots & 0 & \cdots & 0 & -l_2(t) \\ \vdots & \vdots & \ddots & \vdots & & \vdots & \vdots \\ 0 & 0 & \cdots & 1 & \cdots & 0 & -l_i(t) \\ \vdots & \vdots & & \vdots & \ddots & \vdots & \vdots \\ 0 & 0 & \cdots & 0 & \cdots & 1 & -l_m(t) \\ -c_1(t) & -c_2(t) & \cdots & -c_i(t) & \cdots & -c_m(t) & \mu(t)v(t) \end{bmatrix} \begin{bmatrix} p_1(t) \\ p_2(t) \\ \vdots \\ p_i(t) \\ \vdots \\ p_m(t) \\ w(t) \end{bmatrix} = \begin{bmatrix} 0 \\ 0 \\ \vdots \\ 0 \\ \vdots \\ 0 \\ 0 \end{bmatrix},$$

解といっそうの展開	
[7]　物量の構造動学	$Q_i(t) = c_i(t)N(t),$ あるいは，より具体的に
	$Q_i(t) = c_i(0)N(0)e^{(g+r_i)t},$
[8]　雇用されるべき総労働量	$Q_n(t) = \mu(t)v(t)N(t),$ あるいはより具体的には
	$Q_n(t) = \mu(t)v(t)N(0)e^{gt},$

第9章　純粋理論の段階　　　255

表 IX. 1（続き）

[9]　各部門の雇用　　　　　$E_i(t) = l_i(t) c_i(t) N(t)$,　　　　　　あるいはより具体的には

$$E_i(t) = l_i(0) c_i(0) N(0) e^{(g+r_i-\rho_i)t}.$$

$$ただし,\ \sum_{i=1}^{m} E_i(t) \leq Q_n(t).$$

[10]　各部門の雇用変化率　　　$\varepsilon_i = g + r_i - \rho_i = 0$,

[11]　自然価格の構造動学　　　$p_i(t) = l_i(t) w(t)$,　　　　　あるいは，より具体的には

$$p_i(t) = l_i(0) w(0) e^{(\sigma_w-\rho_i)t}.$$

[12]　賃金率の動き　　　　　$w(t) = w(0) e^{\sigma_w t}$,

[12bis]　　　　　　　　　　　ただし $\begin{cases} w(0) = \bar{w} \\ \sigma_w = \bar{\sigma}_w. \end{cases}$

[13]　完全雇用と完全支出の集計的条件

$$\frac{1}{\mu(t)\nu(t)} \sum_{i=1}^{m} c_i(t) l_i(t) - 1 = 0,\ あるいは，より具体的には$$

$$\frac{1}{\mu(t)\nu(t)} \sum_{i=1}^{m} c_i(0) l_i(0) e^{(r_i-\rho_i)t} - 1 = 0.$$

[14]　各部門の労働雇用量と総労働の比　　　$\lambda_i(t) = \dfrac{1}{\mu(t)\nu(t)} c_i(t) l_i(t)$,

[15]　生産性の「標準」成長率　　　$\rho^*(t) = \sum_{i=1}^{m} \lambda_i(t) \rho_i(t)$,

[16]　ニュメレールとしての動学的標準商品の採用

$$p_{h^*}(t) = \sum \alpha_i^*(t) p_i(t) = 1,$$

$$ただし \begin{cases} p_{h^*}(0) = 1, \\ \sigma_{h^*} = 0. \end{cases}$$

[17]　物価安定の集計的条件　　　$\sigma_w = \rho^*$,

[18]　貨幣的インフレーション率　　　$\sigma_M = \bar{\sigma}_w - \rho^* = 0$,

[19]　各商品の価格の部門別変化率　　　$\sigma_i = (\bar{\sigma}_w - \rho_i) = (\bar{\sigma}_w - \rho^*) + (\rho^* - \rho_i) = \sigma_M + (\rho^* - \rho_i)$,

[20]　物価安定をともなう「自然」利子率　　　$i_{h^*}^* = \rho^*$,

[21]　（一般的な）「自然」利子率　　　$i^* = \rho^* + \sigma_M = \sigma_w$.

記号リスト　$(i = 1, 2, \cdots, m)$

$Q_i(t)$：生産される商品の物量　　　　　m：生産部門と商品の数

$Q_n(t)$：労働の総雇用量　　　　　　　　n：$m+1$

$N(t)$：総人口　　　　　　　　　　　　t：時間

$E_i(t)$：各部門の雇用　　　　　　　　　h：価格体系のニュメレールに選ばれた商品

$\varepsilon_i(t)$：部門別の雇用変化率　　　　　　h^*：動学的「標準」商品

$\rho_i(t)$：商品の「自然」価格　　　　　　μ：活動人口の総人口比率

$w(t)$：賃金率　　　　　　　　　　　　ν：総時間に対する労働時間の比率

$l_i(t)$：労働係数（産出1単位当たりの労働投入）　　g：人口成長率

$c_i(t)$：1人当たり消費　　　　　　　　ρ_i：部門iの労働生産性成長率

　　　　　　　　　　　　　　　　　　　ρ^*：労働生産性の「標準」成長率

r_i：商品 i 1 人当たり消費の変化率

σ_i：商品 i の価格変化率

σ_w：賃金率の変化率

λ_i：（各）部門（の）雇用量の総労働比

α_i：（合成商品のための）加重係数

i^*：価格体系の任意のニュメレールの下での「自然」利子率

i_{h^*}：「動学的標準商品」がニュメレールに選ばれた場合の特定の「自然」利子率

σ_M：貨幣インフレーション率

　連続時間を用い，すべての数量が指数的に動くことを想定するので，簡単化のために時間を通ずる動きを表す外生的仮説は，式[1]から[4]によって表される[10]．任意の与えられた時点 t において，これらの式は閉鎖レオンチェフ・モデルの形に構成することができる．このことは，式[5]および[6]で表現されている．それらはそれぞれ，物的数量と商品の価格に対して解を与える．t が経過することを許されるときには，単一の各数量は，したがって，また2つの方程式体系とそれらの解は，時間の経過とともに進化する．2つの方程式体系は線形かつ同次であるから，形式的な要求は，2つの行列[5]と[6]の各々の行列式が0であるという必要条件を満たすことである．このことは，われわれの分析が始まると考えられる時点ゼロにおいても，また時間の経過を通じても満たされなければならない．十分，注目に値することであるが，この条件式は[13]式で表わされ，両体系にとって同一となる．条件式[13]の本質的にマクロ経済学的性質に，注目すべきである．それは，m 部門の合計であるからという理由よりも，むしろいっそう根本的には——この場合のように，産業連関がない場合ですら——，全体的な有効需要の効果によって部門はつながっているからである．各労働者は，特定の財のきわめてわずかな部分の生産に貢献（部門への貢献）できるだけかもしれないが，同時に，彼あるいは彼女の家族とともに，経済システムで生産される事実上**すべての**財・サービスへの需要に貢献する．この経路を通じ，需要全体を包括する効果によって，すべての生産プロセスの集合は真の経済「システム」を形成する．条件式[13]は実際，単一の関係式であるけれども，システム**全体**に関連する，すなわち，それは単一の真にマクロ

---

10)　簡便さを強調したい．これらの動きに与えられる指数形は，必ずそうしなければならないというわけでは**ない**．他のいかなる動き——連続的ないし不連続的な——であっても，仮定することができるであろう．ただし，その場合，ある種の，明らかな複雑さを伴うことになる．Pasinetti, 1980, 1981, 1983 をみよ．

経済学的な関係式であり，部門数や部門構造からは独立し，技術や消費者需要
のすべての動きに左右されない.

　条件式[13]を満足するために，自動的な自己調整プロセスが必然的に生ずる
ということは，けっしてない．この点に，ここで注意すべきである．そのプロ
セスの背後で作用する自生的諸力は，事実，[13]式を満足させ**ない**傾向がある.
その理由は，1つ1つの生産部門で，2つの正反対の動きが──すなわち，技
術が生みだす動きで，係数 l_i に影響を与えるものと，部門別の物量の動きと
いう有効需要によって生み出され，係数 c_i に影響を与えるもの──絶えず作
用しているからである．一般に，これら2つの動きは調和しない（[4]および
[10]を参照）．その結果として生ずる部門への効果は，当該部門からの労働排
除の推進（$\varepsilon_i < 0$ の場合）か，あるいは当該部門への労働のいっそうの吸収
の必要（$\varepsilon_i > 0$）の，いずれかになる．しかしそうした部門は m 個もある.
各部門は，その部門特有の動態を帯びている．その上，部門数 m（本来 $m(t)$
と書くべきであるが，簡単化のためにここでは t が省略されている）は，それ
自体，時間の経過とともに変化している．すなわち，新部門が追加されたり，
他の部門が閉鎖されたりする．ここに複雑で本来的に構造的な不安定性の焦点
とドラマとがあり，したがってそれは部門に起源をもつが，その効果が積みあ
げられる結果，経済システム全体の動学に影響を与える[11].

　しかし，「自然」経済は，経済システム全体の中で，部門間不均衡の再構成
および完全雇用の達成と維持の両方を必要とする．分析的にはこのことは条件
式[13]の満足を必要とし，そしてこの式は真に厳密な意味での**マクロ経済学の
条件**として現れ，経済システム全体を結び付ける[12]．ケインズの直観は正しい
ことが証明され，その意味は深遠である．条件式[13]は，完全に定常的な経済
（すなわち，式[4]ですべての ρ_i とすべての r_i がゼロ）という，ほとんど意味
のない極端な場合を除けば，1回かぎりの条件では**ない**．一般に，すなわち**動
学体系**では，[13]式の各構成要素は動いている．生み出される変化は，したが

---

11)　この効果は，後奏で示唆された深い意味をもつ不安定性に属する．原書 pp.
　　229-230. 本書 212, 213 頁.

12)　再び，後奏を参照.

って多様かつ複雑である．それらの動きは反対の方向に向うかもしれないので，ある程度は——ときにはその程度は大きい——互いに相殺し合うであろうが，秩序だった仕方で完全に相殺し合うということはない．しかし，条件式[13]は全体としては相殺を要求する．この条件は，「自然」システムが実現すれば，**当然満たされる**ことになる．

　不均衡への傾向に対抗する諸力が作用する道は，実際，複数存在する．このことが意味するのは，「自然」経済システムを厳密な観点から見ると，条件式[13]を満たすという問題は多方向に広く開かれており，そしてそれらの傾向は組合わさって作用する可能性があり，互いを排除しない，ということである．それらがモデルそのものから明確に生ずることから，わたしはそれらのなかで少なくとも最も明らかな方向を想定しよう．すなわち，i) すでに操業している部門における1人当たり需要の増加，ii) まったく新しい部門の創造，iii) パラメーター $\mu_i(t)$ の（すなわち，総人口に対する活動人口の割合の，例えば早期退職などによる，時間の経過にともなう漸次的な低下，iv) パラメーター $v_i(t)$，すなわち総時間のうち労働に当てられる割合の漸次的な低下，（および，これに対応したパート・タイム雇用や余暇時間の増加）等である．

　これらすべての動きは明らかに，部門間で労働の流動化をともなう雇用の構造動学を必要とする．そしてそれが生み出す経済成長の過程では，閉鎖する部門（経済成長の過程における衰退産業）もあれば，拡大する部門もあるし，そして新しく創造される部門もある．シュンペーターは，これらの構造的成長の典型的な結果を直観的に認識した，唯一の初期の経済学者であったと思われる．

　いずれにしても，当面，条件式[13]が満たされているものと想定するならば，2つの方程式体系のそれぞれにおいて，変数のうちの1つは，時点ゼロおよび時間経過上の各点で外生的に固定してもよいであろう．事実，このことが意味するのは，各方程式体系において，変数のうちの1つの全時間にわたる**動き**は体系の外から固定されなければならないということであり，このことが今度は，（単純化のためにすべての動きは指数の形態をとるものと想定されている）2つの方程式体系のそれぞれにおいて，閉じられなければならならない2の自由度があるということを意味する．外生的なものとして選ばれた単一の数量に対して，われわれはその初期値と時間の経過を通じる変化率とを固定しなければ

第9章　純粋理論の段階　　　259

ならないのである[13].

　この手続きは物量体系にとってはきわめて直截であり，動きが外生的と考えられるべきなのは明らかに人口，$N(t)$である．したがって，その解は[7]式で与えられる．これらの解から，完全で，事実，非常に複雑な部門の物的数量の構造動学を，そして体系全体の中で雇用の構造動学へのそれらの反作用を，見て取ることができる（[9]式を参照）．部門によっては，物的生産量が増加していても雇用が減少しているものもあることに，注目しよう．[8]式と[9]－[10]式の表現は，一方では利用可能な総労働量の変化を，そして他方では，部門別雇用構造の時間経過の中での変化を明示的に表している．これらは，生産性（すなわち ρ_i の成長率），そして需要（すなわち r_i の成長率）の構造動学の，直接的な帰結である．各部門 i は，雇用の面で（相対的に）ε_i の正負に応じて拡大あるいは縮小する（[10]式を参照）．完全雇用（すなわち，マクロ経済の条件式[13]の成立）には，全体として利用可能な労働量と各部門の雇用量の合計とが同一になることが，必要である．

　価格体系に対しては，解は[11]式で与えられる．しかしながら，ここでは，外生的な動きの選択は，けっして単純なことではない．なぜならば，それはニュメレールを固定することの意味を論じるからであって，そしてその選択は典型的な意味で恣意的だからである．したがってわれわれは，全範囲から選択をしなければならない．純粋労働モデルでは，1つの明白な選択肢は，価格体系のニュメレールとして賃金率を選ぶというものであろう．このことは，[12]－[12bis]で行ったように，$w(t)$ の時間経過の中での動きを外から固定することを意味し，価格体系に物量体系との完全な対称性を与えるのである――これは

---

13)　必要条件[13]が満たされないからといって**均衡解**が存在しないことを意味するわけではないが，不均衡解の存在を排除しない．実際，モデルの単純化によって，必要条件[13]が満たされない場合，2つの各方程式体系において，はじめの m 本の方程式は依然として成立する．成立しなくなるのは最後の $(m+1)$ 番目の式であり，経済学の言葉でいえば，物量体系において雇用量が完全雇用より小さい（あるいはそれより大きい雇用への圧力がある）こと，そして価格体系において国民所得が完全支出より小さい（あるいは趨勢的にそれより大きい）ことを，それぞれ意味している（詳細は，Pasinetti, 1981, 1993を参照）．

分析上，多くの利点をもつ特徴である．まず第1に，それは（価格体系が自由度1を含む）静学的枠組みを棄て，動態経済を取り扱うに至ると，価格体系の自由度はもはや1ではなく2になるということを，明らかに示している．このために，賃金率を初期時点，つまりゼロ時点で固定して（$w(0) = \bar{w}$）とし，さらに[12bis]が示すように時間経過の中での**変化率**を固定する（たとえば，$\sigma_w = \bar{\sigma}_w$ とする）ことが必要になる．第2に，価格体系のこの閉じ方が明示的に表すのは，構造動学をともなう生産経済は**貨幣経済**にほかならないということである．はじめに価格体系の単位——したがって時間ゼロにおけるその単位の購買力——を固定するのに最も便利なのは，w を名目単位（ドル，ユーロ，ポンド，円，等）で表すことである．しかしその場合，その名目単位の実質購買力は時間を通じて変化するであろう．貨幣的生産経済は，このモデルが取込むことができる価格体系の（実質値で）**変化する**測定単位をもつことになる[14]．この点に関して，式[18]は貨幣的インフレーション率を表す．それにより，解[11]は，商品価格体系の，完全で，やはり複雑な構造動学を示す．これに対して，式[19]は各価格の**動き**の2つの構成要素への分解を示している．すなわち，構造的要素——生産性の異なった変化率により生み出される——と，インフレーション要素——名目賃金率が全体の生産性成長率を上回ることで生み出される——である．

　もちろんわれわれは，賃金率ではなく，任意の物的商品 h（これを**金**と呼ぼう）をニュメレールに選ぶこともできるであろう．そしてその物的単位（たとえば金の特定量）を選んで，すべての期間にわたって固定することもできるであろう．こうすることの意味は，h（すなわち金）の価格を，時点ゼロ，そして時間の経過を通じて1に固定することである．われわれのモデルでは，$P_h(0) = 1$ かつ $\sigma_h = 0$ と表せるであろう（ちなみに，このことは明らかに，閉じられるべ

14）このことは，必ずしも十分には理解されない点である．可変的な「測定単位」について述べることは，最初は奇妙に聞こえるかもしれないが，これこそが貨幣的生産経済で生ずることなのである（つまり，家計をあずかる者が買い物に行き，同額の名目貨幣単位で，以前より少なくしか買えない——あるいは，普通このような場合は少ないのであるが——，以前よりも多く買えることに気付くのは，特に物価の加重**平均**が，通常のとおり，上昇する時のような場合である）．

き自由度は，実際2であることを示している）．しかしながら，われわれがた
だちに注目すべきは，われわれの仮説[4]にしたがって起こることである．各
相対価格が時間の経過を通してそれぞれ独自に変化するならば，いったんニュ
メレールとして選ばれて，時間を通じて（平均）価格を一定に保つことができ
るような，いかなる単一の**物的**商品も存在しないことである．なぜならば，ニ
ュメレールに選ばれた商品が平均より低い生産性変化率で生産されるならば，
（加重）平均価格は上昇するであろうし，ニュメレールとして選ばれた商品が
平均より高い生産性変化率で生産されるならば，（加重）平均価格は下落する
からである．完全に安定し物価の水準を達成するためには，すべての生産性の
（加重）平均変化率と正確に等しい生産性変化率によって特徴づけられる，特
別な物的商品を見いださなければならないであろう．

　直観的に想像できることであるが，ニュメレールとして用いられる際にそう
した「価格安定性」という特性をもつような物的商品は，現実には存在しない
（そして，仮にある特定時点において幸運によってそれが見つかったとしても，
それはそのすぐ後の時点では同一の物価安定性を生み出すという特性を享受す
ることは，もはやないであろう）．しかしながら，それを分析的には「構成す
る」ことはできる．それは「合成された」物的商品でなければならず，その構
成は時間の経過とともに変化する．それは——[14]と[15]式を用いて——次の
ようにして作り出すことができることが示される．すなわち，それは生産性の
全体的な成長率，すなわち生産システム全体におけるすべての生産性変化率の
（加重）平均をとったものという特徴をもち，仮想的な生産プロセスと結び付
くような仕方でつくりだされる．[16]式のように，そのような商品をニュメレ
ールとして採用することにより，すべての生産性変化率の中から，時間を通じ
て全体の物価水準が完全に一定になるような中間点を，正確に見いだせるであ
ろう．そのような（合成）商品を，わたしは「動学的標準商品」と呼び，それ
に対応する生産性の（加重）平均変化率を「標準」生産性成長率と呼んだ[15]．

―――――――――――――

15)　この（合成）商品は，スラッファの「標準」商品の動学的対応物となり，それを用
　　いて，リカードウの「不変の価値尺度」という考え方に完全な解決を与える
　　（Pasinetti, 1981, pp. 104-106, 訳120-122頁, 1993a, pp. 70-72, 訳88-92頁参照）．

このモデルの興味深い特徴は，そのような特殊な商品を明示的に「作り出す」必要もなければ，その商品の現実の構成がいかなるものであるかを，正確に知る必要もない，ということである．スラッファの「標準商品」の場合と同じように，そのような商品を選び出してニュメレールとして固定する間接的な方法がある．この方法は，動き[12]を外生的なものとして，その自由度2を $w(0) = \bar{w}$（どのようなものであれ，初期時点でわれわれが選択したいと考える名目単位，すなわち貨幣単位に等しい賃金率）とおき，さらに[17]式で示されるように，$\sigma_w = \rho^*$ とすること――すなわち，その賃金率の変化率が労働生産性の標準成長率と等しいとすることである．

　しかし，われわれの物語は，これで終りではない．われわれの体系においてマクロ経済条件式[13]が中心の位置を占めるということを見る，もうひとつの道――いわば同じコインの反対側――がある．[13]式の付加項 $\left(l_i c_i \dfrac{1}{\mu v} \right)$ は――いま上で見たように――総雇用に対する部門 i における雇用の**割合**を表している．しかしそれは，総需要に対する部門 i における産出物の割合をも表す．明らかに，これらの割合の総合計は完全雇用を確保するためには，1でなければならない．このことは単純に，国民所得の全額が支出されなければならない，という命題を表す．そしてこれは，――あとでわかるように――，ケインズの有効需要原理の1つの表現なのである．われわれの（資本財が存在しない）純粋労働モデルでは，このことはまた，全所得（賃金）が消費財に支出されなければならないことをも意味する．各時点で，総消費は国民所得のすべてを吸収しなければならない．純粋労働モデルでは，全体としての貯蓄は存在しえない．ケインズの用語では，総貯蓄はゼロでなければならないのである．しかしこの条件は，**個人の貯蓄**には何らの制約も課さない．この条件が求める唯一の要求とは，貯蓄する個人がいるならば，ちょうど同じ大きさの負の貯蓄を別の個人がしなければならない，というものである．その意味は，貨幣的生産経済において，個人，そして集団としての個人は，直接あるいは仲介機関を通じて，自分たちの間で債権・債務関係，すなわち任意の特定のニュメレールによる異時点間取引を約定することができる，ということである．この意味は，**金融**資産と負債，すなわち金融**ストック**が，われわれが考察している純粋労働経済には，仮定によってたとえ物的資本ストックが存在しないとしても，存在するように

第9章　純粋理論の段階　　　263

なるということである．金融ストックはニュメレールによって評価されるので
あるが，このニュメレールは価格体系に選ばれたものと同じニュメレールにな
るのが通例である（われわれも，ここでそうする）．すなわちこの場合──す
なわち，ひとびとが現行のニュメレールによって異時点間の債権・債務取引を
約定するとき──経済システムには必ず**追加の**経済変数，すなわち**利子率**が登
場する．われわれの純粋労働モデルでは，この登場は追加的な（第3の）自由
度の出現を通じて生ずる．その自由度は，もちろん利子率によって閉じられな
ければならない．**どのような**利子率も，現在，選ばれているニュメレールで
測って，生産体系の外から固定されるであろう．そのような現実の利子率は
──いったん選択され固定されると──所得のフロー（われわれの場合は賃
金）の購買力の大きさ，および（異時点間の）累積された金融資産のストック
の購買力の現実の大きさとの両方を，最終的に決定する．この段階において，
すべての自由度が閉じられ，われわれが考察している貨幣的生産経済の金融構
造は特定化される．他方，利子率が，マクロ経済条件式[13]の充足という複雑
な問題に対して，もう1つ別の次元（金融的次元）を付け加えることは明らか
である．

　しかしながら，経済の貨幣および金融的部分をこのようにして閉じることは，
決定的に重要な問題を提起する．それは，どのような利子率が「自然」経済シ
ステムを維持するために選ばれるべきかという問題である．問題の別の表し方
をすれば，生産システムの外から選ぶことのできるすべての可能な（選択可能
な）利子率の中に，「自然」利子率という名称に値するものとして他から区別
される，特別な利子率は存在するであろうか．

　この問いに対する答えは，われわれのモデルでは明らかである．純粋労働生
産モデルにおいては，「自然」利子率とは労働の購買力を時間の経過を通じて
一定に保つという性質をもつ利子率にほかならない．この意味は，**労働ではか
るとゼロになる利子率**ということである．

　そのような基本原理は，──最も一般的な形では──，選ばれるニュメレー
ルから**独立**に述べられる，という明らかな性質をもつことに注目すべきである．
このことは，単純に，次のように述べることもできる．すなわち，**自然利子率**
とは，賃金率の百分率変化に等しい利子率である．

しかしもちろん，構造動学の文脈の中では，すべての価格が互いに，また賃金率と比較しても相対的に変化しているので，いったん現実のニュメレールが特定化されると，自然利子率は採用されるニュメレールに応じて異なる特定の**数値**をとるであろう．こうでなければならない理由は，あらゆる場合において，**労働で測る**のと同じ実質効果を生み出すようにするためである．

興味深い事例を明示的に考察することは，有益であろう．

　ⅰ）選ばれるニュメレールが労働の場合，すなわち，$w(t)=1$ に固定する場合，自然利子率は定義によりゼロである．

　ⅱ）選ばれるニュメレールが任意の物的商品 h，すなわち $p_h(t)=1$ に固定する場合，自然利子率は ρ_h，つまり部門 h の生産性成長率である．なぜならば，すべての金融資産の購買力は，商品 h で表わされると，労働で測って ρ_h の率で価値を減ずるからである．この場合，現実の（自然）利子率は，この減価に対する補償の役割を果たし，既存の金融資産の価値を時間を通じて労働で測って一定に保つことになる．

　ⅲ）選ばれたニュメレールが「動学的標準商品」と呼ばれる特定の商品の場合，これは**一定の**一般物価水準を意味するから，自然利子率は[20]式で示されるように，ρ^*，すなわち生産性の「標準」成長率になる．

　ⅳ）選ばれるニュメレールが名目（貨幣）単位の場合，自然利子率は[21]式で示されるように，生産性の標準成長率に物価上昇率を加えたものに等しい――これらの和は，今度は，上で $\bar{\sigma}_w$ で示した（[12bis] を参照）もので，この変化率が（名目）単位の定義に入り，賃金率，したがってすべての価格はこの単位で表現されるのである．

　これらすべての自然利子率に関する代替的な数式による表現は，実質では同値である．これらの数式は，価格体系（そして同時に，債権・債務関係の計算単位）に対して固定されるニュメレールのいくつかの選択肢が存在する中で，まったく同一の実質的効果を（すなわち，労働ではかった場合，利子率ゼロ）を正確に実現する，複数の可能な方法を表している[16]．

　いずれにせよ，上記のさまざまなすべての選択肢の中で，生産経済に関する

われわれのモデルから直ちに生ずる，ニュメレールの選択に関する2つの基本的な場合の，特に興味深い性質に注目すべきであろう．すなわち，ケースi) 労働がニュメレールの場合と，ケースiii)「動学的標準商品」がニュメレールの場合である．i) の場合，労働で測って自然利子率はゼロであり，**すべての**金融資産は時間を通じて一定の価値を維持するけれども，すべての価格は対応する生産性変化率で下落する，すなわち一般的な価格デフレーションである．iii)（「動学的標準商品」がニュメレールの場合），自然利子率は生産性の標準成長率 ρ^* に等しいが，（加重）平均物価水準は絶対的に不変である（もちろん，標準商品で測られた任意の特定商品の価格はそうではない）．すべての金融資産は，労働で測って，時間とともに価値を減ずるが，その率は標準生産性成長率に等しい（これは ρ^* に等しい自然利子率の支払いで相殺されるという意味である）．どちらの場合にも，所得分配に関する含意は明白である．純粋労働の「自然」経済システムでは，所得分配（「自然」所得分配と呼ぶことができる）は，（「投下」労働と「支配」労働のどちらの場合でも）労働に比例する．すなわち，すべての国民所得は，実質では労働に属する．しかし重要な点は，「自然」賃金率によって任意の与えられた時点，**および**「自然」利子率によって時間を通じての**両方で**，それが生ずるということである．

────────────

16)　以下のことは言及に値するかもしれない．価格の構造動学を備えた経済システムにおいて，具体的にどの利子率を選んでも生ずる（どんな利子率であろうと，またどんなニュメレールが選ばれようと）一連の効果，すなわち**自己利子率の**1つの系列が存在する——事実，価格の動きの違いの数だけの**自己利子率**が生まれる．このことを理解する最も単純かつ容易な方法は，労働をニュメレールにしたゼロ自然利子率という特定の場合を考えることである．この場合，現実のゼロ自然利子率は m 個の自己利子率の1系列を生み出し，これら自己利子率は m 個の生産性上昇率に一致する．なぜならば，すべての金融資産の価値は（すべてが労働ではかって表されるから）名目的には時間を通じて実際絶対的に一定であるが，それらの購買力は，商品1で測って $\rho_1, \cdots$，任意の商品 h で測って ρ_h，…そして商品 m で測って ρ_m の率で増加するからである．これ以外のすべての場合には，その他のニュメレールをともない，利子率も自然利子率あるいは非自然利子率をともなうから，関係はより複雑である．しかし現実の利子率は，それらがどんなものであれ，つねに m 個の**自己利子率**の（それぞれの価格動学に）対応する1系列を生み出す（詳細は，Pasinetti, 1993a, pp. 88-89, 訳 111-119頁を参照）．

266 　第3部　発展する経済のための生産パラダイムに向かって

　2つの最も興味深いニュメレールの選択肢 i) あるいは iii) を用いて，実質的に同じ効果がどのようにして得られるかに注目することは，有益であろう．すなわち，労働をニュメレールにした場合は，物価の**一般的水準**が（ρ^* の率で）連続的に下落し，現実の利子率はゼロである．そして動学的標準商品をニュメレールにした場合には，賃金率の（ρ^* での）上昇であり，そして現実の利子率もまた ρ^* に等しく，これに対して物価の一般水準は一定のままである．

　「動学的標準商品」がニュメレールとして用いられる場合の，注目に値する性質に留意すべきである．この場合，労働をニュメレールとしたならば生じたであろうデフレーション的な価格の動きは避けられ，同時に物価水準を絶対的に一定に保つことによって，「標準」生産性成長率 ρ^* に等しいプラスの**自然**利子率が生み出される．そうした自然利子率の意味は，すでに見たように，金融資産を保有するすべての債権者に対して，（賃金率の購買力ではかった全金融資産の減価を）安定物価水準で補償するというものである．

　この点で，純粋労働経済の枠組みの上記の（簡潔な）提示は，われわれの目的にとっては完結したと考えてよいであろう．

4.　規範的な性質

　すでにこの段階において，われわれが考察してきた「自然」経済システムを特徴づける変数のいくつかの明らかな性質が，明確に現れてくる．

　まず注目すべきは，経済分析の外から与えられる基本的な変数（人口，技術，人間の学習，消費ニーズの階層構造，人間の選好）の時間を通ずる動きについて，きわめて少数の仮定から，単純に出発をすることによって，満たさなければならないいくつかの基本的なマクロ経済的条件とともに，動学的経済システムに重要なすべての変数の動きに関する，1つの完全な概念的枠組みが構想されたことである．この概念的な枠組みは，そのつくられ方自体によって，基本的に規範的な性質をもって現れる．これこそが，わたしがこの概念を「自然」と呼ぶことを正当であると考えた理由である．なぜならば，古典派経済学者たちが先に使っていた方法や概念を，その枠組みが再び取り上げているからである．簡素さ，根本性，永続性は，たとえそれが構造的経済動学という複雑な文

脈の中で形作られてはいても，その最も明白な特徴として存在するからである．

　ごく簡単にいうと，本書で提示されている「自然」経済システムの純粋労働版は，以下のような特徴を示している．

ⅰ）商品価格の進化構造

　技術の領域で生ずる，さまざまに異なった学習のプロセスと完全に同調して，各価格はそれ独自の動き方をする．それらの価格は，生産費──とくにわれわれの場合には，具体的には純粋労働価値論──を体化する．それらは，分析上のいかなる複雑化も生み出さない．この場合においては，「投下労働」と「支配労働」が一致しているからである．これは，典型的にスミス的な香りをはっきりと示す特徴である．スラッファの意味で（原書 p. 279, 本書252頁参照），同質化された純粋生産労働の文脈では，労働は，「公正」価格の概念の基礎にある明白な基準である──すなわちそれは，規範的な性質をもっている．その上，この文脈では，時間を通じての**不変の価値尺度**を生み出すという，リカードウの問題に解答が与えられる．「動学的標準商品」という定式化は，かりにこれが価格体系と金融ストックの両方にとって参照条件として用いられる場合，貨幣的フローと金融ストックの両方に対して，**一般物価水準の完全な安定性**を維持するという性質をもつ．

ⅱ）部門別生産の進化構造

　これは，有効需要により作動する．これこそはマルサス＝ケインズ型の有効需要理論の純粋型である．構造動学のプロセスの中に置かれると，この進化構造は，「エンゲル法則」の一般化を体現している．そのような動学の文脈では，需要は，生産物ごとに異なった率で増加する所得によって本質的に支配される．各部門の需要は，その部門に特有の仕方で，最終的に飽和点に達する運命にある．この意味は，各部門の生産は絶えず生産全体に占めるそれらの割合を変化させ，新しい用途，新しい財，そして新しいサービスへと方向を変化させている．それらは古いものの改良であるかもしれないし，あるいは以前にはまったく経験したことのない，まったく新規なものであるかもしれない．このように，需要側の学習は，技術側のそれと同様なものとし

て現れる．しかしこのことは，次のことをも意味する．すなわち，長期においては，諸価格の各部門の需要と生産への影響は，ますます小さくなっているということである．実質所得の水準こそが，経済学的な言い方では，最終的には最も重要な決定要素になる[17]．非経済学的決定因の研究に**機会を開く**必要が経済学にあることを，「自然」システムが示している，最も明白な論点の１つがこれである．基礎的な必要が支配的である間は（つまり実質所得が低い水準では），経済学の分析は研究の最も明らかな用具を提供し続けるであろう．しかし実質所得が増加するにつれて，社会科学における研究の他の諸源泉が発言力を増し始め，そしてそれ以降はますますその発言力を大きくしていくであろう．われわれのモデルは，個人の次元と社会の次元の両方で，選択理論の定式化の可能性と内容の豊さに道を開いている．それは，モデルの自由度がこれらの方向に，広く機会をひらいているからである．

iii）部門別雇用構造の進化

　これらは，i）と ii）の結合した構造動学，すなわち，一方では労働生産性の進展と他方では１人当たり需要の進化との相互作用によって，生み出される．どちらか一方だけでは，構造変化 i）も ii）も，部門別雇用に生じていることの，はっきりした姿を与えることができない．決定的に重要なのは，これら２つの動きの**組み合わせ**なのである．そしてこの組み合わせは，非常に明確に，「自然」で連続的な労働**移動**のプロセスを前面に引き出してくる．すなわち，部門から部門へ，旧部門から新部門へ，多い労働日からより少ない労働日へ，フル・タイムの仕事からパート・タイムの仕事へ，等々といった具合である．ただしそれらの移動は，経済システム全体としての，潜在的生産力を使用しないことによるまったくの無駄を通じた失業と，（回復不可能な）生産の損失がないことを前提とする．

iv）均等賃金率

　均等賃金率の購買力は，なんらかの特定の商品 $i[i=1, 2, \cdots, m(t)]$ で

---

17)　詳細は Pasinetti, 1981, pp. 71-75, 訳 81-85 頁を参照．

評価されると，その特定部門 i の労働生産性成長率で上昇している．しかしこのことは，賃金のわずかな部分しか商品 i に支出されず，またこの間に諸価格すべてが変化しているのであれば，ほとんど意味をもたないであろう．モデルが示しているのは，生産システムでは，賃金率はそれだけが取り上げられると，価格体系全体に対応するものとして存在する，ということである．商品価格は，部門別の概念である．賃金率は，それとは対照的に，マクロ経済的概念として現れる．賃金率は必然的に，経済システム全体の中で生産されるもの**すべて**に対する購買力という，ある抽象的な数量でなければならない．賃金率は，純国民生産——典型的なマクロ経済的概念である——のうちの，労働者の分け前という性質を獲得する[18]．構造動学の文脈では，自然賃金率の均等性は，同時に２つの重要な機能を果たしている．すなわち，所得分配機能および効率性を引き出す機能である．均等賃金率は，経済システム全体の中で技術進歩の利益を労働へ振り当てる．しかもこれは，部門ごとの労働係数の変化の違いから独立に行われる．同時にその均等性によって，賃金率は生産性上昇率が平均以下の部門には生産性改善の刺激を与え，生産性が（平均水準に対して相対的に高い率で）上昇している部門に対しては，価格下落の圧力をかける[19]．

v)「自然」利子率

一連の金融資産が，異時点間の債権・債務関係の保証を個人あるいは個人の集団の間で行うことによって存在するようになるや直ちに，「自然」利子率が必然的に発生する．モデルが示すのは，自然利子率の発生は，たとえ**物的資産**がまったく存在しなくても（すなわち，資本財が存在しなくとも）起こるということである．さらにモデルは，そうした利子率には，すべての金融資産の労働で測った購買力を時間の経過を通じて一定に保つという規範的

---

18) 価格体系の変数 $w(t)$ は，物量体系の変数 $Q_n(t)$ という，これもまた**マクロ経済的**意味をもつ変数とは形式的には対称的なものとして現れる．物的数量 $Q(t)$ という**部門的**な数量に対して，$Q_n(t)$ は経済システム全体で必要とされる（完全）雇用量の全体的数量を表している．

19) 詳細は，Pasinetti, 1993a を参照．

性質をもつ，（自然）水準が存在することを示している[20]．このことは規範的に基礎づけられた所得分配の純粋労働理論と矛盾しないだけではなく（下記，条件 b）をみよ），「自然」利子率が実際に「自然」純粋労働所得分配の一部となる．なぜならば，それは時間を通じて，労働で測ったすべての金融資産の購買力を一定に維持するからである．

この「自然経済システム」は──i)，ii)，iii)，iv)，v) によって表される──，さらに3つのマクロ経済的な必要によって特徴付けられている．

a) 時間を通じた完全雇用の達成と維持

　　この条件はマクロ経済条件式[13]を満たすことによって表される．この条件の理由づけは，厳密に規範的──マクロ経済的効率性──である．どのような失業も生産の（永遠に）回復不可能な損失を，すなわち，経済システム全体における所得の（永遠に）回復不可能な損失を表す．

b) 平等な所得分配の達成

　　この純粋労働モデルでは，このマクロ経済理論はきわめて明白である．すなわち，全所得が労働に向かう[21]．しかしこれは，物語の一部に過ぎない．**個人**の所得分配に関する，第2の側面がある．この枠組みの中では，スラッファの意味の同質的労働[22] を考えると，均等「自然」賃金率は，各期間において，（同質化された）労働の貢献に応じた所得の労働者への分配を行っている．そして，「自然」利子率は，異時点間の債権・債務関係が存在するときに，労働の購買力を時間を通じて一定に保つという機能を果たしている．興味深い結果は，自然賃金率と自然利子率の両方が，規範的基礎をもつ純粋労働所得分配を達成するために必要である，ということである．

c) 価格の安定

　　このテーマに関しては，問題はさらに複雑である．構造動学の文脈では，

───────────

20)　利子の「自然」率ではあるが暗黙の自己利子率の全体構造も，また存在する．上記注16を参照．

21)　より一般的なケースについてのヒントに関しては，下記を参照．

22)　原書 p. 279，本書 252 頁をみよ．

第9章　純粋理論の段階　　　271

すべての相対価格は変化する**にちがいない**．いかなる価格も，完全に不変な
技術的係数（すなわち，技術進歩も技術退化もない）という自明な場合を除
いて，一定という厳密な意味での「安定」ではありえない．したがって，価
格の安定という概念が意味をもつためには，それは（加重）平均価格を指す
ものでなければならない．モデルは実際に参照基準（「動学的標準商品」）を
生み出すが，仮にこれが価格体系のニュメレールとして用いられると，（加
重）平均価格を時間の経過の中で一定に，すなわち，完全な（平均）価格安
定を維持する，という性質をもっている．しかしこのことは，厳密に必要で
はない．この点に関して，自然システムは，すでに見たように，物価上昇率
が恒常的物価上昇率であるかぎり，インフレーションとも整合的（すなわち，
インフレーションの存在に対して開かれている）である．各自然価格は，そ
のような場合，2つの構成要素の和に応じて変化するであろう．その2つと
は，すべての価格に均等なインフレーション的部分と，各価格に固有な構造
的部分とである（原書 p. 289，本書258, 259頁および，表IX. 1，[19]式を参照）．

　この点において，すでに行われた拡張に関しては，幾つかの点での示唆以外
に，自然経済システムの純粋労働版をこえて議論をするつもりはない．経済研
究の第1の段階——純粋理論段階——とわたしが呼んだ段階で，「自然」経済
システムとは何を意味するか，またその規範的性質そして必要な条件とがどの
ようにそれを特徴付けるようになっているか，わたしは読者がこれらを把握す
ることができるように努めた．

5.「自然」経済システムの完結に向けて

「自然経済システム」の上記の表現は，最も単純化された型の次元で——す
なわち，純粋労働経済の段階で行なわれた．しかし自然経済に対してより広い
概念化を与えるために，すでに多くの研究が行われてきた．そしてその課題を
完結するためには，多くの仕事が依然として残されている．これまでピエロ・
スラッファにより（『商品による商品の生産』において）練り上げられた枠組
み，そして本書において簡潔な形で提示された（動学的な）純粋労働経済の枠

組みは，この段階で（異った，しかし相互に補完的な）同じ経済システムを見る2つの観点である．それらを一緒にすると，1つの自然生産経済システムの完全に準備が整った理論的枠組みを最終的に示すことになるはずである．スラッファの枠組みは，産業間の連関関係の中で生産手段（資本財）を用いるという本質的な特徴を検討することに，焦点を絞っている．本書において簡潔に提示された枠組みは，技術的知識の影響の下で，価格，産出量，そして雇用の構造動学に対する意味を含めて，経済システムが展開する本質的な諸側面を明らかにすることに，焦点を絞っている．2つの枠組みは，同一の基本的枠組みに属している．これらの枠組みをまとめるために，すでに行われてきた研究の中から，わたし独自の貢献と考えるものだけに，ここでは言及しておこう．i)垂直的統合の概念の考案．これは，産業連関という（スラッファの）枠組みと，本書の構造動学の枠組みとの分析上の結びつきを明示化することを，意図している[23]．ii) そのような枠組みに，中間財（資本財）をより明示的な形で導入することで，その工夫によって，いかにしてハロッド゠ドーマー型の一連の関係が――期待通りに――生み出されたか，直ちに理解することができる．各関係は部門別成長率，部門別投資，そして部門別資本産出・比率を結びつけ，各（垂直的に統合された）部門に特有のものになっている[24]．iii) 結果として，利潤の「自然」率（実際は「自然」率の1系列の総体），そして所得分配に対する意味を明らかにするという問題に直面する必然性[25]．iv) 純粋生産モデル全体の国際経済関係への応用と拡張である．

この研究によってわたしは，あらゆる産業経済に本来的な，並外れて重要な，きわめて重要な性質を発見するに至った．この性質は，経済学者や経済学文献全体の注意を免れてきたように思われる．わたしが意味しているのは，技術的

---

23) これらの貢献については，Pasinetti, 1973, 1998 を参照．

24) 詳細は Parinetti, 1981, pp. 85-86, 訳 100-102 頁にある．

25) 詳細は Parinetti, 1981, pp. 128-131, 訳 150-153 頁および，Pasinetti, 1988 を参照．後者の著作は，垂直的統合という概念を，わたしが**垂直的超統合**と呼んだものへ拡張している．この概念化は，「自然」（部門別）利潤率を用いて，すべての中間（資本）財を労働に変換し，純粋労働の枠組みを，もはや単純化ではなく，純粋生産経済を最も一般的な枠組みの形として完成する．

第9章　純粋理論の段階　　　273

知識の成長から生ずる便益の国際的な分配における，経済システムの注目に値
する閉鎖性のことである．この便益は，国際貿易それ自体から生ずる可能性の
ある便益からはまったく独立である．そしてこのことは，経済発展の過程の波
及ないし，むしろ波及の欠如に関する決定的な含意をもっている[26].

　これらの貢献はケンブリッジのケインズ学派の人々との間で，わたしが経験
し享受した交流に直結している，とわたしはつねに考えてきた．たとえ簡単に
ではあっても，ここでそれらのうちのどれに関しても，説明することはできな
い（もっとも，興味をもつ読者は，以下で与えられている参照文献を見ればよ
いであろう）．いずれにしても，付随的にではあるが，いかに自然にこの枠組
み全体が次の両方のことを進めることができるかは，指摘しておきたい．すな
わち，i）ハロッド，カルドアそしてロビンソンが，ケインズの分析を長期に
拡張することで獲得しようとしたものの完全な多部門一般化，および，ii）ス
ラッファによって構想された，古典派（スミス的ないしリカードウ的）に沿っ
た産業連関の枠組みの動学的な拡張，とである．

　ケンブリッジのケインジアンたちは，短期分析としてまた，中でも長期の
──必然的に構造的──動学分析の両方において，ケインズの元々の大きな前
進をさらに進める上で，自分たちの研究がいかに大きな可能性をもったもので
あったかを，完全には理解していなかった．

　わたしは，次のことを確信している．すなわち，上で簡潔に提示された枠組
み，わたしがあちこちで与えた示唆，そして以下で付随的に与えられる示唆が，
一方では発展しつつある各単一の部門別の生産過程を越え，他方でそれらを複
合した効果の経済システム全体の発展に及ぼす複雑さを跡付けようとする時に，
とられるべき手段が，いかに多数でありかつ込み入ったものであるかを，例示
する上で役立つであろう．

---

26)　これらすべての貢献の詳細については Pasinetti, 1981, pp. 261-262, 訳 307, 308 頁お
　　よび, 1993a, pp. 165-168 を参照.

第10章　制度的な研究の段階

1. 制度の役割

　ここで，経済研究の第2の（すなわち制度的な）段階において，短い紙幅の中で，どのようなものであれ，わたしが提供できるかもしれないヒントに移らせて欲しい．この段階は，自然経済システム（これについては，わたしは前章で1つのアイディアを与えようと試みた）に関する純粋理論の段階に比べて，はるかに範囲は広く，いっそう変化に富み，簡潔さに欠け，異質なものを多く含むことは避けられない．わたしは自分がすでに試みた貢献については，何であれ，もちろん読者にすべて指示するつもりである[1]．しかし，産業社会の進化しつつある歴史的な，必然的に持続的な制度変化の過程となったものを目の前にすると，ここでの課題は余りにも巨大かつ多様であるので，わたしは，膨大な数の，すでに取り組まれているか，あるいはすでに解決された問題よりはむしろ，依然として研究されるべく残っている問題に集中することにした．それらの数は非常に膨大であるし重要であるので，それらの網羅的なリストを作成することは，その望みをもつことさえ，わたしにはできない．

　方法論に立ち戻り，そして経済研究を分離する必要がある最も明白な理由は，一方で自然経済システムについてのかなり明確な輪郭と，他方ではそれを実現

---

1)　とくに，Pasinetti, 1993a をみよ．そこでは，1つの章（第8章）全体がこの目的に充てられている．それはたまたまであるが，純粋労働経済の枠組みで書かれている．また Pasinetti, 1981，第8章をもみよ．

するためには努力が必要であるという事実との間に，並存状態がみられることである，と述べることから始めよう．わたしが考える自然経済システムというのは，天から降ってきて実現するようなものではない．それは，自ずと自動的に存在するようになるものではない．それは——他ならぬわれわれの手によって——，現実の存在と**なるようにしなければならないのである**．しかし，このシステムは**動いている**枠組みである（**定常的**なものではない）．このことが意味するのは，このシステムでは，そもそもの成り立ちから，その内部の深いところで多くの趨勢が絶えず作用しており，そのことにより進化しているということである．すなわち，その構造を**変化**させているのである．したがって，かりに自然経済システムがある特定の時点において完全に活動的な存在になったとしても，あるいはそうなった時点においてさえも（ただし，そうしたことはけっして生じない．その理由はふたたび，ある特定の時点において既存のなんらかの制度がうまく機能しなくなるかもしれないからである），このシステムは，まもなくその大きさを，そして非常に重要なことであるが，その構成割合（すなわちその構造）を変化させるであろう．そしてこのことから，時間の経過とともに，そのときの経済数量は修正されざるをえないであろう．

　自然経済システムを実現し，その自由度を閉じ，かつ時間を通してそれを存続させ続けるためには，一連の手続き，規則，規制，運営機関など，手短に言えば，わたしが制度と呼んだものを必要とするのである．このことから逃れることはできない．本来，いかなる社会も「制度の問題」に直面しなければならない．諸制度を打ち建て，それらを時とともに適応させ，かつ修正し，改良し，（ときには，必要な場合には）それらの一部を放棄さえもし，他方で新しい制度を考案するという，社会的な課題に直面しなければならない．これら諸制度の創設と運用に関連する研究を遂行することは，実際，膨大な分野の経済学的研究を行うこと（そして，実際には，経済学的研究にとどまらない）になる．その研究は，一連の現実の歴史的な出来事，そして考察対象の経済システムが到達した発展段階によって，非常に大きな影響を受ける過程にかかわるからである．

　本書で提案された考え方においては，それゆえに，自然経済システムという動態的なものとして構想された枠組みが，後景において，参照および対比のた

第 10 章　制度的な研究の段階　　　277

めの確固たる基準として存在している．前景においては，現存する（歴史的進化をしつつある）諸制度によって現実に達成されうる諸結果を検討し分析することが，われわれに求められている．

　このことが意味するのは，同一の経済変数の集合が自然的な次元で定義され考察された後で，再び異なった観点，すなわちそれらが既存の諸制度の作用を通じて達成されるか，あるいは達成されない現実の機会は何かという観点から，詳しく検討されなければならない，ということである．それらの変数は自然的次元では，目標とされるべき理想の状態にあると考えられる．制度の段階ではそれらは，現実に，すべてか，あるいは部分的に，実現されるべき状態に実際にあるものとして研究されなければならない．これらの**現実の**諸帰結を対応する**自然的**特徴と比較しつき合わせることこそが，それらが実際に追求される（あるいは追求されるべき）制度的メカニズムの正当化の当否の基準と，したがって，それらの修正への駆り立てとなる．

　研究を 2 つの段階に分割することの方法論上の重要性ないし妥当性について，読者に納得してもらうために，もう 1 つ別の単純化された――大雑把ではあるが実際に歴史上で用いられた――試みを，まもなく行うつもりである．他方で，直ちに浮かび上がってくる最初の実際的に重要な点は，研究の第 2 の段階では，一般的なものとして提示されるような，必然的形態など存在しえないということを強調したい．現実の諸制度の**形態**と（多かれ少なかれ）それらに固有な特徴の**分析**の両方が，多様で選択肢が複数あり，ときにまったくの正反対でさえある解決策に対して開かれている．この点においてこそわれわれは，**分離定理**の適用によって自然経済システムの展開に関する純粋理論の必要性と，歴史的出来事に直面してある特定の社会が採用することを決定したか，あるいはすでに部分的に採用した現実の制度的枠組みの選択の本来的な自由との区別をしなければならないのである．このことから論理的に出てくる重要な帰結は（すでに強調したことであるが），制度上の問題の解決策を提案する際には，研究のこの第 2 の段階では，経済分析はもはや排他的特権を主張できないということである．経済分析は他のいかなる分野からも独立しているということを主張できないのである．いかなる社会においても，形作られる制度は，その経済的な特徴とは別に，他の多くの要因――歴史的，文化的，法律的，宗教的，政治的，

地理的，等々——の結果でもある．これらすべての要因が，（時間を通じて）社会的枠組み，したがってわれわれが関わる経済システムの社会制度の形成に寄与する．事実，規範的基礎をもち，望ましい形につくられ新たに案出される産業経済社会を目指す一連の制度の真剣な建設は，産業革命が近代社会にもたらした真に偉大な挑戦であり，歴史上類を見ない強制力をともなっていた．しかし，残念ながらそれは，調和したという状態からほど遠いだけではなく，完全には理解さえされていない．この課題を遂行するにあたって，ある特定の社会が，かなりの程度受容可能な形で成功するかもしれないし，あるいは部分的にのみそれに成功するか，あるいは完全に失敗し，ときには悲惨な結果をともなうこともある．

　終わったばかりの 20 世紀において，真に重大な**制度上**の失敗の 2 つの衝撃的な経験を，2 つの正反対の方向において（重要性は幾分，小さな他の経験をも加えて），われわれは悲しみをもって目の当たりにした．わたしがここで念頭においているのは，1930 年代における「資本主義」の諸経済を特徴付けた大恐慌および，1980 年代末における東欧の「真の社会主義」の諸経済の崩壊である．

2. 歴史の挑戦に直面する制度上の問題

　上の主張のある程度の根拠を示すために，もう 1 つ別の簡潔な努力をしてみよう．もっとも，粗雑な単純化は避けられないし，学問的訓練を十分に積んだ経済史家には，素朴あるいは皮相であると思われてしまうという犠牲は払わなければならない．わたしは以下，どちらかというと概括的，総合的な見方から，非常に長期の視点（数世紀にまたがるほどの，非常に長期の視点）から，産業革命という最終的な出口にいたる，明らかになりつつある大きな歴史上の出来事に対応した，複雑な社会的な交流という経路を通じて生まれてきた制度の構築の複雑な過程を見てみようと思う．

　われわれは次のことをよく知っている．すなわち，記憶のかなたより，今日われわれが経済生活と呼ぶものの諸側面に関するあらゆる関係が研究されてきたのは，政治制度を含む組織の水準であった．どのような国でも，歴史の流れ

に自らを絶えず対応させてきた一連の政治的，法律的，そして行政上の制度とを通じて国王，独裁者，あるいは何であれ，さまざまな責任をもった権威，そして（あるいは）代議的な諸機関が，法と秩序，戦争と平和だけでなく，租税制度，公共支出，通貨の流通を管理してきたし，また，つねに外部との関係を制御してきた．

　しかし，新規な何か，実際，非常に新規な何かが，**制度の次元で**過去，数世紀間に生じた．われわれの諸制度の進化は，以上の諸ページの中で言及した，前例のないマクロ的な現象に直面して，特に人口の爆発，機械の導入，技術知識の伝播，すなわち一般的にいえば，少数の先進的な諸国の総体的な富に前例のないほどの増加をもたらしたものに対して，反応せざるをえなかったのである．これらすべての出来事は，社会生活の**経済的**な側面に，以前にはけっして生み出されることのなかった重要性を与えた．多くの相互に複雑に関連した出来事とそれらへの反作用を跡付けること，あるいはそれらの因果関係を正確に明らかにすること，これらは容易ではない．しかしながら，これらの出来事が新しい科学，すなわち**経済科学**の出現にとって好都合な基礎をも創造したことは事実であり，この経済学は人文科学（moral science）という，いっそう広い領域の中に自らが存在する場所を確保したのである．

　マクロ的な現象と，単一の個人のところで生じてきたものとの相互連関は，並外れてひとを当惑させるほどに込み入っているし，個人と社会全体との間に新しい緊張を絶えず生み出してきている．多くの学者たちが確信するようになったのは，技術上の知識の進化と並行して，そしておそらくはそれゆえに，何か，非常に新規な何かが，**正確に個人の次元で**生じたこと，そしてここから経済学的研究という構想が触発され，最初の一歩が刻まれたということである．

　啓蒙時代の出現，ヨーロッパ大陸におけるフランス革命の勃発，北アメリカにおける民主主義，ブリテン島における立憲君主制，これらの事柄はすべて産業革命と無関係ではなく，その文脈の中で起こったことなのである．同時にそれらは，経済科学そのものの出現とも関係がある．製造業の工場制度がつくり出していた労働者階級という大集団をかなり原始的な目で見るという，直観的で，無自覚ですらあり，ときには素朴な傾向にもかかわらず，フランス革命から生まれた「人権宣言」，「アメリカ憲法」，イングランドにおける慣習法的な

立憲制の革新はすべて——社会的出自がどうであれ——，**すべて**の個人の基本的な**市民権**を確立することに向けられていた．このことは，社会的に危険な含意を持つ過程でしかなかった．

多くの学者たちが，この複雑な社会変化に対する**経済的**な対応物を，革新する自由を主張し，社会生活のあらゆる側面を支配しようとする国家の指導者たちのそれまでの慣例に反抗する，活発に活動する市民階級の間に募る不満の中に認めた．かれらには課せられた諸規制から自らを解き放つ必要があったし，他方，諸個人がみずから経済的諸関係を自由に組織するべきであると主張していた．多くの人文学者（moral philosopher）たちや政治科学者たちは，合理性の力やひとりひとりの間の創意工夫の潜在力が重要で貴重なものであることを強調する努力を，ますます強めた．あらゆる社会関係を支配しようとする傾向から政府が手を引くこと，そして経済活動における自由な実践を，かれらは強く押し進めた．

個人の創造性，合理性，創意工夫という力の出現を，**自由放任**の経済政策の確立に結びつけることは，自然に思われた．そしてこのことが強力な社会的影響力をもつことは，避けられなかった．これらの現象をいっそう深く検討する必要性こそが，フランスにおける重農学派，イギリスにおける古典派経済学の背景にあった推進力を生み出したものであった．

もちろん，この一連の社会変化は，複雑でゆっくりとしたものであった．近代世界の出現の背後にある局面を２つに分けるわれわれの図式化は，この点においてもいくらか役立つかもしれない．まず，近代史における合理性の力を立証した初期の交換の局面を通じて，次いで知識を改良する力を立証した産業の局面を通じて，直観，時には気付きが自生的な経済メカニズムの存在と働きから生じた．この自生的な経済メカニズムは，ミクロ経済学（今日ではこう呼ばれている）の次元で広く行き渡り分権化された方法で，明らかには，あるいは完全には理解されていない仕方で個人の**利己心**という強力な固有のバネの下で作用する．これは，社会的諸関係における真の発見としてのあらゆる外観を備えていた．

この社会的仕組みは，われわれがここで考察することにした段階の研究，すなわち，社会制度の形成の研究段階に属する．この過程は，製造業と市場での

交換の両方における合理的な組織化の努力，そして人間の学習における，個人間の**競争**に，本来的にもとづいている．しかしこの過程は，活動する人々が自らの努力の果実を占有することができるという，合理的な期待を必要とする．同時に，この過程は社会的紐帯の基盤を損なうほどには，進むことはできないであろう．ここにこそ微妙な点があった．なぜなら，この過程が作用するためには，法による規制の枠組みのなかで，所有権が保護されている必要があったからである．それだけではなく同時に，社会の活動的な成員（通常はエリート）が自分たちの特権的地位を過度に利用し，他の成員から搾取することを妨げる必要があるからである．これが意味するのは，すべての人々の基本的人権が侵害されないことが保障されることであり，そこには，進化する経済過程の果実の平等な分配，そして社会的不満の爆発と不穏，つまり社会的不安定を予防するすべての努力の社会的調整がともなわなければならない．

　したがって，この複雑な過程の満足のゆく帰結の核心は，個人の創造性や創意工夫が十全に発揮される可能性が与えられること，しかしそれと同時に，新しい産業社会の全体的な経済的社会的秩序の維持が保障されることにある．ここで後者は，社会の恵まれない（大多数の）成員が特権的立場にある人々による搾取の可能性から守られることを意味した．われわれがこの議論を今日にまで押し進めてみるならば，この過程がわれわれをどこに導くかを理解することは容易である．すなわち，この過程が広がり続けるにしたがって，ついには不可避的に，はるかに広い地平に到る——つまり，人口，技術，そして非合理性によって地球的規模で強制的にもたらされるさまざまな過剰や歪みからの，われわれが生活する自然環境全体を保護する必要にまで至るのである．経済問題が国内的に，そして国際的に全体的な調整を必要とするまでに大きな規模をもつ段階にまで拡大するやいなや，このことは避けられないと思われる．

　これらの結論は，一見して単純で，実際的かつ常識的な議論から導かれるように思われる．このことは，注目に値する．もちろん，多方面におけるすべての明らかな対立の存在に，目を閉ざすべきではない．すなわち，競争メカニズムの社会的影響と既得の特権的な地位に執着する諸個人の傾向との間の対立，競争の圧力に対応する諸個人の発明の努力と，恵まれない運命の下にある人々などの保護の必要はいうまでもなく，全体的な調整の必要性との間の対立であ

る．注意を払うべき，明らかな誘惑がある．それは，競争的な社会のメカニズムのような，自生的で，普遍的で，分権的で，個人主義的な制度のメカニズムは——初期の（そして多くの現代の）経済学者たちにとって，それは素晴らしいものと思われた——産業の時代のすべての制度的問題に，最終的な解決策**自体**を与えることができる何ものかであると考える傾向である．完全な自由放任社会の——そこではすべての個人が，法と秩序を保障する最小限の法的な枠組みの中で，自分が好きなように行動する完全な自由が与えられている——主張は，制度の問題の完全にユートピア的な解決でしかない——それは，正反対の，いわば総体的な拘束衣を課すという主張，つまりすべての経済関係がますます複雑になる社会において，中央当局によってすべての細部にまで統御できるとする主張と同様に，単純で極端な考えである．一方では無制約の自由放任政策，そして他方では完全に中央集権化された決定は，2つの正反対の逸脱を代表するものと，直ちに思われるにちがいない．満足のいく制度的枠組みは，何らかの選択を，そして2つの極端な見方のそれぞれの貢献のうちで好都合な特徴を利用し，個人の主導性と社会の必要との相互作用の対立する側面を緩和する努力をともなったものを目標とする以外ではありえない．

　しかし，これらの目的を達成するのに適切な制度を考え出すのは，けっして容易な課題ではない．常識というものは，社会的な重要性の議論への強力な（多くの場合決定的な）案内であるけれども，複雑な状況において説得的な政策を支えるのには，それだけでは弱く，かつ不確実な（ときにひとを誤らせる）基礎でしかない．もっと深い（そして知的に，より満足のいく）何かが，提案されなければならない．これは，わたしの考えでは，18世紀の後半において**経済的な**問題に関する「新しい」科学の出現の希望を与えると感じられた衝動を理解するのに，大いに役立つであろう．フランスのリシャール・カンティロンやイングランドのウィリアム・ペティーといった，何人かの先駆者の驚くべき洞察の後に，英仏海峡の一方では重農学派が，他方では古典派経済学がこれらの期待を満たしたように思われる．残念ながら，かれらの科学的基礎は粗雑であり，余りにも原始的であった．もっと正確で厳密な，何かが必要であった．この点において，その後，19世紀の後半において生じたことは，はるかに大きな希望へ道を開いた．それは同時に，熱狂的な興奮を加えた．しかしな

がら，それはまた，経済思想の歴史の中で最も謎めいていて，ひとを困惑させる出来事を生み出した．つまり残念なことに，まったく悲惨な帰結が次の20世紀に現れることになったのである．

3. 極端な解決策への幻滅と「第3の道」の発見の困難

産業革命の時代に生きていた人々にとって，当時生じていた異常な出来事を適切に把握することは，非常に困難なことであったにちがいない．しかしそれでも，興味深いのは，自分たちの周囲で生じていた歴史的出来事に対する当時の指導的な経済学者たちの最初の自発的反応が，概して正しい方向を向いていたことである——これは強調するに値する，素晴らしい事実である．

フランスにおける重農学派とイギリスにおける古典派経済学者たちは両方とも，自らの分析において，かれらが経済システムの「自然的な」特徴と呼ぶ（そして同じ理由で，わたしもそのように呼んでいる）ものの背後にある諸力と，現実に作用している制度によってもたらされた「市場の」諸帰結とを，はっきりと区別する必要を，確かに把握していたのである．

しかし，誕生しつつあった経済科学の実践者たちにとって，分析的，概念的な道具の利用可能性よりもずっと速い速度で，歴史的出来事は進行し始めた．古典派経済学によって成し遂げられた（多くの点で）目覚ましい成果を今になって振り返ってみると，あの知的局面全体の最終段階において，すなわちJ.S.ミルの『経済学原理』の諸版（1850年代から1860年代）の後に，真に刺激的で，経済科学の外見上は決定的に新しい時代の到来を高らかに告げる人物たちが登場し，かれらがそろって古典派経済学に反対したことを知るというのは，奇妙なことである．一方ではマルクス経済学が，他方では限界主義経済学が，19世紀の最後と20世紀の初期を特徴づけ，経済分析の質と地位が大きく飛躍したという印象を与えることによって，古典派経済学の終焉を画したたように思われた．この印象にはもっともなところがあるかもしれないが，これまでにわたしが示してきた議論が正しいとするならば，マルクス経済学や限界主義の経済学の功績が何であろうと，両者とも適切な制度をはっきりと示すという，歴史的状況がこの上なく必要としていた課題に応えることができなかったとい

うことを認めなければならない．両者は，一緒になってかあるいは相並んで，経済理論における奇妙なマルクス的・限界主義的局面を生み出した．それらは，生まれつつあった社会が必要とするものについての正反対の観念に基づいた，2つの鋭く対立する見解を育んだのである．マルクス経済学者たちが，古典派の経済学者たちが構想した，**生産**のパラダイムを直ちに取り上げたのは，適切なことであった．しかしかれらは，それを完成させることから，程遠かった．かれらは，階級対立と他のすべての階級に対する労働者階級の最終的に不可避な勝利となったであろうと自分たちが考えたことに，注意を集中する方向へと進んで行った．非常に逆説的なことであるが，かれらのうちで既存の制度の改良の上に前進することの重要性を理解した人々は，「修正主義者」というレッテルを貼られ，「労働者」運動からきわめて乱暴に追い出され，しばしば暴力的な迫害を受けたのである．勝利を得た分派は，過激な社会「革命」を主張することで終わった．それは，かれらの目には社会の制度的基礎を完全に変えるはずであった．しかしかれらは，新しい制度がいかなるものであるべきであったかを，正確に特定することには成功しなかった．限界主義経済学者たちの場合は，かれらの分析を理論的には美しいが抽象的な構造物として展開することを続けた．それは分析的には魅力的であるが，内容的には**時代錯誤的**で，観念上，静学的で，純粋交換経済における消費者行動の最優先性に焦点を合わせていた．そこでは，知識は完全で外部から与えられ，またすべての資源は所与であり，基本的な問題はそれらの資源を最適に配分することであると，単純に想定していた．以上の2つの思想の流れが，研究すべき重要な経済的な側面を取り上げたことを，誰も否定しないであろう．しかし両者ともに，一面主義の罠に陥り，したがって還元主義の罠に陥ったのである．両者とも，ますます複雑化する新しい経済が痛切に必要としていた基礎的な制度について，現実に求められていたものを研究し，それに光を与えるには至らなかったのである．

　おそらく今になってやっとわれわれは，事後的にではあるが，実際に生じ，依然として多くの議論を生み続けている，そのような顕著な理論的並存という逆説的な帰結を，もう少しはっきりと理解できる位置に立つことができる．

　たしかに，どんな種類の袋小路に経済学が陥っていたのかを明晰に理解することは，容易でなかった．最も有能な経済学者ですら，明白な矛盾に陥ってし

第 10 章 制度的な研究の段階　　285

まった．例えば，ヨーゼフ・シュンペーターの場合を考えてみよう．かれは，
豊かな直観と展望する力の魅力を，技術革新の「創造的破壊」効果に関する自
らの独創的な考えと結びつける一方で，同時にレオン・ワルラスの**一般均衡**の
枠組みの分析上の美しさに強く魅せられ，それを経済理論における最も顕著な
業績として，畏敬の念をもって指摘するほどであった[2]．かれの主張は**間違い**
ではないが，まったくの的外れである．印象的な点は，19世紀の後半に起こ
ったこれらの分析上の業績と，経済分析の質の飛躍的向上が，歴史がもたらし
つつあった，並外れて新しく重要な経済現象に対処するのに必要とされたであ
ろう**制度**に，注意を向けることにいかにして失敗したのか，ということである．

　以上のような状況の下で，マルクス主義者の陣営では社会民主主義者の分派
が，激しく弾圧された．そして他方では，確立された支配的な学界が発展させ
た美しい分析的枠組みに対しては，いかなる批判もほとんど提起されることが
なかった．実際の結果は，制度的な問題に関して，対照的でイデオロギー的に
偏った2つの極端――すなわち一方では**自由放任**資本主義，他方では（権威主
義的な）中央計画社会主義に突進するという――へと，議論が分極化する傾向
であった．そして，それぞれが実際に機能するのに現実に必要なのは，どのよ
うなタイプの制度であるかについて，明確な像を描くことはなかったのである．

　何十年かの間，マルクスが着手した挑戦は，経済的，政治的，社会的，そし
て哲学的領域に広がった熱い論争に油を注いだ．この挑戦に対する常識的で実
際上満足できるような反応の欠如が，雇用者と労働者との間の関係に，前例の
ない社会的不満と対立とを強める一因となった．不可避的かつ本質的な危機が，
表面下で鬱積していた．危機は，次の20世紀に劇的に爆発した．

　今日，次のことを認識しなければならないのは，ほとんど信じがたいように
思われる．すなわち，1930年の大恐慌までは，先進工業諸国の経済学界にお
いて支配的であった一般的共通見解は，完全競争の仮定に立つ経済理論と基本
的に静学的な純粋交換の一般均衡理論の枠組みを支持するものであった．そし
て**自由放任**の経済政策の利点についての確信は，ほとんど当然視されていた．
他方で，マルクス主義思想はその勢いを増しつつあったが，当時の大学の中で

---

2)　Schumpeter, 1943, 1961［1934］をみよ．

は，（科学的というよりむしろイデオロギー的であると一般に考えられていたので）公式的な評価も承認もほとんどされていなかった.

1920年代に，**自由放任の終焉**がすでに現実になっていることを直観したのは，ひとりの反マルクス主義者，ジョン・メイナード・ケインズであった（Keynes, 1926）．しかし，決定的で歴史的に際立った分水嶺は，1929年 - 1930年不況とともに到来した．1930年代の大恐慌によって，制度上の失敗が明らかになった．それらの失敗によってケインズは，経済学に大きな革命が必要であることを，はっきりと確信した——それも，ほぼ受け入れられている既存の自由市場経済を破壊するためではなく，現行の経済理論とそれに由来するほとんどすべての経済政策をひっくり返すとともに，既存の明らかに不適切な市場制度を修正することであった．経済学の世界に広く普及していた次のような確信が最終的に破壊されたのは，ケインズの主要な挑戦を受け入れたからこそであった．すなわちそれは，現行の資本主義経済には，（実物的および貨幣的取引を実施する現行のやり方における，若干のありうる「不完全性」や一時的な齟齬を除けば），とくに問題はないという確信であった．ケインズの挑戦によって，さまざまな形態のケインズ的政策を，諸政府が採用するようになったのであり，それらの政策こそが，政府の介入による修正を伴って，当時，動揺していた西欧資本主義経済の構造を崩壊から救済し，実質的に修正された形態の市場経済へと構造を転換するのに，決定的な貢献をしたのである.

この間，歴史的出来事は，きわめてはやい速度で進行していた．一方では経済理論家たちに明確な考えがなく，他方では統治の任にある人々に知恵がなかった結果，権力の座にある人々の無思慮な決定が支配することになった．周知のように，第一次世界大戦後にはロシアで共産主義革命があり，第二次世界大戦後には東ヨーロッパ全体に共産主義的で独裁的な体制の強制が——暴力と押しつけられた劇的な変化を通して——もたらされた.

このように，わずか2, 30年の間に，20世紀は，2つの正反対の制度的な組織構造のグループを相並んで，われわれに与えたのである．それらのグループは単に互いに競い合うだけではなく——それを見るのは興味深いことであったけれども——，実際には鋭く対立し，ときにはあからさまな戦争状態にあった．世界全体が，2つの対照的なブロックに分裂した．一方で伝統的な強力な集団

は，適応のために闘い（ケインズにしたがって），模索を続けた．他方で，もう一方の国家群は，中央計画経済という，まったく正反対の制度的な実験を，いかなる種類の変化への譲歩をすることなく試みたが，ほどなく——暴力によって——厳格かつ厳密な規則を強制し，同時に硬直性と適応の回避を，その性質上，生み出すという結果をもたらした．

　その対立は数十年間もつづき，ときには劇的な形態をとり，危険な核戦争のリスクを冒すところにまで至ったこともあった．それは，周知のように，東ヨーロッパのいわゆる「真の社会主義」経済という，制度的枠組み全体の崩壊をもって終わった．それは，劇的で予期されない出来事であった．こうしてわずか60年の後，かつて歴史上企てられた中央集権的（権威主義的）な計画という，歴史的大実験は崩壊した．この場合，それら社会主義経済を適応への道に向かわせることによって救済するために現れたであろう，東欧のケインズはいなかった．以前に修正主義者たちが担った革新的精神がどうであれ，それはつぼみのうちに摘みとられて，よみがえることはできなかった．帰るべき場所は，なかったのである．社会主義の惨状に対する一般的かつ単純な反応は，全過程を逆戻りすることであった．すなわち，基本的には一切の束縛のない解放された自由放任の経済的慣行の作用を性急に承認し，逆の極端に戻ることであった．その際，規制された市場制度を形成する必要性については，それらがあたかも自然に自生的に生ずるかのように見て，考えることすらなかったのである．最小限の市場規制や合理的な制度的配置すらないという状況は，「無制約の資本主義」の惨状を招いたのみである．すなわち，信じられないほどの無秩序，腐敗，汚職である．これらは，いまだにあとを絶たない．あらゆる社会主義経済がすべて消滅したわけではなく，生き残って現実にひそかにある程度の成功を主張できる社会主義経済（注目すべき顕著な例は，中国である）は，ことにそれ以前の歴史的局面から受け継いだ強制と抑圧とをともなっている点で，まったく異なった制度的枠組みの中で，「資本主義経済」の多くの側面を複写し模倣することによって成功を収めたのである．

　このことは，20世紀の歴史に対する最後の審判として受け入れることができるであろうか．それは難しいであろう．東欧の本物の社会主義経済の崩壊，真に理想的とまではいえない社会主義のアジアにおける生き残り，そして同時

に，適応を通しての資本主義経済の持続的な闘争は，たしかにわれわれに多くの教訓を与えてくれるが，同時に一群の膨大な難問をも提起する．

少なくとも単純で実際的な結論を引き出すことは，まずできないであろう．規範的な次元で理想的な経済制度として受け入れ可能なものを，われわれが実現するのを助けてくれる明白な制度的組織の枠組みは，存在しない――少なくとも，現状の知識の状態では，われわれはそうしたものを知らない．事実，最近の歴史は，現実の経済が極端な制度に固執すればするほど，実際の効率は悪かったということを，確証した．現実の強制によって，現代の社会はすべて，何らかの意味で「混合した」，自由な市場競争にさらされた部門と規制された部門を備えた，一組みの制度を採用するに至っている．もちろん，それらの割合は，場所によっても，時期によっても，また相対的な規模によっても，さまざまであり，程度も異なっており，そして決定はけっして1回きりのものではなく，現実には多くの決定がある程度の時間がたつと，修正されるか，あるいは逆転された．その際，ときには特別な特権をその間に築き上げた，社会集団の抵抗をともなうこともあった．

これらの条件の下で，両方の極端に対する幻滅に直面して，きわめて多くの社会科学者たちが，2つの極端の間のどこかに，それが見いだせることを期待して，第3の道を模索し始めたことは，もっともである．しかしこうした観点からは，問題はどうしても結論の出ないものとならざるをえない．かりに適切な解決が2つの極端の線形結合を単に見つけることであるならば――そのような2つの極端を定義する可能性が当然あるとしても――，問題は実に簡単に解けるであろう．しかし困ったことに，そのような組み合わせは無数に存在するだけでなく，そうした結合を線形か，あるいは他の仕方で，たとえば盛んに使われてきた言葉を用いれば，**非エルゴード的**かあるいは他の仕方で順序付けることが可能であると，われわれを確信させることはできない[3]．そのうえ，それらは1つではなく複数の方向に関わり，そしてこれらの方向の中で，適切な方向を選び出す基準を見いだすことは，容易ではない．このように，2つの極端から離れるにしたがって，想定可能な第3の道は無限に多く存在するように

---

3) Davidson, 1983 による．

思われる．その中で適切な「特権的な」道を探し出すことは，手をつけても成果が得られる課題であるようには思えないのである．ましてや，それをやってみるというのは，賢明ではなく，なんの役にも立たないであろう．実際，それをやってみた場合，完全な結論不能に陥らざるをえないのである．それは，それぞれの特定の制度的な解決が不可避的に一時的な性質のものとなるからである．われわれが，手続きを複雑にし，なんらかのかなり限定された仕方で適用することで満足するのでなければ，そうなるのである．例えばそれは，過去すでに選択され陳腐化した一群の多数の「第3の道」のうち，以前には適切であると考えられた他の「第3の道」に対する代替案としての，狭い意味での「第3の道」の探索である[4][5]．

---

4)　興味深い演習が，Arestis and Sawyer, 2000 によって企画された．「世界全体において新しい社会民主主義政府の出現を説明するために，第3の道という言葉が漠然と使われてきた」(p. 1)．かれらは，その意味を検討するために，国際コンファレンスを開催した．コンファレンスの最後に書かれたかれらの（素晴らしい）まとめは，7つの要素（これらについてはここでは繰り返さない．同書の pp. 3-6 を参照）を取り出したが，それらは，かれらの見解では，「新ケインズ派的な介入主義的新古典派経済学という記述を正当化する」．その介入主義的新古典派経済学は，最近のギデンズ＝ブレア型「第3の道」のギデンズ（2000）版と結びついている．新ケインズ派的な種類の介入主義的新古典派経済学——概念的観点からは本当の怪物である——という，奇妙な混合物に注目せよ．

5)　逆説的ではあるが，個人に基礎を置いた制度的仕組みと社会に基礎を置いたそれとの適切な混合物をいかにして見いだすかについて，明確で直観的に単純な基準——一種の常識的な経験則——が，経済理論家によってではなく，道徳哲学者たちによってなされた提案の中に見いだされる．それらの提案のうちの少なくとも1つの例を示すことは，制度の問題について，経済学者でない研究者が，経済学者と並んで，そしてときには経済学者よりも効果的に，正確な指針ではないとしても，人を啓発する示唆を提供できるかもしれないことを示す上で，有益であろう．カトリック教会の「社会教説」についての最新の声明の中でまず，教会は提案すべきモデルを持っていないことを明示的に述べ（教皇ヨハネ・パウロ2世，1993，第4節），このように教会が社会組織の分析上の問題を経済学者とその他の社会科学者の手に賢明にもゆだねた．それでも，社会組織の問題についてある程度の指針を示すことは，回避されていない．いわゆる「補完性（Subsidiarity）の原理」について，1つの例が与えられている．その原理には，2つの側面，すなわち積極的な面と消極的な面があると言ってよいであろう．その消極的な側面においては，その原理が述べるところは，如何なる社会集団

制度的研究のこの粗雑で両極端な型のアプローチ全体が，最初は効率が悪く，多くの点で皮相であるとさえ思われたが，その後この点で誤りであり，なんの役にも立たないということが明らかになる．一方で「資本主義」，他方で「社会主義」という言葉は，余りにも多くの変種と異質な内容を含んでいる．そしてわれわれがそれらの何らかの組み合わせを見出そうとすれば，さらに混乱を加える危険をおかすことになる．他の多くのことが必要なのである[6]．かりにわれわれが経済学研究をイデオロギーから解放し，制度上の組織を世俗的で実際的な解決法から切り離すことができる位置に立ちたいのであれば，われわれはもっと深く進む道を見いださなければならない．

　本書で提案されている経済分析法は，この方向で進むための，ひとつの試みなのである．ここに**分離定理**が登場し，真に役立つようになる場がある——すなわちそれは，最大限の自由と最小限の自己規制をもって，複雑さに対処する分析上の1つの工夫である．「自由」部門，「規制」部門，進化する歴史上の出来事に合わせた「自由」部門に必要とされる規制のあり方，そして「規制」部門に必要とされる規制緩和のあり方，これらはすべて事前に課されるいかなる制約にも従わない，開かれた研究対象であるべきである．**分離定理**が示唆するのは，生産経済の基礎に横たわっている特徴（わたしが上で自然経済システムによって表現しようとしたもの）が進化する歴史上の出来事への言及と合わせて，実質的な永続性という特性を享受し，参照と比較対照の確かな基準を与え

　も，より小さな社会集団あるいは個人によっていっそう満足に遂行されるような課題を自分たちが担うと主張することはできないということである．その積極的な側面においては，同じ原理が，個人あるいは（ヒエラルキーの中で）より小さい社会集団が如何なる社会的な任務も遂行することができないということが示された場合いつでも，社会のヒエラルキーの中でより上位にある社会集団がその任務を果たさなければならない，ということを意味している．従うべき基準は，まったく賢明なものであり，そしていずれにせよ直観的に説得的である．しかしながら，実際の応用では，中身はあいまいである．確かに，経済学者は，より深い基礎をもった，そして具体的な貢献をすることができなければならない．

6)　これまでポスト・ケインズ派の文献の中で興味深い試みが，ハインリッヒ・ボルティス（1997）によって行われてきた．かれは「第3の」ではなく中間の道という言葉を用い，「自由主義と社会主義の中間の道として人間主義（humanism）（p. 33）」概念を展開しようとしている．

る研究を，時間と空間の中で「歴史の挑戦」によって絶えず提起される具体な諸問題という，個別の事情を取り扱う必要のある制度の研究からは分離することである．

　経済科学は，これまで余りに長い間，これら 2 つの研究段階をはっきり区別しないで進んできた．これら 2 つを区別しないことで，両方において失敗してきたように思われる．今が，なんらかの深い再考が必要とされている時なのである．

4. 分離定理の再検討

　本書は**分離定理**にかなりの比重をおいてきたので，この章を閉じる前に，分離定理に対するいくつかの反対意見に応えておくほうがよいであろう．

　第 1 の反対論．分離定理を実行することは，不可能である．なぜならば，提示された 2 つの研究段階は実際上，分ちがたく結びついているからである．

　この反対意見への回答は，この命題の表現を変えてみれば，もっとはっきりとするであろう．分離定理を実行することは，もし新古典派経済学を当然のものとして受け入れるならば，不可能**であろう**．しかしこれは，われわれがしてきたことではない．われわれが提案してきたのは，新古典派経済学との**断絶**である．このことは，その不可能性の回避をも意味する．もう少し詳しくこの問題を考察しよう．新古典派経済学の**基礎**とは，いったい何であろうか．すでに述べたように，ポール・サミュエルソンはかれの代表作において，その基礎を明らかにした．そこでかれは，（新古典派の）『経済分析の基礎』（1947）は制約条件下での数学的な関数の最大化に還元できる，と主張した．そしてこれが研究される経済の諸問題に何度も何度もくり返して適用されることになったのである．この概念的枠組みは重要な，1 つの重要な意味をもっている．パレート最適の状態に対応する均衡価格の達成（**基礎的な特徴**）は，原子論的競争の条件（1 つの特定の**制度的**仕組み）の下で，すべての主体が自由に競争することが認められることで達成可能である．均衡（最適）価格は，この分析が実現すると主張するものであり，したがってこれと，完全競争の下での最大化行動の結果とは分ち難く結び付いていて，互いに分離することは不可能であるよう

に見える．そのように見えるのも，もっともであるかもしれない．しかし，そうした文脈の中で分離不可能であるものが，別の文脈でも分離不可能であるとはかぎらない．とくに，われわれが提案してきた純粋生産モデルという文脈の中では，分離不可能である必然性はない．われわれの研究方法が導くのは，経済理論への新古典派的な接近法を放棄することなのである．

第2の反対論. **制度**という概念は，実に非常に広い概念である．非常に基本的で，どんな社会でもその基礎に（少なくともその一部は）絶対に必要であると思われる**制度**が存在する．もしそうであるとすれば，制度分析からの純粋な経済理論の「分離」を与えることが，どのようにして可能であろうか．

この困難の一部は，「制度」という言葉に広範囲の異なった意味が与えられ，多くの異なった文脈において用いられてきたという事実に由来する[7]．したがって，「ある社会にとって**基本的な**制度というものがある」という表現は，社会の基礎であることを意図した制度とそうでないものとの間のどこに線を引くかに関して，いくらかのあいまいさを残している．

これらの困難にもかからず，強調しなければならないのは，われわれの分離定理がさまざまな型の制度や組織を階層付けする可能性を否定することを意図していない，ということである．自然的な理論の枠組みはそうした可能性と矛盾しない．まったく反対に，それはその可能性を想定しているように思われる．しかし，強調すべき重要な点は，基礎的制度の存在を排除するものは自然経済システムにはないが，同時にこのシステムはそうしたことに依存しないように構成されているということである．われわれの研究の第1の段階の目的は，自然経済システムの純粋な**理論構造**（それは**進化する**構造であることに，注意が必要である）を提供することにある．このシステムはあらゆる制度から独立につくられる——その意味は，制度の中には自然経済システムの実現の速度および（あるいは）規模に影響を与えることができないものがあるということではなく，（基本的であるか否かを問わず）制度というものは自然経済（を特徴付

---

7) 重要な例として，ジョフリー・ホジソン（Jeffrey Hodgeson）によって1994年にわたしとの討論の中で出された異論をみよ．他方，ボルティスから1997年に出されたような，いっそう好意的な別の見解もみよ．

第 10 章　制度的な研究の段階　　　293

ける諸関係という意味での）の本質を変えることができないということである.

　この点で, 内生性の問題がただちに思い浮かぶ. まず初めに, かりに自然経済システムが制度から独立であるとするならば, 逆向きの因果関係についてわれわれは何をいうことができるであろうか. 制度が自然経済システムから導出されるということは可能であろうか. もし可能であるとすれば, どの程度可能であろうか. この問いに答えるために, 広く用いられている「制度」の定義を採用しよう. それはすなわち, われわれの場合には, 経済システムの作用を決めている 1 組の「ゲームのルール」である[8]. 誘因や制約を通して, 1 組の経済制度は経済主体の行動を方向付ける. この単純であるが加工が可能な定義を受け入れるならば, 自然経済システムは制度を内生化することを目標としていないと断言することができるであろう. もしそうであるとすれば, 上で批判したような還元主義的な方法に陥ることで終わっていたことであろう. しかしながら, 自然経済システムは, 制度の設計図に指針を与える力を備えている. それは, 制度によって追求されるべき諸目標を明らかにする力をもっているのである. そしてそうすることによって, 制度の構築において優先順位を設定することができる. 制度は, 多くの場合, 何らかの目標を達成する（あるいは達成度を改善する）ために人間がつくる規則である. これらの目標の一部は, 自然経済システムからきわめて明確に定義された形で現れてくる. 1 つの例をあげる意味で, 完全雇用という目標を取りあげよう. それを達成するためには, われわれは適切な制度を設定する必要がある. しかし, どのような制度がこの目標にとって最も適切であるかは, 自然経済システムから確認することはできない. 同時に, 自然経済システムの分析から, ある制度的ルールが提案された目標に対する解決では**ない**, と主張することはまったく可能である. 例えば, われわれの分析は, 完全に分権化された経済システムの自発的な作用を通じて完全雇用が達成されることが, いかにありそうにもないかを明らかにした. しかし同時にそれは, 経済システムが完全雇用を達成するのに, 多くの異なった代替的な方法がありうることも示した. 言い換えれば, 理論的分析は, 行動の道筋を示唆することによって, 多くの自由度を与える. いくつかのゲームが, 同

---

8)　この考えに従った制度の定義に関しては, North, 1990 をみよ.

じ目標を追求する上で競合するかもしれない.「多数の自由度」ということ，あるいは「いくつかのゲーム」ということは，任意の数の自由度があることを意味しない（無限の自由度などはなおさらありえない）．社会が採用することを決定する1組の誘因と制約（それらのすべてが純粋に経済的な性質のものではない）がどのようなものであれ，自然経済システムは，けっして破られてはならない，いくつかの規範的制約および（あるいは）つねに満たされなければならないいくつかの条件——例えば，本書256-258頁（原書285-287頁）で論じたマクロ経済の条件式[13]を考えてみよ——を示唆する．さらに，その変数の間に存在する関係を示すことで，誘因や制約が位置づけられるべき可能な方向の範囲を，自然経済システムは指し示すことができる．したがってそれは，なんらかの特定の制度モデルを押し付けることなく，制度的環境を形作る1つの道具であることがわかる．制度は，ときには劇的に変えることが**できる**．自然システムの諸関係は，永続的なものである．制度的な分析は自然経済システムによって影響されるかもしれないが，後者，すなわち，自然経済システム（の諸関係の進化）は，制度の枠組みによって影響されることはない．自然経済システムが制度に先立つと主張されるのは，この意味においてなのである．これは，制度は自然経済システムに対して内生的になることはできないと結論するのに，十分である．そして同時に制度は自然経済システムから完全に独立ではないし，それに対して完全に外生的でもないと結論するにも十分である．自然経済システムを利用することによって，制度が作用することのできる境界や道筋について，はるかに明確な認識をもつことができる．

　第3の反対論．これは，新古典派経済学者だけでなく，多くのところから出て来る可能性のある反対論である——とくに，技術の変化を扱う産業経済学者たちがそうである．その反対論は，（その技術構造および消費構造について）自然経済システムを特徴づける技術係数の**決定**がある制度，例えば法的なルール，財政金融政策，自由放任のルールあるいは規制のルールなどと，全く無関係というわけではない，という批判である．しかし，すでに見たように，特定の制度の選択をあらかじめ排除するものは何もない．任意の時点で存在する制度的枠組みの基礎の上に，どのようにして技術係数および消費係数のある水準が達成されるのか，その特定の方法をあらかじめ排除するものは何もないこと

を，追加してもよい．この理由によってこそ，制度の役割は経済分析にとって非常に重要なのである．もし制度がなかったとすれば，自然経済システムはけっして現実の存在にはならないであろう．それゆえ，制度は，われわれの枠組みでは，自然経済システムが存在するようになるのを助けるという補助的な役割をもっているだけではなく，自然的システムにおいて全面的あるいは部分的に外生的に与えられるものとされる変数の大きさと進化を（可能なかぎり）決定するのに貢献するという，積極的な役割ももっている．

これは，事実，非常に重要な点であり，とくに産業経済学者にとっては，ひろく議論する価値がある．

これとは別であるが同様に重要な点は，しかしながら，自然経済システムの分析的構造は，現存する制度のすべて，あるいはある特定時点で作用している制度的メカニズムが必ずしも当然視されるべきものではない，ということを含意している．自然経済システムは，強力な工夫である．それは，過去から受け継いだ諸制度について，もしそれらが正当化されなくなったか，あるいは完全に認めることができない方向に偶然にあるいは正当化できないほどに進んでしまった場合，議論の俎上に載せることもできるのである．これらの問題のいくつかの重要な例が，以下のページに登場するであろう．特に重要な例は，知的財産に関するものである．それを論ずるところでは，異なった理論的基礎をもつ別の純粋理論の立場をとることが，いかにして劇的に異なった，事実，正反対の制度的含意を生み出すことになるかを，示すであろう．

第11章 ケインズ革命の将来再考

1. 回想

　われわれは結論するところに近づいている．いままで行ってきた議論のさまざまな糸を，まとめる段階であると思う．

　これまで議論してきたのは，伝統との断絶――「経済学における革命」――である．それは，ケインズが必要であると考え，そしてケンブリッジ・ケインジアンたちが継続することを企図したものであるが，いまだ未完のままである，あるいは忘れられてしまったと言ってもよいであろう．しかし，それが失敗であったということはできない．事実，産業革命以来われわれがそのもとに生活することになった，新しい経済についてのわれわれの理解を助ける，満足のいく経済理論の完成を，われわれが追求するかぎり，それが失敗であるということはありえないのである．われわれが論じてきたのは，生産と学習に主に焦点を絞った経済学の新しいパラダイムが，新しく現れてきている経済的諸問題を解釈し，分析し，そして議論し，またそれらの管理のための適切な制度をつくりだすのに必要になった，ということである．

　ケインズが――そのまれに見る直観力によって――理解したのは，われわれの時代の「貨幣的生産経済」とかれが呼んだ一連の出来事に一致するためには，主流派経済学の全構造の根本的な大改革が必要である，ということであった．ケンブリッジ・ケインジアンたちは，そのような課題の継続としてかれらの研究をすすめた．かれらが行った研究の特徴のリスト――本書第2部の終わりに，わたしはそれらをあえてまとめておいた[1]――は，かれらが前進するために苦

闘した方向について，概略を示したものである．かれらは，各自が自らの課題を追究したかなり個人的な仕方のために，異質に見える結果を共通して与えたと見なされたのである．1つの説明は，ここでは，われわれが研究することを求められている「生産」経済が，産業革命以前の時代の，より単純な「交換」経済と比較して複雑であることに，求められた．1つの方法論上の革新が提案された．それは，研究をより単純化し，ケインズ経済学のケンブリッジ学派全体の著作を，総合的で統一的な1つの理論的枠組みの中に位置づけることを可能にする．この方法論上の革新は，わたしが**分離定理**と呼んだものに依拠している．これについては，前章の末尾で再度論じた．それは，われわれの研究において，わたしが自然経済システムと呼んだものの基礎的で持続的な特徴を扱う基本的な段階と，現実世界を「自然的」で，規範的な基礎をもった姿に方向付けるのに必要な**制度**にあてられる研究の段階とを，分けることにある．

　それほどに必要とされているケインズ革命の再開と将来における再形成のために，われわれが立ち戻らなければならないのは，この点であるとわたしは論じた．この根本的な一歩がいったん勇気をもって踏み出されたならば，それによって開かれる研究の分野は，明確に定義され，より明らかで，そして劇的に広範である．

　本書に残されている紙幅は，貨幣的生産経済がもたらした，以上の複雑な制度的な問題を先入観の制約なしに研究するために，（それ自体まだ完成していないのであるが）自然経済システムの堅固な基礎からごく自然な形で前進するための方法についての，一連のヒントにあてられる．わたしは，（例えば，Harcourt, 2000 でなされているように）過去においてすでに解決された問題に集中するよりも，むしろ将来において取り組まれるべく残されている問題に，より集中するように努めるつもりである．

---

1)　原書 pp. 219-237, 本書 203-219 頁をみよ．

2. 生産（そして学習）パラダイムの一般化への推進力

古いパラダイムに比較して新しいパラダイムのすぐれた特徴を，はっきりと示すいくつかの側面を，簡単に考察することから始めるのが，適当であると思われる．

「生産」パラダイムの1つの強力な特徴は，その一般化への推進力によって与えられる．この点は重要である．提案されたパラダイムの転換は，根本的な変化を表す．これまで主流派経済学によって蓄積されてきた，膨大な調査と研究の**集積**の中で議論することに慣れた人々にとって，パラダイムが転換するという見通しは，恐ろしいことのように思われるかもしれない．何が捨てられなければならないか，そして一般化の過程で何が再吸収されうるのかを知ることは，明らかに決定的に重要である．実際，分離定理がどのように，その役割を果たすのか，ここですぐに理解することができるであろう．

われわれが研究の基礎的段階にとどまるかぎり，逃げ道はない．新しいパラダイムの基礎を受け入れることは，古いパラダイムの基礎を捨てることを意味する．ケインズの独自の主張は，ここに始まった．基礎的な段階では，妥協などありえないのである．

しかし，研究の第2の（制度に関する）段階では，事態はまったく異なる様相を呈するであろう．純粋交換パラダイムの傘の下で行われてきた経済研究の多く（特に，特定の行動仮説をもちいているもの）は，純粋生産パラダイムへ再吸収される可能性があるといってよいであろう．ただしそれは，研究の第2の段階においてである．わたしに言わせれば，新しいパラダイムそのものには，制度的な段階では，経済システムを，すべての**制度的**メカニズムの中でも最も古く，人々の頭の中に非常に深くしみ込んでいるもの——すなわち，競争的市場メカニズム——の視点から見ることさえ，それに相応しい位置づけにおいて，すなわち，**制度的**メカニズムとして考察するという条件が満たされるのであれば，それを妨げるものはなにもないといってよい．

競争的市場メカニズムの優れたところは，今では広く認められている．ただし，それらは過大評価されるべきではないし，不適切な制度的条件の下では言

及されるべきではない．市場メカニズムが効率的に作用するためには，厳格な規則に従わなければならないことを，われわれは知っている．多くの経済学文献は，結局のところ，これらの規則を詳しく，特定の制度の枠組みに関連して研究してきたのである．そして「市場の失敗」が存在するかもしれないだけではなく，競争的な市場メカニズムがまったく働かないような状況があるかもしれないことを，われわれは知っている．例えば，財やサービスに関しても，公共財の分野では市場価格メカニズムが適切に機能しないか，あるいはまったく働かないことも知っている．この分野には多くの文献があり，それらを利用することがよい（賢明）であろう．

　結局，次のことを理解するのは，重要である．厳密にいうと，伝統的な考え方をもった経済学者たちが，新しく形成された生産のパラダイムの中にあっても，伝統的な仮説の基礎の上にたって異議を唱え，（正当にも）自分たちの立場を主張し，論ずることは可能であろう．それは単純に，**制度の段階では**，生産のパラダイムは，いかなる排除も要求していないからである．新しい手続きは，より伝統的な仮説——極端に言えば，直接的な効用および（あるいは）利潤極大化の仮説であってもよい——の上で達成された諸結論をテストすることをも，排除していないのである．相違点は，新しいパラダイムでは，それらの説明力の評価は，排他的な形で前もって与えられているわけではなく，他と比較秤量されなければならない，ということである．それらは，他の諸仮説によって，そして（あるいは）他の方法によって与えられる諸結論に，対置されるか，あるいはそれらによって補完され，そのあと比較秤量される必要がある．いずれの場合においても，そしてとくに，その結果は，自然経済システムの形態によって与えられる規範的な基準に達する上での効率を基礎として，評価されなければならない．

　これが実際，本書で提案されている新しい点である．すなわちそれは，自然経済システムの基礎にある，基本的で永続的な参照のための諸基準の存在を明らかにしたことである．なんらかの特定の，実際に機能している1組の制度的組織によって生み出される，すべての結果に対して，評価と比較の基準を与えるのは，これらの概念なのである．分離定理がもっともよくその機能を発揮するのは，ここである．規範的にみて顕著な持続的特徴をもつ自然経済システム

の研究が，自然経済の特徴の実現をもたらすのに適切な制度を発見することを目標とした研究とは独立に，論理的な意味でそれに先立って行われた場合，次の（制度的な）研究の段階——それは，歴史的に形成され，したがって進化する特徴をもつ——が，前面に現れてくる．それには，それ自体の強みがあり，広い範囲に発展する力がある．それは，経済学以外の分野に起源があって，経済学を補完するか，それに代わって使われる諸概念や理論によって内容が豊富化されるからである．

　「生産のパラダイム」を提案するこのようなやり方のすぐれた特徴は，それが伝統的な「交換のパラダイム」に比較して，真に一般的なパラダイムとして現れてくる，ということである．この理由は，新しいパラダイムが真に一般的な仕方で，古いパラダイムの下で行われた諸貢献を吸収できるように思われるからである．多くの実証的な基礎の上に立つ研究が，もともとは新古典派の経済学者たちによって企てられた．かれらは自分たちが，いかなる最適状態からも切り離されていることを見いだした——そしてそのことによって，かれらは伝統的な，経済的厚生という正当化の根拠を奪われたのである．かれらの研究は，研究の第2の段階で，新しいパラダイムにより自然に接ぎ木される．研究の第2の段階では，事実，第1の（基本的な）段階から，制度と独立して現れる参照基準によって，より強力な支持が与えられるであろう．

　この文脈において，ここで提示されているような，生産のパラダイムの魅力的な特徴は，もともと新古典派の経済学者たちによってこれまでに行われた多くの調査研究を救済し，そして再吸収することができる，ということである．特に近年発展してきた以下の特徴を持つ研究，最近の——実証的に正当化される根拠をもって行われた——研究で，不完全競争，不完全知識，将来についての不確実性，戦略的行動，非協力ゲームなどを仮定してなされた分析，そして非市場的な制度への言及をも伴う分析さえも再吸収することができるのである．

　このルートを通じて，それほど「完全」でない市場の機能に関する膨大な文献の中で行われたかなりの数の研究が，実証的に意味がある場合，それらが出発点で採用した新古典派的な方法から救済され，その限界から解放され，制度的な関係に関わる研究の（第2の）段階に取り込まれる可能性がある．

結論すると――そして非正統派的な行動仮説を採用することによって，正当な，実証的に強固な結果を達成した新古典派に由来する研究についてまとめると――，本書で提案した2段階の研究方法の実りある結果は，ある方法で，**すなわち**，制度の段階で，それらを吸収する可能性がある．そのことは，別個の新たに提案された生産のパラダイムの，クーンの意味での真の一般化を象徴している．

3. 貨幣理論と貨幣政策

以下は，膨大な研究分野についての，いくつかの覚え書きにすぎない．その目的は，貨幣理論と貨幣政策についての議論を，生産のパラダイムに適合させる点がどこかをはっきりとさせることに，そしてそれからは出てくるが古いパラダイムでは認識することのできない，新たな諸関係と諸現象を強調することに限定される．

この方法論的枠組みの中では，貨幣理論と貨幣政策の諸問題は，2つの研究段階の両方，すなわち基礎的な研究と制度的な研究の両方に関わる．ただし――あらたに出現した産業経済の非常に顕著な特徴である中心的な金融機関の発達（中央銀行と多くの国際金融機関のことを考えてみよ）にともなって――多くの場合，時論的に目立ったのはとくにマクロ経済的な次元での，**制度的な研究**の分野であった．

貨幣的な問題については，最近のマネタリストの人気が，われわれが皆知っているように，1970年代にその頂点に達した．それは，外部的な出来事（主として国際的な石油危機）に起因する，予期されなかったインフレーションの時期であり，それに対しては，既存の金融機関はほとんどまったく準備がなかった．マネタリストによる反革命のケインズの経済学への挑戦を有利にし，かれらの議論の多くを論理的な矛盾から救ったのは，厳密に**実物の**タームで形成することができる一般均衡モデルの分析的な特徴である．それによって，外部から1つの数量――貨幣量――を，すでに決定された（**実物の**）変数のすべてについて考慮することなく，それらに付け加えることが可能になる．この外生的に導入された変数を通じて，一般均衡の枠組みにおいて開かれている1の自

第 11 章　ケインズ革命の将来再考　　　　303

由度が閉じられる．すでに決定されたすべての（実物の）経済変数には，何の
変化もない（この文脈においてこれは，中立貨幣という還元主義的な仮定を意
味する）．そしてそれは，物価の**絶対水準**を決定するのに十分である．非常に
奇妙なことであるが，これは分離定理の部分的な応用のように見えるかももし
れない．その意味は，貨幣的なマクロ経済変数に関するすべての関係が，基礎
的な，実物数量として考えられたミクロ経済的な基礎をもつ一般均衡の枠組み
の作用から分離されているということである．この一般均衡の枠組みは，経済
の貨幣的な部分から独立に，最適な均衡状態を達成するものと想定されている．
しかし，この分離は 1 つのフィクションである．なぜなら，ミクロの次元で作
用すると想定される一般均衡モデルは，想定された資源の最適配分に関する基
本的な特徴と，**そして**それを達成可能とする原子論的な完全競争市場の制度的
な特徴とを，一緒にしているからである．このような古い混合物をもつことで，
マネタリストのマクロ経済の理論——その還元主義的仮定を考慮するならば，
泥の足をもった巨人である——は，貨幣的生産経済の制度的な複雑さという重
い荷物の下で，そのすべての脆弱性をあらわにする．

　しかし，次のように言われるかもしれない．すなわち，上に述べたマネタリ
ストの分離は，部分的ではあるが，1 つの貨幣的なマクロ経済関係の分析を可
能にする．その分析は，ある目的にとっては，生産パラダイムの**制度的な次元**
で行われるマクロ経済的な貨幣分析の結果と直接的に比較できる結果を生むで
あろう．これは正しい．なぜならば，貨幣の中立性の仮定に基づいたこの枠組
みは，**制度的な次元では**，それ自体では，生産経済の特徴の上にその基礎をお
いている経済分析と論理が両立しないわけではないからである．新しいパラダ
イムは十分に一般的であるので，マネタリストの枠組みでさえ，（もちろん，
中立貨幣の条件を導入して）吸収することができるのである．これは，それに
よって確認できる生産パラダイムの一般性という性質を示すというだけの目的
で，1 つの仮説的な演習としてならば，それは利用することができるかもしれ
ない．しかし同時にそれは，（マネタリストの還元主義的な仮定のために）実
際的には何の役にも立たない演習であることが判明するであろう．

　新しいパラダイムは，その構造動学の基礎がきわめて豊かであるために，マ
ネタリストの偏狭な制約から脱却する必要性を明らかにするであろう．中立貨

幣という伝統的な考えに対する攻撃は，もともとは，1930年代にジョン・メイナード・ケインズによって打ち出された，伝統的な経済理論に対する破壊的な攻撃の主要な構成要素の1つであったことは，よく知られている．ケインズが打ち出した理論では，制度的な次元において，実物的な現象と貨幣的な現象とが本質的に結びついていて，相互に作用し合い，そのことによって，貨幣政策が産出と雇用の水準に影響を与えることができる，政府の手中にある用具の1つとして選ばれる．これこそまさに，伝統的な経済学が考えることのできなかったものなのである．なかでも，金融制度についてのまったく新しい研究領域の発展に非常に強力な刺激を与えたのは，貨幣的生産経済における金融市場の典型的な不安定性についてのケインズの直観と労作である[2]．

　しかしこれがすべてではない．追究すべき分析領域として生産のパラダイムが開く課題は，他にももっと多くある．われわれの目的にとって，ここでそれらを強調することが重要になるのは，古いパラダイムの中では見いだすことができないであろう，産業世界の一連の新しい特徴のゆえである．古いパラダイムが指針を与えるのに悲しいまでに無力であるところで，なぜ，そしていかにして，まったく新しい制度が必要になるのかを，われわれを導いて，それを理解することができるようにするのは，新しいパラダイムなのである．それは，われわれの単純な純粋労働の枠組み（第9章に示してある）においてさえ，伝統的な枠組みによって明らかにされた場合と同じように，1の自由度ではなく，**3もの**自由度が存在し，それらは貨幣的生産経済がひらき，そして自然経済システムの基礎の外から閉じられる必要があることを，われわれに明確に理解させるのに十分である．実際，ニュメレールの選択の必要がある——それは，古い純粋交換モデルに見られる唯一の自由度である——が，（インフレーション率を固定する必要がある）価格体系に対して選択される標準の**変化率**についての選択の必要性もまた，存在する．さらに，貨幣利子率を固定するという，外からの要請がある．これら3の自由度は，自然経済システムに固有でこれを閉

---

2)　この線に沿った研究では，アメリカのポスト・ケインジアンが，とくに活発であった（例えば，Minsky, 1975, 1986, Daividson, 1972）．同じ主題で，異った段階での研究としては，ゴドリイとラヴォアによる最近の秀れた著作をみよ（Godley and Lavoie, 2007）．

第 11 章 ケインズ革命の将来再考　　　305

じる必要によって，新たに構想された，適切な制度の確立を要求する.

　ケインズ自身とかれの支持者たち（ケインジアン）の多くが，かれらがこれ
らの問題を完全に把握することができなかったかもしれないとしても，長い間，
直観的にこれらの問題を追究してきたことを示す多くのヒントや兆候がみられ
る．さまざまな形で，これらのヒントは，伝統的な立場に対する批判や（ある
いは）新しい貨幣金融制度の形成への貢献として，かれらの労作のなかに入り
込んでいる.

　一方では，完全に整った純粋生産モデルの完成，そして他方では，その制度
的な含意のより深い検討と理解は，この研究分野で，事実長い間必要とされ，
遅きに失するのであるが，文字通り劇的な研究の爆発をうみだすであろう.

4.　未解決の制度的問題の主な起源

　前節で採用したわれわれの議論の特別な視角は，以下においても，新しいパ
ラダイムの主な強みを特徴づけるための，手近な工夫としても役立つであろう.
その理由は単に，産業革命以来出現してきた経済システムに関して構想された
ということによって，それはただちに全く新しい制度に必要な条件の源泉がど
こにあるかを明らかにするという事実による．これは，古いパラダイムのなか
では，構想することもできないであろう．というのは，古いパラダイムは，新
しい産業の諸特徴がまだ現れていない現実を，対象として考えられたからであ
る．新しい諸特徴が存在しないという，以前のこの歴史的事実こそ，実際，古
い理論に一種のブラック・ホールをつくり出し，そこにしばしば決定的に重要
な問題が隠されたままになり，そしてさらに，単にそれらを感知することがで
きないという理由で，無視されてしまった．その結果，新しい制度の問題に潜
在的に不利な影響がもたらされ，それらは何十年もの間，未解決のままに残さ
れた可能性がある.

　事実，もともと産業革命によって生み出された，既存の制度に対する主要な
挑戦は，生産要素の側からやってきた．われわれはロイ・ハロッド（Roy
Harrod, 1939, 1948）の登場によってはじめて，真に新しい特徴は，かれがと
もかくも率直に「動態経済学」と呼んだものに関わることを，理解することが

できた．その言葉は，産業経済の3つの要素を特徴付ける**変化率**の重要性を強調することを，とくに意図したものである．その3つの要素とは，i）人口の成長，ii）資本の蓄積（すなわち，物的な資本の成長），iii）技術進歩（すなわち，知識の成長）である．注意を集中する対象として，関連する変数の**変化率**を選び出したことの決定的な結果は，それらは（いかに重要な変化であっても）もはや1回限りの変化を意味するのではなく，**持続的な**変化，すなわち**累積的**な動きを意味するのである．

主要な問題は，**新しい**制度の必要性を認識することが困難である，という点にこそある．古典派の経済学者たちにとって，その時までに効率的であることがはっきりした一連の制度が，産業の生産過程の新しい特徴にまで拡張されるのは，自然なことであった．産業の離陸が本当はどのような種類の革命を生み出したのか，だれもすぐには理解できなかったのである．ハロッドのリストにある3つの要素について若干の説明を与えておくことは，読者の役に立つであろう．

人口の成長と構造動学

古典派経済学者たちは，かれらが目撃した突然の人口爆発に恐怖を抱くようになった．この現象は，前例のないものであったし，また明らかに産業化の過程にともなっているように見えたのである．その点を考察する際に，かれらは一般的な「収穫逓減の法則」を想定するという，論理的な罠に陥ってしまった（Malthus, 1879, Ricardo, 1821）[3]．あまりにも単純に思われるかもしれないが，1世紀以上の間，のちの経済学者たちの方がはるかに優れたやり方で，これらの問題を理解することができるようになったと主張するのは，実際，困難であろう．経済発展のプロセスにおける人口について，最近の経済学文献が生み出すことができた最もエレガントな貢献は，累積的成長について1つの数学的で美しく，エレガントな枠組み——有名なフォン・ノイマンのモデル（1937, 1945）——である．魅力的ではあるけれども，このモデルは，実際に起こった意味深い人口学的な現象の制度上の重要性をわれわれに把握させることに完全

3）詳細については，Pasinetti, 1999をみよ．

に失敗している．そのモデルは，1つの経済において，技術進歩がなく，規模に対する収穫不変（逓減的ではなくとも）が支配し，厳密に比例的な総人口の成長と歩調を合わせて，すべての部門が完全に比例的に「拡大」すると仮定している．それを文字通りに取るとすれば，わずか3世紀の間に世界の人口を10倍の割合で増加させ，その過程で人口の年齢構成と構造を国ごとにそして世代ごとに完全に変化させてしまった，時代を画する出来事によって生み出された巨大な制度的問題を，そのモデルによってわれわれが理解するのは不可能である．その現象は極度に複雑であり，そして典型的に，多くの学問分野を巻き込むものであることがわかった．すなわちそれは，人口学，人類学，社会学，歴史学，そして他の社会科学に関わるのである．経済学者たちは，自分たちがその議論の埒外にいると主張することは，明らかにできない．古典派の経済学者たちは，そのことを非常によく理解していた．われわれの観点からいうと，研究の基礎的な段階でも制度の段階においても，人口に関する経済分析があまりにも少ないことを残念に思うだけである．

　古典派の経済学者の時代以来，この分野においてなされてきたことがいかに少ないかを知るのは，実際，驚きである．ケインズ自身，この問題については，それほど敏感ではなかった．かれは，しかし，短期において，人口が全体として消費にあてることを決意する国民所得の**割合**，そしてその結果として貯蓄のために意図されるその割合，すなわちかなり明白なマクロ経済的な関係に注意を払うことが，いかに重要であるかを指摘することができた．しかしながら，以前には経済学者たちは，その点には関心を集中させていなかったのである．ケンブリッジ・ケインジアンたちは，関連する古典派的なマクロ経済理論に興味と魅力を感じたが，所得分配に関して，特にそうであった．最近においては，貯蓄のライフ・サイクル理論（とくに，Modigliani & Brumberg, 1954 と Modigliani & Ando, 1957 による）は，歓迎すべき追加的業績である．しかしながら，そこでとられた方法は——ほとんど合理的個人の効用最大化行動にのみ依拠していることから——完全に説得的であったというわけではなく，実際，世代間の関係における資産の配分と再配分（相続と遺贈の効果）（例えば，Mario Baranzini, 1991, 1993, 2005 をみよ）に関する構造的仮説との関係で特に，挑戦を受けることになった．われわれ自身の観点からは，経済学者たちによっ

てどちらかというと無視されてきた研究分野において，本書で提案されたパラダイムが，研究すべき問題について示唆を欠いていないことについて率直に指摘する価値がある．まず第1に，研究の基本的段階において，所得と富の「自然的」分配を定義する可能性があるかどうかという問題を，それは提起する．第2に，どのような種類の制度を，自然経済システムのこの特徴は含意するのか．そして第3に，われわれの既存の制度はこの分野において理想的（「自然的な」）特徴を追究するという課題に応えられるか否か，あるいは——より現実的には——どの程度，そして（あるいは）どのような仕方でその達成に失敗しているのか，という問題を前面に押し出す．

資本蓄積

　ハッロッドのリストの経済動学の第2の基本的な要因は，非常に扱いがむずかしい．

　何千年もの間，人間は必要とする財を労働と自然資源（本質的には土地の耕作を通して）によって，生産してきた．18世紀の終わりまでに，新しい生産要素，**資本**が経済の場に現れた．われわれがよく知っているように，物的な資本（ここで関係があるのは，これである）は，最終消費財，そしてまた（定期的に置き換える必要がある）資本財自体をも獲得するために，道具として——労働と自然資源とともに——使われる，一組みの物的な財を表す集合的な名称である．

　生産の資本主義的転換は，機械の発明とその使用の漸次的な拡大によって，生み出された．機械の作動は，もはや人間や動物のエネルギーによってではなく，一連の新しいエネルギー源によって行われ，その発展は，現在でも，累積的に進行している．それは，生産全体の巨大な増加をもたらしたけれども，その成果としての便益の平等で適切な分配をともなわなかった．今日の時点からその時代を振り返ってみたとき，富の増加は，新しくつくられた工場において生産過程を組織する限られた集団——資本家——の手に集中したことは，ほとんど疑いない．組織的な工場システムの出現そのものが，直接的な生産過程だけではなく，社会の諸関係においても根本的な変化をもたらしたが，その変化は出現直後には人々の注意を引かなかった．労働を提供する可能性以外に何も

もたない「プロレタリア」にとって，根本的変化は家族の場所からの仕事場の分離を意味した．かれらは，あらかじめ厳密に決められた時間に工場——それは新しい時代のシンボルとなった——に行く義務を負い，従属的な立場におかれ，そして少なくとも初期には過度に長時間の労働をしなければならなかった．それに対して賃金は，競争によって，生存の限界に保たれた．そのことは，社会階級——資本家と労働者——の形成を意味した．それは，資本と労働の間に衝突を生み出し，そうした衝突は 19 世紀全体と 20 世紀の大部分を通じて，産業化しつつあった諸国を特徴づけるものとなった．この過程を通じて，自由市場経済は，事実，**資本主義的**経済に変換した．

　これらの変化の真にひとを動揺させる制度的な意味の理解は，ゆっくりとしたものであった．わたし自身は，ほかのところで，分析的な仕方で，全体としてみた経済システムに対する衝撃が，消費財の場合と比べて資本財の場合いかに異なっているかを示した[4]．手短に言うと，経済は，消費財の場合には，これらの財が使われる仕方によって影響を受けることはない．消費財の所有者は，自分が好むように，いかなる決定をするのも自由である．消費財は完全に消費されてもよいし，将来のために保蔵されてもよいし，外部世界に対して売られても，譲渡されてもよい．さらには破壊されてもよい．いずれにせよ，経済システムの現実の作用には，まったくなんの影響もない．資本財の場合には，そうではない．資本財は，その存在を維持され**なければならない**．それは，生産の全期間にわたって使用されなければならないし，生産手段として完全に置き換えられ**なければならない**．さもなければ，生産過程全体が，停止してしまう．物的な資本の存在，そしてその蓄積は，産業化された経済の生産過程における，絶対的な必要であるということを理解するのは，重要である．物的な資本なしには，それに対応する労働者の雇用もないのである．資本と労働は，（ほとんどもっぱら長期において意味があることであり，ある程度の——限定された——代替の可能性があるとしても）補完的なのである．

　このことは，物的資本財は——消費財と違って——**社会全体に対して意味のある機能を果たす**ということを意味するのである．資本財は，労働者に対して

---

　4)　Pasinetti, 1983 をみよ.

310 第3部 発展する経済のための生産パラダイムに向かって

雇用を確保する．それらは**社会的機能を果たす**といってもよい．この理由によって，資本と労働は，同じ次元に立つことはできない．これらは，対称的な役割を演じるのではない．資本の背景には，消費を上回る所得部分の，ある特定の使用の仕方がある．労働の背後には，人間とその家族が存在する[5]．

　微妙な問題が直ちに起きてくるのは，ここである．少し考えてみれば，ここで生ずる微妙で決定的な問題点は，生産手段の**所有権**にかかわるものであることは，誰もが納得するであろう．消費財については私的所有に有利な議論を提示することに，何の困難もない．しかし，生産手段の私的所有は，議論の余地のある問題である．単に，産業システムにおいては，資本財の使用に関わるいかなる決定も，**社会全体に影響する帰結**をもたらすからである．しかし問題は，やっかいである．資本財と消費財の所有権の源泉は，自由社会においては，同じであるように見える．いかなる個人も彼（あるいは彼女）は彼（あるいは彼女）が好きなように彼（あるいは彼女）の貯蓄を処分するか，あるいは，例えば金の延べ棒の形態で保蔵することが個人にとって正当であるならば，彼（あるいは彼女）が物的な資本財の形で蓄積した貯蓄に対して反対したり，あるいは介入したりする理由があるであろうか．この問い——産業革命によってもたらされた典型的に新規な問題——に対する，明白で議論の余地のない答えは，今までのところ現れていない．

　この短い寄り道に対する結論は，実際，決定的である．資本財が**社会的な**意味をもった存在である——産業の時代の新しい現象——ことから，果たすべき**社会的な機能**をもっていることが明らかとなった生産要素に対する所有権を，いかに行使するかという問題が提起される．

　意見が分かれる問題は，産業革命の開始以来，生産要素としての資本の問題が最初に現れたとき，この制度的な問題はつねに——事実上**未解決のままに**——存在し続けた．一方の極端では，リカードウ派社会主義者たち，マルクス，その他が，生産手段は社会全体によって，そして個人によってではなく，所有されるべきであると論じた．他方の極端には，自由主義者たち，あるいは反国家主義者たちが，私的所有権の優先性を主張した．その主張を支持したのは，

---

5)　下記注6をみよ．

第 11 章　ケインズ革命の将来再考　　　　311

所有権によって誘導される資源の効率的な配分を強調する議論であった．これらの主要な制度的問題についての議論は，ときに激しいものとなった．

　もっと最近になって，1980 年代に，生産手段の所有のリスク，組織，そしてその管理への労働者の参加（最低限の賃金は，いずれにせよ，保障されるとして）に基づく，新しい，独創的な形態の資本と労働の協同の提案を含む文献が花開いた（例えば，Weitzman, 1984, Meade, 1989, その他）ことを，指摘しておくことは有益であろう[6]．

　これと並行して，1930 年代以来，かなりの数の文献（特に合衆国において）が経済制度の発展（公企業）に注意を向けた．すなわち，これらの組織においては，所有（形式的には法的な）——1 群の小さな規模の株主によって維持される——と，部分的にしか株式の保有には貢献しない経営者という，エリートの集団によって保持される実質的な意思決定権との分離が生じた[7]．

　「真の」社会主義経済の崩壊は，これらの基礎的な問題から話題性を奪い——実質的にこれらから注意を他にそらせてしまった——，多くの議論の突然

---

6)　興味深いこととして言及できるのは，カトリック教会が（経済分析を基礎にするのではなく純粋に倫理的基礎の上に立って），社会問題に関して発言をし始めて以来，労働と資本の間の紛争に対して，はっきりとした立場をとらざるをえない，という気になっていることである．これは思い出す価値がある．その発言は 3 点に要約できる．i) 消費財だけでなく，生産手段の私的所有の正当性．しかしながら，ii) 資本財の所有権が意味するある種の（特定化されていない）制約的な状態．というのは，資本財には満たすべき社会的機能があり，これは労働に資本に対する優先権を与えるからである．iii) 自由市場経済が歴史的に，資本家に有利な所得と富の不平等な分配を生み出したという事実の認識．この歪みに対して何らかの修正（明示的に特定はされないが）がなされるべきこと．労働の資本に対する優先性に与えられる理由付けについて述べておくのは，同様に興味深いであろう．すなわち，「……生産手段は……**労働に反して所有される**ことは不可能であり，**所有自体のために**所有されることも不可能である．なぜならば，資本財所有の唯一の正当な根拠は，……，それらが**労働に奉仕する**ことであるからである」（傍点は原文，法皇ヨハネ・ポール 2 世, 1981, L. E, SS14)).

7)　この問題についての古典的著作は，Berle and Means, 1932 である．しかし John K. Galbraith, 1956 をもみよ．カール・ケイセン（Carl Kaysen）は一時，非常に楽観的であって「魂のある企業」——さまざまな形で多くの種類の参加者（ステークホルダー）の面倒を見る企業——について語るほどであった．しかし，現状に関するかれの最近の論評をみよ（Kaysen, 1996)．

の中断をもたらした．それはまた間接的に，自由放任の経済政策の方向への，**強調**点の移動を産み出した．国際金融の世界全体が，（高年棒の）経営者個人の誤った行動が，かれらの活動の正しさを保証するために設立され権限を付与された会計機関によって助けられたことによる，最近の巨大な金融スキャンダルによって，揺さぶられたのである．

　本書で擁護されている生産のパラダイムのすぐれた面の1つは，中でも，これらの——資本の所有権，労働関係，経営トップと経済的な権力の間の結びつきにかかわる——制度的な問題を，それらがたとえ満足のいく，論争の余地のない解決からは程遠い状態にあるとしても，さまざまな種類の思考，批判[8]，そして提案を活発にし，刺激して，それらを十分に目立つようにしておくことである．

技術進歩

　この間に，関連したもう1つの，もっと最近になって認識された一連の制度的な問題が（残念ながら，それらのほとんどは**未解決**である），勢いを増しつつ，前面に登場してきている．それらの問題は，ハロッドのリストの第3の要因，すなわち技術進歩に関わる．ある意味で，そしてかなり奇妙なものの理解しうることであるが，資本蓄積に置かれていたかつての絶対的で中心的な重点を，技術進歩はいくらか緩和した．しかし同時にそれは，新たな制度的な諸困難を表面に浮かび上がらせた．それらは，ふたたび，同じ権利——所有権——にかかわるのであるが，それは完全に異なった経路を通じてであり，まったく異なった点においてなのである．

　ここでふたたび，あのいつもの制度，すなわち自由市場のメカニズムへの依存に戻るという，あまりにも明らかな自生的傾向が現れる．自由市場のメカニズムは，登場しつつあった近代世界の初期の交易の局面から受け継いだものであった．われわれが繰り返し指摘したのは，市場制度が古典派の経済学者たちの注意を引いたのは，まったく正当であった，ということである．アダム・スミスのついでの比喩である市場を通じて作用する見えざる手は——もともとは

---

8)　ガルブレイスの最近の，素晴らしい刺激的な論考をみよ（Galbraith, 2004）．

かれによって留保をつけて提示された（その後それは忘れられてしまったが）[9]——いかに個人の合理的な（利己的な）行動が社会に利益をもたらす社会的な装置になりうるかを示すシンボルとなった．しかし，もっと最近になってやっとわれわれは，よりはっきりと，市場メカニズムには本来的に競争の作用を通じて，多様なまったく異なった側面を含む諸力を付与されていることを理解するようになった．それらの側面のうち，（以前に言及した）少なくとも2つがわれわれの議論にとって決定的に重要である．1つは所与の資源の最適配分の過程に関わり（これを**静態的**競争と呼ぼう），もう1つは典型的に進化する環境の中での発明の能力への刺激に関わる（これを**動態的**競争と呼ぼう）．古典派の経済学者たちは，この2つの側面の存在に気づいていた（ただし，かれらは，第2の側面を過少評価していた）が，いずれについても，形式的な分析の枠組みをつくり出すことはできなかった．

　新古典派の経済学者たちは，分析的には，より大きな成功を収めたが，かれらの成功は，一方を排除して他方（静態的な側面）だけに集中するという犠牲によって，得られたものである．経済研究が全体として，市場競争の**動態的な**側面に焦点を合わせて展開されるようになったのは，20世紀の最後の数十年のことであった．これは，（ついでであるが明確に），自由市場の制度が果たす機能が，単なる所与の資源の最適配分（新古典派の経済学者たちが注意を集中することができた唯一の機能）ということよりも，はるかに広範囲なものであることを示す．同時に，動態的な側面についての研究の結果は，今出てきているところであり，静態的な一般均衡の枠組みから出てくる研究成果とは釣り合わないことを示している．静学的な方法の中で（効率的な）結果に到達するのに不可欠な制度的な要請（例えば，完全競争を考えてみよ）は，しばしば，第2の（動学的な）方法の文脈において（成功する）結果に到達するのに必要であることがわかっている制度的な要請と，対照的である．

　21世紀のはじめに，これらの問題を扱うためにわれわれが制定することが

---

9)　きわめてしばしばアダム・スミスのものとされるこの——実際というよりは——象徴的表現については，アレッサンドロ・ロンカッリアにより詳細かつ説得力をもった分析がなされている（Alessandro Roncaglia, 2005a, pp. 324-325, 2005b, pp. 19-20）．

できた制度は，数多くの反トラスト法や，さまざまの委員会や機関によって代表されるが，これらは，（それほど自由ではない）市場制度の，想定される効率性（あるいは効率性の欠如）についての全体的で明確な理論よりも，賢明なプラグマティズムないしは歴史的な経験に依存することを余儀なくされたのである.

　この結果，制度的な次元での経済学の分析と他の社会科学のうちの特定のあるもの――法律学――との相互依存が強まることにより，いっそうの複雑化が加算された.

5. 異なったパラダイムの制度的な含意の衝突

　われわれはここで，2つの異なったパラダイム（一方では伝統的な純粋交換のパラダイム，そして他方では，われわれの用語で，新たに認識された生産のパラダイム）が，基礎的な水準でいったん受け入れられると，採用されるべき制度のタイプに関してどれだけ不可避的に異なった方向に導き，非常に異なった実際的な処方箋に至るかということを示す，非常に意味深い事例に直面することになる.

　社会科学者たちは一般に（そしてとくに法律家たちは），一般均衡の枠組みのようなエレガントな分析用具の利用可能性を主張することができる経済学者たちをうらやましく思っていた．この枠組みの魅力と美しさは，2つの明白な制度的な構成要素，すなわち完全競争と所有権の執行を必要とするだけで，最適な状態の達成を示すことができるという点にある．この経済モデルは，しかしながら，静学の枠組みの中で，本質的には物的な財を対象として考えられている．同じモデルが，非物質的な財あるいは知的な財を含むように拡張されたときに，同じ最適性の特性を保持するかどうかは，最初は問われなかった．それが証明を必要とするとは，考えられもしなかった．しかし，事実，これは証明**されなければならない**ことであった．これまでのところ，誰もまだその証明を提示していない.

　実際，有形の物的な財と非物的で無形の財との間には，決定的な相違がある．通常，公共財と結びつけられる2つの性質があることが，今では一般的に認知

されている．それらは**知識**（すなわち，技術進歩の背景にある要因）に関する諸問題にとっても重要になる．これらの特性は，非競合性と非排除性である[10]．通常，有形で物的な財は，競合性**と**排除性の両方をもっている．これらは，競争的な価格システムを通じて所与の資源の最適配分をもたらすことにより，所有権の付与が効率性という社会的な機能を果たす，2つの性質なのである．しかし，無形の非物的な財は，異なっている．それらは，一般的に，非競合性**と**非排除性の両方をもっている．われわれの社会では，非競合性は依然として大部分，基本的に技術的な性質である．それに対して非排除性（あるいは排除性）は，法律で規制される性質（すなわち，制度的な性質）にますますなりつつある．もっと具体的に言えば，知識のような公共的な（非競合的な）財は，法律でそのようにする，すなわち意匠権あるいは（および）特許権を付与することによって，「人為的に」排除的にすることができる．しかしながら，この場合，物的な財の場合から連想されるのと同じ効率性の機能を引き出すことはできない．

　まず明らかにしておくべきは，厚生経済学の観点からみると，非物的財に法律によって付与される排除性は，社会的な空費をもたらす，ということである．これは，知的な財はいったん利用可能になると他の多くの消費者に対してほとんど追加的な費用なしに提供されうる，という理由による．例えば，誰でもベートーベンの交響曲第9番をウェブ上で聴くことができるという事実は，他の何百万人という人が何の費用もなしに，あるいはほとんど費用なしに，それを聴くのを妨げない．しかし，このことにかかわらず，つまり，これらの技術的な性質にもかかわらず，他の人びとは法的な手段——意匠権の使用料金——によって，それを聴くことから**排除**されるかもしれない．このことから，われわれの経済における知的な財の重要性の増大は，法律によって与えられる新しい財産権の1分野——**知的**財産——をつくりだした．この新しいタイプの財産権は，立法を通じて非有形財に排除性を与え，こうした財の所有者が消費者に代

---

10)　周知のように，ある財が「非競合的」であるとは，その財1単位を1個人が消費しながら，その同じ1単位に対する別の個人が利用しうる消費機会を減ずることのない状態である．ある財が「非排除的」であることは，いったんそれが提供されると，その便益はすべての人々にとって利用可能となることである．詳しくは，例えば Cornes and Sandler, 1986, p. 6 をみよ．

価を課すことができるようにすることを目的としている.

これに対して, どのような正当化の根拠がありうるであろうか. 排除性の導入は, 法的な手段を通じて, 発明と革新に対する誘因を導入するという効果（したがってその正当化の根拠）をもつ, というのがその理屈である. もし発明者が特許権によって保護されていなかったならば, 得られなかったであろう発明がある, と主張されてきた. これは, 完全に説得的というわけではないし, 歴史的に証明されてもいない. いずれにせよ, そうした保護は独占的な状況を生むということも, われわれは理解しなければならない. というのは, 所有者が課す価格ないしは料金が, 知的な財の発見に導いた研究のコストを十分に上回るということがありうるし, きわめてしばしば, なんらかの誘因によって正当化されるものを, 金額でも時間でもはるかに超えることがありうるからである.

以上すべてから, 非物的な財に対する所有権の付与は, ——これらの財産権がもたらすかもしれない刺激ということだけを基礎にしては——経済学の用語で言えば, 有形財に結び付いた伝統的な正当化の根拠と比べて, やさしい言い方では, はるかに弱い根拠しか示していない, と確かに結論してよいであろう. 有形財の所有権は, 適切な条件の下では, 効率的な資源配分をもたらすという経済的な機能を果たす. 同時に, すでに述べた競争の動態的な側面についての研究は, 多くの事実に関する興味深い成果を生み出したが, 厚生に基づいた決定のための満足な枠組みをわれわれに与えるのに十分に強力な分析的（諸）機構を生み出さなかった. まず, 財産権を獲得する可能性に由来する誘因の存在は, 革新を促進するのに必要な条件では必ずしもない. 多くの発明は——純粋科学の次元においてだけでなく, 応用分野においても——, 通常, 特許権の保護なしに達成される. そのことは, 多くの報告において指摘されている. 発明者は, 彼あるいは彼女がアイディアの生みの親であることの承認ということだけで, 刺激され, 満足するということが十分にありうる[11]. さらに, そしても

---

11) 厳密に所得の源泉として考えられる知的所有権とは切り離されているが, この点で無視されるべきでないある重要な側面がある. 何かを発明した人は誰でも, 明らかに, それから生ずる商業的な利用からは独立に, 彼あるいは彼女の新しいアイディアについての著作権が認められる権利をもっている. 特許権のシステム自体は, その公刊あ

第 11 章　ケインズ革命の将来再考　　　317

っと重要なことであるが，知的財産権を付与する根拠については，いずれにせよ，**一時的**であるという原則に立って，つまり，限定された期間を対象に，論ずることができる．革新と発明がはやい速度で起こっているような社会では，著作権料や特許料が与えられる期間を，それらが過去において普通であったよりも，ますます短くすることは，特に国際的な場では，適切であると思われる．

　この点では，国際的な経済関係における知識の普及の問題の桁外れな重要性を想起することが，問題の理解の助けになるであろう．われわれが知識の獲得や普及について語るとき，最も発達した経済を基準にして考えることが，普通である．しかしわれわれは，貧しい国々の状況を無視すべきではないし，ましてや忘れるべきではない．これらの国々は，現在では，先進世界の生活水準に追いつくという，大きな問題に直面している．伝統的な経済学が主張してきたこととは反対に，貧しい国々を豊かな国々から隔てている格差を埋める能力は，貯蓄や（マルクス主義の文献が最近まで強く主張してきて，そして一般的に現在もなお主張し続けている）大量の資本蓄積の欠如にはもはや依存していないのであって，むしろ全体的な知識や教育の水準に追いつく相対的な能力に依存している．驚くべきことではないが，発展途上国にとって，知的財産権の問題は，それらの経済的な（そして文化的な）発展への障害であるように思われる．発展した世界の生活水準にそれらの国々が追いつくことは不可能ではないが，その機会は，世界の利用可能な教育水準と世界の技術的知識の状態に追いつく能力に依存している．このことは，一連の適切な個々の国内的な，そして国際的な制度を構築する世界全体としての能力に依存していることを意味する．わたしの考えでは，21世紀には，これらの制度的な問題こそが決定的であり，可能なかぎり広い合意を特徴とする解決を痛切に必要としているものとして現れると感じることは，不合理ではない．それらは経済学に関係するだけではなく，すべての他の社会科学との間の（そして，事実，社会科学の間だけではなく）相互作用を必要とするのである．

　　るいは利用の優先権を確立する適正な規範的ルールとあわせて，この役割を果たすのに十分役立つ（この分野では，当然，法律家が多大な貢献をすることができるであろう）．

318 第3部　発展する経済のための生産パラダイムに向かって

　われわれの目的にとっていっそう重要なのは，それらがわれわれの分析がその第1歩を，われわれが考察している2つのパラダイムの1つから踏み出しているのか，あるいはもう1つのパラダイムから踏み出しているのかによって，制度的な問題は異なった方法で対処する必要を意味している，ということである．2つのパラダイムの間の衝突は，われわれの以前の議論では，研究の基礎的な段階で現れた．ここでふたたび現れるが，第2の研究段階——制度的な研究の段階——の中核において現れるのである．言い換えれば，衝突ははるかに広い範囲にわたり，調整を必要とするか，あるいは新しく発明する必要がある制度のタイプと特徴についての，方向性や勧告に関する制度的な含意を含むようになる．もっと具体的には，対立と衝突が，純粋交換のパラダイムからの演繹と制度的な処方箋，純粋生産パラダイムからの演繹と処方箋との間に，生ずる可能性がある．

　進化する知識という分野全体は，それが研究の基礎的な段階だけではなく制度的な段階でも2つのパラダイム間に直接的な衝突をもたらすとすれば，進化しつつある産業社会においてすべての領域のうちで最も典型的かつ驚くべき斬新なものとして現れてくる．

　すでに強調しておいたように，古い純粋交換のパラダイムから生じている概念やカテゴリーの，新しい（産業の）経済システムという，新しい現実への（賢明とはいえない）単純な拡張は，過去において悪影響をもたらした．同じように，新たな悲惨な影響が，学習の過程と知識の伝幡に関わるケースへのそれらの同様に単純な拡張によって，もたらされる可能性がある．

6. 対立する制度的な方向の背景にある論理

　以前われわれが，ポール・サミュエルソンによってかれの『経済分析の基礎』においてエレガントな形で——すなわち，制約条件下での数学的関数の最大化の形で——提示された[12]，新古典派経済分析の**基礎**を想起したとき，この枠組みがいかに，自由市場経済によって代表される，特定の制度的な組織と分

―――――――――――

12)　原書 p. 323, 本書 291, 292 頁をみよ.

かちがたく結びついているかを明らかにした．自由市場経済は，完全に競争的な市場において交換される，既存の（所与の）資源の所有権に依存している．しかしわれわれは，この理論的枠組みが物的な財の伝統的な環境に関して典型的に考えられたものであることも，指摘した．知的な財が圧倒的な重要性をもつようになってきている社会の進化は，経済環境全体を変化させつつある．

　主流派の（新古典派の）経済学者たちの反応は，どのようなものであったか．この問いに対して答えるためには，前節で簡単にまとめておいた知識の特性を考えるところに立ち戻らなければならない．明らかに，知的財の非排除性と非競合性は，自由市場制度の効率的な資源配分機能の，厳密な必要条件に十分には対応しない．これらの明白な事実に対する主流派の経済学者たちの反応は，きわめて明らかで，論理的で，そして非常に意味深いものであったし，現在もそうである．それは，知識が支配的な要因になっているのに，明らかな「市場の失敗」を承認するというものではなかった．このことは，代替的な制度的な解決策を追究することが結果として必要であることを，意味したであろう．これを避けるために，反対方向での努力が継続的になされてきた．

　知識の特別な性質は，実際，認識はされている．しかし，主流派の経済学者たちは──知識を現実にそうでないもの，すなわち私的な財あるいはそれに準ずる財にすることを目的とした──**人為的な法的な仕組み**を構築することを強力に提案している．言い換えれば，ここで追求されている解決策は，単純ではあるが強力な論理に従っている．すなわち，われわれの自由市場制度を変えないようにしようというものである．それを変えないで，新しい現象の基礎にまで降りていき，法律によって知識に排除性をもたせることによって，知識そのものの性質を**人為的に**変えようというのである．そうすることによって，私有財産制と市場の価格メカニズムに基礎を置いた，あらかじめ考えられた制度的な枠組みに適合させようとする．

　そこで主張されているのは，そのすぐれた点が知識を通常の交換可能な財に転換することにある，というものである．これは，（人為的に）知識を本来の「市場の失敗」にさらされないようにすることである．この幻想によれば，有形財と象徴的に結びついているパレート最適の性質を，知識の生産にまで拡張することができる．非排除性と非競合性という基本的な特徴を所与として，知

識を私的な財に転換する努力は，多くの方向に広がっていかざるをえない．つまり，人為的に考え出された制度的（法律的な）現象を扱うための，一揃いのコストがかかる行政的な，そして法律的な手段を作り上げることによって広がっていくのである．

第1に，知的な財産権と特許の保護システム（合衆国では，今ではソフトウェアのように典型的な非物的な財まで含んでいる）を強化し**拡張する**のに，膨大な努力がなされている．これは，明らかに，人工的な高度に人為的な保護のシステムである．アイディアは，頭脳から頭脳へと飛ぶことができるし，所有に関する法的な契約書にサインする必要もなく，多くの人々によって使用されることが可能である．中でも，とりわけ，財産権への支払いが要求される場合，あるアイディアの実際の応用を可能にするためには，取引費用が劇的に増加し，知識の普及から生じたであろう膨大な潜在的な努力の多く——多くの場合，ほとんどすべて——から知識を奪ってしまう．状況によっては知的な財を保護する法律的な仕組みの強制は，物的な財の競合性という性質によって可能になる，より単純で直接的な手続きよりも，知識の非物的な性質から，実際にはるかに高いコストがかかることになるかもしれない．

第2に，（少なくとも形式的には）広範な努力が，知識の改善に大きく依存する部門において，独占を打ち破るために払われねばならない（というのは，資源配分の市場効率性の形式的な証明は，完全競争条件を前提としているからである）．反トラスト法は強化され，市場競争を監視することに特化した役所が設立されるか，もしくはさらに拡大された．目的は明らかである．すなわち，（主に知識に基づいた生産物の費用逓減によって）組織の本来的傾向が独占的な市場構造に向かっているような場合にも，競争的な市場メカニズムを保存するか，あるいはむしろ保存するふりをしようとすることである．

しかし，われわれが決定的な問いを避けることができないのは，この点においてである．これが，知識の蓄積によって提起される制度的問題に対する——主流派の経済学が当然としているように——唯一の可能な方法であろうか．市場の潮流は，知識の市場に不都合なすべての側面を水没させてしまうほど，圧倒的なものと考えなければならないのか．われわれが提案する生産のパラダイムが示唆するのは，いっそうの研究が必要になっている，ということである．

問題は，ほとんど明らかである．代替的な解決策を追求する，どのような可能性があるのか．

われわれは目を開き，事実を認識することから始めなければならない．人間の学習と知識の普及の過程に対する純粋な市場の方法は，とくにそれが人為的につくられる場合，長期的に，経済システムを混乱に陥れることにならざるをえない，という事実である．短期において一連の制約を課さざるをえず，ほとんどつねに利益よりも面倒を多く生まざるをえないようにすでになっていることは，確かである．われわれの社会の時間のますます多くの割合が，知的所有権に関わる法律的な紛争にあてられざるをえなくなっている．われわれの経済が市場志向である（ただし適度にそうあるべきである）ということが当然視される場合でも，こうした法律的な闘いから法律家たちが得る巨額の報酬（それはどこまで正当化されるのか）は別としても，社会全体にとってこれをすべてプラスサム・ゲームと考えるのは，難しいであろう．ましてや，そのような支配的な傾向を経済成長の1要因と考えるのは，もっと難しい．反対に，それは明らかに，知識の普及に対する非常に深刻な障害であると思われるし，そして長期においては経済成長に対する障害とならざるをえない．

しかしここで，決定的に重要な問題に進もう．代替的な方法は何か．われわれは基礎そのものから始めなければならない．生産のパラダイムと結びついた代替的な制度における制約は，どのようなものか．ここでの答えは，衝撃的である．何ら具体的なものはない．制約がないということである．完全に自由である．任意の特定の歴史的な状況において，いかなる制度的なメカニズムが最も適切であるかを研究することは，われわれにかかっている．

しかし同時に，新しいパラダイムが提供することができる基本的な段階の分析から，なんと多くの豊かな演繹と示唆が出てくる可能性があるのであろうか．

知識の性質そのもの，その改善の効果，そしてその普及，経済システムの作用と発展の帰結の理解，そして確立されるべき適切な制度について新しいパラダイムが示唆する選択，すべてこれらは，巨大な分析領域の存在を示している．すなわちそれは，伝統的な経済学全体が，（おそらく気づかないで，あるいは無意識のうちに）脇に置くか，回避し，さらには圧殺さえしてきた研究分野である——新古典派経済学の場合，いっそうその傾向が強い．なぜならば，上に

指摘したように，その基本的な諸仮定とそれらが矛盾するからである（古典派経済学の場合にも上の研究は欠如していた．しかしそれは，問題を重要と考えていなかったか，あるいは問題意識がなかったことによるもので——基本的な矛盾によるのではない）．

7. 革新の特徴：人権としての学習，そして社会的な義務としての既存の知識の自由な伝播

（単なる技術的な進歩というよりも）知識の成長と普及は，ハロッドのリストの第3の要因に与えられるべきであった名称である．ハロッドは，これが，社会全体と，その含意を研究するために確立が必要で，またその価値がある経済分析との両方にとって，いかに革命的な要因であることを想像しなかった（われわれもそれを理解するのに時間がかかった）．

基本的な次元でも，また制度的な次元でも，経済的研究の中心におかれたとき，動学的経済学の他の2つの特徴（人口成長と資本蓄積）の将来の見通しをも授け，また変化させるほどに普遍的なものとして，それは顕著な形で出現する．人口を労働者の一種の貯蔵庫，工場制生産の機械の過程の調整弁として使用されるために扶養されるべきものとしてみる初期のアイディアは，陳腐化せざるをえない運命にある（すでにそうなっている可能性がある）．労働者というアイディアそのものは，より広い概念，すなわち，実際すべての能力の中で最も素晴らしい能力である人間精神を備えた，人間の活動一般という概念に引き継がれる．物的な資本自体は，中間財だけでなく**超統合される**労働として，したがってふたたび転換によって超統合される人間活動として，考えることができる．

かつて，マルサス主義者の記憶の中で，人口は「養うべき口」という災いとして恐れられたものが，次第に，より数の多い，そしてよりよく訓練され，革新創造的なアイディア，そして新しい知的な概念の可能性をもった，人間の頭脳の潜在的な豊さとみなされるようになるであろう．

上に述べた超統合の過程は，これらの概念に実体を与えている．この展望の中で，上記第9章で簡潔に想起された純粋労働モデルは，単純化のための工夫

という最初の外観を超えて，経済的研究の真に基本的な用具として現れる，意味あるものと見なされるであろう[13]．

　この展望のなかにわれわれ自身を置くことの帰結は，ほとんど明白であるように思われる——新しい課題にとって真に適切なタイプの制度を必死に研究するという，緊急の必要性である．同時に，社会的な含意が，伝統的な思考様式を意気消沈させるものとして，そして最近の出来事を見るとほとんど明らかなものとして，現れる．社会全体にとって，すべての人に基礎的な教育を与える社会の義務については，第9章で純粋労働モデルを提示したときに述べたが，増大する知識に基礎を置くすべての社会において，当然の予備的な公共の義務の第一条にすぎないものとして現れるであろう．

　学習する人間の権利と，既存の知識を自由に伝えるというそれと対称的な社会的義務は，非常に近い将来のわれわれの法的，政治的，そして経済的なシステムの基礎として，これから発明され，確立するべき制度を，根本的に変える可能性がある．

8. 経済学におけるケインズの革命を再開する国際的な要求

　より広い世界的な展望に立った，最後の覚え書きを示す段階におそらく来ている．経済成長と知識の普及の過程が提起している，そして今後も提起し続けることが避けられないであろう最も深刻な問題は，国際的な場でのそれであろう．近い将来において，持続的な知識の成長という，最も広い意味での技術進

---

13)　わたしはここで，ケインズのもう1つの直観のひらめきを想起せざるをえない．「わたしは…すべてのものが昔は技芸（アート）と呼ばれ，いまでは技術と呼ばれているものの助けをかりて，すべてが**労働によって生産される**という…古典派以前の学説に共感を覚える．もちろん企業家やその補助員たちの人的サービスを含めて，労働こそが唯一の生産要素であると見なされるべきである」（Keynes, 1936a, 強調は原文，pp. 213-214, 訳 211, 212 頁）．ケインズのこれらの着想（そして直観）は，（生産部門，労働係数，生産能力の）垂直的な超統合という概念に，それらの正確な分析的表現を見出しているように，わたしには思われる．これについては，上記（原書 p. 278, 本書 250 頁および，原書 p. 302, 本書 271, 272 頁）で示唆しておいた．より詳しい展開については，Pasinetti, 1973, 1981, 1988 をみよ．

歩が，（それがまだ現実になっていないとしても）一般的な厚生の決定的な源泉となる可能性が高い．それは，全般的な経済成長という意味ではなく，保護され維持される必要のある自然環境の中で，大部分はわれわれの生産と消費の変化する構成物の質と特性という意味においてである．特に，遅れていて克服すべき技術的知識の大きな格差を背負っている諸国にとって，挑戦すべき課題は圧倒的に大きい．

歴史的な環境は，これまで，発展した世界への知識の集中に有利であった．厄介な問題は，地球的な規模で知識を私的に所有される財に人為的に転換することの結果はどのようなものでありうるか，というものである．先進世界で現在すでに使用されている知識を誰にとっても追加的なコストなしに利用することができる貧しい国々は，もし，現在，支配的な経済学のパラダイムからくる指示にしたがって，法律的な私有化の現在の過程を続けていくならば（これは社会的には，実際には，法律的な排除によって障害が設定されることを意味する），これらの便益を享受することをこれからは許されなくなる可能性がある．それらの国々は（わずかな調整を除いて）いかなる国にとっても，もはやいかなる費用も必要としない．既存の，そしてすでに確立され，広く利用することができる知識の使用に，重いロイヤルティー料を支払うことを請求されるかもしれない．すべてこのことは，どこまで正当化されうるであろうか．おそらく，先進世界では，利害関係のある多数の国々は，より高いロイヤルティー料は研究と開発に対する，したがってすべての人々のための経済成長へのより大きな誘因を意味すると，論じられ続けるであろう．しかし，コインの別の面は，ますます重くなっていく．世界の人口の大多数を永続的に遅れた状態に陥れかねない．人為的な知識の障壁を形成する危険はますます増している．これはほとんど正当化されえないであろう．

この種の問いによって，経済学者は（そして経済学者だけではなく），人間の学習の過程によって提起される制度的な問題を，とくに国際的な知識の普及の問題を，根本的に異なった視点から，そして衝撃的に異なった展望をもって見ざるをえないようになるであろう．本当の難問は，古い考え方をやめ，次のような事実を受入れることである．すなわち，知識（技術的な知識はその部分集合でしかない）の特徴とは，実際とくに新しいものであり，そして，先進国

自身を含めて，全世界地域の利益のためとなる知識の獲得と普及にとってより適切である，より広範な制度的な工夫と仕組みの可能性を探る必要があるという事実である．

　ひとを当惑させるように響くかもしれないが，もし経済学者や政策決定者たちが，新古典派理論と結びついていることを誇り，現在の支配的なパラダイムには他に代わるものがないと頑固に，そして強く確信したままでいるならば，このことはけっして起こらないであろう．

　真にこの点において，すなわち現在の支配的なパラダイムの根本的な変化においてこそ，ケインズの「経済学における革命」が劇的に強力な，以前には考えられなかった力強さを見出せるだろうし，広範な期待と恐ろしい魅力をもってはじまったけれども，依然として未完にとどまっている「革命」──いまだ完成を必要としている革命──を決定的に再開する失われた力を取り戻すことができるだろう．

参考文献

Anderson, Perry (1976), *Considerations on Western Marxism*, London: New Left Books. 中野実訳『西欧マルクス主義』新評論，1979 年.

Arestis, Philip and Sawyer, Malcolm (1992), *A Biographical Dictionary of Dissenting Economists*, Aldershot: Edward Elgar.

Arestis, Philip and Sawyer, Malcolm (2001), *The Economics of the Third Way: Experiences from around the World*, Cheltenham: Edward Elgar.

Arrow, Kenneth (1994), 'Problems Mount in Application of Free Market Economic Theory', in the rubric 'Debate' in *The Guardian*, 4 January.

Arrow, K.J. and Debreu, G. (1954), 'Existence of an Equilibrium for a Competitive Economy', *Econometrica*, vol. 22, pp. 265-290.

Baranzini, Mauro (1991), *A Theory of Wealth Distribution and Accumulation*, Oxford: Clarendon Press.

Baranzini, Mauro (1993), 'Distribution, Accumulation and Institutions', in Heertje, A., ed., *The Makers of Modern Economics*, vol. II, Aldershot: Edward Elgar, pp. 1-28.

Baranzini, Mauro (2005), 'Modigliani's Life-cycle Theory of Savings Fifty Years Later', *BNL Quarterly Review*, vol. 58, pp. 109-172.

Beaud, Michel and Dostaler, Gilles (1995), *Economic Thought since Keynes*, Aldershot: Edward Elgar.

Benassy, Jean-Paul (1976), 'Théorie du déséquilibre et fondements micro-économiques de la macro-économie', *Revue Economique*, vol. XXVII, pp. 765-804.

Berle, Adolph A. and Means, Gardiner C. (1932), *The Modern Corporation and Private Property*, New York: Commerce Clearing House. 森杲訳『現代株式会社と私有財産』北海道大学出版会，2014 年.

Bini, Piero (1984), 'Keynes in Italia e la trasmissione internazionale delle idee economiche', *Annali dell' Economia Italiana-Istituto IPSOA*, pp. 97-133; 'Proceedings of a Conference on the Centenary of Keynes's Birth', University of Florence, 4-5 June 1983.

Blaug, Mark and Sturges, Paul, eds. (1983), *Who's Who in Economics: A Biographical Dictionary of Major Economists 1700-1981*, Brighton: Wheatsheaf.

Bortis, Heinrich (1997), *Institutions, Behaviour and Economic Theory: A Contribution to Classical Keynesian Political Economy*, Cambridge: Cambridge University Press.

Bortis, Heinrich (2003), 'Keynes and the Classics: Notes on the Monetary Theory of Production', in Rochon, L. and Rossi, S., eds., *Modern Theories of Money*, Cheltenham: Edward Elgar, pp. 411-474.

Bortkiewicz, Ladislaus, von (1907), 'On the Correction of Marx's Fundamental Theoretical Construction in the Third Volume of Capital', *Jahr. Nationalökonomie und Statistik*, vol.

34 (3), pp. 370-385. English translation in Appendix to P. Sweezy, ed., (1949), *Karl Marx and the Close of His System*, New York: Augustus M. Kelley. P.M. スウィージー編, 玉野井芳郎, 石垣博美訳『論争・マルクス経済学：ベーム＝バウェルク　ヒルファディング　ボルトキエヴィッチ』所収, 法政大学出版局, 1969 年.

Caffè, Federico (1986), *In difesa del 'Welfare State'*, Torino: Rosenberg a Sellier.

Caffè, Federico (1990), *La solitudine del riformista*, in Acocella, N. and Franzini, M. eds., Torino: Bollati Boringhieri.

Cannan, Edwin (1929), *A Review of Economic Theory*, London: King and Son.

Chamberlin, Edward (1933), *The Theory of Monopolistic Competition*, Cambridge, Mass.: Harvard University Press. 青山秀夫訳『独占的競争の理論：価値論の新しい方向』至誠堂, 1966 年.

Clower, Robert W. (1965), 'The Keynesian Counterrevolution: a Theoretical Appraisal', in Hahn F.H. and Brechling, F.R.R., eds., *The Theory of Interest Rates*, London: Macmillan.

Collison Black, R.D. Coats, A.W. and Craufurd, D.W. Goodwin, eds., (1973), *The Marginal Revolution in Economics: Interpretation and Evaluation*, Durham, North Carolina: Duke University Press. 岡田純一, 早坂忠訳『経済学と限界革命』日本経済新聞社, 1975 年.

Cornes, Richard and Sandler, Todd (1986), *The Theory of Externalities, Public Goods, and Club Goods*, Cambridge: Cambridge University Press.

Dardi, Marco (1983), 'Introduction' to *L'Economia del Breve Periodo* (Italian translation of Kahn, 1929), Torino: Boringhieri, pp. 9-26, and in English in Pasinetti (1994).

Davidson, Paul (1972), *Money and the Real World*, London: Macmillan. 原正彦監訳『貨幣的経済理論』日本経済評論社, 1980 年.

Davidson, Paul (1981), 'Post Keynesian Economics', in Bell, D. and Kristol, I., eds., *The Crisis in Economic Theory*, New York: Basic Books. 中村達也, 柿原和夫訳『新しい経済学を求めて』日本経済新聞社, 1985 年.

Davidson, Paul (1982-83), 'Rational Expectations: A Fallacious Foundation for Studying Crucial Decision Making Processes', *Journal of Post Keynesian Economics*, vol. 5, Winter, pp. 182-199.

De Long, J. Bradford (2002), 'Review of Skidelsky's *John Maynard Keynes: Fighting for Britain*', *Journal of Economic Literature*, vol. XL, pp. 155-162.

De Vivo, Giancarlo (2004), 'Da Ricardo e Marx a Produzione di Merci a mezzo di Merci', *Atti dei Convegni Lincei*, n. 200, International Conference on 'Piero Sraffa', Rome, 11-12 February 2003, pp. 215-234.

Di Matteo, Massimo, ed. (1990), 'Celebrating R.M. Goodwin's 75th Birthday', *Quaderni del Dipartimento di Economia Politica*, n. 100, Siena: Department of Economics.

Dmitriev, Vladimir Karpovich (1974) *Economic Essays on Value, Competition and Utility*, (D.M. Nuti ed.), Cambridge: Cambridge University Press (originally published in Russian, 1904).

Dow, Sheila (1985), *Macroeconomic Thought: A Methodological Approach*, Oxford: Basil

Blackwell. 鴻池俊憲，矢根真二訳『マクロ経済学の構図：方法論的アプローチ』日本
経済評論社，1991年.

Eichner, Alfred S. (1979), *A Guide to Post Keynesian Economics*, London: Macmillan. 緒方
俊雄他訳『ポスト・ケインズ派経済学入門』日本経済評論社，1980年.

Eichner, Alfred S. (1991), *The Macrodynamics of Advanced Market Economies*, Armonk,
N.Y.: M.E. Sharpe.

Eichner, Alfred S. and Kregel, Jan (1975), 'An Essay on Post Keynesian Theory: A New
Paradigm in Economics', in *Journal of Economic Literature*, vol. 13, pp. 1293-1314.

Friedman, Milton (1957), *A Theory of the Consumption Function*, Princeton N.J: Princeton
University Press. 宮川公男，今井賢一訳『消費の経済理論』厳松堂，1961年.

Galbraith, John Kenneth (1956), *American Capitalism, The Concept of Countervailing
Power*, Cambridge, Mass: The Riverside Press. 都留重人監訳『ガルブレイス著作集1
アメリカの資本主義　大恐慌1929：50周年記念版』TBSブリタニカ，1980年.

Galbraith, John Kenneth (2004), *The Economics of Innocent Fraud*, Boston: Houghton
Mifflin Co. 佐和隆光訳『悪意なき欺瞞：誰も語らなかった経済の真相』ダイヤモンド
社，2004年.

Giddens, Anthony (2000), *The Third Way and its Critics*, Oxford: Polity Press. 今枝法之，
干川剛史訳『第三の道とその批判』晃洋書房，2003年.

Godley, Wynne, and Lavoie, Marc (2007), *Monetary Economics: An Integrated Approach to
Credit, Money, Income, Production and Wealth*, London: Palgrave Macmillan.

Graaff, Johannes de Villiers (1957), *Theoretical Welfare Economics*, Cambridge:
Cambridge University Press. 南部鶴彦，前原金一訳『現代厚生経済学』創文社，
1973年.

Hamouda, O.F. and Harcourt, Geoffrey C. (1988), 'Post-Keynesianism: From Criticism to
Coherence?', *Bulletin of Economic Research*, vol. 40, pp. 1-33.

Harcourt, Geoffrey C. (1972), *Some Cambridge Controversies in the Theory of Capital*,
Cambridge: Cambridge University Press. 神谷伝造訳『ケムブリジ資本論争』日本経
済評論社，改訳版，1988年.

Harcourt, Geoffrey C. (2006), *The Structure of Post-Keynesian Economics: The Core
Contributions of the Pioneers*, Cambridge: Cambridge University Press.

Harrod, Roy F. (1936), *The Trade Cycle: An Essay*, Oxford: Clarendon Press. 宮崎義一，
浅野栄一訳『景気循環論』東洋経済新報社，1955年.

Harrod, Roy F. (1939), 'An Essay in Dynamic Theory', *The Economic Journal*, vol. 49, pp.
14-33.

Harrod, Roy F. (1948), *Towards a Dynamic Economics*, London: Macmillan. 高橋長太郎，
鈴木諒一訳『動態經濟學序説』有斐閣，1953年.

Harrod, Roy F. (1951), *The Life of John Maynard Keynes*, London: Macmillan. 塩野谷九十
九訳『ケインズ伝』東洋経済新報社，改訳版，1967年.

Hayek, Friedrich A., von (1931), *Prices and Production*, London: Routledge. 古賀勝次郎他
訳『ハイエク全集第1巻　貨幣理論と景気循環・価格と生産』春秋社，新版，2008

年.

Heckscher, Eli F. (1955), *Mercantilism*, 2 vols, London: Allen and Unwin.

Hicks, J.R. (1937), 'Mr. Keynes and the "Classics": A Suggested Interpretation', *Econometrica*, vol. 5, pp. 147-59.

Hicks, John (1975), 'Revival of Political Economy: The Old and the New', *Economic Record*, vol. 51, pp. 365-367.

Hicks, John (1980-81), 'IS-LM: An Explanation', *Journal of Post Keynesian Economics*, vol. 3, pp. 139-155.

Hodgson, Geoffrey M. (1994), 'A Comment on Pasinetti', in Delorme, R. and Dopfer, K. eds., *The Political Economy of Diversity: Evolutionary Perspectives on Economic Order and Disorder*, Aldershot: Edward Elgar, pp. 46-50.

Hodgson, Geoffrey M. (1999), *Evolution and Institutions*, Cheltenham: Edward Elgar.

Hodgson, Geoffrey M. (2005), '"Institution" by Walter H. Hamilton', *Journal of Institutional Economics*, vol. 1, no. 2, pp. 233-244.

Israel, Giorgio (1981), 'Rigor and Axiomatics in Modern Mathematics', *Fundamenta Scientiae*, vol. 2, pp. 205-219.

Johnson, Elizabeth S. and Johnson, Harry G. (1978), *The Shadow of Keynes*, Oxford: Basil Blackwell. 中内恒夫訳『ケインズの影：ケンブリッジの世界と経済学』日本経済新聞社，1982 年.

Kahn, Richard F. (1929), *The Economics of the Short Period*. Fellowship dissertation, submitted to King's College, Cambridge, in December 1929; published, with the addition of thirteen-page Acknowledgements, by Macmillan, London, 1989; also published as *Economia del breve periodo* in Italian by Boringhieri, Torino, 1983, with an Introduction by Marco Dardi.

Kahn, R.F. (1931), 'The Relation of Home Investment to Unemployment', *The Economic Journal*, vol. XLI, pp. 173-198. 浅野栄一・袴田兆彦訳『雇用と成長』所収，日本経済評論社，1983 年.

Kahn, R.F. (1984), *The Making of Keynes's General Theory*, text of the 'Mattioli Lectures' (Milan, 1978), Cambridge: Cambridge University Press. 浅野栄一，地主重美訳『ケインズ「一般理論」の形成』岩波書店，1987 年.

Kaldor, Nicholas (1956), 'Alternative Theories of Distribution', *Review of Economic Studies*, vol. 23, pp. 83-100, reprinted in Kaldor, 1960-1979, vol. 1, pp. 209-236. 富田重夫編訳『マクロ分配理論：ケンブリッジ理論と限界生産力説』所収，学文社，1982 年.

Kaldor, Nicholas (1957), 'A Model of Economic Growth', *The Economic Journal*, vol. 67, pp. 591-624; reprinted in Kaldor [1960-1979, vol. 2, pp. 259-300].

Kaldor, Nicholas (1961), 'Capital Accumulation and Economic Growth', pp. 177-222, in Hague, Douglas C. and Lutz, Friedrich, eds., *The Theory of Capital*, London: Macmillan; reprinted in Kaldor [1960-1979, vol. 5, pp. 1-53]. 笹原昭五，高木邦彦訳『経済成長と分配理論：理論経済学統論』所収，日本経済評論社，1989 年.

参考文献 331

Kaldor, Nicholas (1962), (with J.A. Mirrlees), 'A New Model of Economic Growth', *Review of Economic Studies*, vol. 29, pp. 174-192, reprinted in Kaldor, 1960-1979, vol. 5, pp. 54-80. 笹原昭五，高木邦彦訳『経済成長と分配理論：理論経済学続論』所収，日本経済評論社，1989年.

Kaldor, Nicholas (1966), 'Causes of the Slow Rate of Economic Growth in the United Kingdom', inaugural lecture at the University of Cambridge, Cambridge: Cambridge University Press. reprinted in Kaldor, 1960-1979, vol. 5, pp. 100-138. 笹原昭五，高木邦彦訳『経済成長と分配理論：理論経済学続論』所収，日本経済評論社，1989年.

Kaldor, Nicholas (1977), 'Capitalism and Industrial Development: Some Lessons from Britain's Experience', *Cambridge Journal of Economics*, no. 2, pp. 193-204.

Kaldor, Nicholas (1981), 'The Role of Increasing Returns, Technical Progress and Cumulative Causation in the Theory of International Trade and Economic Growth', *Economie Appliquée*, vol. 34(4), reprinted in Targetti, F. and Thirlwall, A., eds., (1989), *The Essential Kaldor*, London: Duckworth, pp. 327-350.

Kaldor, Nicholas (1985), 'Economics without Equilibrium', the Okun Memorial Lectures delivered at Yale University, 1983, Armonk, New York: M.E. Sharpe.

Kaldor, Nicholas (1986), *Ricordi di un economista*, (Maria Cristina Marcuzzo, ed.), Milano: Garzanti.

Kalecki, Michal (1935), 'A Macro-dynamic Theory of Business Cycles', in *Econometrica*, vol. 3, pp. 327-344.

Kalecki, Michal (1971), *Selected Essays on the Dynamics of the Capitalist Economy, 1933-1970*, Cambridge: Cambridge University Press. 浅田統一郎，間宮陽介訳『資本主義経済の動態理論』日本経済評論社，1984年.

Kaysen, Carl, ed. (1996), *The American Corporation Today*, New York: Oxford University Press.

Keynes, John Maynard (1923), *A Tract on Monetary Reform*, London: Macmillan. 中内恒夫訳『ケインズ全集第4巻　貨幣改革論』東洋経済新報社，1978年.

Keynes, John Maynard (1926), *The End of Laissez-faire, London*: Hogarth Press; reprinted in *Essays in Persuasion*, (1931), London: Macmillan and New York: Harcourt, Brace and Company, pp. 312-322. 宮崎義一訳『ケインズ全集第9巻　説得論集』東洋経済新報社，1981年.

Keynes, John Maynard (1930a), *A Treatise on Money*, 2 vols, London: Macmillan. 小泉明，長沢惟恭訳『ケインズ全集第5巻　貨幣論1　貨幣の純粋理論』東洋経済新報社1979年，長沢惟恭訳『ケインズ全集第6巻　貨幣論2　貨幣の応用理論』東洋経済新報社，1980年.

Keynes, John Maynard (1930b), 'Economic Possibilities for Our Grandchildren', *The Nation and Athenaeum*, (11 and 18 October 1930); reprinted in *Essays in Persuasion*, (1931), London: Macmillan and New York: Harcourt, Brace and Company, pp. 358-373. 宮崎義一訳『ケインズ全集第9巻　説得論集』東洋経済新報社，1981年.

Keynes, John Maynard (1936a), *The General Theory of Employment, Interest and Money*,

London: Macmillan, Italian transl.: *Occupazione, Interesse e Moneta-Teoria Generale*, Torino: UTET, 1947. 塩野谷祐一訳『ケインズ全集第7巻　雇用・利子および貨幣の一般理論』, 東洋経済新報社, 1983年.

Keynes, John Maynard (1936b), Letter to Harrod, 30 August 1936, in Besomi, Daniele, ed., 'The Collected Interwar Papers and Correspondence of Roy Harrod', electronic version.

Keynes, John Maynard (1971), 'The Collected Writings of John Maynard Keynes', (Donald Moggridge ed.), vol. V, *A Treatise on Money*, I, London: Macmillan and Cambridge: Cambridge University Press. 小泉明・長沢惟恭訳『ケインズ全集第5巻　貨幣論1貨幣の純粋理論』東洋経済新報社, 1979年.

Keynes, John Maynard (1973a), 'The Collected Writings of John Maynard Keynes', (Donald Moggridge ed.), vol. XIII, *The General Theory and After: Part I Preparation*, London: Macmillan and Cambridge: Cambridge University Press.

Keynes, John Maynard (1973b), 'The Collected Writings of John Maynard Keynes', (Donald Moggridge ed.), vol. XIV, *The General Theory and After: Part II Defence and Development*, London: Macmillan. 清水啓典, 柿原和夫, 細谷圭訳『ケインズ全集第14巻　一般理論とその後—第II部　弁護と発展』東洋経済新報社, 2016年.

Keynes, John Maynard (1979), 'The Collected Writings of John Maynard Keynes', (Donald Moggridge ed.), vol. XXIX, *The General Theory and After: A Supplement*, London: Macmillan and Cambridge: Cambridge University Press.

Keynes, John Maynard (1983), 'The Collected Writings of John Maynard Keynes', vol. XII, *Economic Articles and Correspondence: Investments and Editorial*, (Donald Moggridge, ed.), London: Macmillan and Cambridge University Press.

Keynes, John Maynard and Henderson, Hubert (1929), 'Can Lloyd George do it?', *Nation and Athenaeum*, 11 May; reprinted in 'The Collected Writings of John Maynard Keynes', (Donald Moggridge ed.), vol. IX, *Essays in Persuasion*, London: Macmillan and Cambridge: Cambridge University Press, pp. 86-125. 宮崎義一訳『ケインズ全集第9巻　説得論集』東洋経済新報社, 1981年.

Kirman, Alan (1989), 'The Intrinsic Limits of Modern Economic Theory: the Emperor has no Clothes', *The Economic Journal*, vol. 99, pp. 126-139.

Kirman, Alan (1992), 'Whom or What does the Representative Individual Represent?', *Journal of Economic Perspectives*, vol. 6, no. 2, Spring, pp. 117-136.

Kregel, J.A. (1973), *The Reconstruction of Political Economy: An Introduction to Post-Keynesian Economics*, London: Macmillan. 川口弘監訳『政治経済学の再構築：ポスト・ケインズ派経済学入門』日本経済評論社, 1978年.

Kuhn, Thomas S. (1970a), *The Structure of Scientific Revolutions*, 2nd edition, Chicago: The University of Chicago Press. 中山茂訳『科学革命の構造』みすず書房, 1971年.

Kuhn, Thomas S. (1970b), 'Reflections on My Critics', in Lakatos I. and Musgrave A., eds., *Criticism and the Growth of Knowledge*, Cambridge: Cambridge University Press, pp. 231-278. 森博監訳『批判と知識の成長』木鐸社, 1985年.

参考文献 333

Laidler, David (1999), *Fabricating the Keynesian Revolution: Studies of the Inter-war Literature on Money, the Cycle, and Unemployment*, Cambridge: Cambridge University Press.

Lakatos, Imre (1970), 'Falsification and the Methodology of Scientific Research Programmes', in Lakatos I. and Musgrave A. eds., *Criticism and the Growth of Knowledge*, Cambridge: Cambridge University Press, pp. 91-196. 森博監訳『批判と知識の成長』木鐸社, 1985 年.

Lakatos, Imre and Musgrave, Alan, eds. (1970), *Criticism and the Growth of Knowledge*, Cambridge: Cambridge University Press. 森博監訳『批判と知識の成長』木鐸社, 1985 年.

Landes, David (1998), *The Wealth and Poverty of Nations*, London: Little, Brown & Co.

Lavoie, Marc (1992), *Foundations of Post-Keynesian Economic Analysis*, Aldershot: Edward Elgar.

Leijonhufvud, Axel (1968), *On Keynesian Economics and the Economics of Keynes: A Study in Monetary Theory*, Oxford: Oxford University Press. 日本銀行ケインズ研究会訳『ケインジアンの経済学とケインズの経済学：貨幣的理論の一研究』東洋経済新報社, 1978 年.

Lindbeck, Assar (1985), 'The Prize in Economic Science in Memory of Alfred Nobel', *Journal of Economic Literature*, vol. 23, no. 1, pp. 37-56.

Luxemburg, Rosa (1951), *The Accumulation of Capital, transl.* by A.A. Schwarzschild, with an Introduction by Joan Robinson, London: Routledge and Kegan Paul, (originally published in German in 1913). 小林勝訳『資本蓄積論―帝国主義の経済的説明への一つの寄与〈第 1 篇〉再生産の問題』御茶の水書房, 2011 年, 小林勝訳『資本蓄積論―帝国主義の経済的説明への一つの寄与〈第 2 篇〉問題の歴史的叙述』御茶の水書房, 2017 年, 小林勝訳『資本蓄積論―帝国主義の経済的説明への一つの寄与〈第 3 篇〉蓄積の歴史的諸条件』御茶の水書房, 2013 年.

Malabre, Alfred L. (1993), *Lost Prophets: An Insider's History of the Modern Economists*, Boston: Harvard Business School Press.

Malinvaud, Edmond (1977), *The Theory of Unemployment Reconsidered*, Oxford: Basil Blackwell.

Malthus, Thomas Robert (1798), *On the Principle of Population*, London: Joseph Johnson. 斉藤悦則訳『人口論』光文社, 2011 年.

Manara, C.F. (1968), 'Il modello di Sraffa per la produzione congiunta di merci a mezzo di merci', *L'industria*, no. 1, pp. 3-18, transl. into English as 'Sraffa's Model for the Joint Production of Commodities by Means of Commodities', in Pasinetti, Luigi L. ed., (1980), *Essays on the Theory of Joint Production*, London: Macmillan, pp. 1-15. 中野守, 宇野立身訳『生産と分配の理論：スラッファ経済学の新展開』日本経済評論社, 1988 年.

Marris, Robin (1991), *Reconstructing Keynesian Economies with Imperfect Competition*, Aldershot: Edward Elgar.

Marx, Karl (1867, 1885, 1894), *Capital*, vol. I-III, Moscow: Progress Publishers and

Harmondsworth: Penguin, 1959. 向坂逸郎訳『資本論』全 9 冊，岩波書店，1969，1970 年.

Meade, James Edward (1989), *Agathotopia: The Economics of Partnership*, Aberdeen: Aberdeen University Press.

Meade, James (1993), 'The Relation of Mr. Meade's Relation to Kahn's Multiplier', *Economic Journal*, vol. 103, pp. 664-665.

Mill, John Stuart (1848), *Principles of Political Economy with Some of Their Applications to Social Philosophy*, 1st edition, London: Parker and Co. 末永茂喜訳『経済学原理』岩波書店，全 5 冊，1959-1963 年.

Ministero della Pubblica Istruzione [Ministry of Education] (1926), *Bollettino Ufficiale*, no. 9, March, 4.

Minsky, Hyman P. (1975), *John Maynard Keynes*, New York: Columbia University Press. 堀内昭義訳『ケインズ理論とは何か：市場経済の金融的不安定性』岩波書店，1988 年.

Minsky, Hyman P. (1986), *Stabilizing an Unstable Economy*, New Haven: Yale University Press. 吉野紀，浅田統一郎，内田和男訳『金融不安定性の経済学：歴史・理論・政策』多賀出版，1989 年.

Modigliani, Franco (1944), 'Liquidity Preference and the Theory of Interest and Money', *Econometrica*, vol. 12, pp. 45-88.

Modigliani, Franco and Brumberg, R. (1954), 'Utility Analysis and the Consumption Function: An Interpretation of Cross-section Data', in Kurihara, K. K., ed., *Post Keynesian Economics*, New Brunswick: Rutgers University Press, pp. 388-436.

Modigliani, Franco and Ando, A. (1957), 'Tests of the Life Cycle Hypothesis of Saving: Comments and Suggestions', *Bulletin of the Oxford University Institute of Statistics*, vol. 19, pp. 99-124.

Moggridge, Donald E. (1973), 'From the *Treatise* to *The General Theory*: an Exercise in Chronology', *History of Political Economy*, vol. 5, pp. 72-88.

Moggridge, Donald E. (1992), *Maynard Keynes: An Economist's Biography*, London: Routledge.

Morishima, Michio (1973), *Marx's Economics*, Cambridge: Cambridge University Press. 高須賀義博訳『森嶋通夫著作集第 7 巻　マルクスの経済学』岩波書店，2004 年.

North, Douglass C. (1990) *Institutions, Institutional Change and Economic Performance*, Cambridge: Cambridge University Press. 竹下公視訳『制度・制度変化・経済成果』晃洋書房，1994 年.

Pasinetti, Luigi L. (1962), 'A Multi-sector Model of Economic Growth', a Ph. D. dissertation submitted to the Faculty of Economics and Political Science of the University of Cambridge, England, September.

Pasinetti, Luigi L. (1965), 'Causalità e interdipendenza nell'analisi econometrica e nella teoria economica', *Annuario dell'Università Cattolica del S. Cuore*, 1964-65, Milano: Vita e Pensiero, pp. 233-250.

参考文献 335

Pasinetti, Luigi L. (1966), 'Changes in the Rate of Profit and Switches of Techniques' (leading article of 'Paradoxes in Capital Theory: A Symposium'), *The Quarterly Journal of Economics*, vol. 80(4), pp. 503-517.

Pasinetti, Luigi L. (1969), 'Switches of Techniques and the "Rate of Return" in Capital Theory', *The Economic Journal*, vol. 79, pp. 508-531.

Pasinetti, Luigi L. (1973), 'The Notion of Vertical Integration in Economic Analysis', *Metroeconomica*, vol. 25, pp. 1-29.

Pasinetti, Luigi L. (1974), *Growth and Income Distribution: Essays in Economic Theory*, Cambridge: Cambridge University Press. 宮崎耕一訳『経済成長と所得分配』岩波書店, 1985 年.

Pasinetti, Luigi L. (1977), *Lectures on the Theory of Production*, London: Macmillan. 菱山泉他訳『生産理論：ポスト・ケインジアンの経済学』東洋経済新報社, 1979 年.

Pasinetti Luigi L. (1978), 'Wicksell Effects and Reswitchings of Technique in Capital Theory', *The Scandinavian Journal of Economics*, vol. 80, pp. 181-189.

Pasinetti, Luigi L. (1980), 'The Rate of Interest and the Distribution of Income in a Pure Labour Economy', *Journal of Post Keynesian Economics*, vol. 3, Winter 1980-1981, pp. 170-182.

Pasinetti, Luigi L. (1981), *Structural Change and Economic Growth: A Theoretical Essay on the Dynamics of the Wealth of Nations*, Cambridge: Cambridge University Press. 大塚勇一郎, 渡会勝義訳『構造変化と経済成長：諸国民の富の動学に関する理論的エッセイ』日本評論社, 1983 年.

Pasinetti, Luigi L. (1983), 'The Accumulation of Capital', *The Cambridge Journal of Economics*, vol. 7, pp. 405-411.

Pasinetti, Luigi L. (1986), 'Theory of Value: A Source of Alternative Paradigms in Economic Analysis', in Baranzini, Mauro and Scazzieri, Roberto, eds., *Foundations of Economics: Structure of Inquiry and Economic Theory*, Oxford: Basil Blackwell, pp. 409-431.

Pasinetti, Luigi L. (1987), 'Kahn, Richard Ferdinand', an entry in *The New Palgrave. A Dictionary of Economics*, vol. 3, pp. 1-3, London: Macmillan.

Pasinetti, Luigi L. (1988), 'Growing Sub-systems, Vertically Hyperintegrated Sectors and the Labour Theory of Value', *Cambridge Journal of Economics*, vol. 12, pp. 125-134.

Pasinetti, Luigi L. (1989), 'Address', at King's College Chapel Kahn Memorial Service, 21 October 1989, King's College, Cambridge, pp. 6-11.

Pasinetti, Luigi L. (1991), 'At the Roots of Post-Keynesian Thought: Keynes' Break with Tradition', in Adriaansen, W.L.M. and van der Linden, J.T.J.M., eds., *Post-Keynesian Thought in Perspective*, 'Association of Post-Keynesian Studies', Amsterdam: Wolters-Noordhof Publishers, pp. 21-29.

Pasinetti, Luigi L. (1993a), *Structural Economic Dynamics: A Theory of the Economic Consequences of Human Learning*, Cambridge: Cambridge University Press. 佐々木隆生監訳『構造変化の経済動学：学習の経済的帰結についての理論』日本経済評論社,

1998 年.

Pasinetti, Luigi L., ed. (1993b), 'Contribution' to the Discussion, in Tsuru, Shigeto, *Institutional Economics Revisited*, 'Raffaele Mattioli Lectures' (Milan, 1985), Cambridge: Cambridge University Press, pp. 126-130.

Pasinetti, Luigi L., ed. (1994), *Italian Economic Papers*, vol. II, Bologna: il Mulino and Oxford: Oxford University Press.

Pasinetti, Luigi L. (1996), 'Joan Robinson and "Reswitching"', in Marcuzzo, M.C., Pasinetti, L.L. and Roncaglia, A., *The Economics of Joan Robinson*, London: Routledge, pp. 209-217.

Pasinetti, Luigi L. (1997a), 'The Principle of Effective Demand', Chapter 3 in Harcourt, Geoffrey C. and Riach, Peter, eds., *A 'Second Edition' of the General Theory*, vol. I, London and New York: Routledge, pp. 93-104. 小山庄三訳『一般理論：第二版：もしケインズが今日生きていたら』多賀出版，2005 年.

Pasinetti, Luigi L. (1997b), 'The Marginal Efficiency of Investment', Chapter 11 on Harcourt, Geoffrey C. and Riach, Peter, eds., *A 'Second Edition' of the General Theory*, vol. I, London and New York: Routledge, pp. 198-218. 小山庄三訳『一般理論：第二版：もしケインズが今日生きていたら』多賀出版，2005 年.

Pasinetti, Luigi L., ed. (1998), *Italian Economic Papers*, vol. III, Bologna: il Mulino and Oxford: Oxford University Press.

Pasinetti, Luigi L. (1999), 'Economic Theory and Technical Progress' (given as the Economic Issues Lecture at the Royal Economic Society Annual Conference, Nottingham, England, March 1999), *Economic Issues*, vol. 4, part 2, pp. 1-18.

Pasinetti, Luigi L. (2000), 'Critique of the Neoclassical Theory of Growth and Distribution', *Banca Nazionale del Lavoro Quarterly Review*, vol. LIII, pp. 383-431.

Pasinetti, Luigi L. (2003a), Letter to the Editor, in 'Comments: Cambridge Capital Controversies', *Journal of Economic Perspectives*, vol. 17, no. 4, Fall, pp. 227-228. (A comment on Avi J. Cohen and Geoffrey C. Harcourt's 'Cambridge Capital Theory Controversies', *Journal of Economic Perspectives*, vol. 17, no. 1, Winter, pp. 199-214.)

Pasinetti, Luigi L. (2003b), 'Sraffa e la matematica: diffidenza e necessità-quali sviluppi per il futuro?', *Atti dei Convegni Lincei*, no. 200, International Conference on 'Piero Sraffa', Rome, 11-12 February 2003, pp. 373-383.

Pasinetti, Luigi L., Levhari David, Samuelson, Paul A., Bruno, Michael, Burmeister, Edwin, Sheshinski, Etyan, Morishima, Michio and Garegnani, Pierangelo (1966), contributions to 'Paradoxes in Capital Theory: A Symposium', *Quarterly Journal of Economics*, vol. 80(4), pp. 503-583

Patinkin, Don (1987), 'Keynes, John Maynard', an item in The *New Palgrave Dictionary*, vol. 3, London: Macmillan, pp. 19-41.

Patinkin, Don (1989), 'Different Interpretations of the "General Theory"', British Academy Keynes Lecture in Economics, *Proceedings of the British Academy*, vol. 75, pp. 201-242.

Patinkin, Don (1990), 'On Different Interpretations of the General Theory', *Journal of*

Monetary Economics, vol. 26, pp. 205-243.

Patinkin, Don (1993), 'On the Chronology of the General Theory', *The Economic Journal*, vol. 103, pp. 647-663.

Phelps, Edmund S. (1994), *Structural Slumps: The Modern Equilibrium Theory of Unemployment, Interest and Assets*, Cambridge, Mass.: Harvard University Press.

Pigou, Arthur Cecil (1950), *Keynes's General Theory: A Retrospective View, Two Lectures*, London: Macmillan. 内田忠夫訳『ケインズ一般理論：回顧的考察』社会思想社, 1954 年.

Pope, John Paul II (1981), *Laborem Exercens*.『回勅　働くことについて』カトリック中央協議会, 1982 年.

Pope, John Paul II (1991), *Centesimus Annus*.『回勅　新しい課題—教会と社会の百年をふりかえって』カトリック中央協議会, 1991 年.

Quah, Danny (2001), 'The Weightless Economy in Economic Development', in Pohjola, Matti, ed., *Information Technology, Productivity, and Economic Growth*, Oxford University Press.

Quah, Danny (2002), 'Matching Demand and Supply in a Weightless Economy: Market-driven Creativity with and without IPRs', *De Economist*, vol. 150, no. 4, October, pp. 381-403.

Quesnay, François (1972), *Tableau Economique*, in Kuczynscki, Marguerite and Meek, Ronald, L., eds., 'Quesnay Tableau Economique' (containing Quesnay's 3rd edition of his *Tableau Economique*, 1758), London: Macmillan. 平田清明, 井上泰夫訳『経済表』岩波書店, 2013 年.

Ricardo, David [1821] (1951-73), *On the Principles of Political Economy and Taxation*, 3rd edition, 1821, vol. I of *The Works and Correspondence of David Ricardo*, Sraffa, Piero, ed., with the collaboration of Dobb, M.H., Cambridge: Cambridge University Press. 堀経夫訳『デイヴィド・リカードウ全集　第 1 巻　経済学および課税の原理』雄松堂出版, 1972 年.

Robertson, Dennis H., Sraffa, Piero and Shove, Gerard F. (1930), 'Symposium on Increasing Returns and the Representative Firm', *The Economic Journal*, vol. 40, pp. 79-116.

Robinson, Joan (1933), *The Economics of Imperfect Competition*, London: Macmillan. 加藤泰男訳『不完全競争の経済学』文雅堂銀行研究社, 1956 年.

Robinson, A.E.G. (1947), 'John Maynard Keynes', *The Economic Journal*, vol. 55, pp. 1-68.

Robinson, Joan (1956), *The Accumulation of Capital*, London: Macmillan. 杉山清訳『資本蓄積論』みすず書房, 1977 年.

Robinson, Joan V. (1972), 'What Has Become of the Keynesian Revolution?', Presidential Address, Section F, British Association, reprinted in Robinson, Joan, (1979), *Collected Economic Papers*, vol. V, Oxford: Basil Blackwell, pp. 168-177.

Robinson, Joan V. (1979), *Collected Economic Papers*, vol. V, Oxford: Basil Blackwell.

Roncaglia, Alessandro (2005a), *The Wealth of Ideas: A History of Economic Thought*, Cambridge: Cambridge University Press.

Roncaglia, Alessandro (2005b), *Il Mito della Mano Invisibile*, Bari: Laterza.

Rymes, Thomas K. (1989), *Keynes's Lectures, 1932-35-Notes of a Representative Student*, London: Macmillan. 平井俊顕訳『ケインズの講義：1932-35 年：代表的学生のノート』東洋経済新報社, 1993 年.

Salvadori, Neri (2003), *Old and New Growth Theories: An Assessment*, Cheltenham: Edward Elgar.

Samuelson, Paul A. (1947a), *Foundations of Economic Analysis*, Cambridge, Mass.: Harvard University Press. 佐藤隆三訳『経済分析の基礎』勁草書房, 1986 年.

Samuelson, Paul A. (1947b), 'The General Theory (3)', in Harris, S.E., ed., *The New Economics*, London: Dennis Dobson, pp. 145-160. 日本銀行調査局訳『新しい経済学：理論と政策にたいするケインズの影響』東洋経済新報社, 全 3 冊, 1949, 1950 年.

Samuelson, Paul A. (1948), *Economics: Introductory Analysis*, first and following editions, New York: McGraw Book Co. 都留重人訳『経済学：入門的分析』岩波書店, 1971 年.

Samuelson, Paul A. (1964), 'The General Theory', in Lekachman, Robert, ed., *Keynes's General Theory: Report of Three Decades*, London: Macmillan, pp. 315-347. 中内恒夫訳『ケインズ経済学の発展：『一般理論』後の三〇年の歩み』東洋経済新報社, 1967 年.

Samuelson, Paul A. (1967), 'The Monopolistic Competition Revolution', in Kuenne, R.M., ed., *Monopolistic Competition: Studies in Impact*, New York: Wiley & Sons.

Samuelson, Paul A. (1971), 'Understanding the Marxian Notion of Exploitation: a Summary of the So-called Transformation Problem between Marxian Values and Competitive Prices', *Journal of Economic Literature*, vol. 9, pp. 339-431.

Sawyer, Malcolm (1989), 'Introduction' to Sawyer M., ed., *Post-Keynesian Economics*, Aldershot: Edward Elgar.

Schefold, B. (1971), *Piero Sraffas Theorie der Kuppelproduktion des Kapitals und der Rente*, PhD dissertation, republished in *Mr. Sraffa on Joint Production*, London: Unwin Hyman, 1989.

Schumpeter, Joseph A. (1936), 'Review of The General Theory of Employment, Interest and Money', *The Journal of the American Statistical Association*, vol. XXXI, pp. 791-795.

Schumpeter, Joseph Alois (1943), *Capitalism, Socialism, and Democracy*, London: George Allen & Unwin. 中山伊知郎, 東畑精一訳『資本主義・社会主義・民主主義』東洋経済新報社, 1995 年.

Schumpeter, Joseph A. (1954), *History of Economic Analysis*, New York: Oxford University Press. 東畑精一, 福岡正夫訳『経済分析の歴史』岩波書店, 全 3 冊, 2005, 2006 年.

Schumpeter, Joseph Alois [1934] (1961), *The Theory of Economic Development: An Inquiry into Profits, Capital, Credit, Interest, and the Business Cycle*, Cambridge, Mass.: Harvard University Press. 塩野谷祐一他訳『経済発展の理論：企業者利潤・資本・信用・利子および景気の回転に関する一研究』岩波書店, 1980 年.

Shackle, G.L.S. (1952), *Expectation in Economics*, 2nd edition, Cambridge: Cambridge University Press.

Shackle, G.L.S. (1967), *The Years of High Theory; Invention and Tradition in Economic Thought, 1926-1939*, Cambridge: Cambridge University Press.

Skidelsky, Robert (1983), *John Maynard Keynes, a Biography, vol. One: Hopes Betrayed 1883-1920*, London: Macmillan. 古屋隆訳『ジョン・メイナード・ケインズ　裏切られた期待：1883-1920 年』東洋経済新報社，全 2 冊，1987，1992 年.

Skidelsky, Robert (1992), *John Maynard Keynes, a Biography, vol. Two: The Economist as Saviour 1920-37*, London: Macmillan.

Skidelsky, Robert (2000), *John Maynard Keynes, a Biography, vol. Three: Fighting for Britain 1937-1946*, London: Macmillan.

Smith, Adam (1976), *An Inquiry into the Nature and Causes of the Wealth of Nations*, edited by Campbell, R. H. and Skinner, A. S., 'The Glasgow edition of the Works and Correspondence of Adam Smith', Oxford: Oxford University Press (originally published in 1776). 杉山忠平訳『国富論』岩波書店，全 4 冊，2000，2001 年.

Solow, Robert M. (1955-56), 'The Production Function and the Theory of Capital', *Review of Economic Studies*, vol. 23(2), pp. 101-108.

Solow, Robert M. (1997), Entry on 'Trevor W. Swan', in Cate, Thomas, ed., *An Encyclopedia of Keynesian Economics*, Aldershot: Edward Elgar, pp. 594-597.

Sraffa, Piero (1925), 'Sulle relazioni fra costo e quantità prodotta', *Annali di Economia*, vol. 2, pp. 277-328. 菱山泉，田口芳弘訳『経済学における古典と近代：新古典学派の検討と独占理論の展開』有斐閣，1956 年.

Sraffa, Piero (1926), 'The Laws of Returns under Competitive Conditions', *The Economic Journal*, vol. 36, pp. 535-550. 菱山泉，田口芳弘訳『経済学における古典と近代：新古典学派の検討と独占理論の展開』有斐閣，1956 年.

Sraffa, Piero (1960), '*Production of Commodities by Means of Commodities: Prelude to a Critique of Economic Theory*', Cambridge: Cambridge University Press. 菱山泉，山下博訳『商品による商品の生産：経済理論批判序説』有斐閣，1962 年.

Sraffa, Piero (1961), Comment made at the Discussion of Professor Hicks's paper 'The Measurement of Capital in Relation to the Measurement of Other Economic Aggregates' at the I.E.A. Corfù Conference, 1958, in Lutz, Friedrich and Hague, Douglas C. eds., (1961), *The Theory of Capital*, London: Macmillan, pp. 305-306.

Steedman, Ian (1977), *Marx after Sraffa*, London: New Left Books.

Stiglitz, Joseph E. (2001), *Financial Liberalization: How Far, How Fast?*, in Caprio, Gerard, Honohan, Patrick and Stiglitz, Joseph E. eds., Cambridge: Cambridge University Press.

Sylos Labini, Paolo (1995), 'Why the Interpretation of the Cobb-Douglas Production Function Must be Radically Changed', *Structural Change and Economic Dynamics*, vol. 6, pp. 485-504.

Swan, Trevor W. (1956), 'Economic Growth and Capital Accumulation', *Economic Record*, vol. 32, pp. 344-361.

Tabor, David (1989), 'Address' at Kahn's burial ceremony, on 12 June 1989 (mimeo).

Targetti, Ferdinando (1992), *Nicholas Kaldor: The Economics and Politics of Capitalism as a Dynamic System*, Oxford: Clarendon Press.

Targetti, Ferdinando and Bogulslawa, Kinda-Hass (1982), 'Kalecki's Review of Keynes' General Theory', *Australian Economic Papers*, vol. 21, pp. 244-260.

Thirlwall, Anthony P. (1987), *Nicholas Kaldor*, Brighton: Wheatsheaf Books.

von, Neumann, John (1937), 'Über ein ökonomisches Gleichungssystem und eine Verallgemeinerung des Brouwerschen Fixpunktsatzes', in Ergebnisse eines Matematischen Kolloquiums, Vienna, vol. VIII, pp. 73-83, English transl. 'A Model of General Economic Equilibrium', *Review of Economic Studies*, vol. XIII (1), 1945, pp. 1-9.

Weintraub, Sidney (1959), *A General Theory of the Price Level, Output, Income Distribution, and Economic Growth*, New York: Chilton Books. 水吉俊彦訳『物価と経済成長の一般理論』厳松堂出版，1971 年.

Weintraub, Sidney (1966), *A Keynesian theory of Employment, Growth and Income Distribution*, New York: Chilton Books. 松坂兵三郎訳『ケインズ理論による雇用成長と所得分配』ダイヤモンド社，1968 年.

Weintraub, Roy, E. (1998), 'Axiomatisches Mißverständnis', *The Economic Journal*, vol. 108, pp. 1837-1847.

Wicksell, Knut (1934), *Lectures on Political Economy*, vol. I, (Lionel Robbins, ed.), London: Routledge and Kegan Paul, 1934 (originally published in Swedish in 1901 and 1906-2nd part). 橋本比登志訳『経済学講義〈1〉一般理論』日本経済評論社，1984 年.

Wittgenstein, Ludwig (1922), *Tractatus Logico-Philosophicus*, London: Routledge and Kegan Paul Ltd. 野矢茂樹訳『論理哲学論考』岩波書店，2003 年.

Wittgenstein, Ludwig (1945), *Philosophical Investigations*, Oxford: Oxford University Press. 丘沢静也訳『哲学探究』岩波書店，2013 年.

Weitzman, Martin L. (1984), *The Share Economy: Conquering Stagflation*, London: Harvard University Press. 林敏彦訳『シェア・エコノミー：スタグフレーションを克服する』岩波書店，1985 年.

Wright, George Henrik, von (1958), 'Biographical Sketch', in Malcolm, Norman, *Ludwig Wittgenstein, A Memoir*, London: Oxford University Press. 板坂元訳『ウィトゲンシュタイン：天才哲学者の思い出』平凡社，1998 年.

Young, Warren (1987), *Interpreting Mr. Keynes. The IS-LM Enigma*, Cambridge: Polity Press. 富田洋三，中島守善訳『IS-LM の謎：ケインズ経済学の解明』多賀出版，1994 年.

訳者あとがき

本書は，*Keynes and the Cambridge Keynesians: A 'Revolution in Economics' to be Accomplished*（Luigi L. Pasinetti, 2007, Cambridge: Cambridge University Press, pp. 384, xxiii）の翻訳である．本来の書き手であるべき監訳者の渡会勝義教授は，完成原稿を入稿後に，事故により一時，危篤状態となり，その後，奇跡的な回復を見せたが，残念ながら，残された校正作業等を行える状態ではないため，残りの訳者があとがきを記さなければならなくなった．原著は2007年に出版され，原著者のパシネッティ教授が日本での翻訳を望まれたので，監訳者が翻訳を担当することとなり，訳者を集め，2012年に企画が定まり，2013年から翻訳作業を開始した．第1部（第1，2章），第2部（第6章，間奏）を渡会，第2部（前奏，第3，4，5章）を内藤，第2部（第7章，後奏），第3部（第8章）を黒木，第3部（第9，10，11章）を笠松が担当した．参考文献は各部ごとにおかれていたが，内藤が本書全体で一つにまとめる作業を行った．訳稿が揃った後，監訳者は監訳作業を行い，2016年12月に完成原稿を入稿した．その後の校正作業に関しては，訳者の間で相談した結果，それぞれの担当部分を校正し，監訳者の分を含め，内藤が全体的に遺漏がないか見ることとした．

本来ならば，訳者解説を付けるべきであるが，以上の事情により省略することとした．パシネッティの理論的な成果に関しては，『構造変化の経済動学──学習の経済的帰結についての理論』（佐々木隆生監訳，日本経済評論社，1998年）の訳者解説等が存在する．本書は単に理論的であるだけでなく，より経済思想史的な面も含み，内容も多岐に渉っている．ケインズやスラッファ，カーン，ジョーン・ロビンソン等に関して，より詳しく知りたい方は『市場の失敗との闘い──ケンブリッジの経済学の伝統に関する論文集』（M. C. マルクッツォ著，平井俊顕監訳，日本経済評論社，2015年）などを参照されたい．パシネッティ教授は，1984年，菱山泉教授（京都大学，故人）の招聘により

初めて来日しているが，比較的最近では 2012 年にも八木尚志教授（明治大学）の招聘によって来日し，本書に関連する講演を行っている．

　本書の担当の編集者である鴇田祐一氏には退職まで，その後は梶原千恵氏には大変お世話になり，訳者一同感謝している．

　　　2017 年春　　　　　　　　　　　　　　笠松学・黒木龍三・内藤敦之

索　引

[ア]

アイクナー（Eichner, Alfred）　35, 38
アインシュタイン（Einstein, Alberto）　205
新しい古典派　42
アッナーリ・ディ・エコノミーア　134-5, 159, 180
アニマル・スピリッツ　100
アモローゾ（Amoroso, Luigi）　134
『新たな重商主義』（J. ロビンソン）　100
アリアス（Arias, Gino）　134
アレスティス（Arestis, Philip）　45, 195, 289
アロー（Arrow, Kenneth）　xiii, 49, 219, 235
アンダーソン（Anderson, Perry）　151
アンド（Ando, Alberto）　30, 70, 307
イートウェル（Eatwell, John）　xxx, 159, 178, 180
意匠権　315
イズラエル（Israel, Giorgio）　205
イタリア共産党　145
1財の世界　238
一般均衡　xiii, xviii, 15, 43, 49, 77, 106, 114, 141, 214, 228, 230, 235-8, 240-2, 247, 285, 302-3, 313-4
因果関係　210
インフレーション　ix, x, xiv, 41, 66, 68, 76, 79, 112, 115, 124, 136, 138, 255, 260, 271, 302, 304
ヴァイナー（Viner, Jacob）　27
ウィーナー（Wiener, Norbert）　194
ヴィカレッリ（Vicarelli, Fausto）　2
ヴィクセル（Wicksell, Knut）　98-9, 192, 235
ヴィクセル効果　192
ヴィジョン　245
ヴィトゲンシュタイン（Wittgenstein, Ludwig）　71, 87, 123, 143, 145-6, 152, 161
ウィルソン（Wilson, Harold）　66-7
ウェイントロープ（Weintraub, Sydney）　35
ヴォルテラ（Voltera, Vito）　197, 205

失われた 10 年　xii
エイナウディ（Einaudi, Luigi）　2, 27, 121, 124, 138, 139
エッジワース（Edgworth, F. Y.）　87, 147
エンゲル法則　267
オーウェン（Owen, Robert）　183
オーカン記念講義　113-4, 212
欧州経済協力機構（OEEC）　66
オケルマン（Åkerman, Carl W.）　192

[カ]

ガートン・カレッジ　86, 89
カーマン（Kirman, Alan）　238-9
カーン, アウグストゥス（Kahn, Augustus）　61
カーン, リチャード（Kahn, Richard Ferdinand）　xxiv, 4, 7-8, 10, 32-4, 37, 52-4, 56, 59-83, 87, 90, 95, 97, 102, 109-10, 126, 135, 148, 153-5, 185-7, 204, 212, 218
カーン＝ミードの関係　14
カオス理論　197
価格　ix, 10, 14, 18-9, 28, 115, 129, 170, 174-5, 184, 211, 231, 239, 247, 255-6, 260-1, 264-72, 291, 315-6
価格安定性　261
価格形成　101
価格体系　255-6, 259-60, 264, 269, 271
科学革命　15-6, 25-6, 29
科学と研究保護協会　69
学習　46, 225, 227, 244, 252-3, 266-7, 281, 318, 321-3
過少消費　22
価値論　130, 162, 168, 247, 267
合衆国連邦準備理事会　xi
カッフェ（Caffe）　2-4, 28, 71
カッフェ講義　xxiv, xxvii, 202, 224, 228
カビアーティ（Cabiati, Attilio）　134-5, 144
『貨幣改革論』　7, 141, 213

貨幣経済　260
貨幣政策　302, 304
貨幣的インフレーション　124, 260
貨幣的生産経済　xxi, xxviii, 14, 23, 48, 204,
　　208, 214, 217, 224, 237, 247, 260, 262-3, 297-8,
　　303-4
貨幣的フロー　267
「貨幣の純粋理論」　10
貨幣の中立性　303
貨幣の非中立性　xx
貨幣利子率　304
貨幣理論　302
『貨幣論』　4, 7, 9-13, 21, 27, 65, 71, 74, 87,
　　147-8, 150-1, 160, 207
カルドア, ジュリアス（Kaldor, Julius）　107
カルドア, ジョーン（Kaldor, Joun）　107
カルドア, ニコラス（Kaldor, Nicholas）
　　xxiv, xxxix, 4, 34, 37, 41, 52, 54-6, 60, 65, 78,
　　90, 97, 102, 105, 119, 135, 154-5, 160-1, 185,
　　204, 210, 212, 215, 218, 223, 273
カルドアの補償テスト　109
ガルブレイス（Galbraith, John Kenneth）　iv,
　　28, 311-2
カレツキアン　45
カレツキー（Kalecki, Michal）　21, 37, 39, 90,
　　96-7, 101
ガレッニァーニ（Garegnani, Pierangelo）
　　xxix
還元主義　238-40, 244, 248, 284, 293, 303, 308
完全競争　303, 314, 320
完全雇用　212, 257, 270, 293
カンティロン（Cantilon, Richard）　167, 183,
　　282
機械　308
企業者　100
企業理論　94
技術　266, 294
技術進歩　35, 41, 154, 215, 224, 237, 244, 271,
　　306-7, 312, 315
技術的失業　216
技術の再切り替え現象　101
技術変化　214, 239
希少性　18, 224, 231, 234, 237

希少な商品　231
偽装失業　96
基礎財　129, 170
期待　xiii, xv, 7, 12, 17, 46, 56, 62, 78, 98, 107,
　　128, 150, 164, 188-9, 196-7, 251, 272, 281-2,
　　288, 325, 339
ギデンス（Giddens, Anthony）　289
規範的　250, 266
ギフォード（Gifford, C.H.P.）　7
規模に関する収穫　112, 114
規模に対する収穫逓増　43
キャナン（Cannan, Edwin）　124, 139, 141
教育　xi, 2, 5, 40, 53, 61-2, 86, 108, 124, 137,
　　198, 201, 235, 317, 323
供給　65-6, 95, 109, 207
協業　20
競争　iii, 127, 135, 179, 196, 217, 243-4, 281,
　　291, 309, 313, 316
競争的市場メカニズム　299
金　260
キングズ・カレッジ　5, 59-63, 65, 67, 71, 89,
　　106-9, 149, 187
均衡　xxix, 14, 19, 43, 63, 101, 212, 217, 226-7,
　　241, 291
均衡の移行　101
均等賃金率　268
金本位制　134
金融資産　262
金融市場　213, 304
金融ストック　262-3, 267
金利生活者　42
近隣窮乏化政策　95
クーン（Kuhn, Thomas）　16, 23, 25-6, 29, 31,
　　46, 49, 77, 229, 302
グッドウィン（Goodwin, Richard Murphey）
　　xiv, xxiv, xxix, 39, 189-200, 217-8
蜘蛛の巣定理　109
クラーク（Clark, Colin）　9
グラーフ（Graaf, Jan）　65
クラウアー（Clower, Robert W.）　43
グラツィアーニ（Graziani, Augusuto）　134-5
グラムシ（Gramsci, Antonio）　121, 123-4,
　　143-5, 151

グリーンスパン（Greenspan, Alan） xi
グリーンスパン・プット xi, xii
クリック（Crick, A. W.） 62
グリッリ（Grilli, Carlo） 136
クリントン（Clinton, Bill） xvi
グレゴリー（Gregory, T. E.） 150, 169
『景気循環論』（ハロッド） 194
経済科学 279
経済学 279
『経済学原理』（J. S. ミル） 283
『経済学著作集』（カルドア） 113
『経済学の考え方』（J. ロビンソン） 100
『経済学論文集』（J. ロビンソン） 92, 94, 98-
　　101
経済諮問委員会 9
経済政策 v, vii, xvi, xix, 2, 28, 38, 64, 115, 280,
　　285-6, 312
経済成長 154, 214-5
経済成長理論 35, 97
経済動学 98
経済発展 v, xxi, 100, 106, 118, 251, 273, 306
『経済表』（ケネー） 128, 230
『経済分析演習』（J. ロビンソン） 97
『経済分析の基礎』（サミュエルソン） 291, 318
『経済分析の歴史』（シュンペーター） 195
形式的厳密性 205
ケイセン（Keyesn, Carl） 311
ゲイツケル（Gaitskell, Hugh） 117
ケインジアン成長モデル 215
ケインズ（Keynes, Lord John Maynard） iii,
　　iv, vi, ix, x, xiii, xiv, xvii-xxv, xxviii, 3-16,
　　20-3, 25, 48-9, 52-7, 59-60, 62-78, 81, 96-7,
　　89-92, 94-8, 100-4, 107-8, 110, 112, 114-7,
　　123-5, 127, 139-41, 145-51, 153-5, 160-1,
　　169-71, 176-7, 179, 185-6, 188-91, 194, 197-8,
　　201, 202-4, 206-8, 223-4, 228, 232, 235, 241-3,
　　245, 247, 251, 257, 262, 267, 273, 286-7,
　　289-90, 297-9, 302, 304-5, 307, 323, 325
ケインズ革命 vi, vii, viii, xviii, xix, xx, 3, 16,
　　20, 33-4, 36, 38, 49-50, 52, 54, 56, 70, 75-8,
　　151, 189, 201-2, 297-8
ケインズ経済学のケンブリッジ学派 xx, xxi,
　　xxiii, xxiv, xxv, 3, 33-40, 155-8, 177, 210,

217-8, 224, 298
ケインズ政策 v, 76, 286
『ケインズ「一般理論」の形成』（カーン） 69
ケインズの弟子 69, 153-4
ケインズ文書 5
ケネー（Quesnay, Francois） 128, 230
ケネディー（Kennedy, John F.） xvi
限界革命 xiii, 234
限界主義 4, 21, 206
原子論的 234, 240, 243, 303
『現代経済分析』（グッドウィン） 196
ケンブリッジ vi, xiv, xx, xxvii, 54, 60
ケンブリッジ・アーツ・シアター 68
ケンブリッジ・サーカス 7, 9-11, 22, 55-6,
　　65-7, 73, 75, 95, 107, 148-9, 187
『ケンブリッジ・ジャーナル・オブ・エコノミッ
　　クス』 44, 191
ゴールドシュミット（Goldschmidt, Clarissa）
　　108
交易 xvii, xviii, 65, 225-30, 232-3, 235-6, 242
交易の局面 225, 228-9, 232, 235-6, 242, 312
交易のパラダイム 235
交換 224
交換経済 219, 298
交換パラダイム 18, 21-2, 36, 43, 206, 243, 299,
　　301
公企業 311
公共財 314
公共事業 9, 31
公共支出 28, 279
「公正」価格 267
厚生経済学 2, 65, 109, 315, 329
合成の誤謬 239
構造動学 xxiii, 176, 253, 254-5, 258-60, 264-5,
　　267-70, 272, 303, 306
硬直性 43
行動党 2
効率性 315
合理的期待 xiii, xv, 42
国際金融機関 xi, xii, 302
国際通貨基金 xi, 66
国際通貨制度 111
国際貿易論 100

国際抑留キャンプ　125
国際流動性　66
国際連合欧州経済委員会　66, 106, 108
国際連合貿易開発会議（UNCTAD）　66, 111
『国民経済学講義』（ヴィクセル）　192
コスト・プッシュ・インフレーション　41
コズモ（Cosmo, Umberto）　124, 137, 144-5
コッツィ（Cozzi, Terenzio）　xxvii, xxviii, 121
古典派経済学　iii, xviii, xix, xxi, xxiii, 4, 18-9,
　21-2, 35-6, 45-7, 54, 128-9, 152, 154, 167, 169,
　175, 181-2, 184, 206-8, 215, 218, 223, 228-30,
　232-3, 235-9, 241, 243-4, 247-8, 250, 253, 266,
　273, 280, 282-4, 289, 291, 294, 306-7, 321-3
ゴドリイ（Godley, Wynne）　304
コブ＝ダグラス生産関数　238
雇用　iv, x, xii, xx, 4, 13-4, 26, 28, 39, 60, 64,
　81, 95, 97, 103, 213, 244, 254-6, 258-9, 262,
　268-70, 272, 285, 293, 304, 309-10
『雇用，利子および貨幣の一般理論』　4, 13, 26,
　70-4
『雇用理論研究』（J. ロビンソン）　95, 97
『雇用理論入門』（J. ロビンソン）　95
コリソン・ブラック（Collison Black, R. D.）
　234

［サ］

サールウォール（Thirlwall, Anthony）　xxvii,
　41, 113, 115
財　20, 65, 117, 129, 213, 237-8, 239, 243, 252-3,
　256-7, 272, 300, 308-9, 314-6, 319-20, 324
再生産可能な財　237
サッチャー（Thatcher, Margaret）　15
サッチャリズム　115
サミュエルソン（Samuelson, Paul A.）　xiv,
　xv, xvi, xvii, xix, xxvii, 28, 30, 73, 96, 197,
　206, 291, 318
サルヴェミーニ（Salvemini, Gaetano）　139
産業　100, 225-228, 230, 232-3, 236-7, 242, 280,
　282, 305-6, 318
産業革命　xviii, xxi, 214, 224, 226, 234, 237,
　243, 278, 279, 283, 297-8, 305, 310
産業経済　212
産業の局面　225, 226, 228, 232, 242

産業連関　272
シーロス・ラビーニ（Sylos Labini, Paolo）
　xxvii, 238
ジェヴォンズ（Jevons, W. Stanley）　xiii, 134,
　181-2
シカゴ学派　xiii, xv, iv
時間　xix, xxviii, xxx, 4, 19-20, 39, 68, 98, 101,
　127, 133, 137, 154, 161-3, 168, 170-2, 175-6,
　181, 186, 195, 197-8, 210, 213, 225-8, 237, 243,
　252, 255-8, 260-1, 263-7, 269-71, 276, 278,
　288, 291, 309, 316, 321-2
資源の最適配分　iii, 240, 242-4, 284, 303, 313
自己利子率　150, 265, 270
支出税　111, 113
市場価格　231, 247
市場の失敗　240-1, 300, 319, 341
市場の不完全性　xx, 63
市場メカニズム　14, 217, 300, 313
「自然」価格　231, 247, 257
自然経済システム　251-65, 270, 272, 275-6,
　293-5, 298, 300, 304
自然資源　308
「自然」賃金率　265, 270
自然的　248, 250
「自然」的段階　249
自然利子率　255, 263-6, 269, 270
失業　iv, xii, xvi, 41, 43, 64, 76, 92, 95, 116, 216,
　268, 270
実質所得　268
シトフスキー（Scitovsky, Tibor）　108
支配労働　252, 265, 267
資本　30, 35, 68, 95, 98, 127, 130, 150, 174, 208,
　215, 272, 306, 308-12
資本財　253, 272, 308-11
『資本主義経済の動学』（グッドウィン）　197
資本蓄積　306, 308, 322
『資本蓄積論』（J. ロビンソン）　75, 92, 96-8,
　101-2, 106, 148, 192, 215
資本の限界効率　208
資本理論　41, 98, 101, 175
資本論争　130, 201, 205
市民権　280
『ジャーナル・オブ・ポスト・ケインジアン・エコ

ノミックス』 45
社会教説 289
『社会史入門』（J. ロビンソン） 100
社会主義 x, xi, 86, 117, 124, 183, 278, 285, 287, 290, 310
社会主義経済の崩壊 311
社会民主主義 285
社会民主党 70
ジャクソン（Jackson, Ann） 113
奢侈的財 129
シャックル（Schackle, G. L. S.） 35
収穫一定 126
収穫逓減 112, 114, 232, 306
収穫逓増 41, 46, 112, 114, 126, 215
収穫逓増に関するシンポジウム 153
収穫不変 160, 307
収穫法則 93
自由市場 243-4
自由市場経済 318-9
自由市場のメカニズム 312
重商主義 228-30
修正主義者 284
重農主義 167, 181, 183, 228, 230-1, 248, 280, 282-3
重農主義者 167, 181, 183
自由放任 iii, xiii, 280, 282
自由放任資本主義 285
自由放任政策 xi, 106, 282
自由放任の終焉 286
重量をもたない経済 253
需要 14, 34, 41, 46, 109, 207, 212, 231, 234, 244, 252, 256, 258-9, 267-8
純国民生産 269
純粋経済理論 174, 179, 248
純粋交換 236, 241, 247, 314
純粋交換パラダイム 21, 299, 318
純粋交換モデル 18-20, 26, 228, 237, 239, 284
純粋生産パラダイム 251, 318
純粋生産モデル 18-20, 26, 228, 292
純粋労働生産経済 251-2
純粋労働モデル 252, 254, 270, 322
純生産物 230-1
シュンペーター（Schumpeter, Joseph A.） 27,

47, 55, 73-5, 190-1, 194-5, 198, 217, 228, 258, 285
ショイヤー（Schoyer, Regina） 61
ショウ（Shaw, Geortge Bertnard） 6, 71
ショウヴ（Shove, Gerald） 62-3, 65, 73, 90, 93, 127
「上級価値論講義」 162, 168
乗数 9, 14, 21, 23, 37, 64, 75, 95, 197, 207-8
消費 64, 150, 207-8, 237, 239, 244, 254-6, 262, 307, 309, 310, 315, 324
消費財 309-11
消費者主権 20
商品 36, 111, 115, 128-9, 137, 146, 154-5, 160, 162, 164-5, 171, 173, 175, 179, 205, 231, 251, 255, 256, 261-2, 264-5, 268-9, 271
商品価格 267
商品価格の体系 254
『商品による商品の生産』 128-30, 137, 146, 154-5, 160, 162, 164-5, 171, 173, 205, 271
商品本位制 111
情報技術 252
情報の非対称性 43
剰余 231
所得分配 35, 65, 68, 98, 102, 105-7, 110-1, 124, 129-30, 174, 211, 215, 265, 269-70, 272, 307
所得分配理論 106, 110-1, 215
所有権 310, 314-6
ジョンソン（Johnson, Harry） 40
進化主義者 44, 45
人権 322
人口 266
人口成長 102, 244, 254-5, 306, 322
新古典派経済学 xviii, xix, xxi, 21, 44-7, 54, 152, 189, 207-8, 218, 223, 235-9, 241, 243-4, 248, 289, 291, 294, 321
新古典派総合 30, 189, 214
真の社会主義 278
垂直的超統合 272, 323
垂直的統合 251, 272
スイッチング定理 206
数量調整 14, 75
スカッツィエリ（Scazieri, Roberto） xxviii
スキデルスキー（Skidelsky, Robert） 5, 32-3,

48, 52, 202

ストーン（Stone, Richard） 39, 190, 195, 199, 200

ストック 230, 242

ストック概念 234

スミス（Smith, Adam） iii, 22, 127-9, 134, 149, 166-7, 182-3, 206, 230-1, 251-3, 267, 273, 312-3

スラッファ，アンジェロ（Sraffa, Angelo） 123

スラッファ，ピエロ（Sraffa, Piero） xiv, xxiv, xxix, xxx, 4, 7, 10, 22, 34, 36, 41, 52, 54-6, 60, 62-5, 71, 87, 90, 93, 95-7, 101-2, 106, 109-10, 121-86, 196-7, 205-6, 209, 211, 214-5, 218, 223, 248, 251-3, 261-2, 267, 270-3

スラッファ文書 161-4

スラッフィアン 46

セー法則 206, 212

静学的 239, 243

生産 xviii, 11-2, 15, 18-20, 23, 26, 28, 36, 47, 65, 75, 114, 124, 126, 128-9, 137, 139, 146, 154-5, 160, 162, 164-5, 167, 171, 173, 175, 179, 205-6, 212, 224-7, 229-33, 235-8, 243-4, 251-2, 255-6, 261, 267, 268-71, 297-9, 308-9, 319, 323-4

生産価格 130

生産関数 75, 98, 101, 130, 154, 206, 238

生産経済 298

生産された商品 231

生産手段 128, 226, 263, 272, 310-1

生産性 xii, 190, 195-6, 255, 259-62, 264-6, 268-9

生産性成長率 260-1, 264, 269

「生産の貨幣理論」 11-2, 26, 75

生産パラダイム 19, 22, 36, 43, 47-8, 232-3, 243, 247, 251, 284, 299-304, 312, 314, 318, 320-1

静態的 226

静態的競争 313

制度 x, xii, 20, 22, 36-7, 39, 47, 56, 68, 101, 111-2, 196, 215, 225, 232-3, 235-7, 239, 240-1, 243-4, 247, 248-9, 275-9, 282-5, 287-95, 297-9, 312-4, 317-8, 321, 323

制度主義者 44, 46

制度的な研究の段階 xxiv, 249, 275, 318

制約条件下の最大化 243

世界金融危機 iii, xiv-xviii

石油危機 ix, 41

選好 311, 266

戦時中と戦後のイタリアにおける貨幣的インフレーション 136, 138

セント・ポールズ・ガールズ・スクール 86

セント・ポールズ・スクール 61

『1776年から1846年の間の生産と分配の理論の歴史』（キャナン） 139

『戦費調達論』（ケインズ） 41

ソーヤー（Sawyer, Malcolm） 45-6, 195, 289

相互依存関係 210

ソデストロム・メダル 131

ソフトウェア 252, 320

ソロー（Solow, Robert M.） xxvii, 98, 198, 214

[タ]

ターシス（Tarshis, L.） 7

大恐慌 v, 278, 285-6

代替的な経済パラダイム 218, 223

第3の道 288-9

代表的な主体 238

タトヌマン 43

ダメリオ（D'Amelio, Judge Mariano） 145

タランテッリ（Tarantelli, Ezio） 2

タルジェッティ（Targetti, Ferdinando） xxvii, 41, 113, 115

ダルディ（Dardi, Marco） xxvii, 153

短期 213

『短期の経済学』（カーン） 63, 153

『探究』（ヴィトゲンシュタイン） 161

チェンバリン（Chamberlin, Edward） 93-4, 126

知識 xix, xx, xxii, 25, 116, 145, 225, 232, 240, 244, 252, 279, 280, 284, 288, 306, 315, 317-25

知的財 314-6, 319

知的財産権 316-7, 320

チャンパーナウン（Champernowne, David G.） 98

中央計画社会主義　285
中央集権　282
中間の道　290
中立貨幣　303
中立性　303
長期　213
超統合される労働　322
貯蓄　95, 111, 150, 262, 307, 310, 317
貯蓄のライフ・サイクル　307
賃金　66, 98, 110-1, 129, 176, 231, 252, 262-3, 269, 309, 311
賃金－賃金の蛙跳びスパイラル　66
賃金率　259-60, 263, 269
デ・ヴィーヴォ（De Vivo, Giancarlo）170, 178
ディ・フェニツィオ（Di Fenizio, Ferdinardo）28
デイヴィッドソン（Davidson, Paul）35, 46, 209, 288, 304
ティヴォーリ（Tivoli, Irma）123
定型化された事実　204
定常均衡　214, 250
テイボー（Tabor, David）61, 70
ティンバーゲン（Tinbergen）111
デフレーション　265-6
デマリーア（Demaria, Giovanni）27
転形問題　130, 175
動学　20, 176, 214, 322
動学的　243-4, 273
動学的標準商品　129, 255, 261, 264-7, 271
投下労働　252, 265, 267
投下労働量　130
投資　xx, 64, 95, 100, 110, 150, 208
同質的労働　253, 270
動態経済学　305
『動態経済学序説』（ハロッド）97, 215
動態の競争　313
動態的な概念　227
投入産出分析　128
ドゥブリュー（Debreu, Gerard）xiii, 235
トエプリッツ（Toeplitz, Giuseppe）140
ドーマー（Domer, Evsey）272
独占　316

独占的競争　109
独占的競争革命　94
『独占的競争の理論』（チェンバリン）93
特許　320
特許権　315-6
ドッブ（Dobb, Maurice）39, 135, 147, 155, 171
富　217, 225-6, 228-31, 234-5, 242-3, 279, 311
ドミトリエフ（Dmitiev, Vladimir K.）129
トライポス　62, 87
取引費用　320
トルーマン（Truman, Harry S.）xvi

［ナ］

内生的成長論　239
内的整合性　204-5
ナイト（Knight, Frank）27
ニュー・ケインジアン　43
ニューナム・カレッジ　88-9
ニューマン（Newman, Peter）xxix
ニュメレール　255, 259, 261-6, 271, 304
『人間本性論の要約』（ヒューム）127
ネオ・リカーディアン　44-5
ネッド・フェルプス（Ned Phelps）→フェルプス

［ハ］

ハーコート（Harcourt, G. C.）xxviii, 45, 47, 101, 206, 298
ハート（Hart, A. G.）111
ハーバラー（Haberler, Gottfried）198
パーピ，ウーゴ（Papi, Ugo）27, 135
ハイエク（Hayek, Friedrich , von）xvi, 27, 54, 108, 127
パティンキン（Patinkin, Don）9, 13-5, 23, 30, 36, 77
ハムーダ（Hamouda, O. F.）45, 47
パラダイム　viii, ix, xvii, xxiii, 15-20, 22-3, 26, 29, 38, 44, 46-9, 77, 203, 206, 223-4, 228, 232, 235, 241, 243, 284, 297, 299-305, 308, 312, 314, 318, 320-1, 324-5
バランジーニ（Baranzini, Mauro）xxviii, 307
パレート（Pareto, Vilfredo）xiii, 19, 77, 134, 141, 235, 291, 319

パレート最適　19, 291, 319
バローネ（Barone, Enrico）　2, 134
ハロッド（Harrod, Roy）　13, 30-4, 60, 74, 95, 97-9, 190, 194, 197, 207, 214-5, 272-3, 305-6, 312, 322
パンタレオーニ（Pantaleoni, Maffeo）　134, 136
反トラスト　314, 320
ピーテルスゾーン・クーン（Pieterszoon Coen, Jan）　229
非エルゴード　209
非基礎財　129, 170, 315, 319
ピグー（Pigou, Arthur Cecil）　27, 62, 86, 88, 90, 188
非自発的失業　42
菱山泉　v
ヒックス（Hicks, J.R.）　xiv, 14-5, 29, 30, 32, 34, 42-4, 53, 108, 190, 207-8
必需的財　129
非排除性　315, 319
非物質化　253
非物質的な財　314
秘密セミナー　55, 67, 107, 156, 187, 198
非有形財　315
ヒューム（Hume, David）　127, 149
標準商品　129, 261-2
標準生産性成長率　261, 264-5
標準体系　170, 174, 176, 184
費用と生産量の関係　134, 136
ヒルシュ（Hirsch, Rabi Samson Raphael）　61
貧困　218
ファンノ（Fanno, Marco）　134-5
不安定性　213
フェビアン　117
フェルプス（Phelps, Edmund S.）　15, 241
フェルプス・ブラウン（Phelps Brown, Henry）　194
フォン・ノイマン（von Neumann, John）　107-8, 130, 154, 176, 196-7, 306
不確実性　xx, 35, 209, 306
不完全競争　43, 109, 142, 147, 301
『不完全競争の経済学』（J. ロビンソン）　63, 72, 92-3

不均衡　212, 241, 258
物価上昇率　264, 271
物量体系　254, 259
不変の価値尺度　129, 261, 267
プラート（Prato, Guiseppe）　134
フラッカレータ（Fraccareta, Angelo）　136
プランク（Pkanck, Max）　247
プランター（Plumptre, A. E.）　7
フリードマン（Friedman, Miltor）　iii, xiv, xvi
ブルーナー（Brunner, Karl）　198
ブルームズベリー・グループ　139
ブレッシャーニ・テッツローニ（Bresciani-Turroni, Constantino）　27, 135
ブレトン・ウッズ会議　52
フロー　243
フロー概念　230
ブローグ（Blang, Mark）　195
プロレタリア　309
分業　244, 252-3
プンツォ（Punzo, Lionello）　197
分離定理　36-7, 247-51, 275-8, 290-5, 298-303
米国戦略爆撃調査団　106
ベシコビッチ（Basicovitch, Abraw）　170
ペティー（Petty, William）　167, 172, 181-3, 282
ベレンソン，バーナード（Berenson, Bernard）　139
ベレンソン，メアリー（Berenson, Mary）　139
ヘンダーソン（Henderson, Hubert）　9, 64
方法論的還元主義　237-8
ホートリー（Hawtrey, Sir Ralph）　11, 27, 74
ボーモル（Baumol, William J.）　xxviii
補完性（Subsidiarity）の原理　289
ホジスキン（Hodgiskin, Thomas）　183
ホジソン（Hodgson, Jeoffrey）　292
ポスト・ケインジアン　35, 40, 44-7, 68, 304, 290
ボルティス（Bortis, Heinrich）　xxviii, 290, 292
ボルトキエヴィッチ（Bortkiewicz, Ladislaus）

索　引　　351

129

ホワイトヘッド（Whitehead, Alfred North）
194

ポワンカレ（Poincare, Henri）　205

ポンポナッツィ（Pomponazzi, Pietro）　91

[マ]

マーシャル（Marshall, Alfred）　6, 21, 26, 63,
77-8, 86-7, 90-1, 93, 96-7, 100, 126, 134,
141-2, 147, 166, 172, 181-2, 186, 208-9

マーシュ（March, Helen）　86

マクミラン（Macmillan, Harold）　72

マクロ経済学　211

マクロ経済の条件　256-8, 294

マッカーシズム　198

マッキオナーティ（Marchionatti, Roberto）
121

マッケンナ（Mckenna, Reginald）　62

マッティオーリ（Mattioli, Raffaele）　123, 125,
127, 144, 172

マッティオーリ講義　33, 69, 112-4, 153, 186

マッラーマ（Marama, Vittorio）　28

マニフェスト　10-1, 75

マネタリスト　x, xii, xix, 66, 302-3

マネタリズム　76, 115

マリウッティ（Mariutti, Gian Paolo）　xxviii

マリス（Marris, Robin）　40

マルクス（Marx, Karl）　4, 21, 28, 37, 46, 90,
96-7, 100, 106, 129-30, 152, 167-8, 174, 177,
197, 181-3, 206, 215, 232-5, 310

マルクス主義　193

マルクッツォ（Marcuzzo, Maria Christina）
xxvii, xxviii, 65, 341

マルサス（Malthus, Thomas Robert）　22, 134,
182, 206, 232, 267, 306

マルシャック（Marschak, Jacob）　194

『マンチェスター・ガーディアン・コマーシャ
ル』　124, 140

ミード（Meade, James）　7, 9, 14, 28, 30-2, 39,
65, 95, 190, 311

見えざる手　312

ミクロ経済学的基礎　212, 238

ミヘルス（Michels, Roberto）　135

ミュルダール（Myrdal, Gunner）　92

ミル，ジェイムズ（Mill, James）　170

ミル，ジョン・ステュアート　（Mill, John
Stuart）　134, 182, 283

ミルゲイト（Milgaete, Murray）　xxix

民営化　xii

ミンスキー（Minsky, Hyman P.）　35, 304

無形の財　314

無制約の資本主義　287

ムッソリーニ（Mussolini, Benito）　125, 140,
145

メンガー　xiii, 77

モーリス（Maurice, Sir Frederick Denison）
39, 85-6

モグリッジ（Moggridge, Donald）　5-6, 8-10,
13, 23, 33, 148-9

モッサ（Mossa, Lorenzo）　135

モディッリアーニ（Modigliani, Frarco）　xiii,
15, 30, 43, 53, 307

[ヤ]

ヤネッコーネ（Jannaccone, Pasquak）　138

ヤング，アリン（Young, Allyn）　108, 112

ヤング，ワレン（Young, Warren）　32

有効需要　v, 13-5, 20-1, 23, 27, 30, 36, 39, 101,
150, 206-8, 212-3, 215, 232, 244, 256-7, 262,
267

ヨーロッパ進化経済学会　45

「ヨーロッパの再建」　124, 140

「様式化された」事実　114

ヨハネ・パウロ2世（John-Paul II, Pope）
289

[ラ]

ラーナー（Lerner, Abba）　8, 96

ラヴォワ（Marc, Lavoie）　46-7, 304

ラカトシュ（Lakatos, Imre）　16

ラドクリフ委員会　66, 68

ラムゼー（Ramsey, Frank）　71, 87, 146, 148

ランズ（Landes, David）　229

リカードウ（Ricardo, David）　22, 97, 100, 110,
126-30, 134, 137, 144, 150, 152, 155, 163-4,
166-7, 169-73, 175, 181-3, 206, 215, 229, 231,

253, 261, 267, 273, 306

リカードウ派社会主義　310

リカードウの『著作集』　127-8, 137, 155, 163-5, 171, 173, 175, 206

利潤の「自然」率　272

利潤率　179, 184

利子率　34, 95, 97, 208, 255-6, 263-6, 269-70

『利子率その他諸研究』（J. ロビンソン）　97

リスウィッチング　175, 192

リッチ（Ricci, Umberto）　135

リディア（Lydia Lopokova）　10, 73

流動性選好　53, 66, 150, 208

リンチェイ・ナショナル・アカデミー　2

ルーカス（Lucas, Robert）　iii, xiv

ルース＝コーエンの謎　101

ルーズヴェルト（Roosevelt, Franklin）　xvi

累積的因果関係　46, 210

ルクセンブルク（Luxemburg, Rosa）　85, 97-8

ル・コルベイレール（Le Corbeiller, Phillippe）　194

レイヨンフフヴド（Leijonhntvud, Axel）　43

レオンチェフ（Leontief, Wassily）　128, 176, 194, 256

歴史的時間　46, 101, 209

レバーリ, サムエルソンの非スイッチング定理　206

ローリア（Loria, Achille）　134

『ロイド・ジョージはそれをなしうるか』（ケインズ）　9

ロイヤルティー料　324

労働　x, xx, 18-9, 43, 170, 212, 215-6, 226, 231, 251-3, 255, 263-7, 269-70, 272, 308-11, 322-3

労働移動　268

労働経済発展モデル　251

労働党　66-7, 106

ロスバース（Rothbarth, Erwin）　108

ロッセッリ（Rosselli, Carlo）　135

ロトカ＝ヴォルテラ　197

ロバートソン（Robertson, Dennis）　27, 31, 62, 93, 127

ロビンズ（Robbins, Lionel）　27, 108

ロビンソン, オースティン　（Robinson, Sir Austin）　7, 10, 39, 65, 75, 87, 95

ロビンソン, ジョーン（Robinson, Joan）　xxiv, xxix, 4, 7, 10-1, 32-4, 37-8, 41, 48, 53-4, 56, 60, 63, 65, 72-5, 85-104, 106, 109-10, 126, 135, 148, 153-5, 185, 192, 196, 204, 209, 212, 215, 218, 273,

ロンカッリア（Roncaglia, Alessandro）　xxviii, xxx, 159, 178, 180, 313

『論考』（ヴィトゲンシュタイン）　145, 161

ロンドン・スクール・オブ・エコノミクス（LSE）　108, 105, 124, 139

ロンバルディーニ　（Lombardini, Siro）　xi, xxvii

論理的時間　101, 209

［ワ］

ワルラシアン　208, 212

ワルラス（Walras, Leon）　xix, xxi, 15, 21, 30, 33-4, 43, 49, 77-8, 100, 106, 206, 209, 235, 238, 285

ワルラス・モデル　xxii, 15, 21, 30

ワルラス経済学　18

［英字］

Ando, A.　→アンド

Arestis, P.　→アレスティス

Arrow, K.　→アロー

Baranzini, M.　→バランジーニ

Beaud, M.　47

Benassy, J-P.　43

Berle, A. A.　311

Bini, P.　28

Brumberg, R.　307

Ciocca, P. L.　xii, xv

Collison Black, R. D.　→コリソン・ブラック

Cornes, R.　315

Davidson, P.　→デイヴィッドソン

De Long, J.　202

De Vivo, G.　→デ・ヴィーヴォ

Di Matteo, M.　199

Dostaler, G.　47

Dow, S.　47

Galbraith, J. K.　→ガルブレイス

Hamouda, O. F.　→ハムーダ
Harcourt, G. C.　→ハーコート
Heckscher, E. F.　229
IMF　xi
IS-LM モデル　29-30, 32-4, 44, 53, 207
Lavoie, M.　→ラヴォワ
Lindbeck, A.　185
Malabre, A. L.　203
Malinvaud, E.　43
Malthus, T. R.　→マルサス
Manara, C. F.　175
Meade, J.　→ミード
Means, G. C.　311
Minsky, H. P.　→ミンスキー
Modigliani, F.　→モディッリアーニ
Moggridge, D. E.　→モグリッジ
Morishima, M.　130
North, D. C.　293
Patinkin, D.　→パティンキン
Phelps, E. S.　→フェルプス

Quah, D.　253
Ricardo, D.　→リカードウ
Rymes, T. K.　11
Samuelson, P. A.　→サミュエルソン
Sandler, T.　315
Sawyer, M.　→ソーヤー
Schefold, B.　175
Skidelsky, R.　→スキデルスキー
Solow, R. M.　→ソロー
Spaventa, L.　xiv
Sraffa　→スラッファ
Steedman, I.　130
Stiglitz, J. E.　241
Swan, T.W.　98
Sylos Labini, P.　→シーロス・ラビーニ
Tabor, D.　→テイボー
Targetti, F.　→タルジェッティ
Thirlwall, A. P.　41
Weitzman, M. L.　311
Wright, G. H.　152

訳者紹介（50音順，＊は監訳者）

かさまつ　まなぶ
笠松　　学（第9，10，11章）
早稲田大学政治経済学術院教授（経済理論）
D.フォーリー，T.マイクル『成長と分配』（監訳）日本経済評論社，2002年.

くろき　りゅうぞう
黒木　龍三（第7，8章，後奏）
立教大学経済学部教授（理論経済学）
「ミンスキー・モーメント」原正彦編『グローバル・クライシス』青山社，2012年.

ないとう　あつし
内藤　敦之（第3，4，5章，前奏）
大月短期大学経済科教授（経済理論・経済思想史）
『内生的貨幣供給理論の再構築──ポスト・ケインズ派の貨幣・信用アプローチ』日本経済
評論社，2011年.

わたらい　かつよし
渡会　勝義＊（第1，2，6章，間奏）
早稲田大学政治経済学術院名誉教授（経済理論・経済学説・経済思想）
ルイジ・L.パシネッティ『構造変化と経済成長──諸国民の富の動学に関する理論的エッ
セイ』（共訳）日本評論社，1983年.

L. L. パシネッティ

ケインズとケンブリッジのケインジアン

未完の「経済学革命」

2017 年 11 月 30 日　第 1 刷発行

定価(本体 5500 円＋税)

監 訳 者　　渡　会　勝　義

訳　　者　　内　藤　敦　之
　　　　　　黒　木　龍　三
　　　　　　笠　松　　　学

発 行 者　　柿　﨑　　　均

発 行 所　　株式会社 日本経済評論社

〒101-0062 東京都千代田区神田駿河台 1-7-7
電話 03-5577-7286　FAX 03-5577-2803
URL : http://www.nikkeihyo.co.jp
振替 00130-3-157198

装丁・渡辺美知子　　　　　　　藤原印刷・高地製本所

落丁本・乱丁本はお取替えいたします　　Printed in Japan
Ⓒ WATARAI Katsuyoshi et al. 2017
ISBN978-4-8188-2481-2

・本書の複製権・譲渡権・公衆送信権(送信可能化権を含む)は
(株)日本経済評論社が保有します.
・ JCOPY 〈(社)出版者著作権管理機構　委託出版物〉
本書の無断複写は著作権法上での例外を除き禁じられています. 複写
される場合は, そのつど事前に, (社)出版者著作権管理機構 (電話 03-
3513-6969, FAX 03-3513-6979, e-mail: info@jcopy.or.jp) の許諾
を得てください.

ポスト・ケインジアン叢書

J. A. クリーゲル著／川口 弘監訳 緒方・福田川訳
① 政治経済学の再構築
――ポスト・ケインズ派経済学入門――
A5判 338頁 3200円

ポスト・ケインズ派経済学を，現在の支配的な新古典派経済学に代わる理論として構築する。クリーゲルの大学における講義を基礎に書かれた入門書である。 (1978年)

A. S. アイクナー編／緒方・中野・森・福田川訳
② ポスト・ケインズ派経済学入門
（オンデマンド版）1600-0 C3333　A5判 221頁 2600円

物価，雇用，蓄積，分配，成長，停滞等の問題に対しポスト・ケインズ派はいかに対処するか。また政策上の対応はどのようにすべきかを探究。『政治経済学の再構築』と並ぶ入門書。 (1980年)

P. デヴィッドソン著／原 正彦監訳 金子・渡辺訳
③ 貨 幣 的 経 済 理 論
A5判 502頁 6500円

ケインズの著作，とりわけ『貨幣論』と『一般理論』とを適切に統合して「貨幣的生産経済の理論」の全体像を浮き彫りにする集大成の書。 (1980年)

G. C. ハーコート著／神谷傳造訳
④ ケムブリジ資本論争［改訳版］
0148-8 C3333　A5判 366頁 5800円

イギリス，アメリカのケムブリジ間で，1960年代を通じてかわされた資本理論の論争についてその発生，問題点，現代資本主義との関連で解明する。 (1980年)

A. S. アイクナー著／川口 弘監訳 緒方・金尾ほか訳
⑤ 巨 大 企 業 と 寡 占
――マクロ動学のミクロ的基礎――
A5判 532頁 5600円

現代の寡占的巨大企業の価格設定決定と投資決意を軸として所得分配を解明する。ポスト・ケインジアンのマクロ動学のミクロ的基礎づけに新境地をひらく画期的労作。 (1983年)

M. カレツキ著／浅田統一郎・間宮陽介訳
⑥ 資本主義経済の動態理論
0038-4 C3333　A5判 242頁 3800円

ケインズと並ぶ経済学者の資本制経済の動学論。有効需要論の独立的発見をはじめ，投資決定論の一般化，景気循環，国民所得の分配，経済成長の分析に多くの発展をもたらした。 (1984年)

R. カーン著／浅野栄一・袴田兆彦訳
⑦ 雇 用 と 成 長
A5判 300頁 4500円

雇用乗数の理論をはじめて示し，ケインズ革命への途をひらいた画期的な第1論文や，成長理論，企業理論に関する論文の他，戦後のイギリス経済に対する時論をも含めた論文集。 (1983年)

D. J. ハリス著／森 義隆・馬場義久訳
⑧ 資 本 蓄 積 と 所 得 分 配
A5判 532頁 5600円

古典派，マルクス，新古典派正統にいたるまでの経済成長（資本蓄積）と所得分配の諸問題を簡潔に，バランスよく解説した中級の好テキストである。 (1983年)

P. M. リヒテンシュタイン著／川島 章訳
⑨ 価 値 と 価 格 の 理 論
0102-X C3333　A5判 350頁 4500円

古典派の伝統に根を持ち，マルクス学派とポスト・ケインジアン理論双方に基礎をおく現代的思潮の理論的に首尾一貫する内容の経済学をめざして書かれた。 (1986年)

P. デヴィッドソン著／渡辺良夫・秋葉弘哉訳
⑩ 国 際 貨 幣 経 済 理 論
0104-6 C3333　A5判 432頁 5800円

一般均衡理論・マネタリズムの批判を通してPK理論の分析射程を国際経済へ広げ，現代の国際通貨制度の抱える問題点を解明し，その解決策を模索した待望の書。 (1986年)

J. ロビンソン著／山田克巳訳
⑪ 資本理論とケインズ経済学
0257-3 C3333　A5判 390頁 5200円

ロビンソン夫人の5巻の『経済学論文集』から，ケインズ経済学，マルクス経済学，資本理論などに関する諸論文を収め，夫人の理論の核心を把握できるよう配列し解説を試みる。 (1988年)

表示価格に消費税は含まれておりません

ポスト・ケインジアン叢書

N. カルドア著／笹原昭五・高木邦彦訳
⑫ 経 済 成 長 と 分 配 理 論
—理論経済学統論—
（オンデマンド版）1601-9 C3333　　A 5 判　380頁　5200円

学界に大きな波紋を呼び起こした「経済成長の新モデル」等，1950年代末以降に発表された経済理論とその関連分野にかかわる主要論文を一書にまとめたもの。　　　　　　　（1989年）

S. C. ダウ著／鴻池俊憲・矢根真二訳
⑬ マ ク ロ 経 済 学 の 構 図
—方法論的アプローチ—
0452-5 C3333　　A 5 判　364頁　3400円

各学派に共通した基盤はあるのか。各学派相互間のパラダイムの相違を超えて，建設的な議論をすすめるために，方法論を土台として，マクロ経済学の全体的な構図を模索。　　（1991年）

R. M. グッドウィン著／有賀・浅田・荒木・坂訳
⑭ 線 型 経 済 学 と 動 学 理 論
0231-X C3333　　A 5 判　287頁　4500円

本書は全編を通じ非集計的な線型体系を使用して新古典派と古典派，ミクロとマクロという二つの相反する経済学の「妥協」を企てることを表明している。　　　　　　　　　（1988年）

L. L. パシネッティ著／中野 守・宇野立身訳
⑮ 生 産 と 分 配 の 理 論
—スラッファ経済学の新展開—
0237-9 C3333　　A 5 判　340頁　5200円

スラッファ経済学において分析された結合生産体系による固定資本と地代について分析を一層深化させ発展させたものであり，スラッファ経済学の発展を示すものである。　　（1988年）

J. イートウェル, M. ミルゲイト編／石橋・森田・中久保・角村訳
⑯ ケインズの経済学と価値・分配の理論
275-1 C3333　　A 5 判　462頁　6200円

ケインズの雇用理論をスラッファの『商品による商品の生産』によって甦った古典派・マルクス流の価値・分配の理論と結合し，生産・雇用の長期理論の構築を試みる。　　　（1989年）

L. マインウェアリング著／笠松 学・佐藤良一・山田幸俊訳
⑰ 価 値 と 分 配 の 理 論
—スラッファ経済学入門—
0221-2 C3333　　A 5 判　292頁　4200円

初学者にも理解しやすいように図解を多用して，スラッファ理論の基礎から国際貿易，固定資本，地代などの応用面も詳細に解説しており，最適の入門書となるであろう。　　　（1987年）

H. ミンスキー著／岩佐代市訳
⑱ 投 資 と 金 融
—資本主義経済の不安定性—
（オンデマンド版）1602-7 C3333　　A 5 判　462頁　6800円

「金融的不安定仮説」を提起した初期の代表的論文を中心に構成。金融自由化で不確実性が高まりつつある今，市場経済における金融過程の本質を考察するのに格好の書である。（1988年）

V. チック著／長谷川啓之・関谷喜三郎訳
⑲ ケインズとケインジアンのマクロ経済学
（オンデマンド版）1603-5 C3333　　A 5 判　533頁　7400円

『一般理論』を再考察し，ケインズ理論のもつマクロ経済分析についての豊かな内容を再確認しようとするものであり，新たな展開のためにも本書の果す役割は大きい。　　　（1990年）

J. A. クレーゲル編／緒方俊雄・渡辺良夫訳
⑳ ポスト・ケインズ派経済学の新展開
—分配・有効需要および国際経済—
0463-0 C3333　　A 5 判　272頁　3500円

1981年にイタリアで開催された第 1 回の夏期コンファレンスの議事録が基礎となっており，ポスト・ケインズ派の展開の方向性や学説史的基礎を理解する上での必読書。　　　　（1991年）

R. M. グッドウィン著／有賀裕二訳
㉑ 非 線 形 経 済 動 学
（オンデマンド版）0659-5 C3333　　A 5 判　320頁　4500円

非線形性は単純なモデルからカオスのようなとてつもなく複雑な運動をつくり出す。非線形加速度原理で世界的に有名なグッドウィンの珠玉の論文集の翻訳。　　　　　　　（1992年）

A. アシマコプロス著／鴻池俊憲訳
㉒ ケインズ「一般理論」と蓄積
0672-2 C3333　　A 5 判　260頁　3200円

「一般理論」で持続的失業，浮動的な投資水準および貨幣をとりまく制度に焦点を合わせた。本書ではその分析に対し歴史的時間を基礎に検討を加え，新視点から「蓄積」を考える。　（1993年）

表示価格に消費税は含まれておりません

ポスト・ケインジアン叢書

M. C. ソーヤー著／緒方俊雄監訳

㉓ 市場と計画の社会システム
—カレツキ経済学入門—
0763-X C3333　　　　A5判　388頁　5800円

ポーランドの経済学者の一連の重要論文を体系的に編集。カレツキ経済学は，現代経済学や経済体制に対する見方を再検討する際に不可欠な視角をもっている。　　　　　　　　（1994年）

M. H. ウォルフソン著／野下保利・原田善教・浅田統一郎訳

㉔ 金 融 恐 慌
—戦後アメリカの経験—
0792-3 C3333　　　　A5判　384頁　3800円

1966年の信用逼迫からS＆L危機，さまざまな金融機関の破綻・倒産など，今日におよぶ現代アメリカの金融危機についての実証と理論を提示する。　　　　　　　　　　　　（1995年）

L. L. パシネッティ著／佐々木隆生監訳

㉕ 構 造 変 化 の 経 済 動 学
—学習の経済的帰結についての理論—
0968-3 C3333　　　　A5判　466頁　4600円

現代産業経済を特徴づける人間の学習＝技術進歩に発展と構造の原動因をみるパシネッティ体系の新たな到達点を示す。すべての学派に開放された現代の「経済学原理」。　　　（1998年）

P. クライスラー著／金尾敏寛・松谷泰樹訳

㉖ カ レ ツ キ と 現 代 経 済
—価格設定と分配の分析—
1259-5 C3333　　　　A5判　229頁　3800円

カレツキの価格設定と分配の理論の歴史的変遷を詳細に検討し，カレツキの分析の難点や短所を指摘しつつ，理論のもつ積極的意義を明らかにする。　　　　　　　　　　　　（2000年）

N. カルドア著／笹原昭五・高木邦彦・松本浩志・薄井正彦訳

㉗ 貨幣・経済発展そして国際問題
1191-2 C3333　　　　A5判　342頁　4800円

貨幣と国際均衡，開発経済論，欧州共同市場にかかわる，60年代半ば以降に公刊された経済政策関係の論文集。フリードマンへの批判や自由貿易論に対して議論を展開する。　（2000年）

H. W. ローレンツ著／小野崎保・笹倉和幸訳

㉘ 非 線 形 経 済 動 学 と カ オ ス
1047-9 C3033　　　　A5判　442頁　3800円

複雑な経済の動態を理解するために必要不可欠な非線形経済動学を概説し，従来切り捨てられてきた「非線形性」が経済学においていかに重要な役割を果たすかを示す。　　　（2000年）

M. シェイバーグ著／藤田隆一訳

㉙ 現代金融システムの構造と動態
—国際比較と「収れん仮説」の検証—
1322-2 C3333　　　　A5判　180頁　3400円

米英仏日独の金融の制度的仕組みの相違に配慮したPK派の投資モデルで各国の投資行動が異なることを分析し，各国金融システムが同質化してきたことを時系列分析で解明。（2000年）

ディムスキ，エプシュタイン，ポーリン編／原田善教監訳

㉚ アメリカ金融システムの転換
—21世紀に公正と効率を求めて—
1369-9 C3333　　　　A5判　445頁　4800円

自由化・規制緩和された金融システム。不安定な金融投機の上に成り立つ繁栄に翳りがみえた状況の中で，新たな公的規制，公正で効率的なシステム再構築の方策を示す。　（2001年）

D. フォーリー，T. マイクル著／佐藤良一・笠松 学監訳

㉛ 成 長 と 分 配
1455-5 C3333　　　　A5判　379頁　3800円

新たにクローズアップされる成長理論。多様な成長理論（古典派，マルクス派，新古典派）を平易に手際よく解説。日本の低成長を基礎から理解するにも最適の書。　　　　（2002年）

C. ロジャーズ著／貨幣的経済理論研究会訳

㉜ 貨 幣・利 子 お よ び 資 本
—貨幣的経済理論入門—
1582-9 C3333　　　　A5判　396頁　4500円

現代市場経済の主動因が実物から金融に代わった事実は，実物的経済分析から貨幣的経済分析への転換を要請する。貨幣的経済分析の基礎を確立し，適切な政策を導く好著。　（2004年）

D. ギリース著／中山智香子訳

㉝ 確 率 の 哲 学 理 論
1703-1 C3333　　　　A5判　343頁　4000円

「確率」にはどのような予測，信念，繰り返しに関する経験則が想定されているのか。確率の数学理論とともに発達した哲学諸理論の関係を示し，その意味を考察する。　　（2004年）

表示価格に消費税は含まれておりません

ポスト・ケインジアン叢書

W.ゼムラー編／浅田統一郎訳
㉞金融不安定性と景気循環
1953-5 C3333　　　　　A 5判　353頁　4600円

「失われた15年」をどうみるか。金融不安定性と景気循環をめぐる本書の理論モデルは，1980年代〜2000年代の日本経済の分析に多くの示唆を与える。　　　　　（2007年）

P.デヴィッドソン／小山庄三・渡辺良夫訳
㉟ケインズ・ソリューション
　　─グローバル経済繁栄への途─
2158-3 C0333　　　　　A 5判　230頁　3000円

サブプライムローン危機に端を発した金融危機がなぜ戦後最悪の金融恐慌と不況をもたらしたかを解明し，グローバルな経済繁栄を取り戻すための方策を提示。　　　　　（2011年）

J.スタンレー・メトカーフ／八木紀一郎・古山友則訳
㊱進化的経済学と創造的破壊
2176-7 C3333　　　　　A 5判　230頁　4000円

進化的な推論形式を市場に応用し，その可能性を開拓するとともに，科学技術政策にも説き及ぶ。第1回「グラーツ・シュンペーター・レクチャーズ」を翻訳刊行。　　（2011年）

J.A.クレーゲル著／横川信治編・監訳
㊲金融危機の理論と現実
　　─ミンスキー・クライシスの解明─
2299-3 C3333　　　　　A 5判　232頁　3400円

ポスト・ケインズ派の泰斗がミンスキーの金融不安定性仮説を金融自由化期・国際経済に拡張し，サブプライム危機など最近の金融危機について分析する。　　　　（2013年）

M.C.マルクッツォ著／平井俊顕監訳
㊳市場の失敗との闘い
　　─ケンブリッジの経済学の伝統に関する論文集─
2378-5 C3333　　　　　A 5判　402頁　4600円

ケインズ, カーン, J.ロビンソン, スラッファ──「ケンブリッジのケインジアン」として知られる集団に焦点を当て，彼らの生き方，知的協力，理論的な貢献を検討する。　（2015年）